聆听女教授：
研究与叙事

LINGTING NVJIAOSHOU YANJIU YU XUSHI

董晓萍　王静爱　郑新蓉　主编

中国社会科学出版社

"世妇会"期间创办了首都女教授联谊会（北京市女教授协会的前身），其中的北师大分会和当时她负责的北师大女教职工委员会，正是后来发起"女教授讲坛"的本校两个单位。她还主持了女性教育理论建设工作，并对"讲坛"的课程建设给予了具体指导。在这些前辈女学者的榜样带动下，本校许多女性中青年后学人才也相继投入这项女性教育社会公益事业中，目前已形成四代人共同工作的连续学术传统。多年来，"女教授讲坛"讨论了一系列前沿问题，包括社会性别教育的国际前沿问题和社会性别主流化问题、国内高校女性教育的中国特色问题、女性教育与现代国家社会文化建设中的女性角色问题、女性发展的文化多样性问题、女性人才培养与社会就业模式、成功人才模式的关系问题和女性人才群体的可持续发展问题等，这些问题都既是学术问题，也是现实社会问题、文化传统问题和日常实践问题，因而极大地吸引了青年教师和大学生从这个角度对高校建设和自身素质建设的普遍关心，特别引起了女性青年教师和女大学生的强烈反应。本校的多个行政管理部门和教学单位，包括统战部、校工会、研究生院和教务处以及文学院、教育学部、心理学院、地理学与遥感科学学院和化学学院等院系，都曾对"女教授讲坛"及其所开设的各门选修课给予了支持，促进其收到了良好的社会效益，产生了广泛的社会影响。我这次来参加讲座活动，就是要表达学校对这项教育公益事业的一贯支持和继续支持。

我主要讲三个问题：一是女性在现代社会中创新发展的角色转型，二是女性创新人才发展模式的新趋势，三是女性创新发展的社会空间与途径。我们大家都是女性，我希望站在女性的角度，结合我个人的经历，尽量具体地谈谈对这个题目的认识。

一　女性在现代社会中创新发展的角色转型

马克思、恩格斯在其经典著作中精辟地阐述了女性发展与社会进步的关系，指出社会的发展是可以由妇女走向自由的社会化程度来衡量的。在世界妇女运动的历史上，英国妇女于1866年提出了"妇女要有选举权"的口号，美国妇女于1869年提出了"妇女要参政"的要求，从那时起到现在，140多年过去了，女性国际运动和女性社会地位都已发生了巨大变化。

很多国家涌现了越来越多的女性政治精英。女性在经济、文化、教育等其他领域也为自己赢得了更多的发展空间和人生选择，为世界带来了和平、安康、幸福和发展。

在我国，自晚清到五四时期，中西文化加强了交流，进步知识界冲破封建思想的桎梏，提出了新女性观。北京师范大学的前身，京师大学堂师范馆的创办人之一，近代思想家梁启超曾讲过一段名言，大意是女性开放则社会开放，女性独立则社会独立等，他的话至今还被学者经常引用。新中国成立以来，我国妇女工作有了实质性的长足进步，对女性自身特点也认识得更加明确。我曾在黑龙江生产建设兵团插过队，当年有个老同学，后来当了黑龙江某妇女研究所的所长，我就问她"女性有什么特点"，她回答有三条："第一，做事认真，追求完美；第二，坚韧不拔，不怕挫折；第三，有责任感，包容性强。"她的话给了我很大启发。在有利的社会环境和历史条件下，女性凭借自身优势是能做成事的。

在当今世界，在全球各领域，女性都扮演了越来越重要的角色，这些都是女性创新发展的结果。以美国为例，我在那儿工作过一段时间，美国近半数大学校长是女性。美国政府近几年的4任国务卿，有3位是女性。在美国大选中，有许多女性公众人物参政议政。在德国，女性参政也十分活跃，据统计，德国议会中的女性比例达29.6%，政府部门中的女性比例达35%，这些数字高于欧盟成员国平均女性占24.7%的比例。北欧的瑞典是推动男女平等最成功的国家，有一个参赞从瑞典回来告诉我，在瑞典歧视妇女是不可能的，法律都是对女性有利的条文。在瑞典的349个国会议员中，48%是女性；在23个政府部门中，11位是女部长，占了将近一半儿的位置；在公务员中，女性领导比例从2000年的22%上升到2010年的38%；在企业中层以上领导班子中，女性占33%；22%的瑞典妇女还都拥有自己的公司，瑞典的妇女地位确实很高。据联合国的一个数据统计，联合国每5年发表一次全球妇女状况报告，据这份报告显示，在目前经过选举产生的151位国家元首中，现任女性领导有12位，包括6位女总理和6位女总统。在各国部长中，16%是女性，芬兰、挪威和西班牙的都女部长达到很高的比例。全球女性在经济领域也很活跃。据我看到的一个数据，美国大银行经理的人数，男女几乎对等。在2009年分布于全球各地的500

强企业中，13个企业的首席执行官是女性。印度第二和第三大银行的首席执行官也都是女性，她们统领了摩根、大通的投资银行业务、工业信贷投资银行的资产部等重要部门，还占据了印度储备银行一半以上的董事席位。这标志着女性创新发展是女性创业时代到来的前奏。

在当代中国，一大批优秀女性走上了领导岗位。我国政府规定各级领导岗位必须都有女性，从中央到地方都予以落实。在《全球妇女报告》中，在写到中国的时候，给予了很高的评价，指出中国女性政治地位已居于全球前列。改革开放以来，我国女性参政率有明显提高，各级女干部的数量接近干部总数的40%。我再引用一个全国妇联的数据，它告诉我们，国家领导人中有8位是女性，省部级领导中有230位是女性，全国有670名正副女市长，这个数字几乎是1995年的两倍。我想这个数据应该是比较权威的。在我国科学研究系统，女性高级知识分子的发展也很快。截止到2007年底，中国科技人力资源中的女性已经达到1971万，占科技人力资源总量的38%。在中国科学院，女院士有56人；在2009年新当选的科学院院士中，有5名是女院士，占院士总数的4.91%。现在大家觉得这个数还少，但大家要知道，这是数量已高于欧美发达国家，美国科学院的女院士比例是4.1%，丹麦是4%，英国是2.9%，加拿大是3.2%，法国是3.2%。中国女性在科学研究领域取得的辉煌成绩和拼搏精神是值得男性学习的。

再看北京师范大学。北师大的女性比例高是一个突出特点。女性多是好事儿，将来北师大的女性走出去，可能在各级领导岗位、各级专业技术协会，或者在不同专业领域发挥领军作用。如果能达到这个程度，那么北师大就培养了高水平的女性人才。我在来参加这次讲坛之前，调查了个数据：在北师大，女性教学科研人员有643人，占本校教学科研人员总数的37.4%。其中，正教授141人，副教授277人，讲师221人，助教4人，这个女性比例是相当高的。另外，在职女干部96人，占全校干部总数的将近50%。可见，北师大女性人才是北师大学校发展的主力军，女性人才为学校发展做出了不可磨灭的贡献。

提高女性发展的关键是发展教育。瑞士世界经济论坛公布了2009年度全球性别差距报告，报告指出，60%的国家女性提高了教育普及率，超过了三分之二。据华盛顿某高等教育机会研究机构的统计，在美国和大多数西方工业国家中，几乎在每项标准化的测试里，女性都占优势。在美国高校中，女生获得57％的学士学位，60％的硕士学位，其中约一半是法律和医学学位；在工商管理硕士中，42％是女性。

但是，在女生学业成绩急起直追的态势下，也出现了另一种性别失调的现象，就是男生的学业成绩在普遍下滑，男生已逐渐沦为高校的第二性。我国也有类似现象。中国青少年中心副主任孙云晓在其《拯救男孩》一书中给出的数据是，从1999年到2008年，不到10年，高考状元的性别比发生了逆转，男生的高考状元由66.2％下降到39.7％，女生的高考状元由33.8％上升到60.3％。在高校国家奖学金的获得者中，男生也是弱势，得奖者大多是女生，男女生获奖比接近1∶2，就是说，有一个男生获奖，就有两个女生获奖。据国家统计局统计，女生占本科生的48.15％，占硕士生的48.16％，占博士生的34.7％，这个比例也是相当高的。似乎男生学业成绩落后是全球性的问题，而不单单是中国的问题。如何做到男女两性共同发展？实现社会性别平衡发展？这同样是一个新问题，需要我们运用创新思维共同思考。

二　女性创新人才发展模式的新趋势

在世界范围内，女性人才都显示出特有的思维风格和管理优势。这种风格和优势近年逐步增强，形成了女性创新人才发展模式的一种新趋势。其中的一个重要方面，就是女性领导人物大幅增加。据预测，未来女领导的数量可能还会继续增加。

为什么会出现这种新趋势？怎样解释这种新趋势？我认为，这与女性具有自身生产和管理能力，与女性具有社会管理潜质，都有关系。在现代社会条件下，两者如能创新结合，就能产生女性人才发展的新模式。

关于女性具有自身生产和管理能力，指女性天生有当女儿、妻子和母亲的社会属性，这种社会属性塑造了女性一身而兼多种社会角色的行为特点，具有这方面的人生训练。女性凭借这种训练可以直接获得家庭管理才能。我做过下面一个测试：本校男领导多，我就让他们当场掏钱，谁兜里有钱谁掏，结果只有校长一人掏出现金了，别人都没掏出来，所以我说，女性管家具有普遍性，女性管家而男性不理财是家庭共性现象。

关于女性具有社会管理潜质，指每位女性优秀人才都应该是优秀的社会管理者。我认为，女性人才能管好一个小家，也应该能管好一个大家。这个大家，是指家庭以外的社会组织、社会工作和社会事务管理。女性在小家中，要教育子女，要团结爱人，要维系与公婆和自己父母的关系。女性的社会属性就是要维系家庭和谐。好的女性家庭管理者一定要有这方面的领导艺术。伦理学家卡洛儿·吉里根在《不同的声音：心理学理论与妇女发展》中说，女性在人格发展过程中经常伴随着对别人的一种自觉的关爱，男性往往把自我看成是独立自主的存在。在女企业家的管理实践中，能贯彻很好的关怀伦理。我们中国人常说的"百炼钢成绕指柔"，也可以用来解释女性人才参与社会管理的创造性。钢是高硬度的金属材料，女性管理者经过创新型的智慧决策和组织劳动，将硬钢块变成指间的柔丝，这是一种伟大的力量，善治的女性就有这种伟大的力量。

女性与关爱别人的自觉性，故女性很适合在今天以知识分子为主体的社会组织、社会工作和社会事务中做服务型的领导。在这类成功女性管理者的身上，会融合男女双性综合的气质，就是说，她们既有女性的温柔、细腻和富于感情的倾向，也有男性的刚强、果断和意志坚定的品质，两者兼得者成功率较高。女性还倾向于把自我看是一种相互关系中的存在，把道德视为对他人的责任，看重人与社会和自然的和谐共生价值观；女性也更富有同情心，这使女性善于为他人着想；女性的口头表达能力和肢体语言表达的技巧也比男性要强；女性善于倾听别人的表述来判断是非，男性呢，还没等你说两句话呢，他就知道了，打住。这样由女性承担高校教育工作或社会管理工作，就会更加细腻、柔韧，更有亲和力。

女性从家庭管理转向社会管理，中间是有空间的，这个空间不能自然过渡，而是要创新过渡。在现代化和全球化时代，女性要通过创新思想和创新实践，增强以下几种能力，才能转向成功的社会管理人才：第一，有推行远景规划的能力；第二，有改革成规、向前开拓的能力；第三，有全神贯注地干事业的能力；第四，有用友情感召的方式去工作的能力；第五，有善于将挑战转化为机会的能力；第六，有关注下属、贯彻关怀伦理的能力；第七，有勇于力排众议、标新立异的能力。如此形成的女性人才模式就会取代男性的硬性人才模式。

对高校女教师来讲，科研成果、教学方法和教学案例都可以创新。

在社会管理的其他领域，如企业组织管理，有了上述能力，也能促成女性的成功。美国妇女创业基金会曾就男女企业家的管理方式差异进行过调查，发现两者的思维方式和理念大致相似，但管理风格截然不同。企业家的思维都是思考甚于观察、理性甚于感性，三思而后行，但男女两型在决策管理时存在着明显差异。男性注重逻辑思维，发挥左半脑的功能；女性则注重逻辑思维和形象思想，将左半脑的思维与右半脑的思维结合起来。女性善于把感觉、直觉、关系、体谅等因素用于决策管理过程中，力求做到周到；男性企业家在决策管理时强调合理性，女性则强调既要合理，又要合情。男性的决策管理倾向是偏向于男性自主、独立和竞争，女性更注重人际交往、相互依存和合作共事。

欧洲达克斯大学 Duke 管理学院有一个教授，他在研究成功谈判所需要的素质时，分析了男女谈判者都是怎么谈判的，发现女性谈判和男性谈判时，在谈判风格、把握对手的方式上都很不相同。男性往往是以背水一战的心态，奔着只赢不输的目标与对手较量，而女性则表现出进退自如、委婉求全、耐心等待、期盼双赢的态度，所以容易与对手建立良好的合作关系。我在英国和美国都当过外交官，主要是做教育官员，我发现在谈判中女性更有耐心和毅力去付出。我在美国谈判过 AP Chinese 教材，可译成"高中先修大学课程"，当时美国学校设立的外语课没有中文，只有西班牙语、拉丁语和墨西哥语等。当时我就想，如何让中文进入他们的教育主战场。我跟他们去谈判，开始的时候是非常艰难的。我一个月去了四趟纽约，开车过去。最后一次，他说他要休假，我就说："这是最后一次机会，你要是不见，你永远丧失了在中国的市场。"他同意见我了，然后就谈判。谈判到一半儿的时候，他下面的人反对，说如果让 AP Chinese 进入美国教育的主战场，就必须在美国已有 500 所学校开设了中文课，而当时只有 252 所开中文课。你怎么说服他？怎样让他在看上去不可能的时候把事情变成可能？谈判到一半儿的时候，他说了，Madam Liu，能不能让我们休息一下，我们去研究。我说，可以，反正我今天没事儿，就跟你们谈到底。最后那天就成功了。我们的 AP Chinese 正式进入了美国国民教育的主战场。拿下它以后，中文教育就可以带入公开考试。换句话说，这个改革的最大好处是，美国学生上了 AP Chinese 的课，有了这个学分，上大学可以免修，比如 AP Chinese 是 5 个学分，美国上大学后就免修了 5 个学分。一个学分在哈佛、耶鲁这种大学要二三百美元，有 5 个学分，就节省了很多钱。最重要的是，推动中文教育进入了美国。所以谈判是非常重要的。西欧产业协会创始人芭芭拉曾说，如果你能成功地调解你们家四岁和六岁的男孩抢玩具所发生的纠纷，你就有能力参加世界上的任何一个项目的谈判，这就是我想讲的一点。

当今社会已进入信息时代，信息时代有利于女性发挥其性别优势。为什么呢？在信息时代，男性身强力壮的特征日益淡化，体力上的优势逐渐被智力上的优势所代替。现代社会的大量事情成功与否有时几乎都在键盘上决定了，是按钮决一胜负。这样互联网就能够帮助女性改变传统角色。也有人说，互联网是为女性量身定做的、发挥自身能力的非常好的工具。

女性人才的成功要比男性付出更多的精力，这也因为女性有家庭和事业两个担子，男性只有事业一个担子。有一次，我跟一个同志谈话，她是我们派到西藏的教师，她跟我说了一个例子，让我觉得女性真不容易。她说她要出远门，就要在她家画个图，告诉她丈夫，你的衣服在柜子的第几层，你的鞋，你的袜子都在什么地方。否则她丈夫什么也找不着。我相信在很多家庭里男性都是这样。我们家也是这样，我不告诉他，他就找不到衣服。所以，女性要更合理地兼顾家庭和事业，才能投入到社会建设事业中去。

总之，女性经过创新能力提升，把管理小家的优势扩大到社会职业上，就会表现出高超的人际交往能力、适度的灵活性和宽厚的包容性，女性就比男性更容易成功。

三　女性创新发展的社会空间与途径

面临创新型社会的快速发展，女性还要在多方面不断地提升自我，才能在本职岗位上撑起一片更精彩的天空。主要应该处理好女性创新发展的社会空间与实现途径中的几个关系，做到既兼顾女性自身特点，又能创新拓展，促进社会与个人都能健康有序地发展。归纳起来，主要有以下四点。

第一，保持性别优势，提高学习能力。不是说女性天生有性别优势，女性就能成功。现代社会已由工业经济向知识经济转变，女性除了发挥性别优势，还要重新认识和提高自身能力，成为学习型人才，才能适应社会转变的需求。

首先，女性要树立文化自信。中国女性有优秀的文化传统，在新的社会历史条件下，女性可以与男性加强合作，或者比男性做得更好，要有这种文化信心。当然，女性比男性的家庭担子重，还要多几分勇气，多几分勤奋，这也是非常切实的。你要想成功，你确实就要比男性付出的更多。

其次，也是相当重要的，就是女性一定要通过创新型学习争取成功。现代社会是竞争社会，没有什么成功是现成预备好的。你要想达到成功的顶点，就必须刻苦学习。现代社会是信息社会，掌握信息获取方式，提升运用信息的能力，就是最重要的学习内容之一。最近我看了一条新闻，不一定准确，但对今天这个题目有一定的启发性，说的是比尔·盖茨，有记者问他，未来五年哪个大学最好？记者的意思是想让他说哈佛、耶鲁最好，他却马上回答说，在未来五年，网络大学是最好的大学，真是一双慧眼！大家想一想，现在学生在网络上学习的速度有多快？像百度搜索，搜狐、新浪网站，他一上去，就能获得想要的任何信息。例如，他爸爸有了病，他上百度一查，就知道这个病的症状、历史和医学发展概况。这就是现代社会传播知识的大众化途径。大学生都知道乔布斯和Ipad，他的这个发明一出来，把整个互联网、整个信息世界都推向了一个新的阶段。乔布斯说，我活着，就是为了改变世界。创新型的社会给人类带来了巨大的便利，也带来了巨大的冲击，我们要不断地加强学习，才能成长和成才。

第二，认识两个能力，拓宽创新视野。我已反复说过，女性的特殊问题是要处理好家庭与事业的关系。女性有这方面的特长，但要在现代社会条件下发挥这个特长，还要拓宽视野，创新思考，找到适合自己健康发展的途径。据世界卫生组织报道，全球女性患忧郁症、焦虑症、精神疾病的概率明显高于男性，这就是由女性负担重造成的。现在社会竞争激烈，女性身心失衡的要比男性多，很多职业女性处于亚健康状态，这是应该注意的。从大学生方面说，毕业生找工作的精神压力很大，宅男、宅女数量猛增,这时女大学生更要学会开拓视野、思维创新。

我举个成功亚裔女性陈冯富珍的例子,她在世界卫生组织先后担任助理和总干事。她是文科出身,为了追随自己的丈夫,她重新改学了医学,她的丈夫叫陈智雄。她说,我们1973年在加拿大结婚后,我改念医科。尽管我有奖学金,但学费很高,所以每个暑假我们都去打工,生活很艰苦,但我们很高兴。我先生是我强大的后盾。我们从小认识、青梅竹马,感到不开心的时候,也可以哭一哭,会感觉很好。她说,她的牺牲是有的,她在事业上的成功会伴随家庭上的牺牲,她举个例子,说世界卫生组织任总干事的时候,世界卫生组织设在日内瓦,她自己在日内瓦工作,远离家人,下班后要自己做饭,但这是她自己的选择,她没有后悔,她丈夫也一直支持她。陈冯富珍坦言,每对夫妇都会吵架,但要懂得怎么处理,有矛盾或不同意见时要摊开来说,他们在有不同意见时,三言两语说完,如果说不清,就马上各自走开,不再继续争论,以后再慢慢讨论,不能没完没了地吵,因为夫妻要互相尊重,不能随便说伤害对方的话。她还说,我和先生之间有一个原则,从来不在孩子面前吵架,也绝不会在外人面前批评对,这是非常关键的。她认为幸福有三要素:一是要有一个好家庭;二是要有一个充满挑战的事业,三是要有很多知心的朋友。大家想想,是不是这样?她对幸福的理解,对家庭、事业、压力、挫折、友谊和成功的理解,对我们的心理建设、能力建设、家庭建设和社会投入建设都有参考价值。

第三,关爱自己,树立健康美学观。女性要爱别人,也要关爱自己。最近中华医学学会有一个统计,对北京11个单位做了一个调查,了解男性和女性在同样竞争规则下对身体状况的影响。调查发现,在男性和女性中,65.58%的女性要承担全部家务或者更多的家务,有49.45%的人对承担的工作量感到劳累,所以我讲,女性要学会关爱自己,不要一干起来就忘了时间。再一个是不要忽视运动,坐不动是大部分女性知识分子的习惯,上面的调查发现,经常参加健身活动的女性只占女性的11.76%,这种状况是必须改变的。其实我自己也有这个问题,我到北师大工作到现在,几乎没有一次体育活动,总感到忙得抽不出时间。我每次都对自己说,一定要去,一定要去,最后还是放弃了。但是,上面的调查也显示,知识女性的心理健康整体水平还是优于一般女性的，因为她更为包容、更为开放。但也不可否认，女性的忧郁症、人际关系敏感、焦虑等心理问题还是大量存在的。调查发现，有 24.18％的知识女性在工作之外很少与朋友交往。这个数据不知是否准确，但是调查结果就是这样。下了班，男性都交往去了，女性都回家做饭去了，没法交往了。这样就减少了宣泄心理压力的机会，增加了心理不健康的因素。在这里我想多说一点，就是鼓励大家，包括我本人，都要关爱自己，发挥女性健康美丽的优势。平时我都穿蓝衣服，今天我要参加这个讲座，就穿了一件花衣服，算是落实关爱自己的一种表示吧。对事业成功的女性来讲，追求漂亮和美丽无可非议，我觉得是应该的。德国女总理默克尔走上政府岗位后，加强了形象设计，增强了感染力。我们应该把自己打扮得更漂亮，把工作做得更好，把健康的笑脸奉献给同事、学生和社会。

第四，增强现代意识、建设魅力人格。魅力人格对女性来说是非常重要的。什么叫魅力，魅力是理想、情操、智慧和学识的外化。你可能长得不漂亮，可是你有人格魅力，也会使人倾倒。高校女性是应该注意建设人格魅力的，要把我们的深厚学养、家庭和谐、子女教育、交友收获、敬业精神和无私奉献转化为人格魅力。西方领导科学认为，领导成功的定律，99％是个人魅力，1％是法定权利，法定权利不能改，但是 99％可以通过个人魅力来实现的。

在现代社会环境中，魅力人格建设体现为四性：第一，自信的气质，你有魅力首先是因为你自信，撒切尔夫人曾经说道，就领导而言，没有性别之分，只有能力之分。所以我们要相信自己的能力。要坚定自己的信念，以自己独特的优势、潜在的优势，塑造高校女性乐观向上、端庄大方、博学多才的女性形象；第二，自立的气度，要追求独立的个性品格，培养独立的办事能力，以素质求平等，以作为求地位，以能力求发展，要能够成为独挡一面的干将，敢说、敢做、敢于创造的人才；要学会大气，要有能容人、能容言、能容事的雅量，要把事业从各方面推向前进；第三，自强的气魄，女性要有自强的气魄，不为性别所困，不为困难所惧，要敢于超越自我，敢于追求卓越，为什么我们就不能追求卓越呢？所有的事情都没有封顶，不管是教学、科研，还是家庭建设各方面，都不会封顶,感情是要不断培育的,能力是要不断建设的;第四,自尊的气节。女性必须自尊,特别是要视名利如水,端庄而不拘谨,要经受得住权力、金钱、物质的考验,这是对女性来讲是非常重要的。总的说,四性就是:自信、自立、自强、自尊。

几十年前,我曾到黑龙江生产建设兵团插过队,冬天零下43度,大雪纷飞,人一出去,脸上就像被蜜蜂蛰了一下,回来就是一个白泡,这块皮肤就被冻伤了,这时候要用雪搓,直到搓红为止,冻伤的地方才不至于坏死。当年的环境是非常艰苦的。我也曾在优越的国际环境中工作过,在驻英国和美国的中国使馆做过外交官,还去了其他很多国家。比较不同的生活经历和工作环境,我深感国家改革开放带来的巨大变化,感到中国女性发展有了最好的社会空间和历史机遇。让我们一起努力,一起创新发展,做健康、独立、创新、智慧、幸福的新女性。

目 录

上编　女教授论坛讲义

下编　女教授论坛对话

前　言

　　北京师范大学是我国高校社会性别研究，特别是女性教育研究的优势单位。1995 年在北京召开第四届世界妇女大会前后，北京师范大学前辈女教授发起成立了全国第一个高校女教授联谊会，即现在的北京市女教授协会（初期命名为"首都女教授联谊会"），北京师范大学"女教授讲坛"，正是北师大女教授协会分会创办的社会性别教育系列课程之一。此课从大学教育改革的实际出发，根据我国在全球化和现代化进程中遇到的社会性别新问题，主要是在高校中青年女教师和女大学生中出现的人生、事业与家庭的发展问题，调动本校文理科多学科的综合资源，开设了这方面的本科生和研究生课程，推动学科建设和人才培养工作；同时，也在一定程度上，对联合国未来十年发展计划中的社会性别主流化目标的落实方式进行探索。

　　北京师范大学"女教授讲坛"的历届师资队伍，由具有很高的学术成就和崇高的社会声望的前辈女教授和部分优秀中青后学组成。年高德劭的教育家卢乐山先生、著名古代语言文字学家王宁先生和心理学家张厚粲先生等，都是我国妇女界和教育界各自领域的女性先驱，是长期投入妇女教育事业的社会活动家，曾参与"95"世妇会的筹备和组织工作，拥有很高的社会声望。她们开辟了北师大"女教授讲坛"，多次为"女教授讲坛"讲演，还组织了大规模的"首都女大学生素质调查"，发表了很有影响力的《正确估计和高度重视首都女大学生素质的提高，加强首都妇女后备人才的培养》的系列报告。她们在全国人大、政协和妇联提出了高水平的促进我国女性全面健康发展的多项提案，引起了积极的社会反响。她们在国内率先发布了《为高校学术道德建设做出新贡献》的倡议书，为教育部在全国高校开展学风建设工作提供了宝贵的建设性意见，她们还发动了"女教授与女大学生携手行"的活动，为高校女性教育社会公益事业的建设奠定了基础。经她们的培养和带动，北师大新一代女教授工作团队也逐步成长起来，接续前辈传统，积极有效投入到"女教授讲坛"的持续建设中，使这项工作年复一年地坚持下来。北师大"女教授讲坛"，历时 18 年，经过四代人的建设，现在已形成稳定而有特色的北师大女教授社会组织形式和公益教育活动平台。

本书"上编"所收内容，是"女教授讲坛"2012 年至 2013 年讲义的结集。这些讲稿背后所涉及的宏观问题有：内罗毕会议的前瞻性战略的主题与次主题在中国高校的落实实际与变迁，高校女性知识分子对世界妇女解放运动的关注和对解决女性教育问题的社会责任感，女性成才之路与男女平等社会政策的关系，女性教育在家庭教育中的历史地位与现代社会意识，家庭和谐与子女教育，尊重女性的先进文明观，女性师生的自强拼搏勇气和合法维护女性权益等。

本书的"下编"，是女教授与女大学生的对话集，主要以散文的形式，对"上编"的学理阐释予以形象化地解释，引导新入职的青年女教师和女大学生树立自尊、自信、自强的人生观和世界观，健康快乐地走上成才之路。这个形式也是由北京师范大学的女教授前辈开创的。1997 至 1998 年期间，由王宁教授等主编，率先出版了《繁花絮语——女教授与女大学生的对话》散文集四册。这套丛书出版后，《人民日报》、《光明日报》等 44 家国内主要报刊做了报道，广大高校女性师生反响强烈，竞相争看，在一段时间内，成为"女教授讲坛"的必读参考书。由于它们得到了女教授和女大学生的普通认同和喜爱，"下编"仍采用这种形式，拓展"上编"的内容。但由于时代的变化，本书在作者队伍、讨论问题和对话形式上，也有一些新变化。

"下编"保留了原《繁花絮语》作者中的北师大女教授和与北师大有师承关系的在京其他高校女教授的文章，也保留了参与那场对话的北师大女大学生的部分文章。对这部分文章的历史性来源均在各篇文章中做了说明。本次还补入了一批北师大"60 后"、"70 后"和"80 后"的女教授和女博士后的作者及其文稿，她们是"95"世妇后涌现的中青年女性优秀人才，在她们中间，有的已经成长为国家重点学科和国家重点实验室的学术带头人，有的是国家级教学名师或北京市教学名师，也有的是在各级人大、政协岗位上为社会性别研究和实践建言献策的女学者。新老作者针对近年高校女性比例递增和所出现的女性学业与就业的系列新问题，共同开展新一轮的对话与思考，促进新世纪高水平大学的建设。我们把 20 世纪 90 年代至 21 世纪北师大女教授和女大学生对话的讲稿与散文编在一起，旨在反映北师大女教授工作四代人的奋斗历程，展示该团队多年耕耘的集体历史。

根据近年网络信息社会的快速发展和大学数字校园建设的进展，"女教授讲坛"采用了网络平台的形式，鼓励女大学生与讲座女教授开展网上对话，网络新媒体为高校女性教育搭建了广阔而多元的对话空间。

我们希望这种理论与对话的双向努力能够成为本书的一个特点。

编　者

2013 年 8 月 25 日

上　　编

女教授讲坛讲义

我与心理学

张厚粲

一 我为什么选择了心理学

我想大家都想知道，我为什么选择了从前的冷门心理学。

初中三年级即将毕业的时候，我自己做了一个决定，要学心理学。那时是 1941 年，我在贝满女中读书（现北京 116 中学）。贝满女中是一所基督教学校，也是当时北京最好的中学。我们几个要好的同学聚在一起谈未来打算，他们有的说要学化学，有的说要学物理，有的说要学医学，我说学心理学。那个时代流行"学会数理化，走遍天下都不怕"的观点，"科学救国"的思想很强势，我说我学心理学，人家都感到很奇怪，但是我心意已决。现在我学了一辈子了，这条路很坎坷，但我仍然认为我当初的选择是对的。

我对当时的教育方法不满意，但有些老教师确实有水平，教书教得好，我是始终尊敬好老师的。我念书时是个性格开朗、又比较淘气的学生，念书不够认真，不是考试得百分的那种类型。学数学，我不喜欢做作业；学语文，我不喜欢写描述性文章，人家写作文都尽情地描述，写了3000 多字，我只写了 500 字的论述，也能达到最低要求。我不会唱歌，但我可以凭乐理挣分，现在有些唱歌的人不懂五线谱，我会五线谱。我的体育成绩好，滑冰、游泳都会。我还参加过日语演讲比赛，各种课外活动都积极参加。我那时精力旺盛，有时间、有余力，就会找自己喜欢的事情做，甚至有时还会干扰课堂秩序。我上学早，年龄比同班同学小，跟我姐姐同班，但跟谁都能玩到一块儿去，功课好的同学也能接受我，认为我大体上还算是好学生。那些好的老师也不讨厌我，还给我不错的分数，基本上承认我算是好学生之一吧。那么我对什么样的教育方式不满意呢？我感到，也有很多老师不了解学生，用千人一面的眼光看待学生，这样的教学方式让我苦闷。有位数学老师要我写作业，我说我已经会了，为什么还要在作业本上写？我那时还不知道"因材施教"这个概念，但却有了要对学生因材施教的看法。所以，从那个时候起，我就下决心学心理学。

高中临毕业的时候，老师又问全班学生以后学什么？大部分人都选择了化学和物理，唯独我还是选择心理学。那是一位物理老师，清华毕业的，他就在黑板上写了一个大大的英文单词 PSYCHOLOGY，那是我第一次看到心理学的英文写法。老师们都对我感到惊奇，也有些遗憾，因为他们认为我应该上数学系，而我却要学心理学。

我上大学后念心理学系，从此与心理学结下了终生不解之缘。

二　心理学经历了曲折的发展历程

中国心理学经历了一条十分曲折的发展道路，这些我都亲身经历了。中国古代已有心理学的观点，但现代科学心理学是 20 世纪初由西方传入的。20 世纪二三十年代，从辛亥革命到抗战前，第一批出国留学的中国学者回来了，其中就有几位是学心理学的，如北京大学校长蔡元培先生就是其中的一位。他是在德国跟冯特学的，冯特通过推行实验测量方法，使心理学脱离了哲学，成为一门独立的学科，冯特也因此被公认为科学心理学的鼻祖。后来世界各国的学生都来向冯特学习，里面就有一个中国学生蔡元培。蔡元培回国后并没搞心理学，他承担了更重要的职务，当了北大校长。不过在他的支持下，另一位北大教授陈大齐先生，在北大建立了中国的第一个心理学实验室。此后，心理学就在中国开始发展，很多心理测验都出现在那个时候。1915 年，美国人最早来中国作测验，要了解究竟中美儿童究谁的智力高？那时盛传中国儿童的智力高。他们在广东作了 500 人的智力测验，结果是中国儿童的智力稍高一些。看到这个结果，美国人就不往外宣传了。当然我们需要仔细分析中国儿童强在哪些方面？原来是数学推理能力强。但我国的教育也有不足，就是在儿童时期还不错，但到了大学阶段，到了需要创造能力的时候，中国学生要显得差一些。总之，20

世纪 30 年代是中国心理学比较兴盛的时期。

1937 年抗日战争爆发，很多人四下逃难，离开了学校。一些心理学的教授去了西南联大。当时整个中国学术都处于低潮时期，心理学也是一样。

1945 年暑期，我考大学二年级插班进校，入辅仁大学心理学系，开始了正式学习心理学的生涯。当时班里只有七八个学生，后来不断有转学走掉的，也有出国的，到 1948 年我毕业时，班里只剩下三个学生了，怎么考也都是前三名，但我是第一名，就被留校任教了。比我们高一级的学生有多少人呢？四个。我们全系就十几个人。系主任是个神父，德国心理学博士，属于冯特的嫡系徒孙的一代，所以我们学了正统的心理学，基础打得相当牢固。从留在辅仁教心理学起，直到现在，64 年过去了，我从未改变专业。

1952 年院系调整时，辅仁大学心理学系与北师大教育系合并，统称教育系，心理学系被取消，我们师生都进了北师大教育系。其实从抗日战争开始，心理学已经在下滑，没有什么发展。新中国成立后，发展心理学就更艰难了。为什么？主要是有一个错误认识，认为心理学就是讲唯心主义的学科。在那个突出政治的年代，没有把政治与学术划分开来，一听到"心理"二字就谈虎色变。心理学既然搞唯心主义，那就是唯物主义的对立物，这也是不能被容纳的。后来心理学就成了资产阶级反动学科，不但不受重视，而且被排挤、取缔。我们转入北师大前，外国教师已被轰走，我们几个中国教师也因为来自天主教大学而受到牵连，这仍然是一种以政治划线的简单化做法，因为在教会学校学习和工作不等于信教。我从抗战后就在基督教会的学校读书，但我没信基督教；上大学进了天主教办的大学，我也没信天主教。我还曾对系主任直接说我不信教。老师上课讲心理学是 science of the soul，即"灵魂的科学"，我并不这样认为，还问老师"什么是灵魂？我没见过，我不相信！"老师的态度还好，并不发火，向我解释了几次，但怎么说我都不信，他也不勉强，还是认为我是好学生，临毕业时他还主动把我留校当助教了。

我多年置身逆境，内中原因很多：一是家庭出身不好，我是张之洞的孙女，出身于官宦家庭，本人是资产阶级知识分子，被认为是只可利用、不能培养的人;二是接受了教会学校的教育,与社会主流政治有距离;三是选择了"反动的"心理学专业。那个年代什么不好,我就与什么有联系。有了这些复杂的关系,我哪里能被爱惜?这一辈子就只能是处处倒霉了。但我从来没有自己杵在那里难受,我看一个人如何生活主要靠自己。家庭出身是我不能选择的,选择心理学是因为我相信它是一门科学。就是凭这种信念,我经历了各种政治运动,都几十年如一日坚持下来了。大家都说我的心态好,是的,要不然我怎么能活到现在?

三 为中国心理学事业工作一生

大家了解了中国心理学的坎坷,就能了解我个人在事业经历上的坎坷。1958年,国内首次批判心理学就是从北师大开始的,口号叫"拔白旗"。我当时才31岁,成了"大白旗"之一。为什么是我?因为我从21岁开始教书,到31岁时已经是年轻的"老"教师了,就被认定为是一面指引错误方向的大白旗。批判的内容我不在乎,因为那不是我能决定的,不是我个人的错,可是当年最让我不服,至今也不服的,就是批判我讲课好,因为你讲课是放毒,所以你讲课最好,就是让学生受毒害最深。这一条罪状我是怎么也想不通的。作为教师,课讲得好,学生爱听,成为我罪过最大的依据,这合理吗?至今没人向我解答。对心理学的批判,从北师大蔓延到全国心理学界,影响很大,到1959年表示批错了,却对被伤害的知识分子不了了之。1960年恢复心理学,承认心理学是一门科学。在北师大教育系,将心理学教研室改为心理学专业。开始时,只开一门"普通心理学",后来又加了"儿童心理学"。由于新中国成立后就取消了心理学系,在现任教师中,除我一个人出身心理学系外,其余都是教育系出身,只学过普通心理学,所以领导就问我心理学专业的学生该上什么专业课?我说应该上"实验心理学","好,你上!"我说应该上"统计测量","好,你上!",就这样,在心理学恢复之后,从"普通心理学"开始,几门专业基础课都由我来教。一年级我教,二年级我教,三年级我教。三年级下学期和四年级开始,再加一些联系实际的应用性课程,如教育心理学等,也是我来指导,这样就构成心理学专业的教学规划了。这时心理学在多年停顿后重新开始,我不能拿过时的教材上课,一切都需要重新准备。我的小女儿在 1960 年暑假出生，开学后需要上几门新课，我实在没时间带孩子，产假满 56 天，我就把她送到托儿所去全托。那段时间繁重的工作压力几乎把我累死。但我总相信一个人的生活主要靠自己，人只要自信、自强，就能克服暂时的困难。我那个在托儿所长大的女儿日后不是也成长得挺好的吗？1978 年，她考上了北京大学数学系。我们从 1960—1965 年的心理学恢复时期，还确实培养了一批人才，像林崇德、郑日昌、孟庆茂和程正方等，都是那几年毕业的学生。我这个人从来就认定心理学会好起来的。心理学恢复了我的劲头就很足，只要让我上课我就高兴。尽管我知道再有运动挨批的还是我，我也不在乎。我一定要尽我的努力培养出一批好学生。

1966 年"文化大革命"开始，心理学的情况变得更糟。姚文元带头把心理学打成了伪科学，那种批判是不能反驳的，说你是什么就是什么，那真叫不讲理。姚文元以葛铭人（革命人）的名义，批判老一代心理学家陈立先生关于颜色的一个实验，并从这里开始发难。陈立先生当时是杭州大学校长，是英国著名心理学家 Spearman 的学生。为什么要做颜色测试呢？大家知道，颜色有暖色和冷色之分，颜色视觉是对情绪有影响的，同时这种影响又有个体差异。姚文元硬说颜色实验不对，说红色代表革命，谁都应该喜欢红色。而我们知道，实际上不能处处使用红色，卧室和被褥都是红色就别想入睡了，教室的墙面都是红色，学生兴奋起来就别想上课了；医院到处都是红色病人就别想休息了，恐怕病也很难治好。反过来，年节庆典、欢庆宴会，用红旗、红墙和红灯是助兴的，在这种场合下改用灰色或白色，看上去阴暗、惨淡，大家的心情就不会好。我说的是常识，但在"文化大革命"时常识也说不通了。心理学本来就被怀疑是唯心的，现在又被说成是伪科学，就再次入了冷宫。接下来是心理学界的大多数人受到冲击，有人自然消亡，有人自杀去世，死了不少。有些年轻人看到心理学整天出麻烦，就转行了，从此离开心理学。我若不是历经风雨，长期受过运动的锻炼，形成了坚强、独立，又适应性极强的性格，就不知跳楼跳了多少次，死过多少回了。我能一直存活下来，并且身体良好，继续工作，主要是因为我对事业、对个人心地坦然。那时多数教师都被分配到干校去劳动了，我因为有幼儿园的孩子需要照顾，就在校内生物系的农场里干了一年农活，后转到图书馆旁边的一个大菜窖里，搬了一冬天白菜。那时北京冬天都需要储存大白菜，为防白菜发霉烂掉就要经常搬动。再后来我被分配到物理系的小工厂，当了两年的小电机下线工。瞧，我又学了一门手艺，还干得非常好。"文化大革命"中不许看外文书、不能念英文、不能读规定的政治书籍以外的其他任何书，心理学资料就早就没有了，我也没有心理学笔记。我从很小的时候就不会写笔记，我很烦那种抄写的工作。因为没有耐心，我就不写。直到现在我也没有笔记，只是凭脑袋记事就够了。我该上什么课，课前就看什么，知道该怎么讲就行了，一般不做笔记，至今什么讲课记录都没有，我就是这么干的，就这样"文化大革命"也挺过来了。关于我上课和办事不做记录的习惯的形成，还有政治运动的原因，20世纪50年代，在改造运动中，看到有人拿着从前的小组会记录或听课笔记，当成了证据，逐字逐句地批判同事或同学，旁观者都会产生可怕的记忆。我不知道这些人讲的是否真实，但文字记录的可怕，同样给我留下了深深的思想印痕，强化了我不留文字记录的想法。

"文化大革命"结束后，心理学又获新生。1978年北师大心理学恢复招生。1985年全国有了5个心理学系。改革开放至今，中国心理学变成了热门学科，现在国内院校已有近300个心理学院、系或心理学专业。我个人经历了心理学最困难年代，也迎来了心理学发展良好的时期，我与心理学真是有纠结又难分的关系。近几十年来，我们这些心理学的热心人士为了推动心理学的全面恢复和发展，主要做了以下几件事情。

第一件事，培养师资。"文化大革命"后恢复心理学时，实验心理学人才紧缺，杭大的陈立老先生在杭州主持了一个实验心理学教学培训班，吸收全国高校心理学专业的教师参加学习。培训班的师资由北大、北师大和中科院心理所的专家学者组成，我负责讲授认知过程部分。北师大教师的讲课常常是最受欢迎的。后来这个班的学员成了国内院校实验心理学的骨干教师，有的后来当了博导。这个实验心理学班对中国心理学的教学恢复起了很大作用，从此各地心理学系都能正常开课了。

第二件事，恢复心理测量。1979年在天津召开了全国心理学大会，大家意气风发，都想要多做工作。我认为应该重建心理测量的研究分支，就联合湖北大学的老教师胡德辉贴了一张大字报，呼吁这件事，结果得到了大家的一致认同。我有这个想法，是因为我自幼就相信人与人之间各有不同，要全面恢复心理学，就需要恢复心理测验这一分支。但心理测量在"文化大革命"中被批得最厉害，当时承认人有阶级差异，不承认人有个体差异。现在要恢复心理测量，没有师资怎么办，我想还得由我来做吧，我就去动员原辅仁大学的林传鼎先生，我的心理测验课就是林先生教的。林先生在辅仁和首都师大都当过教务长。1980 年 5 月，林传鼎先生、吴天敏老师和我三人，在武汉办起了一个全国心理统计与测验培训班，全国各院校共来了三十多位教师。林先生讲智力测验，吴老师讲比内测验，我讲心理统计。那批学员后来也成为全国心理测验教学的重要骨干。可以说，正是这两个班，实际上是把新时期中国心理学的发展给抬起来了。在此基础上，我们组织全国各地老师合作修订了国际通用的韦氏智力测验法（WISC），这样第一个标准化的心理测验就在中国普及使用了。

第三件事，提倡和发展应用心理学。20 世纪 80 年代后期，我开始考虑如何将心理学知识推广到社会应用中去，如何应用心理测量为中国社会文化建设服务？我决定就从中国恢复高考的改革开始。大家知道，1977 年我国恢复高考，考题是决定着每个年轻人的命运的。我从 78 级上统计课时，就开始带学生拟做高考试卷分析，但这需要大量的数据，我们就到教育部高教司去要，人家不给，说是国家机密。后来教育部本身也想改革了，就说教育革命要提倡，要改革。他们还把美国 ETS（教育考试服务中心）的专家给请来了，让各地高招办的主任都来听专家讲座。北师大科研处得到通知后，给了我 6 个名额，说你带几个学生去听听吧。我因那天有课去不了，就派了几个学生去，结果高招办的人全都听不懂，只有北师大派去的学生听懂了，还写条子提问题递了上去，外宾们没有当场回答，过了一个多礼拜，突然系秘书找到我，问这里有个心理测验小组吗？我说，"有呀，就是我组织的学生。"秘书生气地质问："谁让你们去跟外国人联系的？""外国人看见那个提问题的条子后找回来了"。秘书的意思是我们犯了错误。那个条子的落款写的是北师大心理学系心理测验小组，老外看了，认为我们北师大还有几个明白人，想要找这个小组来座谈一下。我领着学生做了认真的准备。高教司的李司长陪美国专家来到北师大，外宾一排，我们一排，双方对坐着。我让学生们有准备地用英文发言，交流专业问题。谈完后，该司长很惊讶我们学生的国际交流水平，认为我们给北师大争了光，还说："这些学生毕业后给我几个"。从此我们就跟教育部高教司建立了良好的关系，也获得了高考数据。我们分析了 1978 年和 1979 年的高考试题，算出求偶信度和效度都不行，有的效度居然出现负数，尤其政治课的考题，基本上是倒着的。最好的是英语、数学和物理，于是我们就提出高考考题改革的建议。此后我们又干了几年，教育部为此成立了教育部考试中心，我们的高考改革研究也获得了全国教育研究的一等奖。心理学就这样走向了社会应用。再以后，这种应用研究又拓展到公务员考试、领导干部选拔考试和其他资格考试中，都取得了很好的社会效益。我的想法就是心理学要走向社会，要让社会各个方面了解心理学、认可心理学。现在社会各界都愿意接受心理学专业的毕业生，心理学应用的领域更加广阔，事实证明我们的工作没有白做。

第四件事，加强中国心理学的国际交流。中国心理学的迅速发展与加强国际交往是分不开的。国家提出要赶上国际水平，这就要从思想上到行动上都走出国门，在学术开放的环境中发展心理学科。改革开放之初，中国科学院派出一个 4 人代表团去德国参加国际心理学大会，在那个会上提出了要加入国际心理科学联合会的申请。那个时候中国已经站起来了，人家也讨论接受了。1984 年中国正式成为会员国，此后每四年一次出席大会执委会。起初我出国还很困难。改革开放之初我曾有三次出国机会，都因为我出身不好不能出国，被学校给否定了。1981 年又有一个国际心理科学联合会提供的机会，还不让走，我真急了，我非走不可，那才不得已，让我出去了一趟，一年后我如期回国，从此学校知道我不打算跑，便再也不限制我出国了。1984 年，中国心理学会加入国际心理科学联合会执委会后，荆其诚当选为执委。1996 年我接替他当执委。2000 年我当选为国际心理科学联合会副主席。从 1984 年到现在，二十多年了，中国心理学会实现了国际化，在国际心理科学联合会执委会里始终有一位中国人，这是多么重要的变化。执委会一共才 17 个人，有 13 个是选举产生的，其他 4 人是任命固定的。我们中国人始终在执委会里没有出来，并且我们还出了 3 个副主席，这种待遇在国内其他学会里是没有的，心理学是第一个。这是与中国心理学者的努力分不开的。再想想看，中国心理学从一度被打成伪科学，到经我们几十年的努力，快速发展到这样的程度，心理学不容易吧？

尽管我一直被限制，但我还是挺高兴的，因为我没有死，我为此起过一些作用，到现在还站在这里。你要讲现代中国心理学的历史，我比谁都清楚，我亲身经历了全过程。中国心理学历尽坎坷而终于成功，我感到由衷地欣慰。中国心理学的成功也有我一份，我对自己还是挺满意的。

四 中国女性要自立自强

大家让我谈谈对女性形象的看法，我就讲几句。今天是三八妇女节，有男同学也在下面听讲，我们可以一起谈谈。

我觉得，女性与男性相比，要做出成绩更不容易。我这样说，不仅是因为女性的生理条件、身体条件不同，在家里管的事儿多，这些都是限制；而且也因为在社会活动范围内，女性无论怎样优秀，都还是被压抑的。我在国际心理科学联合会担任了两届副理事长，但没有担任理事长，因为我是女人，大家有这样一个想法，还是还是男性更合适。但是，不是别人说我们不行我们就真的不行，女性要自己去争取。

我很得意的是我为争取女性权利做了一件好事儿。1995 年，中国北京准备举办世界妇女大会。在这个大会以前，也就是 1993 年。因为我是三八红旗手，又是民盟妇委会主任。被邀请参加了中国妇联组织的一次妇女代表大会。会上说，1995 年的世界妇女大会将要到中国来开，这表示中国的妇女运动搞得好，妇女地位提高了，还说这次世界妇女大会的中方主席是李铁映。听到这里，我就站起来发言了，我什么都敢说。我说，既然到中国来开世界妇女大会，标志着中国妇女解放运动做得好，妇女有地位，那么妇女大会怎么要一个男性当主席啊？咱们这么多妇女干部，就选不出来一位主席？后来过了一段时间就改成了彭佩云。彭佩云并不漂亮，但是开幕式那天，她身穿一身大红色的衣服，站在那儿讲话，很气派，足以代表中国妇女的风采与社会地位。

所以女性得说话，得为自己争取权益。现在女生的成绩都好，女生从小就老实，女生分儿高，重点学校的大多数学生都是女生，三好生也是女生，研究生也是女生越来越多。可是从另一方面看，女的再棒都是"员"，领班员、服务员，这个"员"，那个"员"；男的都是"长"，科长、处长、部长，在现实社会中是不是这样呢？

国外已经有了不少女总统，中国还早着呢。现在中国人大和政协成员中女性比例有所提高，但与中国人口总数相比还相差甚远，这里有女性自己努力的问题，也有改变传统思想观念的问题。当然，我并不认为女性各方面都要跟跟男性比，女飞行员、女伞兵、女武警、女高空作业工人等，我觉得在这些社会职业里，女性少一点没关系。但是，女性也要知道自己的特点，自己的优点，自己在团队中的长处。平等就是各有长短，才能够做到和谐发展。从女性本身来说，还要打扮得好一点儿，漂亮一点儿，这很重要，女生们别怕麻烦。我们要自己站得稳、站得正、自重，通过自己的努力获得发展的机会。

我是一个不文不理，既自然科学又社会科学的跨学科的人，一个马马虎虎、经历不怎么顺当的人，就这么一个人来给同学们做报告，我觉得应该让大家看到，我始终在工作，也始终都很乐观。经过我们的努力，把中国心理学这样一个困境重重的学科都做起来了，你们在别的学科能比我们心理学做得更好。

希望大家都来做敢于表达、勇于争取、自信自强的中国新女性。

（许　燕　整理）

[主讲人简介] 张厚粲，1927 年生于北京。1948 年毕业于北平辅仁大学心理学系并留校任教，1952 年院系调整后在北京师范大学任教。现任北京师范大学心理学系教授、博士生导师，校学术委员会委员，兼任中国心理学协会常务理事，曾任国际心理科学联合会副主席。2005 年台湾辅仁大学授予张厚粲教授心理学博士学位。张厚粲教授的主要研究领域是实验心理学、人类的认知和心理和教育测量。她是率先将认知心理学引入中国的著名心理学家。她在心理统计和测量方面，主编了中国最早的心理与教育统计学教材，最早开设了心理测量的课程，组织修订日中文标准推理测验、韦氏智力测验，编制中国儿童发展量表，使测验在我国广泛地应用和发展。她不仅在心理学研究领域取得了巨大的成就，而且还培养了许多优秀的心理学研究后学人才，曾被评为优秀研究生导师。她是我国心理学界公认的开拓者和学术带头人，在国际上也有很高的声望。

我与中国传统语言文字学

王 宁

我和大家一起听了张厚粲老师的报告。张老师是我最敬重的师辈之一，她出生在不平常的家庭，从事不平常的专业，有过不平常的意志，为国耕耘卓绝而个人收获寥寥。比起张老师，我的一生没有什么好说，唯一能说的，是我从事的专业比较偏冷，大家不太熟悉，我就根据举办这次讲座的初衷，讲讲我和中国传统语言文字学的关系，说一说对传统文科研究手段现代化的看法，以及对从事妇女工作和女性问题研究的一些认识。

一 不意进入传统语言文字学的殿堂

我进入中国传统语言文字学领域，从不自觉开始，到不得已而为，再到自觉为之奋斗，经历了三个阶段。

我出身在一个知识分子的家庭，国学的启蒙老师是我父亲。他是一位重视子女教育的严父。父亲是书法家，别人求字多了，他会攒在一个星期天写。写字时总是要我去帮他铺纸、研墨。有一次，父亲写完字问我要不要也给我写一幅，从此，我的书桌前一直贴着父亲写的一幅警语对联："戒骄戒躁戒任性，耐劳耐苦耐吃亏"，我此生始终牢记父亲的教诲，克服娇骄二气，学会吃苦耐劳。十二岁以前父亲教我读《古文观止》和《唐诗三百首》，给了我基本的古代文化知识。小学三年级时，我迷上了数学，上中学后，仍然爱作数学难题，高中毕业一心想报考北大数学系；不料想学校动员我，要我同意保送北师大中文系。这和我少年时代的憧憬相差万里，但那时年轻人的思想就是以国家需要为个人志愿，于是我就放弃了个人爱好，到北师大中文系学习。

— 13 —

50 年代的文学对社会的进步有引领作用，学中文，当然奔的是文学。1958 年大学本科毕业，按照国家需要至上的思想，我报名支援西部边疆教育，被分配到青海师范学院，又不料想，仅仅因为普通话说得标准，却分到了汉语教研室。我在青海教了三年现代汉语和语言学概论，虽然并非自己所愿，但仍然要求自己做得"最好"。青海是一个缺氧的高寒地区，省会西宁海拔 2100，比中原地区缺氧 24％，因为气压低，水到 82 度就开了，如果不用高压锅，米饭总是半夹生，馒头也总是粘的。生活艰苦尚能克服，工作的艰辛更是一言难尽，而当时的"政治运动"又加一层压力。语言学不是我属意的专业，极"左"和浮夸更是单纯、诚实的我无法适应，尽管这一切都在"建设边疆"的崇高理想激励下克服了，但在努力工作之余，渴求理解和渴望学习的心情难以抑制。

1961 年，教育部决定招收第一批文科研究生，条件是在本专业工作三年，教学效果优秀，还要考两门外语。我因为偶然的机会允许报考，考上后，便来到陆宗达先生的文字训诂学课堂学习。就这样，我无意之间跨进了传统语言文字学的殿堂

陆先生是清代乾嘉学派的殿军章太炎先生的再传弟子，他在 40 年代登堂入室，做了章太炎先生大弟子黄季刚（侃）先生的嫡系学生。"章黄之学"是"乾嘉之学"的延续，是一个维护国学、继承传统很重要的学术派别。乾嘉之学在清代以考据为主要手段，专门研究经学、"小学"。章黄之学不仅继承了这个特点，而且赋予这个学术领域极为深刻的爱国主义精神与弘扬传统的历史使命。那年我 25 岁，满怀激情，章黄之学背后深刻的民族大义激励我尽快入门，所以，我那时学习是百倍努力的。

二 尊崇师承变"不意"为"有意"

跟陆先生念书，小时候不管受到多少国学教育，在中学和大学里不管学了多少文言文，都是些支离破碎的东西，对研修章黄之学是远远不够的。第一年点读段玉裁《说文解字注》，同时用大徐本作《说文》系联。这工作就是把《说文》甲条中与乙、丙、丁……诸条有关的各种形、音、义材料，全部抄到乙、丙、丁……诸条下，九千多条一一如此处理，毫无例外。段注的后面，明明印着一个《六书音均表》，但陆先生不让看，要

我们自己把《说文》的非形声字（包括象形、指事、会意），按黄季刚先生的二十八部十九纽全部填入韵表，再把所从之字系联上去，九千来个字无一例外。开始做着还新鲜，有时能碰上几个疑难问题，翻翻弄弄，兴头挺大，但耐不住一天十几个小时就干这么一两件事。半年以后，陆先生开始请萧璋先生为我们讲《毛诗》，请俞敏先生为我们讲《马氏文通》，他自己讲《论语》、《孟子》和《左传》。老师们讲的篇目并不多，可要求我们自己连白文加注疏一起点读。本来，《论语》、《孟子》的白文不少人都是通读过的，可陆先生指定的书是刘宝楠的《论语正义》和焦循的《孟子正义》，这两部书引证经、史、子书之广博，当时实在令人吃不消。我记得初读时光查、记引文的书名、篇名，就整整折腾了一两个月，这才不至于把人名、官名、书名、篇名当生词给讲到文儿里去。我印象最深的是听也是黄季刚先生弟子的刘盼遂先生讲《说文》的《一部》和《亥部》。《一部》加重文共六个字，《亥部》加重文共两个字，这八个字，刘老讲了三回没打住，又补了三回，于是我的笔记上错别字加拼音，整理笔记比听课用的时间还长。听讲是这样，自己点读古人的注疏会是怎样，那就可想而知！我在日记上记着，1962 年 4 月，我把点读过的《说文解字注》拿去给陆先生看，陆先生一边翻一边笑，没批没改，只对我说："再去买一部重点吧！"连着点了三遍《说文解字注》，还同时把《说文》大徐本和小徐本仔细对校了三遍，心里刚豁亮了一点儿，又上来一门音韵学。有了填韵表的底子，声、韵、调不生疏了，可等韵学的那些跟现代科学难以挂上钩的术语，也够让人头疼一阵子的。幸亏陆先生讲音韵学从来不先摆弄空泛的道理，总是从实际的训诂材料出发，要我们先把该背的背下来，用熟了，才过细地讲音理。后来我知道，陆先生跟黄季刚先生念书的时候，季刚先生就是这么教他的。

我在念研究生的时候，已经是一个充满了当代意识的人，与古人的隔膜说不清有多厚。在过古书阅读关的同时，我还认真地选了一门马列原著选读课，读《反杜林论》、《路德维希·费尔巴哈和德国古典哲学的终结》、《唯物主义与经验批判主义》、《哲学笔记》等六本哲学著作，两者的反差使我无限惶惑，陷入矛盾与思考之中：一个现代人如何尽快地去接近古代？面对文化积淀如此深厚的古代文献，我们这一代人继承遗产的能力究竟有多强呢？如果我们过这一关还这么艰苦，还有可能再往下传吗？我一边刻苦读书，一边努力寻求这个问题的答案。我终于从自己学习的甘苦中明白了：一个略通训诂学的现代人，首先需要积累大量的先秦文献和注释、纂集、考证材料。要想在同样勤奋的前提下加快这个积累的过程，重要的是做一个明白人，知其所以然地去攻读，把握科学方法去积累。形成语感与明了语理是相互促进的，熟读与弄懂应当同步进行。从那时起，我便对训诂材料中反映出的诸多文献语言现象进行理性的思考。那时候，我每两星期到陆先生住的前清厂去一次，一方面给先生办事，另一方面有机会就问问题。其实，笔记上、书头上和心里攒下的读不懂的书是一大堆，但我从不去问"这段书怎么讲"或"这个字怎么解释"。陆先生常说："书看不懂，再往下看，看多了就懂了，不要急着问。"我也觉得，占用老师那么宝贵的时间问他一两个字，等于拿老师当字典。尽管陆宗达先生对古代训诂和《说文》的熟悉程度，够得上一本"活字典"，但学生这样来消耗老师的时间，是很不恭敬的。我问的问题应该是："这个现象该怎么理解？"所以，我每次去先生那儿之前，都要把读书中遇到的各种现象作一个整理，并试着去解释它，然后拿到先生那里去请教、讨论。久而久之，这种师生的讨论形成了一种习惯，每次我去，不等我发问，陆先生总是先说："上次咱们谈的那个问题，我又有个新的想法。"或者说："有个问题我正等你来一块琢磨琢磨。"也有时候，先生已经把好几本书翻开摊在桌子上、椅子上，专等我去了指给我看，我得到这种指导的益处实在太大了。我体会到，从浩如烟海的材料中把握现象，从现象的分析解释跨越到对自己本民族语言的理性认识，再把这些理性认识放到普通语言学的大环境中去思考，这是一个认识升华的过程，是摆脱盲目从材料出发的烦琐、重复的一剂良药。从那时候起，我开始学会读书，也开始培养自己重视理论的素养。

也是在这个过程中，我进一步理解了自己的老师陆宗达先生，也理解了自己的太老师黄侃先生、章太炎先生，他们在传统被全盘否定的时代，把对祖国文化传统的无限眷恋，转化为认真去选择和培养学术继承人的教育责任感。而他们也在教导新一代有志青年的过程中，把自己的足迹踏向现代。这种深刻的理解和感受，便成为我坚守在自己专业领域的一种动力，永存在我心里。继承传统语言学的"不意"渐渐转成了"有意"。

三　普通人民的感召促使我一往直前

1964 年，我自己感到已经走出困惑，读书之"苦"虽未绝对结束，但"苦尽甘来"的程度却在日渐加深，更有意思的是，我觉得自己抓住了传统语言文字学方法中的许多朴素的或彻底的辩证方法，在感受古今差异的同时，也越来越多地发现了古今的沟通，这更是让我喜出望外。研究生的幸福时代也就在这个新的起点上结束了。在这里，我还要说到的是我同届的八位研究生同学——王玉堂，杨逢春、谢栋元、钱超尘、余国庆、黄宝生、傅毓钤、张风瑞。我们是 50—60 年代第一批专门面对古代"小学"的研究生，我们一起承受了批判"厚古薄今"的巨大压力，经受了自身的古与今思想冲突的考验，经历了步入古代文献的艰苦学习历程。陆宗达先生常常提起我们这些他的头一届研究生，他为了带我们牺牲了其他重要的机会，但他说，他不后悔，他在 60 年代初，便使那么多的年轻人站在维护民族文化的立场上，这是他献给国家的一笔财富。

毕业时中文系领导找我谈话，他们说，陆先生希望我留在他身边，但那一年北师大中文系没有留校的指标，我可以先去北京市教师进修学院工作一段。但他们又说，我属于"在职研究生"，青海师范学院的校长曾经到教育部来要教师，也顺便提出希望我回去。所以，是留是回，由我自己决定。我心里明白，只要自己表示愿意留在北京，是完全可以如愿以偿的。想到青海三年的种种不顺利，留在北京就教老师、照顾母亲的愿望难以抑制，但是就在这一年，"学习雷锋"的运动铺天盖地而来。我经过激烈的思想斗争，决定再次回到青海。现在的青年人无法理解 50 年代大学生的心态——他们大多在中上等经济条件的家庭中长大，经历过"新旧两个社会"，期盼自己站在时代的前沿，把学习的优秀和政治的进步当成铸造自己的标准。他们对祖国的强大有着一股痴情，希望达到"忘我"的境界而进入"先进的无产阶级队伍"。他们的确很"傻"，但那种坚定的进取心和自我改造的意志实在是万分可贵。

我回到青海后的工作并不是一帆风顺的。先是"四清"，后是"文化大革命"。如今，50 年代的青年人都已经跨过 70 岁，不平常的阅历使他们看事情透彻多了。反思起来，大家都已经明白，在那种环境下，越是单纯、求实，越容易招来祸患。由于众所周知的原因，我七下农村牧区，在高原最贫瘠的山坳里和一望无际的大草原上与农牧民相处。我献身祖国传统文化教育的激情被泼上了一瓢冷水。但是，被无限强化了的理想，又时时在胸中翻腾。曾经吃过那么多苦头读得刚刚入门的书，内心无限珍惜，舍不得放弃。每次下乡，《说文》和《十三经注疏》，总是选几册线装本夹在枕头里带下去，后来改带《史记》、《诸子集成》。怕把音韵的字表和韵部忘记，抄成一张张的小纸片，藏在笔记本的包皮里头，有空就拿出来温习温习。为了独自看书，常常争取住在老乡的柴房甚至马圈的边上。和淳朴的农牧民相处，我有过几次十分强烈的震撼：有一次，房东家里宽绰，自己可以单独在柴房的炕上睡。那是运动期间，文化已经成为革命的对象，读书是冒险的。出乎意料的是，偷偷读书偶然被房东和农村干部发现了，我以为自己找来了祸事，但他们非但没有让我遭受打击，反而送来了心照不宣的保护和尊重的目光。那天晚上，我忽然发现，房东让她的小女孩锁儿，偷偷在我的油碟里加了两根灯捻儿，怕夜里寒气太重，还用一块破毡挡住了我的窗户。烧灰肥是青海山区十分艰苦的农活，照例，这种活我们是必须跟着上山的。可出工的那天，大队长忽然把我拉出队伍悄悄对我说："人手够了，你别去了，在家念你的书吧！"面对一年只有180斤原粮、土豆熬汤多加一把青稞面就算过年的善良农牧民，我忽然明白了，自己读的那些书，农牧民谁也不懂，但是他们希望我读，鼓励我读，帮助我读。我有一种顿悟的感觉：自己已经得到一种真正属于祖国和人民的理解和默契，而为自己的民族和人民找回他们自己的文化精华，这应当是我从事这个专业的更为根本的目的。在农牧区，我接触了经验丰富、聪慧有加的老者、渴望读书的孩子、遇到任何挫折都不屈服而求生抗死的妇女，以及富有正义感、敢作敢当的基层干部。我不知道自己的所学还有没有用到的时候，也不知道世界将会变成什么样子，但我知道，拥有这样人民的祖国不会没有希望！

我的年轻朋友和学生，常常奇怪我会在讲解一个与现实并无直接关系的传统文化命题之后，不知不觉地提到"还没有获得温饱的人民"——或许，在他们看来，他们已经进入中国硕士、博士学习阶段，和我说的那些还处在文盲阶段的人无论如何搭不上话了。也或许，他们以为这是 50 年代的人"过时的说教"。我想，这恐怕就是一种"代沟"吧！我深深感到，年轻一代在聪颖和智慧、锐敏和强记，甚至为达到某种目的坚韧与刻苦方面，都会远远超过我们这一代人，但是，他们的心里能否充容着对自己民族的深爱，对祖国和人民的尊重和顾惜，和守住自己民族文化精华的高度责任感？唯有有了这些，他们才能跳出个人名利的诱惑，克服急功近利的浮躁，为伟大的事业而甘于自身的平凡，保持自己的强大而不去欺凌弱者，在人格和学术上，获得双重的成功！

或许正是这个潜在的动力，使我能够忍受各种艰难、委屈、压抑，留在这个被称为"长线"、"冷门"的岗位上。也正是那种与民族、人民默默相通的感受，使我进一步理解了我的太老师章太炎先生和黄季刚先生，他们在那个国学被全盘否定的时代，宁肯背负"守旧"的十字架，为保存中国的传统文化，读了、批注了那么多的古书，季刚先生直到 49 岁临终的前一天，仍手不释卷。他毅然抛弃仕途，嘲讽名利，背离时潮，坚守故辙，这绝不是任性，更不是保守。民族文化是不属于个人的，它是若干代人共有的财富，践踏她、舍弃她，甚至冷落她，都是对人民的一种背叛。我明白了陆宗达先生提起季刚先生为什么怀着无比的崇敬，他又为什么坚持用季刚先生教他的办法来教我们。

我的认识正是在那个"知识无用"、"古文化反动"的时代得到了深化；我的心正是在那些被饥饿和贫困笼罩着的山村和草原上，面对不识字的父老乡亲而安定下来。我那时便已完全懂得，传统语言文字学讲究的是朴学精神，古文经学家喊出的口号是"为实"和"实事求是"，也就是说，应当从现存的典籍中，通过语言文字的解读，找回历史文化的本来面貌。这门学科是解读古书的工具，但自身就是一种宝贵的历史文化。研究历史文化的学科，比起研究现实问题的学科，已经注定是"冷门"，研究历史文化的工具学科，当然更得是"冷门"。"冷门"不等于不重要，相反地，因为需要的人不可能很多，反而更要精心保护。再加上，一进入这个学科的门儿，从打基本功起，就得不断地读书。或从第一手材料里找到解读疑难字词的证据，或从第一手材料里归纳总结语言文字的规律。这个掌握第一手材料的过程，无论如何不能跳跃，也不能减少。这门学科和急功近利、风头主义的浮躁风气，永远是格格不入的。能守着这个专业坚持到底的人，应该既是养成了踏踏实实治学态度和读书习惯的老实人，又是对民族文化有真正的感情，富有高度责任感，从而能用一颗火热的心为之献身的智勇者。在阴冷的山谷里，夜听松涛呼啸，我不止一次地问自己：是否愿意忍耐寂寞？是否能够吃尽苦头？文化革命十年，在青海这样的文化教育不发达的西部高原，茫茫然不见前路，我不断问自己，如果永远没有风风光光地传播这些优秀传统文化的机会，自己能否像黄季刚先生那样，背负着"封资修"甚至"反动"的十字架，留在这个既属于过去又应当属于未来的"寒冷"地带，通过教育，为自己的民族留下一些文化的火种？我也不止一次地回答自己："我愿意，也能够这样做。"我对自己说："如果有一天，我还能从事自己的专业，我将去其艰涩，求其平易，让它尽量贴近普通人。"

四　为民族文化的现代传承迈出新的一步

1976 年，是中国社会的一次大转折，从这一年起，学坛开始复苏，教育开始振兴，也使我献身传统文化教育事业的夙愿得以实现。那时候，我已被迫离开学校，在青海省文学艺术创作研究室作影剧、音乐、舞蹈评论工作。1979 年，我又被借到文化部去从事电影剧本审查工作。但是，从事传统语言文字学教育的志向不减当初，我时时准备拒绝文艺工作，仍然回到学校去教书。这一年，陆宗达先生应北京出版社的约稿，要把 1957 年写的《训诂浅谈》扩充为《训诂简论》，出版社天天催促，工作进展却十分缓慢。陆先生把我找去，要我帮他在最短的期间完成这个任务。我得益于念研究生时与先生的师生对话，得益于二十年死死保存不忍被抄家抄去的谈话记录和自学笔记，按先生的意思完成了书稿。其后，我陪陆先生去中国社科院等处讲《说文解字》，也是借助于对老师教诲的时时研习，我总能不需指示便替先生写好板书。陆先生曾说："带着你，我省了大事儿了！"也许正是这种教与学的默契，陆先生萌发了要把我调到身边的念头。他催我返回青海师大去上课、评职称，同时向学校和教委申报调我来师大作他的助手。于是，我放弃了即将拥有的优越环境，准备回到本行教书。但是，调回母校虽有陆先生的极力奔跑，仍十分艰巨。经历了整整 4 年，到 1983 年，我才在许多界外朋友的无私帮助下，最后得到段君毅书记的亲自批示，正式调进北京。不管怎么说，我终于回到陆先生的身边工作。直到先生逝世，前后整整八年，我和自己的老师有机会更深入地继续 60 年代的那种关于传统语言文字学的讨论。

　　20 世纪 80 年代以后，我们讨论问题的中心是创建训诂学基础理论。汉朝、唐朝和清朝的训诂大家，对语言文字现象感受十分锐敏，要害抓得十分准确，最后的结论总是那么出奇制胜，让人初时料想不到，接下来又似乎尽在意中。其实，这正是他们有一种内在的思路，因为这些思路符合了规律，所以这些大家的工作很少出错儿。可惜的是他们并未把这些思路总结成通论，他们在描绘现象、阐发规律时，又不太讲究使用科学的术语，这就使初学者学起来赞叹不已，自己一作却迷于歧途。我曾不只一次对陆先生说："50 年代，是您的《谈谈训诂学》和《训诂简论》带头呼唤训诂学的复生，但是没有奏效；60 年代，是您带头培养了一批训诂学研究生，为训诂学的复生作了人才的准备；80 年代，您理所应当成为训诂学基础理论建设的带头人，使训诂学有条件进入高等学校中文系的课堂，并引导更多的现代青年接受这门有用的学科。"我向陆先生呈上自己的学习札记。这些札记我是在农村、牧区和做文艺工作的时候抄写干净、编辑起来的。80 年代初我回青海开训诂学时，曾将最基础的部分写成《训诂学》讲义，取得了还算不错的教学效果。陆先生让我再作一些加工，写成文章，再集成 1983 年出版的《训诂方法论》。为了配合《训诂方法论》给读者提供综合的训诂实例，根据陆先生的指示，我还同时整理出了一本《古汉语词义答问》，可惜这本书到 1986 年才正式出版。从 1985 年起，我协助陆先生带研究生，教学和指导论文的工作，这对训诂学基础理论的创建既是促进，又是检验。我在这些工作中的体会是，每一回我弄明白了一个"为什么"，在这个问题上就自觉了，一旦自觉了，书就读得快、记得牢，分辨和把握同类现象也就准确了，遇到疑难问题往往轻车熟路，易于解决。我明白，一个知识结构与古人完全不同的现代人，是要用科学规律来思考的，不会甘心只知"当然"，而不追究"所以然"。这就是黄季刚先生所说的"明其理"和"得其法"。1996 年，我出版了进一步思考训诂学理论的《训诂学原理》（中国国际广播出版社 8 月版），我在自序里说："一个略通训诂学的现代人，首先需要积累大量的先秦文献和注释、纂集、考证材料。要想在同样勤奋的前提下加快这个积累的过程，重要的是做一个明白人，知其所以然地去攻读，把握科学方法去积累。形成语感与明了语理本来就是相互促进的，熟读与弄懂应当同步进行，轻视理论和轻视材料的不聪明并无二致。"

我从自己走过的路体会到，创建基础理论，对引导初学者入门和防止务求者步入歧途，实在是太重要了。我没有忘记自己在山村、牧区存之于心的誓言：要对训诂学"去其艰涩，得其平易，使之更接近普通人"。在《训诂学原理》的序言中，我说："对于社会科学来说，普及是忽略不得的。一门学科一旦走入'象牙之塔'再也走不出来而与社会隔绝，离死亡也就不远了。"总结基础理论的确是一种不易被承认的工作。一种现象，初接触时迷惘困扰，脑子里翻江倒海，一旦弄明白了上升到理性，说出来却是如此平淡无奇。凡是总结得成功的规律都是十分平易的，不像解读一个谁也不认识的生僻字那样显得功夫深。启功先生把关于古代文化、文献最平易的基础知识称作"猪跑学"；其实，没真正赶过上百上千头猪的人，还真总结不了"猪跑学"呢！如果没有人传授"猪跑学"，而让每个现代的年轻人都到古书中云里雾里地从头摸索，我们将要损耗多少宝贵的时间，吓跑多少满怀热情奔这个学科而来、又思想准备不足的青年人啊！

陆宗达先生去世已经二十多年，我仍坚决沿着这条道路走下去。为了有效地保持传统，打好基本功，我一如陆先生当初带我们那样亲自带读古书，要求学生点读《说文》和《十三经注疏》，引导学生养成逐字逐句将一本书连同注疏一起从头读到底的良好读书习惯。但我知道，时代要求于现代青年学者的，比我作学生的时候要多得多：为了和国际学术界对话，他们要学习外语；为了充实更可靠的新材料，他们必须学习出土文字和新的典籍；为了在自己的学术领域内站在较高的起点上，他们要广泛搜集全世界的学术信息；为了获得科学的方法论，他们还需要学习自然科学和哲学……我们这一代人，要帮助他们解决古书阅读中的困惑，使他们由于理论的具备、自觉性的增强，而加快对第一手材料积累的速度，还要为他们使用先进的计算机，更大量、准确地贮存和整理材料，创造必要的条件。

从 1994 年起，我们创建了汉字与中文信息处理研究所，建立了计算机为研究手段的古汉字与古汉语实验室，不断完善汉字构形学和理论训诂学，努力使传统语言文字学与现代接轨。这一切无非是希望使传统语言文字学更适应当代，对青年人多有一点吸引力，而防止这种对弘扬民族文化十分有用的学料再一次地断裂。从更积极的意义上说，也希望在 21 世纪，传统语言文字学领域里能产生更多的出类拔萃的人才！

到了 21 世纪，计算机对当代社会生活融入很快，人文科学吸收了自然科学的一部分研究方法，有些地方也必须采用计算机手段。在传统文化采用计算机手段的问题上，有两种绝然相反的看法和做法：一种看法，认为计算机在帮助传统语言文字学存储和检索材料、加速浏览阅读、改进研究方法方面有很大的优势，这些人急功近利，事事依靠计算机，不再塌下心来夯实基本功，闲着人脑光用电脑，过度量化忘了人文科学还要研究个性和评价，这两样是电脑无论如何完不成的任务的，结果是把人文科学的人文性取消，把复杂的人文现象简单化；有些计算机专业的人员，还有"技术至上主义"，以为一切都是自己凭借技术实现的，他们不明白，电脑没有人脑提出问题、指出规律，是一事无成的。电脑程序不但要编写，更要训练，都不是纯技术能够解决的，人机对话的主导是"人"而不是"机"。另一方面，也有人认为电脑操作与传统的表达方式有冲突，又以为电脑资料一律不可靠，连扫描的古籍都不相信是原貌，他们固守一切"手工操作"的做法，不相信很多问题凭有限的少量材料会有"一孔之见"的片面性，只有海量材料才能见到真相。有些人甚至把一些社会上不如意的现象片面归罪于电脑。他们认为。现代青少年写字水平下降，就是因为有了计算机。按照这个逻辑发展，要继承传统，必须取消现代化；如果真是这样，人类是不是要去钻木取火了？他们不明白，传统文化与现代化的关系必然是有衔接又有差异的，但不应当是对立的。恰恰相反，传统要想在当代传承，必须具有现代化形式，而现代化手段如果不关注文化传承，就不能起到服务现代社会的作用，也就是无能的、不完善的。青少年写不好字，是因为我们整个社会犯了急功近利的毛病，丢掉了历史借鉴、弘扬传统的意识，衡量人的价值只看他能挣多少钱，能不能"耍帅"，而不看他全面的文化素养。字,只有写,才能亲和。光看字,是亲近不了它的,只是一个视觉的接受者,怎么能对字有感觉?要去写字,才能产生亲切的心理过程,发生情感的变化,养成对汉字的审美意识。这正是一种汉字文化素养培养的过程。有些人以会说几句英文为荣,而不以把汉字写得七扭八歪为愧。这种意识一旦进入了自发的审美观层面,即使没有电脑,又怎么能让青少年写好字?放弃读写、抛弃历史、一味崇洋、连中国字都写不好,这样的退步怎能归咎于计算机!

有一件事在我心中是很神圣的,那就是教育。孔子周游列国,对政治失望了,就从事教育。孔子之伟大,首先在于他是主动的教育家,而不是一个依附他人权势的政治家。他通过教育的渠道体现和传播了他的思想。只有守住教育,才能守住未来。要实现一种学术目标,就要作好高质量的教育传承,这是我从不放弃本科教学和研究生教学,甚至不放弃对中小学教学关注的动力。也有些好心的朋友问:"你有那么多好的想法,为什么先在课堂上讲出来,而不赶快出书?出书才能获奖"。人各有志吧!至于荣誉,当然不是坏事,但有时也说明不了什么问题;如果在一个评价机制不健全的体制下,荣誉可以负载空泛甚至虚伪,有形式而内容恰恰相反。荣誉也有偶然性,我们的很多师辈,学问比我们丰厚,道德比我们高尚,贡献比我们突出,但他们并没有得到什么荣耀的光环!跟他们相比,我们已经愧受了不少荣誉,我们应该有自知之明。当然,有些人拿到的荣誉比我们还不值一提。

五 妇女工作与女性问题研究

1994年,为筹备1995年即将在北京召开的世界妇女大会,学校委派我去参加陈慕华、雷洁琼等中央领导人发起的"女教授联谊会",由于北师大在高校的地位,我担任了首届联谊会的副会长。会长是工艺美术学院的院长、常书鸿的女儿常莎娜,她既是名人又是领导,非常忙碌,知道我是中文系的教授,就把"女教授与女大学生"论坛的组织策划工作交给我去做。当时北师大党委书记李英民找我谈话,叫我同时去担任校女教职工委员会主任。说起李英明老师,我要在这里多说两句。李老师原来是数学系的总支书记,数学系从来都是最和谐、最敬业的集体,我总觉得和她的榜样作用有关。李英明老师做事公平、为人低调、是非分明，我在工作中遇到许多不平之事，向她述说，她总是十分通情达理地设法解决。她自己的生活极端简朴，也从来不说什么豪言壮语。我内心十分敬重她，把她当做可以交心的领导。如果不是李英明老师让我去作妇女工作，我一定不会接受；因为当时我自己就很轻视妇女工作，认为那是婆婆妈妈的家庭妇女才干的事。我是一个对任何接受了的事都要求自己做到"最好"的人，做了这件事，认识了许多这条战线上的奉献者，思想发生了很大变化。我在一篇纪念全国妇联已故的黄启璪副主席的文章里说："从担任北师大女教职工委员会主任到现在，我业余进入妇女工作领域已经8年，在教学科研超负荷运转的同时，妇女工作占去了我许多的时间，占有了我相当多的思绪与情感。在这8年里，我脑海中常常浮现的，是我24年在青海农村、牧区结识的阿奶、阿嬢、大妈、大嫂，她们在食不饱、居不安的日子里经常保存着爽朗的笑声，她们在烧灰、拔草、担水、扬场的繁重劳动中总是透露出无比的轻松，她们蔑视十年浩劫编造的所谓'阶级敌人'的神话，非常自信地用自己的眼光去分辨好坏人。是那段回忆伴随着我，去了解奋斗在高等学校的女教授们。两种文化差距极大的妇女群，同使我感受到中国妇女的纯净与坚韧、正直与智慧，使我对妇女工作从不情愿到难以推脱，从勉强投入到无怨无悔。在这8年里，我还接触了许许多多妇女工作者，她们大多是当年的劳动模范和先进工作者，面对着占中国人口一半的妇女，以自己的模范作用，执着地带领那个勤劳、正直、努力、聪慧、为中国的革命和建设作出过巨大贡献、付出过巨大牺牲的优秀群体，争平等，争发展，争权益。他们代表着母亲、儿童——社会发展实际的主体，工作却常常处于边缘，即使是在世妇会那样的国际论坛机遇中，她们的辛劳也不一定能进入全局工作的主流。也许因为她们的才能和美德都展现在普通群众的面前，难以为上级领导觉察；也许因为她们的工作既普通又有特殊的专业性，一旦熟悉了就难以顶替；也许因为'女子无才便是德'的历史性偏见，妨碍人们洞察她们的才能……总之，她们被提拔到其他岗位的机会非常少，所以，她们很难有机会把自己在无数经验中拾掇起的先进的性别意识，带进那些性别意识荒芜的领域。但是，她们似乎传染上了中国妇女的'只问耕耘，不计收获'的惯性，高高兴兴地在自己的园地里播种、浇灌、刨锄，为姐妹们的成功感到极大的快意。她们是我遇到的最不具有官僚气、最具有平常心和人民性的领导。"我觉得，为这个弱势又优秀的群体做一点事，是应该的，也是正义的。1995 年，世界妇女大会在北京召开，这是国际上和我国妇女界的一件大事。我在大会期间，组织了 NGO 论坛的女教授和女大学生对话论坛，成为我国高校女性理论开拓空间的首例。我还跟首都其他高等院校不同专业的女教授合作，跟世界许多国家的妇女精英对话，在北京市和国家级的平台上，建立中国知识女性的话语权。在这些方面，实事求是地说，我们是有比较明显的收获的。

我想告诉在座的年轻人，在我们中国，从事妇女工作是非常不容易的。举个小例子说，1995 的世界妇女大会本来是定在首都体育馆的著名建筑场所召开的，后来听说世妇会的个别代表团的人员构成不大符合我国政府的规定，就把会挪到怀柔郊区去开了。比较一下，奥运会也是世界性的，代表团成员也有不同的意识形态，但国家的重视程度大不相同。另外，女性歧视的偏见有时不是来自外部社会，而是来自女性本身。有的女同志问我："你已经在学术上有了一定的成就，干嘛去做这种吃力不讨好的事呀？"她们自己是妇女，但是自己瞧不起自己。文化传统和现实社会的压力也给女性自身带来了自卑，这是更可悲的。我在青海工作多年，接触了大量的基层社会、农牧区普通妇女，我对她们的生活状况和生存压力感同身受。回到北师大工作后，看到晋升职称、评奖评优，很多时候，都是男性占先，女性忍让。许多自身需要发展又举步维艰的女性师生道路曲折，这种曲折在我个人的经历中也屡屡发生。在妇女工作中，常常是费力而对个人没有收获的，但是我想，不要把个人荣誉看得太重，真正需要得到的，是人生和事业上的充实。自己的工作是否尽力，有没有解决问题的智慧，敢不敢面对各种学术挑战，肯不肯坚持做艰苦而又没有名利的工作，这些才是永存于人格中的真的东西——真的东西是不需要依靠外在评价来支撑，更不会被任何强大的外力所剥夺的。

妇女事业发展的程度是国家社会进步的重要标尺。在 21 世纪的中国，妇女地位已经有了很大改观；新时期以来，高校的女教职工和女生的比例已有了大幅提升，这是举世瞩目的。但是，我国的妇女发展之路还相当艰巨。由于市场化，又由于法制不健全，很多社会问题产生的后果常常是弱势群体来承担，而女性首当其冲。一个正直的人在为社会奉献的时候，要雪里送炭，不必锦上添花。媚上、媚俗、随波逐流是最容易的事，一个正派人会去做吗？保持中国妇女的忠厚、诚恳、坚韧和大度，为教育的发展和学术的进步，为大多数弱者付出自己宝贵的时间和精力，为我们之所愿！

[主讲人简介] 王宁，北京师范大学文学院资深教授、博士生导师，汉字与中文信息处理研究所所长。1958 年毕业于北京师范大学中文系，1961 年至 1964 年北京师范大学古代汉语（文字训诂学）研究生毕业，师从我国著名训诂学家陆宗达先生，1983 年正式调回北师大任教，现仍兼任全国哲学社会科学"八五"至"十二五"规划语言学科专家评审组成员、教育部社会科学咨询委员会委员、教育部哲学社会科学学风建设委员会副主任、国家语言文字规范审定委员会委员、国家语言文字技术标准委员会汉字分技术委员会主任，中国语言学会副会长。她是我国最早用计算机手段进行古汉字与古汉语信息处理的学者之一，在传统"小学"的基础上，创建理论训诂学、汉字构形学、基于训诂学的汉语词汇语义学、汉字字体学、书写汉字学和舞蹈生态学等多门新学科，并对国家语言文字规范有诸多贡献，是《通用规范汉字表》专家工作组组长。她曾是北京市第九届人大代表、北京市第十届政协委员。还曾兼任过高师面向 21 世纪课程体系改革中文专业召集人、全国自学考试中文专业委员会委员、教育部教学指导委员会委员等学术职务。担任过教育部人文社科重点研究基地北京师范大学民俗典籍文字研究中心首任主任。曾是首都女教授联谊会（北京市女教授协会前身）第一届副会长、二、三届会长和第四届名誉会长。

我与艺术传媒学[①]

黄会林

一　艺术传媒学的研究生涯

第一阶段：设立电影学博士点。1995 年，我带领艺术与传媒学院师生拿下艺术学的博士点。当时，我们一方面强化科研，一方面积极进入业界，到电影厂、电影剧组、电视台等，开拓中国电影、中国影视的民族化之路。大体上，我们这么做了五年，逐渐得到了同行的肯定，把我们称为中国影视学科建设的旗帜性的代表。这是大家的功劳，绝不是我一个人能做到的。1999 年，国家权威人文社科刊物《中国社会科学》第三期，打破了从不刊登影视作品的先例，登了我们一组论文，还发了一个编者按，认为是："总结民族化影视艺术的发展规律。"期间，我主编了《中国影视美学研究》一套丛书（8 本），它被专家认为具有开创性和奠基性意义，是初步建立起中国本土影视理论研究的一部著作。

第二阶段：目光转向受众。从 2000 年开始，我们的研究进入了第二个阶段。随着学科建设的发展，我们认识到受众是一切艺术创作的起点和终点。我们要对影视艺术的受众给予特别关注，所以我们开始注重关于影视受众的研究、理论阐述、各种评论。我们出版了一套《影视受众研究丛传》，共 8 本，这是中国第一批关于影视受众研究的书，得到了业界很高的评价。而且，我们围绕受众进行问卷调查，调查结果荣获"北京市第九届

---

① 此文曾以《第三极文化：让中国文化走向世界》为题讲演，本次发表时，根据本书的统一框架，对题目做了调整，并在内容上做了相应的补充。

哲学社科优秀成果二等奖"。

第三阶段：聚焦未成年人。从 2006 年开始，我们想在受众里面再找一个特殊群体来进一步深入研究。影视文化和未成年人之间的关系极大，未成年人在影视媒介传播的巨量轰炸之下，有结构性的缺陷，发育不良。有些媒体商业化和市场化的发展对未成年人的成长产生了不可忽视的反面作用，而这些未成年人是国家未来的栋梁、民族未来的希望。所以，我们就把研究重点集中到受众中的未成年人群体上。我们深入调查了北京乃至全国未成年人与影视接触的几方面特点，包括行为特征、影视文化对于他们的学业、行为习惯、价值取向和社会化的影响，提出了塑造青少年健康心理的可行性策略。我们获得了 200 万个数据，连续五年在国家的核心期刊发表我们的调研报告，得到了中宣部、广电部、教育部、北京市委等多个部门的肯定和支持。

第四阶段："第三极文化"与"中国文化国际传播研究院"。随着研究的深入，我们发现，要解决影视发展的问题，需要回过头，从中国传统文化的价值上去寻找基石。特别是随着中国和世界的接触越来越密切，如何在世界文化的格局中确立民族文化的核心价值成为亟待解决的问题。所以，我们提出了新的概念，叫"第三极文化"，这是我们经过几年思考提出的原创性的学术概念。

二　"第三极文化"的研究

当今世界文化格局的特点是多元。在多元的格局中，各民族文化的影响力是不同的。欧洲文化在 18、19 世纪影响最大，美国文化在 20 世纪覆盖了全世界。我们中国文化在哪里？如果把欧美文化看作世界文化的两个极，那么我们中国有五千年的传统，有着自己文化的独特性，有自己的影响力，有对世界文明的贡献，那么它是不是应该成为美国文化、欧洲文化之外的"第三极文化"？它应该和美国文化、欧洲文化以及其他文化相互吸收借鉴，一起来构成丰富多彩的人类文化图景。

中华文明几千年积累和传承下来的内涵是极其丰富的、饱满的，包括了知识、信仰、艺术、道德、法律、习俗等，所以我说，第三极文化就是现今中国的新文化。它是一个复合体，不是一个单一体。这个复合体最主要的内涵是主导的儒家文化，并和其他的文化派别，包括道家、法家、墨家，和少数民族文化，和外来文化相互影响、相互融合、共存共生，然后一步步地形成确立、巩固认同并且代代相传。这种文化就是我们的中国文化，就是我们独立于世界文化之林的一种包含我们的民族精神、民族核心价值的文化。

"第三极文化"的指向是重塑文化自信、振奋民族精神，它需要汇通欧洲文化、美国文化和个体文化来构建和谐的世界文化。欧洲文化在世界的传播，是基于殖民主义的理念，他们通过坚船利炮将鸦片送到东方国家，使它们成为自己的殖民地。20世纪的美国文化依靠什么呢？霸权主义，不讲谦让，不讲和谐，"谁有力，谁就有理"，谁力量强大，谁就理应统治。所以美国到处伸手，想要指挥、占有这么多的国家。我们文化的根本就在和谐。回过头来看中国，几千年来我们没有侵略过哪个国家，没有今天出去打这个，明天打那个，没有吞并占领欺负人家的行为，我们要的是全世界和谐共处，这正好合乎当今世界"绿色和平"的理念。所以，我们在研讨第三极文化的时候，想到了毛泽东同志写在1936年的一首词，《咏昆仑》，"安得倚天抽宝剑，把汝裁为三截？一截遗欧，一截赠美，一截还东国"，下面还有更重要的一句话，"太平世界，环球同此凉热"。这就是一个伟大的共产主义者的胸怀。那时红军刚结束长征，还没有建立起陕北根据地，但是毛泽东同志已经预见到了新中国的成立。把昆仑山截为三节，一节给欧洲，一节给美国，一节传中国。说到这我们就想为什么我们的指向是"环球同喜"，我们不是要独占独享，要实现共享文明。我想，这样一种文化——第三极文化，就像费孝通先生给我们留下的十六字箴言——"各美其美，美人之美，美美与共，天下大同"。我们想给中国传统文化找回它的自觉、自信和自强。可是我们现在还不强，我们的经济是全球瞩目了，我们的军事、综合国力也一日千里了。可是，我们的文化自觉呢？什么叫"各美其美"啊？你自己都不美自己，还怎么美别人呢？各美其美，一定要把自己的美当成一种美，认同它，但是也不能固步自封，我们还要美别人，是吧？所以还要美人之美，把别人的美拿来，认可人家的美。然后还不行，还有"美美与共"，相互融会贯通，最后构成一个和谐世界，那时候，世界的灾难不就少得多么？

（一）"第三极文化"的丰富内涵

地理学用"南极""北极""第三极"指代地球上的地理位置当中最有特点的部分。"极"的第一层含义是在某一个范围内部最突出、最典型，就像南极中的南，全世界不可能再找到比南极更南的地方。第二层含义是在一个范畴内最突出以外，在更宽广的视野以内，跟别的范畴比，更有自己独立鲜明的个性品质。这才能叫"极"，南极、北极和第三极都有自己独立的其他极不具备的特色个性、品质、特点。世界文化格局是多元的，多元格局当中最有影响力的，我们可以承认两个极，一极是欧洲文化，一极是美国文化。第三极文化有两个含义，一个含义是在中国文化自身系统里进行梳理总结，继承它最突出、最有特色、最有代表性的部分，让它成为我们的核心价值和民族精神。比如说"自强不息，厚德载物""仁义礼智信"，这是我们民族文化里的一种品格和追求；"先天下之忧而忧，后天下之乐而乐"，这是我们民族文化中的家国情怀和担当；"天人合一""和而不同"的宇宙观和人生观；"天下为公，世界大同"的人文追求，等等。另一个含义，就是在总结的基础上，把中国文化放在世界文化的背景下加以观照，这就出现我们认为的当今世界格局里最有影响力的欧洲一极、美国一极和我们中国的文化。中国文化的底子是很厚的，我给你们说三个数字吧：一是"五千"，五千年没有断裂的文化；二是"170"，170年是鸦片战争，鸦片战争以后，我们沦为半殖民地，我们屡败屡战，但是都没有屈服过，没有投降成为彻底的殖民地，这里面生长了我们的文化；三是"六十"，新中国成立六十周年，有能力对世界做出贡献，我们可以和美国文化、欧洲文化以及其他的一切文化互相吸收，共同构成人类文化的图景。

（二）"第三极文化"的重要意义

人类是不是将要迎来现代世界的第三次大变革：文化大变革？这个想法，请大家来评判一下。我们是有这样一个认识的。世界的第一次变革是18—19世纪的工业革命。工业革命带来机器工业生产，田园到城市转换，现代媒介和大众媒介兴起。第一个文化变革时代解决问题的主要方式是战争，正像英法战争、八国联军战争，全世界到处都是战争。第二次变革是20世纪的信息革命。信息化生存，是白领取代蓝领，是都市病的蔓延，人类集体问题频频出现，贸易战争替代了军事战争。人类生存的代价非常高昂，自杀式的发展，付出惨痛代价，灾害不是局部、个体的，而是全球的、整体的。现在我们天天在说地球变暖、能源危机、核武器、流行病，都市成了人民的肿瘤，地球人在受到这种内耗式的争斗，知识的发达和智慧的贫困并举，物质的发达和心灵的贫困齐飞，高速列车已经碾碎了我们的美学韵律。人类到底为什么生存？是为金钱，为物质，还是为心灵？这就是第二次信息革命带来的头脑时代的特点。21世纪要迎来第三次革命，第三次文化的变革。文化的革命带来什么？心灵时代，这可以说是我们人类的一次机遇。地球在这个时代需要凝聚全部智慧应对集体危机。每一个人都需要一种文化反思，需要寻找一条和谐的路——人类和自然的和谐、心灵和身体的和谐、物质和精神的和谐。这个时候提出第三极文化，是对于前两次文化形态的反思，对工业化以前古老文明的反思，希望最终实现一种文化的超越。

"第三极文化"的意义首先可以说是对东西文化两极论的一种反思和修正。近代以来，传统的思维是把文化版图划为二元，就是东方文化和西方文化。而我们认为这种二元格局是有缺陷的。第一个缺陷，它是殖民主义的文化偏见，西方就是现代和进步的，东方就是传统和落后的。现代化就是西方化，东方文化和中国文化完全成为一种被偏见所笼罩的图景，笼罩在这种文化霸权主义阴影当中，就有了枷锁，这是缺陷。此外，我觉得东西文化和中西文化的划分抹杀了一个事实，西方文化本身就有巨大的差异。欧洲文化和美国文化是很难用西方两个字笼统概括的。

其次，"第三极文化"的提出也是我们转型期中国社会发展的需要。当今中国扮演了越来越重要的角色，而这种角色又被一种不相称、不对等的现象所呈现。在这种事实面前，我们任重道远，所以提出了第三极文化的坐标。我们要努力攀登，要经过漫长的努力，使第三极文化走向世界，把我们中国的价值、伦理、思维方式、文化产品，成为对世界物质文明、精神文明做贡献的一种元素。

再次，"第三极文化"的提出可以说是寻求我们文化自觉和文化自信的努力。实际上我们现在是有一种危机感和紧迫感。面对着强势文化包围，我们不能妄自菲薄，不能忽视中国文化的优良传统和我们自我更新的能力。我们的传统文化必须经过更新，给它加入现代的这种充满活力的因素，让它活起来，更新起来。在全球意识观照下加强我们的文化自信，寻找文化坐标，传播我们的文化，让我们的中国文化精神和时代要求接轨，这就是我们的第三极文化应该努力的。

（三）"第三极文化"的愿景与期待

这项研究的目标很明确，就是重塑中国文化自信，会通以求超胜。其实在历史上，中华民族是一个充满文化自信的民族，有很多事实可以证明。但当今社会缺少这些，文化自信普遍缺失了。我们的思维方式、行为方式、生活方式以及我们的价值观念、语言习惯，很多方面是对外来文化的崇拜、追捧、向往、模仿。国产电影日胜一日地跟风好莱坞式的大片，文学艺术创作泛滥后现代先锋派，学术研究唯西方理论马首是瞻，我们吃洋快餐、用外国名牌、买西式家具、看欧美电影、听交响乐等等。这些不是都不好，这些很多文化是需要我们吸收的。但是它不能是唯一，不能用这个泯灭了我们自己啊，是吧？不然，我们对中国传统文化的核心价值渐行渐远了，结果就是我们的心灵深处虚无了。我们会有一种普遍的焦虑症，这种焦虑症是因为精神空虚，而又因为焦虑而精神越发空虚，因此缺少了文化自信。一个缺少文化自信的民族，就是精神乏力的民族，则注定是没有希望的民族。所以第三极文化的首要目标是通过梳理总结、提炼继承，根据时代和社会的需要发扬我们中国文化的核心价值，重塑中华民族的文化自信，振奋我们的民族精神，这样我们才能有一种强大的精神动力。而我们讲的这个会通以求超胜，不是说要把别人的拿过来，而是说要融合、贯通起来。超胜不是要超越胜过别人，而是对于自己而言，是一种自我超胜，是一种整体超胜。自我超胜是通过会通各种文化，对我们中国文化去粗取精、去伪存真、去其糟粕、取其精华，推动我们中国文化新的发展、繁荣；而整体超胜，是指经过自我超胜以后把中国文化放在世界文化语境当中，和欧洲文化、美国文化、各种文化会通以后，整体超过以前，构建一种和谐的、全新的世界文化。这正是我们第三极文化追求的一个终极的目标。

第三极文化是一个需要当代知识分子共同建构的一个文化蓝图，是关于文化发展的战略思想。从学术层面说，试图建立一套话语表达体系，努力寻求一种独立的声音、一种独立的认知方式和表达方式。这种提法是我们追求的长远目标，要经过努力建设让它才能成熟，成为标志。我觉得"第三极文化"应该提升到国家战略高度，文化强国。我们有责任、有使命要做这件事。

（四）民族文化与全球文化

经济的全球化是大势所趋，而文化则不同。现在有人在文章中写道，"伴随着经济和文化的全球化"，我认为这是错的。文化一定有各民族不同的特质，这样才能形成异彩纷呈的人类文化多样性。文化全球化，你们觉得有这样的可能么？全世界都说英语，汉语没了，不可能吧？一定是各有各的特点，一定是各自异彩纷呈。因此，我们需要一个自觉的文化意识：中国文化走自己的路，但是绝不能闭关锁国，一定要同时有保持和吸收，保持自己的，吸收外人的，必须走这样的路。但是在这两者的关系上，首要的是把握本土的民族文化，然后把我们文化里的生命力和包容性充分地发挥，去不断吸收异域文化。

三 中国文化国际传播研究院

机缘凑巧，一位美国大文化集团"国际数据集团"（简称 IDG）的老板偶然遇到了我们，听到我们关于第三极文化的想法，他很兴奋，他说用不了几年，中国的文化研究会在世界突出，所以他很高兴要跟我们合作。为了发展第三极文化，北师大跟 IDG 合作成立了研究院，这就是"中国文化国际传播研究院"。研究院建立以后，在 2010 年和 2011 年，我们召开了两次较大规模的国际研讨会，美国前总统卡特先生参加了我们的会议，他说中国是一个伟大的国家，中国人民是伟大的人民，中美人民必须友好，这样才有共同的明天。后来，我们出版了"第三极文化"论丛《中华文明的现代演进》，那次研讨会的主题叫"从孙中山到乔布斯"。

2010 年，我们组织了 Looking Beijing 中美青年暑假 DV 项目。美国青年来北京，我们给他们提供一切条件。他们在美国学电影，到了中国后，他们会用他们的眼睛看中国、拍中国，他们的任务就是每人完成一个十分钟的短片——美国青年眼里的北京。几个美国青年一下飞机就愣在那里，他们瞠目结舌地说："中国的机场怎么可以这样豪华，这机场怎么比我们美国的每个机场都漂亮？"我笑了，是不是在外国人眼里我们中国还是陈凯歌电影里的黄土地那个样子啊。他们来了以后，兴奋地去看北京，什么都是新鲜的。北京市委常委宣传部长鲁炜同志光临了我们的展映，他激动地指出：这就叫做"走出去"，而且是美国人去说我们，不是我们自吹自擂。2012 年我们向全球发放了 1400 份调查问卷，了解中国文化在国际中的影响力，问卷涉及 9 个国家和地区，18 种语种，调查报告在国旁核心期刊《现代传播》杂志上发表。

我们研究院设定了四个层面的工作。第一个层面是学术研究，它的特点是鲜明的当下性，要结合时代要求，直面社会现实。带着问题意识去研究，关注当前社会的发展。文化的建设有什么问题，可能出现什么问题，必须解决什么问题，去研究。这是一种文化自觉。我们正在出一些文章和著作。第二个层面是艺术创作，第三极文化应该是基于实践的理论总结，同时反过来指导和影响创作，那么我们就要抓创作、促进创作，需要创作出植根传统又有时代精神、倾注真实生活感受的作品。我们的提法是重原创、不媚俗、不模仿、戒模仿。第三个层面是关于文化传播，我们不能止于书，要有行动。酒香也怕巷子深。中国文化再好，不传播也不能实现价值。所以我们还要尊奉物竞天择、适者生存这样的丛林法则。这种丛林法则是支配世界文化格局的，所以我们这里提出要打造文化符号，构建文化品牌，注重科技手段，用这样一些方面促进中国文化的传播。第四个层面就是资源整合，现在我们也在努力做学界、业界、政府、高校、企业以及中国和国际等之间的资源整合，使得对我们的中国文化走向世界发挥它应有的作用。我一直相信一个命题，叫一加一大于二，我总是相信，真诚的"一"加上"一"一定大于"二"，因为这不仅是一种"融合"，更是一种"爆发"。

（朱　政　张　檀　整理）

[主讲人简介] 黄会林，北京师范大学资深教授，中国高校首位电影学博士生导师，中国文化国际传播研究院院长，北京师范大学艺术与传媒学院首任院长。获国务院政府特殊津贴，担任国家教育部艺术教育委员会常务委员、中国高教学会影视教育专业委员会会长、中国话剧历史及理论研究会副会长、北京文艺评论家协会副主席等职务。是"第三极文化"的首倡者，她将多年积累的影视学科优势转化为推动中国文化国际传播的重要力量，寻求以新媒体时代的各种有效传播方式将中国传统文化的精粹弘扬全球。

我与民俗学

董晓萍

北京师范大学女教授讲坛的特点，是突破代际差距，探寻社会责任，提高女性师生励志成才的自觉性。走上讲坛的女教授们，与听讲的大学生的年龄，差距很大。她们有的生于世纪之初，有的生于世纪之尾，但不管怎样，都生于 20 世纪，20 世纪是人类历史上变化最大、动荡最激烈的时代，战争、和平、现代化、信息化、全球化都来了，个人不可选择的事情很多，时代的巨变与个人自主性的矛盾是相当突出的。但在时代动荡时，个人的自主性又变得十分重要。就中国环境而言，所谓人的自主性，其实也是中国优秀传统文化的内容，因为它强调人的道德自觉、文化觉悟和积极的社会责任。人不能选时代，但人能选择自己的自主性。在人的自觉性不足的时候，你也可以去拥抱时代，从中吸取正能量，获得自主性。前面已经做过精彩讲演的两为女教授前辈都是这方面的成功者。我生于 20 世纪中期，上大学时，赶上祖国改革开放、恢复高考，后来又从事了现在的民俗学专业。从我的个人和专业经历看，这也是在时代变动中考验人的自觉性的结果。

一　曾经离民俗学很远

教育资源平等是女性教育的基础。我出身于一个知识分子家庭，家族中有多人留学海外，有多人在国内外获得博士学位的经历，男女都有。这种家庭能给我带来什么影响呢？那就是只要有机会，不分男女，教育资源的分配是平等的，这与现代社会的独生子女有些类似。

但做学问又是一种十分复杂的科学事业，为此要付出无数的心血和汗水，要有坚定的文化信念，要经过严格的科学训练，并获得实际本领，才能坚持下去。除此之外，还要有顽强的意志和较高的工作能力，才能取得好成绩。因此，做学问是与娇生惯养无关的。生活条件好，不能代替做学问的辛苦付出。我的前辈在处理家庭和事业的关系上，都采取了简单的生活态度。他们的生活目的好像就是要解决前人没有解决的某些问题，这与他们热爱科学的兴趣和品格是一致的。他们穿戴整齐，家居清雅，但不复杂。父亲每天很早就起来读书，做笔记，这种生活方式将学习日常化，对我的影响很深。亲友们中间经常说，某某前辈学了十几门外语，对所在单位的外文书可以翻出任何一本，说出内容梗概，为此出了大名。某某前辈将生物化学理论用于民生，发明了适合大众需求的日用品，给社会生活带来了方便。这些观念和行事都对我的人生态度和事业选择产生了十分深刻的影响。这种家庭培养，与今天的独生子女训练，也许有很多相似之处，但我所不同的是，我不是被动的，而是主动的。另外，在家庭的教育下，学习没有文理偏科，发展得比较全面。这些虽然离我后来从事的民俗学研究很远，在又在我真正进入这个领域后派上了用场。

　　近年中国对外开放后，人们学会了"舒服"的概念，将这个概念是外来的。其实从事学术研究或职业化的特殊人群，他们都要在"不舒服"的思想范畴内，通过艰苦卓绝的实践，去完成工作，追求梦想，乃至有所创新。

　　人的综合素质培养是与专业奋斗相对称的。20世纪五六十年代，我的家庭变成了资产阶级家庭，在三反五反中，在"文化大革命"中，都受到了很多冲击。但前辈们在政策平反后，都对祖国无怨无悔，立即全力以赴地投入了研究和教学工作。我父亲嘱咐我，任何时候都不要抱怨，这对我的影响是极为深刻的。在这点上，我与对王宁先生和张厚粲先生所讲的内容有很多共鸣。我的体会有两点：一是要学会看整体历史，二是要从积极的角度看问题；学会这两点，有利于人的成长，这在男女生都是一样的。

　　科学无国界而人有祖国。前辈很早就了解外面的世界，但他们学问大了不是要嫌弃祖国，而是千方百计用所学的知识改变祖国的面貌。在他们的学术圈和生活圈中，也有不少外国人，但这些外国人不是中国人的枕头，而是外国人为有这样出色的中国朋友而感到骄傲。这也使他们都相当地自信，在历次社会变化中处事不惊，甚至在逆境中也有乐趣。这种自信让他们与浅薄和骄傲无缘。这种自信来自对中国博大精深文化的崇敬,也来自人的严格自律。它让人自尊自强,也让人受人尊敬。这些都给我很大影响。

二 走进民俗学

20 世纪 70 年代末的高考改变了我们的命运。我们在那个特殊年代里,赶上了老一代著名学者重返讲坛的末班车,经历了他们晚年亲炙弟子的最后岁月。我正是在这个时候来到钟敬文教授身边的。后来钟先生门下的弟子增收,钟老教我的一些经历,别人也有;但稍有不同的是,我有幸成为他招收的第一个博士生。我又在较长的一段时间里,成为他教学对象中的"独生子女",所以他对我也比其他弟子要严厉得多,当然我的偏得也多。博士毕业后,我留校工作,继续跟着他工作和教学,给他当学术助手。我为钟先生抄了很多年的手稿,协助他整理讲义和编书,这使我有机会不断地弥补与他的巨大差距。钟先生穷毕生之精力,将中国传统文化中的文人精英诗歌、市民通俗文学和底层人民的天籁文艺打通研究,创建了中国的民俗学和民间文艺学,个中的学术智慧、历史成就和人生经验,绝非一个后学在短时间内所能学到,而是要长期学下去的。因此,在留校之后,我照常跟他上课,除了我自己讲课,凡他讲课我都每场必到。举个例子说,钟先生为博士生讲授"中国民俗史与民俗学史"的课,我连听了 7 次,录音带也有了 7 套,我后来根据这些听课笔记和录音资料整理出《中国民俗史和民俗学史》一文发表,在这些事上,我没有半点偷懒。

跟钟先生久了,我更意识到,这门学科绝非小儿科,十八般武艺都用得上。而论钟老的武艺,又岂止十八般?有些是我们后辈学也学不来的,比如说他写诗作赋的天才我就学不来。他起得很早,我们上午开始工作前,他动不动就"口占一首",将当日晨起作的新诗背给我听。那时他已年逾九旬高龄,还有不间断的文学创造性,这让我目瞪口呆。但在做学问方面,我还是可以百倍地用功的,当然这也是当助手的"专利"。于是,每逢我在教学科研中有了新想法,特别在汹涌而来的现代化和全球化中有了新问题,我总能第一个趋前请教,听他耐心地回答和旁征博引,一来二去,我们之间的日常对话又成了第二课堂。有时我眉飞色舞,他也谈笑风生。等我说够了，他就说"写下来"，我就照着做，时间长了，我照写不误，他也照"批"不误。他就这样把指导我的工作变成了继续教书，我也把记录他的思想和表达自我当成了一种愉快的训练，优哉游哉，竟不知时间飞逝。

三　国际化教育

在钟先生生前，在他的支持下，我几度出国学习，去了美国，芬兰、英国和法国等国家。这种国际化的教育，对我从外部角度认识中国民俗学的独特价值，了解钟先生教育思想的地位和特点，很有帮助。

1994 年，我第一次到了美国留学。在大洋彼岸回望祖国，我能看见国内正在拼命地补西方的课，而西方却在拼命地提倡自然生态和文化原创，也能看见民俗学所关注的底层世界对现代世界的影响。这使我更加体会中国长期稳定的农业文明的世界意义，也能隐约感到当时国内尚存的广大农村传统正面临着不可逆转的转变。这些都急待研究。我发现了钟先生所坚持民俗学研究是何等地富于远见。那时我还在给钟老当学术助手，我写信问他，家里的事情是不是堆成了山，他却回信说，延长学习时间吧，还给我开了一张新课单。我听到这种无私的师训已不止多次，我后来对民俗学的加深理解，也是他对这门学问的人格化影响分不开的。

钟先生给我的中式教育，与我所接触的西方教育，两者是很不相同的，西方教育的师生之间的交往也有密切交往，但同时是要保持距离的。特别是文科，西方导师不会把他的新思想和没有发表的课题告诉你，更不会手把手地带领你。中国留学生出国后，都希望有这种手把手教书的好事，但那是做梦。因为西方学界要避免很多知识和人事的纠纷。中国却有"一入门槛，永为弟子"的史训，如果这种传统能够得到合理保持和正确使用，就能把前人长期积累的重要学术成就持续传承下去，这些学者的膝下的后学，在严格自律的前提下，也能在高起点上做持续研究。我最近写了一篇文章，谈到钟先生教育思想对培养人次和发展中国民俗学学科的影响，里面有个小题目叫《不可替代的大师价值》，我摘引一段写在下面：

一个学科的学术大师是拥有极为特殊的个人价值的个体。学术大师决定着一个学科的命运。在大师之下,其他不同层次的高级优秀人才也都是有其个人价值,但这种个人价值要在大师的榜样陶冶中化育,要在学科的优秀传统中养成。……学术大师是最优秀的个人价值拥有者,就在于他的价值有对国家科学文化事业的高度融合性。这种个人能够在国家最需要、事业最困难的时候,勇敢地担当和坚定地付出,是能够带动整体团队建设的人。大师为团队牺牲并不影响他的个人价值的存在,而大师帮助团队取得成功,那么这种个人价值就更为高尚和持久①。

在外国导师中,美国著名历史学家欧达伟(Professor R. David Arkush)和英国著名汉学家杜德桥(Professor Glen Dudbridge)对我的影响最深。两人分别受教于20世纪中后期世界一流汉学家费正清和龙彼得的门下,训练严格,著述精深,连他们自己的洋弟子都对他们望而生畏,不敢报考。我后来与他们亦师亦友,是因为我习惯了跟钟先生工作的严厉气氛和随时的对话与写作,能够把严谨的学风与活跃的思想两者组装在一起,变成学术作风。在美国期间,我与美国导师合作完成了《乡村戏曲表演与中国现代民众》②和《华北民间文化》③两部书稿,我自己也写完了《民俗学导游》一书④,里面都涉及中国民俗问题。我跟外国老师学习,从形式上看,与我在跟钟老学习和工作有相似的地方,但实质大不一样。他们完全用西方知识分子的思维方式和发现问题的方式跟我说话。他们有他们的一整套思想。他们启发我考虑以下问题。

一是对口头传统资料做社会史研究。二是从下层民众的角度做自下而上的研究。三是在研究中,不要受既往分类观念、分期结论和前人理论观念的束缚,而是要借助民俗学、人类学、语言学、历史学和宗教学的成果,思考文化资料的具体实践过程,这些正是文化本土化的过程。对他们

---

① 董晓萍:《钟敬文先生对新时期民俗学学科的重大建树》,《北京师范大学学报》2012年第5期。

② 董晓萍、[美]欧达伟(R. David Arkush):《乡村戏曲表演与中国现代民众》,北京师范大学出版社2000年版。

③ 董晓萍、[美]欧达伟(R. David Arkush):《华北民间文化》,河北教育出版社1995年版。

④ 董晓萍:《民俗学导游》,中国工人出版社1995年版。

的研究方法，我专门写了文章发表，其中有一篇叫《传说研究的现代方法与现在面临的问题》，发表在《文史知识》杂志上①。四是外国学者的治学精华，也不是都能刻意学来的。因为中西学术有不同的学术传统和表述体系。那么，收获的大小怎样衡量？它是由另一种因素决定的，就是你自己的积累程度和思维能力。你越有积累、越有思想越好。这样双方才能营造对话和交流的平等气氛，而真正的学习正是从这种氛围中开始的。双方谁都不会跟对方一样，从小到大再学一遍，双方是在某种绝对精华的交叉点上，互相启发，并彼此吸收。五是做中西比较研究。我给自己设定的目标是，学他们的学问，发展中国的民俗学。

在中外学问和文化的那种强烈的反差中，我的感想何止千万！但最根本的，还是在国际学术环境中，增进了对祖国和祖国学问的认同。1996年，中华书局曾出版过我为钟老编的一本书，书名叫《民俗文化学：梗概与兴起》，在这本书的《编辑后记》中，我曾对这种内外反差式的学习做了如下总结：

80年代以来，中西学者似乎齐头并进地研究民间文化，……但我们只看到学者之间课题的相似还是远远不够的。中西学术的差异是多方面的；彼此都有为各自历史文化所制约的价值观念、关于新生活的想像，以及在此基础上所追求的理论模式。所以，无论就研究者、还是学习者而言，都应该同时留意这方面新兴学说的理论来源和结构体系的民族文化特征。……在当代中西交汇的世界文化发展的背景下，……要能拿出本民族学者自己的优秀成果，又能开展积极的国际学术对话，这一点更为重要。这样写出来的著作，中国人要研读它，外国人反过来也要借鉴它，它的地位，因此也是不可替代的②。

多年中外交流的经历，还让我对民俗学更加敬畏。我明白这是一潭深

---

① 董晓萍：《传说研究的现代方法与现在面临的问题——评杜德桥，妙善传说》，《民族文学研究》2003年第3期。

② 钟敬文：《民俗文化学：梗概与兴起》，董晓萍编，中华书局1996年版，第287—288页。在此段引文的倒数第3行，原著缺少"具备这些要素是重要的"，现在补上。

水，在这里曾来过许多的世界级探险者，成功而返的人并不多。不过它还会吸引无数现代人前来，取而用之，而我的未来任务之一，就是培养这样的后继者。

四 当民俗与有科学知识的人相遇

世界上有两样眼睛看不见的东西是出口的，即思想和民俗。在现代社会全球化的语境中尤其如此。民俗也是一种人类知识，不过与目前学校讲授的知识不是一个系统。民俗是需要人通过生活方式传递信息的文化。中国人口量巨大，民俗的信息化速度惊人，传播民俗的需求量难以胜计。没有人的传承，民俗早就死了。

当民俗遇见了有科学知识的人和事，还会爆发极大的生命能量，这就像刘翔看到跑道就想跑，你看见了好友就想请他吃顿好饭一样。在法国巴黎，我到过伟人祠，那里长眠着千百位顶尖的思想家、文学家、政治家和自然科学家。我第一次到那里时，曾费尽周折，找到了居里夫人的墓地。我发现在她的石棺上，竟奇迹般地摆着一大束鲜花，这在整个伟人祠中几乎是仅见的。同行的法国女孩告诉我，她去过居里夫人的祖国波兰，在她的华沙故居，每天都有来自各国各地不知名的群众敬献的鲜花，把门口都摆满了。送花和戴花在东西方都是不年轻的民俗，当这种民俗遇见一位把一生献给了现代原子物理学女科学家，一位在放射医学上取得了卓越成就的女发明家，一位为了人类共同的科学文化事业不避艰辛、做出了巨大贡献的两次诺贝尔奖金获得者，这种民俗就会奇异地发光发热，给世界留下美好的记忆。

我最初学民俗学的时候，误以为它只有民间属性，但后来见得多了，包括见到伟人祠的鲜花，我才明白民俗知识应该更多地与有科学知识的人的相遇，人类将民俗和科学融合在一起，便是将人文精神和世界进步构建在一起。

五 继承与发展

（一）现代民俗学

我继承钟先生教我的民俗学，再向新的方向发展，中间经过了历史学。现在看来，我后来推进的一项较有价值的工作，就是发展现代民俗学，它的起点是建立水利民俗学。

20 世纪 80 年代末，美国历史学家欧达伟（David Arkush）教授来找钟老合作，钟老派我前往。这种合作持续到 2005 年。我们在研究历史文献和田野作业的基础上，共同撰写了《乡村戏曲表演与中国现代民众》一书。这次经历让我认识到，民俗学与历史学结合，不仅能寻找到历史文献的另一半隐型文字，而且能重构民众的精神世界。但这还不够，还要走进民众的物质世界和社会组织。在这点上，我和法国历史学者蓝克利（Christian Lamouroux）合作调查华北民间水利组织与用水民俗是一次重要的机会，我们最后出版了合著《不灌而治——山西四社五村水利文献与民俗》（2003）。以后，我还带领研究生进行了北京用水民俗的调查研究，出版了《北京民间水治》一书（2009）。水利研究，需要将民俗学与历史学、水利学和金石碑刻学结合起来，观察和阐释民间节水文化传统，这就把我的研究带进了一个新领域，能让我全面地认识民俗文化。我认识到，民俗学所研究的水利社会对象，不是以马林诺夫斯基以来的人类学派所强调的社会运行基本要素去操作的，如人口的增减、土地所有制的结构和资本的变迁等。民俗学研究水利民俗所反映的村落、家族或个体成员之间的情感纠纷、社会态度、日常具体问题及其口头叙事、行为价值观。再由这种叙事和行为模式，考察当地的自然地理、历史传统、技术事实、习惯法、民间组织自治规章在现实生活中所处理的具体事实类型。学者需要把这些看成是一整套地方知识，由此分析一种自下而上的视角所折射出来的当时社会管理制度和国家形象。民俗学者在水利调查中处理文献和田野的关系不是简单对应的，而是要分层处理的。学者要承认这中间存在因具体而复杂的、动态思维类型的网络。而正是它能告诉我们以往所认为的一般规律并不可靠。水利民俗研究还让我看到，在历史文献中认为不可能的，有可能在民俗文化中是可能的；历史文献中认为灾难治服村庄，在民俗文化中却是灾难与村庄共存的。这种水利民俗因而是凝聚人心的。老百姓拥有了它，很踏实。学者认识了它，很敬佩。社会"普世"它，很需要。

在水利民俗学的基础上，我又开始了粮食民俗、土地民俗和寺庙民俗的研究，并有所拓展。我把这些心得写进了《现代民俗学讲演录》一书中。这本书的责任编辑农雪玲，在拙作付印前，写了一份书评寄给我，题目是《所谓民俗——被凝视着的俗世民生》，我抄一段在下面：

> 董教授对于民生社会的关注贯串全书，让人分明感觉得到，在她这里，"现代民俗学"真正是走入民间、扎根于最广大民众土壤的"术业"，……比如第四章《土地民俗》的个案就是对寺北柴村的土地组织"伙"的研究……董教授选择这里以了解华北基层社会的最一般的生活史，显然是找准了一个十分独特的切入口。……在这个以无战争破坏和无抵抗事迹而中外扬名的村庄中，战争和战后的政治运动给这里的村民所带来的巨大政治压力及由此压力带来的心理忍耐——如果不是对民众的生存状态抱有深刻的同情和理解，显然是无法做到这一点的。在正规而学院化的调查中，最容易漠视民众深隐着的感情和态度，即使得到了表面上正确无误的数据，实际上往往因为没有获得民众的信任，并没有能接触到最核心的人文内层。……本书梳理了传统民俗延续到现代社会和现代学者研究视野中的主要部分，包括了粮食民俗、水利民俗、土地民俗、性别民俗、组织民俗、宗教民俗等。这些内容，即使是对现代民俗学一无所知或毫无关涉的读者，也仍然会从中找到切身相关之所在——因为，这就是民俗。

我没见过农雪玲，能聆听到这样的反馈，我很欣慰。

（二）田野民俗志

钟老自称是"书斋学者"，我走向了田野。我出的很多书也都来自田野。我认为，这也是民俗学的学术传承和发展之使然。至少从目前看，民俗学与田野作业之间互相需要的理由，大体有三点：一是民俗学研究民俗志，这本身就要在田野中找机会和找发展；二是可以在民俗学理论的支持下，重构历史文献系统，补充不为文献所记载的特有民俗文化，建立另一个文献系统，我称"文献民俗志"；三是民俗学所承担研究的另一个人文与自然和谐绵延的资源系统，在高科技的造福与威胁并存的时代，它被田野追着消失，又被田野捧着挽留。民俗学要到田野中去"充电"，才能保持理论的活力和方法的灵性。我把在这方面多年教学科研的成果积累起来，撰写并出版了《田野民俗志》，获得了北京市哲学社会科学优秀著作一等奖，颁奖评语说："此著继承和发展钟敬文民俗志学理论，抓住民俗学学科建设中的症结，首次提出了'田野民俗志'的概念，并从这一学术概念出发，构建了一个完整的理论系统，并提出了中国民俗学研究的新方法。作者全方位地论述了田野民俗志的学科地位、理论构架和实践方法，这是国内第一部系统研究民俗学方法论的著作。作者强调将田野民俗志与历史文献学一道建设，符合中国实际。作者从田野民俗志的角度，提出改革民俗学大学教育的问题，并给出教案样本和正规训练项目的格式，具有科研与教学的双重职能。此书出版后产生很大影响，成为当代中国民俗学走向世界与国际学界对话的标志性作品"。

（三）数字民俗学

根据学科建设的需要，近年来，我把快速发展的数字信息科学理论与民俗学相结合，建设了一个新的研究分支，叫"数字民俗学"。2003年，获得学校的支持，我成立了数字民俗学实验室，我任实验室主任，现在这个实验室有十年的历史了，我和我的团队在理论方法的创新和数字民俗软件的研制上，都有相当的收获。

运用数字民俗学的理念，创建数字钟敬文工作站，全面贮存和展示钟敬文先生的学术文化遗产，向本专业后学人才传承，向社会公益教育传承，也开展国际交流。据我们所知，到目前为止，在国际国内同行中，还没有一个由民俗学专业人员创办的数字名师教育研究站，本站在理念和实践上都具有超前性。

建立数字民俗"藏品"的概念，突破口头传统保护的难点，创建数字中国故事博物馆。中外民俗学界共同面临的一个难题是民俗文化多样性研究与民俗海量信息管理的困难，我们用了两年的时间，解决了民俗"藏品"的概念界定与操作技术问题，跨越了同行将数字博物馆和数字典藏库分开建设的两个阶段，直接进入两者整合建设的阶段，建成了一个包括中国精神民俗、物质民俗和社会组织民俗在内的"民俗图像电子典藏库"。在典藏库内，建立了基础资源数据、民俗分类数据、主题研究数据、数字合成数据和信息发布系统等各个层次，这些工作对提升民俗学的整体研究水平和改革研究生教学方法起到了意想不到的作用。在此基础上，2005

年，我主持北师大 985 工程"数字大学博物馆"民俗学专业的子课题，使用钟敬文先生主编中国民间故事集成，将其纸介成果转化为数字数据，带领团队，于 2006 年建成"中国数字故事博物馆"。这个工程对我国故事民俗优秀遗产进行数字化收藏和展示，提供了一个全新的研究型民俗叙事建模，这在国内外同行中都是首例。

加强空间民俗研究，建立 GIS 数字民俗地图空间演示模型。近年人类遗产学兴起，我们根据联合国教科文组织颁布的文件和我国政府通过的"四遗产"保护公约，使用 GIS、FLASH 等虚拟技术，与文化部民族民间文化发展中心合作，研制成中国民族民间歌曲集成数字模型空间演示模型、中国民族民间舞蹈集成数字模型空间演示模型、中国戏曲志数字模型空间演示模型、《中国民间故事集成·北京卷》教学科研演示模型等数字软件。自 2003 年至今，我们将这类研究，延伸到物质民俗研究、社会组织民俗研究、宗教民俗研究、节日民俗研究和跨文化的民间文艺学研究等多个研究分支内，完成了北京手工行业现代老字号传统民俗研究、北京节日民俗志研究、中日印故事类型比较研究等多个数字软件和数据库。我指导研究生撰写了带有数字民俗研究章节的博士学位论文 8 篇，硕士学位论文 9 篇，这些论文全部通过答辩，其中大多论文获得了优秀成绩。

这一系列创新项目，带动了民俗学的基础研究，也促进了民俗学相关分支领域的研究。

2009 年，我带领团队出版了《数字钟敬文工作站》等"数字民俗文化遗产系列丛书"，对我们从事数字民俗学研究和实践进行了总结。数字民俗学的探索，将北师大不可替代的钟敬文先生的学术文化成果与后续发展信息给予现代化的展示和交流，积累了民俗学基础研究与社会重大应用相结合的综合经验，更新了民俗学国家重点学科的特色，加快了学科建设的步伐。

（四）跨文化的民俗学和民间文艺学研究

今天的民俗连着世界。现在跨国民俗和跨境民俗交流频繁，民俗学也扩大至跨文化民俗研究。我近年还出版了《全球化与民俗保护》一书，开始了跨文化民俗学研究的探索。该项研究具有中外文化研究双视角，在民俗教育国际化的全球思潮中，提倡放眼世界，提升国家文化主权意识，建立现代人文社会科学知识结构，维护民俗文化权利，增强责任感，提高全社会关注国家民俗文化的整体水平。艺术美学学者王一川教授发表书评认为："全书在讲述当代生活中丰富的民俗学案例的基础上，把读者带入民俗保护理论与方法的旅行中，成功地实现由民俗体验升入民俗保护理论及民俗学理论建构高度的预定意图，可以有效地唤起读者体验并探索全球化时代的生活之根的激情和责任感，堪称一部精心创构的全球化时代中国民俗学理论的奠基之作。"（《中国教育报》2007 年 7 月 12日）北京语言大学从事对外汉语教学的舒燕副教授在书评说："全球化带来的冲击使民俗学者不得不更多地关注现实。本书体现了中国当代民俗研究的理论转型。作者从文化多样性与民俗反思、全面探讨了全球化背景下民俗保护的理论与方法问题，展现将学术化思考与散文式表达结合在一起的语言风格。"（《东方丛刊》2008 年第 3 期），本书已评为全国十二五规划教材。近年我还开始跨文化的民间文艺学研究，已陆续发表了几篇论文。

结　　论

第一，学术研究本身无男女差别，身为女人更容易被关注，而我们的努力目标之一，是要将这种关注变成积极文化。我们要像杰出的女学者前辈那样，将女性的美丽、聪明和理想，与文化自觉性相结合，形成社会责任感；与简单的生活方式结合，形成刻苦严谨的学风和持续钻研的意志；与善良的品格结合，形成社会公益精神；与中国优秀礼仪文明相结合，形成中国女性知识分子的现代风度。

第二，女性有自己的生命周期和生理特点，这是男女两性的天然差别。这种特点使女性更善于顾及后果。女性要一世聪明，而不是一时聪明。女性可以不周到，可以轻信，可以单纯，这些都不一定是女性的缺点；在提升人的自主性的前提下，它还应该是另一种成熟。但女性不可以不顾后果。我们要向事业有成的女性前辈学习，学习她们为学术研究和教育事业无私奉献的一世聪明。她们的价值观就是整体社会观，其意义是促进社会的长远发展。

第三,在当今的国际学术大本营里,民俗学已经是当家的国际前哨。我闻到了全球化被西方学者顽强抵制的浓浓硝烟,也看到了中国民俗学与其他国家民俗学逐渐有了平等对话的气氛。然而,在诸多先进学说中,唯有那些与人类命运和地球环境深刻相关的伟大学说,才具有超越学科和国界的影响力,而在这个问题上没有男女差别。

[主讲人简介]董晓萍,北京师范大学文学院教授、博士生导师。钟敬文先生培养的新中国第一位民俗学博士,毕业后留北京师范大学任教,并担任钟敬文先生的学术助手。曾先后在美国衣阿华大学、芬兰约恩苏大学、英国牛津大学、法国远东学院、法国社会科学高等研究院和美国俄克拉荷马大学等欧美高校做博士后、高级访问学者、从事合作研究和工作。董晓萍教授继承钟敬文先生的民俗学学说并加以发展,拓宽了现代民间文艺学,建立了现代民俗学、田野民俗志、数字民俗学、跨文化的民俗学和跨文化的民间文艺学等新的研究分支。国际民俗学会(芬兰)会员、国务院学位委员会第六届学科评议组社会学组成员、国家社科基金学科评审组专家、北京市学位委员会委员、北京师范大学民俗学国家重点学科学术带头人、教育部人文社科重点研究基地北京师范大学民俗典籍文字研究中心副主任、北京师范大学中国民间文化研究所所长、北师大文学院学术委员会主任、北师大数字民俗学实验室主任、北师大性别与发展研究中心主任。兼任文化部非物质文化遗产保护专家委员会委员、北京市女教授协会副会长、中国民俗学学会副会长、北京社会学学会事务理事等社会职务多种。已出版著作40余种,发表论文300多篇。曾协助钟先生组织团队集体获国家级教学成果一等奖和北京市教学成果一等奖,个人获北京市哲学社会科学优秀成果学术著作奖一等奖和中国高校人文社会科学研究优秀成果三等奖等多种。

我与区域地理学

王静爱

人与大自然打交道，研究地壳岩石、山川湖海及其复杂的运动过程，从前这个领域的女性是少数，但也不乏十分优秀的科学家。现在女性的数量增加了，包括女性的科研工作者、大学教师、女研究生和女大学生，地理学的科研手段也丰富了，应该更有利于女性的成长和人才的涌现。但是，无论从前，还是现在，也都有一个共性问题，就是女性在从事这种比较艰苦的行业的承受力，以及地理学界的女性与男性同行的合作问题。如果是大学女教师，就还要处理好教学中的师生关系，以及事业、家庭与婚姻的关系等。至于后者的问题，带有高校女性成长的共性，在地理学专业则带有某种特殊性。我想从共性和特殊性两方面，谈谈我今天要讲的问题，题目就叫《我与地理学》。

我想用一张图作为"引子"，对于男女两性在事业、家庭和婚姻上的共性问题，谈谈我个人的看法。在图1中，T代表时间，D代表发展，段线代表女性的发展路径，实线代表男性的发展路径，右端Q点为退休时间。通过这张图，我们可以看到，男性，在退休之前，在事业的发展上，呈整体上升态势。相比之下，女性，在人生的婚育阶段（25—35岁），会因为这个生理过程，在事业上有所延误，转入人生的低谷。这是男女两性的自然生态规律所决定的，不以个人意志为转移，也不代表专业能力。但是，在社会评价体系中，却不会因为这种性别的自然区分，去做分配和收入上的差异化区分。女性承担着人类社会人口生产的任务，无法跟男性在职业竞争中实现自然过程的平等，因此女性要加倍努力，度过人生某些阶段的脆弱期和事业发展的瓶颈期。与此同时，女性从青春期a点到更年期

b 点，每年有 12 个月月经期，形成相应的体能、情绪和生理的月脆弱期，因此女性要更有计划性，应该正确面对这个"自然—社会生态系统"，积极协调自我的心态和节奏，发展事业，享受生活。这是我对这种带有普遍性现象的认识。

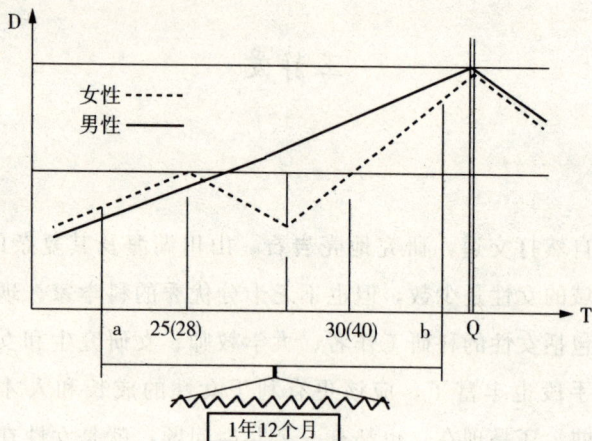

图 1　男女两性各时期在事业、家庭和婚姻发展上的趋势比较示意图

一　人生基石——记忆扫描

（一）在内蒙古"接地气"

我出生于"天苍苍、野茫茫"的内蒙古自治区呼和浩特市，那里有非常"接地气"的自然环境。1 岁时，我有了自己的第一个影像。我父母在家里扮演着"严父慈母"的角色，也塑造了我的"两面性"：父亲的严厉教诲，使年幼的我，性格内敛与恪守；母亲的宽厚慈爱，又给了我活泼开朗的性格。在姊妹中，我排行第五，被喊作"小五"。年长的四位姐姐给了我很多可借鉴与思考的成长经验。我能从她们身上，吸收好的经验，尽量少走弯路，在这个意义上说，我是幸运的。我也比她们的学历都高，现在依然在岗位上工作，而我的四个姐姐都已退休了。

（二）高中毕业下乡

我的独立成长是从当知青开始的。高中毕业后，我按照当时"上山下乡"要求去了农村，开始了三年的劳动生活。我在阴山山脉的土默川平原插队。正是这段经历，让我与大自然亲近起来，直至我与地理学结缘。我出生在城市里，到了农村，我每天要看天、看云、看土壤、看水。我学会干许多农活，耕地、撒种、收获，与地表和农业生产活动打交道。在我眼里，这些都特别新鲜，也都极大地激发了我对自然地理的兴趣，为我日后考入地理学专业打下了一种很感性的认识基础。如果没有那下乡三年的生活，我就不知道该如何学地理，不知道如何与自然的亲近与体验。在农村的三年里，我还学会了另外一件很重要的事情，就是如何处理人际关系。在没有家长陪同的情况下，自己要决定怎样生活，怎样做所有的事情，怎样与当地农民相处，以及怎样与其他城市女生一起认识农村世界的。我那时体会到，这些社会关系处理好，就会收到不一样的效果。我后来学地理学时，也注意处理社会关系，包括师生关系。社会关系不是地理学的内容，但它的作用并不亚于地理学，因为一个热爱地理学的人，必然关爱人地关系，必然要将人文和地理紧密联系，并用这种生命的视角去看待我们周围的自然界。

（三）1977 年上大学

我于 1977 年考入大学，是祖国改革开放后招收的第一届大学生。这一批大学生的突出特点是能吃苦。他们大都是从劳动锻炼中走出来的。细细想来，大学留给我最宝贵的财富是认真、坚持、兴趣和理想，同时收获了伴随一生的友情和比翼双飞的爱情。

以下，从四个方面，具体谈谈我的看法。

1. "认真"坚实基础

回顾大学时光，最深切的感受莫过于"认真"二字，因为改革开放恢复高考来之不易，所以教师教得特认真，学生学得也特认真。

师者，传道授业解惑者也。教地图学的郝允充老师最擅长用通俗的语言表达深奥的原理，精心设计课堂的实践环节，比如用扣子的投影变化来演示地图投影的性质。教水文学的宝音老师写板书时一笔一画，就像正楷字帖一般整齐漂亮，另外他记忆力惊人，能脱稿讲出小数点后多位的数字。教中国自然地理的孙金铸老师，也是我的硕士生导师，对我的影响极其深刻。他讲课无论是教案、板书、批改作业等任何一环节都是精心设计，一丝不苟。这些教学精湛的老师为每一位学生铺垫了扎实的功底。

同学者，有共同理想者也。77级同学们的认真精神极大地激励了我。当时同学们在课堂上热烈讨论、课下传阅权威参考书、为某一个学习问题长达几小时的争论、为做好作业反复修改的情景时常浮现脑海中。细细想来，如今我在教学上对自己的严格要求即源于求学时代所养成的良好习惯。

记忆最深的一件事是学习笔记。学习笔记通过4个步骤才能完成：首先是在课堂上专心致志地听老师讲授，记录精华和要点；其次是课后翻阅参考书充实笔记，同时也扩大自己的视野；再次与同学们讨论，碰撞出思想的火花补充笔记；最后自己梳理本次学习过程完善笔记。门门课如此记笔记，认真的求学态度使我夯实了专业基础。在大学教书的31年中，我始终奉守着认真的原则，一句话、一个动作、一个符号、一种颜色都要细细揣摩，精益求精；也一直保持着肯于深入专研的精神，不断发现问题、研究问题和解决问题。现在我主讲的中国地理是国家级精品课程，它的基石是在母校夯实的。

2."坚持"铸就师魂

做人、做事、做学问是在大学求学的真谛。学问是基础，而做人做事决定了每个人的成功与否，它是对意志、品质的一种磨炼。回想母校岁月，印象最深刻的是坚持下来的走读生活、自发的小组讨论和饶有兴味的班级板报。

我是班里的走读生之一，在上大学的4年中，我一边上学，一边照顾年迈的父母和年幼的弟弟。我每天早晨5点起床准备早饭，6点从家出发，白天在学校学习，直到晚上6点回家做晚饭，通常晚上9点以后才开始学习。日复一日，年复一年，从无迟到，从无缺课，也从无耽误过学校的事。现在想来，人们夸我家庭事业两不误，这种运筹时间的能力大概就是在那时学会的。

自发的小组讨论是学习中最愉快的事情，也是受益最大的活动。讨论组是自发产生的，一直坚持了4年，成员有史培军、宋岩、教晓立和我。我们曾经就中共党史课程相互发表新见解，就地貌成因问题争执得面红耳赤，因为一个土壤名词的争议相互取证，也因为对某些科学问题的讨论达成共识而欢呼雀跃。我们4人各有特点，史是主要参加者，是积极活动分子，也是小组主要联络人。宋擅长提问题，引导别人发言。教的学习认真且舍得花功夫，擅于倾听别人的发言。我比较善于总结。我们 4 人关系很好，小组讨论时总能碰出智慧的火花，产生创新的想法，提高学习成绩。这种讨论的习惯一直延续到现在，我经常从与别人的讨论中萌发新想法，不断追求创新，提高教学质量。

此外，我在班里承担的公益事是每两周一期的黑板报和每周一次的卫生值日。这些虽是小事，但我坚持 4 年从未慢怠。正是这份坚持，让我在理想的道路上一路前行，在教师之路上日积跬步，最后从一名普通教师成长为国家教学名师。

3. "兴趣"支撑专业

我自幼喜爱绘画，自从入了地理的行，我就自然而然地把自己的这个兴趣与地图课联系了起来。我的高等数学底子也不错，这也符合地图学的授课框架，于是我对这门课就更加偏爱，格外认真地学习，下功夫去领会和琢磨。在地图实习时，我作为画图最好的学生之一，每每会得到郝老师的表扬。由于这门课的缘故，在本科一年级时，我已和教地图学的郝云从教授建立了良好的师生关系，他让我喜欢用图形进行表达的思维习惯得到了理论和方法上的提升。

进入大四的本科毕业论文写作阶段后，我毫不犹豫地选择了郝老师作为我的指导教师。这篇论文的题目是《关于比例符号法的几个问题》。在这一阶段，我得到了郝老师的"单兵教练"，其中有三件事让我终生受益。

其一，为了让我写好论文，郝老师给了我五十多篇参考文献让我研读。这是我第一次大量阅读文献。与文献打交道，我产生了"眼前一亮"的感觉，茅塞顿开，发现自己正在踏入研究的门径。

其二，我仔细拜读了郝老师发表于 1981 年 4 月《测绘通报》上的论文《在专题地图制图中确定比例符号尺寸的方法》。此文作为郝老师的代表作之一，可以体现他长期研究地图符号明辨系数的学术成就，他所使用的定量分析法也颇有创建。与平时听课不同，这时自己在科研学步时细读老师的文章，所获启发更为切实，对郝老师的敬佩也更加深入。

其三，郝老师送给我三本地图学书籍。其中有一本 Arthur Howard Robinson《Elements of Cartography》（第 4 版），这是是一部地图学的经典著作。初读英文原著，真是举步为艰。为了领会老师的意图，我下苦功夫把这本书全部翻译了出来，共30万字，还将书中所有地图都用透明纸摹画下来。在这个过程中，我仔细地揣摩和体会作者的地图设计，一下子对地图的实质有了感觉。直到现在，我对很多地图的设计灵感也从中得来。30年后，2011年11月，我到美国威斯康星大学的麦迪逊分校访问，拜访了Robinson所在地理系开设的地图展室，在那里现场体验了深厚的地理学积淀和地图文化传统的传承。在彼地彼时，我也不能不回想郝老师的启导之功，正是他让我第一次与《Elements of Cartography》灵魂碰撞，引领我在现代中外地理学发展的环境中，奠定地图学的坚实基础。

编绘地图已经成为我的终身爱好。在各种地理教学科研工作中，我都将地图知识用到极致。无论是设计上课的板书，制作演示报告PPT，还是在科研项目中撰写论文和报告，我都会增加地图或其他插图。我先后参与编制了《内蒙古土壤侵蚀图》、《陕西省佳县土壤侵蚀类型与强度图》、《内蒙古文物考古图》等地图；先后作为主要制图设计人编制了《中国自然灾害地图集（中英文版）》、《中国自然灾害系统地图集》、《汶川地震灾害地图集》、《中国高等教育发展地图集》、《中国地理图集》、《中国自然灾害风险地图集》等多本图集，均受到各领域的专家的认可和好评。经过多年的探索和实践，编绘地图和其他图形已成为我的独特风格。

4. "理想"收获幸福

每个青年人都怀揣梦想，都渴望幸福，每个77级同学都从大学里收获到珍贵的财富。对我而言，大学更是特别的，因为在这里我遇到了拥有共同理想的伙伴。我和史培军因梦想在大学相遇，因理想在大学携手，因事业在人生中相扶，象牙塔里的纯洁感情令人心动。我们俩的恋爱是秘密进行的，很多同学都是后来才知道的，我们的结合对很多人来说，是在"意料之外"，又在"情理之中"。

我们俩有很多差别，但是，我们有共同的朋友和共同的追求，这是最主要的。与现代年轻人相比，我们私下里单独见面次数很少，太不"浪漫"了，没有花前月下，没多少海誓山盟，最常态的相处就是在一起有说不完的学习体会，还有心心相印的互相帮助和鼓励。大学4年，我们从入学成绩的倒数几名，逐渐进至前几名，实现了比翼双飞。公心、事业心和彼此的诚心，伴随我们走过了30年风风雨雨。现在我们共同在北京师范大学执教。事业生活中，我们相互扶持，互相督促和鼓励，每晚11点左右，我们在校园里"约会"回家，几乎像时钟那样准确。我们的学生经常不理解为什么我们俩如此拼命忘我工作，日子还过得很幸福？我告诉他们这就是因为我们有共同的理想，共同的价值观和相互吸引的魅力。

（四）做助教和读研究生

1. 给郝允充教授当助教

自1982年起，我在内蒙古师范大学留校任教，被分配给郝先生当"地图与测量"课的助教。这是一场相当深刻的思想历练，也是一次实质性的学术飞跃。在这一蜕变过程中，我的做法有以下几点。

继续听老教师的课。现在的年轻教师，毕业留校后，就算"出徒"了。由于忙，一般不再听自己老师讲课。我当助教后，仍然跟本科生一样，认真听郝老师讲的每节课，每课必做细致的笔记。自己当教师后，再回头听老师的课，最大的不同在于，可以逐渐从老师的课程中，学习老师的学术思想。

完成每一项作业。"地图与测量"课是一门实践课程，作业很多。我认真完成郝老师布置的每一种作业，并且都达到优秀水平。在这个过程中，我仔细体会为什么老师会留这个作业，作业中的难点和不确定性在哪里，这样去消化老师上课的内容。继续提高了自己的专业理论水平，也有助于自己批改学生作业。

批改学生作业。我一直以严肃认真的态度对待这项工作，对每份作业都要花半小时以上的时间批改。发现了问题，我会找到参考答案，并标注在作业上。针对学生的具体问题，我会找学生当面讨论。

承担学生答疑工作。答疑是助教难度最大的工作。我一直主动予以承担。每次下课时，学生都会围着我提出各种各样的问题。开始时，我常常会有一半以上问题无法当场给出令自己满意的解答，回去之后，我就及时地查找到正确答案，再回复给学生，有时回复长达几页稿纸。我也有很多问题一时搞不懂，就会主动去请教郝老师。我当助教6年，从带一节课开始，到带半程课程，到讲完一门课。

2. 师从孙金铸教授做研究生

我于1985年考上孙金铸教授的硕士研究生，1988年毕业离校。有幸成为孙先生的从业弟子。在我读书的那个时代，弟子评价先生，有三条堪可奉为名师，一是讲课精彩，二是学识渊博，三是经历传奇。当时大批在北方插队的知青考入内蒙古师大，对这三条有共同的渴求。孙先生三者兼备，自然在同学中口碑极佳。我和孙先生有一段师生际遇，也成了我人生之旅中至为宝贵的回忆之一。

孙金铸教授的讲课是绝活，名满内蒙师大、满堂彩，凭这个优势，恐怕在任何大学都是莘莘学子认同教授的第一起点。我刚一入校，就听高年级学生，不免心仪已久。到了大三，终于聆听到孙先生讲授的《中国自然地理》，深感大快耳颐，暗中钦佩。孙先生是北京人，开口京腔京韵，嗓音中蕴有磁石般的吸引力，加上理论融通、解说透彻、用词讲究、介绍诸家学说的分寸感和节奏感都把握得炉火纯青，整个课堂充盈着一片广袤深郁的自然地理科学体系的大气象，听者为之夺魂摄魄，景从形随，成了一种精神享受。不知不觉中，一批又一批的学生变成了孙先生学问的认同者，乐于踩着他的足迹继续前行。

我是孙先生的开门弟子兼关门弟子，吃了不少"独生子女"的小灶，从中还体会到先生的另一番教书心怀。他对我的研究生教学安排是独特的，除了口传亲授之外，还把我送上百家学术的"活水""源头"，让我一个一个地到他所相知的国内各分支专业的名家身边去学习，去追本溯源地认识地理学的科学结构与知识来源，逐渐把我从一个本科听课的享受者，培养成独立思考的研究者。

孙金铸先生的成功教学是以渊博学识为基础的。他是我国最早开创内蒙古草原地理学的学者，从孙先生对我的言传身教中，我得知先生献身地理学科研事业的原动力。先生在上大学时读过的唯一一本中国地理教材是美国人葛德石编著的，这件事刺伤了他的自尊心。从此他立志为民族、为祖国的地理学研究奋斗终生。

1985年，他受国家教委的委托，主编《中国地理》大专教材，这时他已有多年的教学科研实践积累，正好厚积薄发，实现埋藏他在心底多年的夙愿。1988年后，孙先生主讲电大《中国地理》课程，他的学术思想通过中央电视台的教育频道多次播放，传遍了全中国，传到了世界许多国家。1990 年，孙先生荣获"全国普通高等学校国家级优秀教学成果"特等奖，当年底再获"全国高校从事科学技术工作四十年成绩显著"金质奖。

凡是见过孙金铸先生的人，都会发现，在他的身上，有两个反差很大的矛盾：他生于北京，毕业于水木清华，却在内蒙古生活工作了 50 余年，而从不思归恋蜀；他脚有痼疾，不宜远足，却选择了最不适合他干的地理学事业，竟历尽坎坷而无怨无悔。回过头看，这能让人联想到我国古今文化史上司马迁写《史记》一类的许多伟人伟业。可以毫不夸张地说，孙先生能把这两个反差的矛盾奇妙地统一起来，跨越在常人看来很难跨越的人生极限，去攀登科学文化事业的高峰，并到达了他所能达到的顶点，这全是他的理想、价值观、思想境界和人生信念所使然。对我来说，不只是因为他讲课好、学问大，也因为他如此做人，三条合起来，才让我更加尊崇他，钦敬他。

到北师大工作后，我一直讲授和建设"中国地理"，我曾收到孙先生寄来 640 张中国地理教学卡片，如获至宝，其中最早的一些是在 1950 年制作的，算起来比我的年龄还大，卡片已发黄，却无一个字不清晰可辨，无一笔一画不浸透了先生的心血汗水，它们或摘自书刊报章，或为研讨会记录，或为先生灵感所至书写的手记，都是有关中国地理知识的点滴的积累，现在先生悉数送给了我，我的心颤抖了，终于懂得他怎样在长期的教学实践中积腋成"裘"。如今我主持"中国地理"国家精品课程，就是他影响了我一生的人生定位和事业追求。

（五）家庭凝聚力

我有一个幸福的家庭，丈夫、女儿和我都是同行，一家三口在事业、生活和工作上有说不完的共同语言，这也让我乐业爱家。

谈谈我的家庭观。多年的经验，让我总结出一套"家庭共产主义论"。大家看，从恋爱到结婚，从单身到夫妻二人世界，再到三人以至多人世界，这是不小的转变。家庭的特点，首先是家庭资源不是按劳分配，而是按需分配。在家庭中，并不是谁挣得多，谁就花得多；而是按照需求，进行资源配置。其次，家务劳动的分配也不是强行地平均"设岗"，而是根据个人的擅长按需设岗。另外，家庭是社会关系正能量的储备细胞，凝聚了世界上最伟大的爱——母爱，最强烈的责任——顶天立地的男人的责任感和父爱，最童真的快乐——孩子的天真无邪的欢笑。这是三种人类最原初也最重要的情感，都会在一个家庭单元中得到培育。这种正能量一旦培育和发展，还能够继续得到良性转化，母爱和父爱，母亲的责任和父亲的责任，都会在家庭里传递延续，在家庭成员之间互动、影响和转化。它推动每个家庭成员和谐有效地发展，都成为社会良性发展的促进者。这种家庭观的核心是积极凝聚力。它不是私有观，而是将个人价值和家庭责任建立在社会集体理想中的自律意识和公益精神。

二　本科地理教学与科研创新

我在执教三十年多中，在本科教学上，从未有过任何间断和任何松懈。我坚持在教学一线进行着"思考—实践—改革"。作为区域地理教学团队（国家教学团队）的带头人，目前我主讲本科专业必修课"中国地理"（国家精品课程）和全校本科生公共选修课"遥感区域"。在教学过程中对教学理念、过程、方法和态度等进行了深入思考和钻研，取得了一些成绩，希望能为青年人成长借鉴。

（一）"流域系统"工程的教学理念

我借用地理中"流域"的概念，将教学过程分为上游、中游和下游三部分，能量（能力）和物质（知识）通过网络平台进行流动和传输。与流域中水的流动方向不同，能力和知识在流动的过程中越来越趋于高处，这是因为能力和知识会随着教师的传授、学生的消化及师生间的互馈提高和积累（图2）。上游主要体现了教师的储备过程，即教师对课程与教材的设计能力。

中游主要体现了教师讲授与学生学习的过程，通过教师讲解与学生提问之间的反馈，教师传授知识的能力以及学生的知识储备与分析能力等都有所提高。下游主要体现了学生的实践技能和创新思维的培养过程，学生通过学习后的实践研究与创新活动，获得高于课本、高于教师传授的知识与能力。多数课程教学止于上游、中游的教学目标，而我的课程教学设计与实践，还关注下游，将教学过程贯穿、延展至实现创新性人才的培养目标。课程建设的成效不仅仅体现在教材建设和教师能力的提升，更体现在

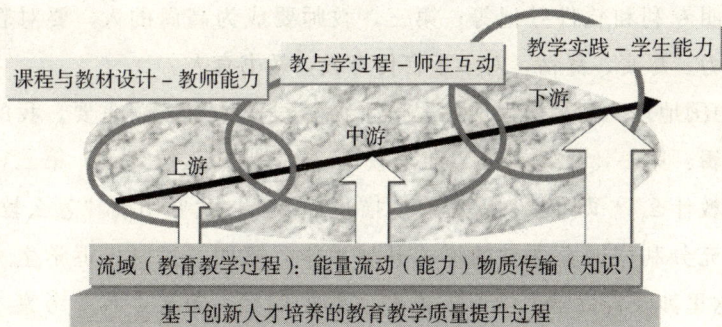

图 2　教学"流域系统"工程

学生能力的提升。

（二）国家精品课程"中国地理"

1. 上游建设——能力构建

上游建设，主要是指教师能力建设，强调教学过程中教师的"有源之水"，教师是课程的建设者和实施者，拥有一流的学者专家型的教师梯队是形成精品课程的关键。某种程度上说，精品课程建设是教师行为，是教师的学术造诣、科研背景、教学技能、人格魅力的综合体现。培育、扩大"精品"教师队伍，是精品课程建设的根本任务之一。精品课程要由学术造诣高、授课经验丰富的教授主讲，通过精品课程建设形成一支结构合理、人员稳定、教学水平高、教学效果好的教师梯队。由于教师的知识结构、知识覆盖度、创新能力和师德风貌等直接决定着课程的质量与水平，因此课程建设也是教学名师队伍建设。名师可以凝聚成一个高素质的人才组合中心、高水平的学科中心、成果卓著的科研中心，可以支撑起一个著名的课程。

"中国地理"精品课程的教师队伍建设具有三个方面的特点和优势：第一，教师是教学课程的设计者与实践者。教师队伍的整体组合也同样影响着整个课程的实施效果。团队围绕着课程规划、教材编写、课程教授、网络课程建设等具体任务，优化组合教师队伍，分别由院士、教授、副教授、讲师和研究生助教互相衔接完成各项任务，实现老中青相衔接的主讲队伍，形成纵横交织的稳定的教师队伍。第二，教师要成为科学研究的设计者与实践者，如：主持或参加研究项目、出版学术专著、发表学术论文、发明专利和软件登记等；第三，教师要成为高尚的人，要对教学尽心、尽力、尽责、尽情，对学生言传身教，教书育人。

"中国地理"精品课程网站是"上游建设"的有一项重要。我的网站教学逻辑：第一，我要知道"谁来教"？这是教师队伍建设。第二，我要说明"教什么"？即我要对课程有个描述。第三，我要明确"怎么教"？这时我会充分利用网上课堂的形式开展教学。第四，我要告诉学生"如何学"？这里涉及告诉学生学习方法和实践的门径。第五，我要考察"教得怎么样"？就是经常开展教学评估。做到这些，还不能够促进学生创新，我还要向学生提供各种网络教学资源，让他们自己去在实践中增长才干。

2. 中游建设——方法革新

中游建设，是指教与学的过程，强调师生互动，直接关系教学质量。本科生"中国地理"课程在教学实践中采用了"多源信息—多教学环节—师生双向反馈"的教学模式。"多源信息"是依据"中国地理"学科特征，基于地图、影像、录像、文字、数据、实景等多源信息，综合应用遥感图像判识、地图分析、GIS集成、区域综合分析等方法设计教学环节；"多教学环节"是指依据教学规律和学生认知规律的有机结合，利用多种媒体设计教学环节，包括讲课内容、学术报告、讨论辩论、作业、面试、CAI、网络教学以及实习等，促进学生感官和多种能力的训练；"师生双向反馈"则是依据师生互动原理，在教师传输教学信息的同时，即时通过各种教学环节接收学生反馈的信息，再反馈于学生，通过不断地双向反馈，在互动中完成整个教学过程。我以"编制中国地貌图"作业为例，首先布置综合制图、专业、美工角度的基本要求：用线条或符号表示基本要素；其他地貌单元自选表示方法；规范制图；配以相应的制图说明，并总结制图思路或是创新点，提出遇到的问题。然后针对现在大学生的很不好的风气，就是会抄阅，但不喜欢思考；会复制，但不会创新。设计了"创新思维导出法"。我在布置作业时，给学生增加了"思路或创新点"和"提出问题"两个环节，帮助学生学会表述自己的思考过程。在期中考核中，我设计了"面试"环节。在这个环节中，我公布题目，提出要求，提前答疑，然后，进入面试，充分鼓励学生提问，向教师反馈，给他们机会表现自己，让他们通过系统地、逻辑地呈现头脑中问题，锻炼其思维的表述能力、思考的整体性和结构性，以及训练表达的条理性。在期中考核中，我设计了"面试"环节。在这个环节中，我公布题目，提出要求，提前答疑，然后，进入面试，充分鼓励学生提问题，向教师反馈，给他们机会表现自己，让他们通过系统地、逻辑地呈现头脑中问题，锻炼其思维的表述能力、思考的整体性和结构性，以及训练表达的条理性。面试完成后我会给每个学生反馈成绩单（图3）。

"中国地理"期中考试（口试）成绩单

| 专业 | | 姓名 | | 学号 | | | | |

考试成绩	抽考题号	总成绩	基本内容 50%	思路 15%	口头表达 10%	回答问题 5%	补充发言 10%	创新性 10%
印象	小组协作							
	个人感觉							

教师印章

图3　学生面试成绩构成（反馈成绩单）

3. 下游建设——注重实践

下游建设，指课程建设的下游是整个流域的"归宿"。通过教育教学过程实现上游、中游物质的扩散（或传播）和能量的增值，实现课程的最终目标：让学生掌握更多的知识，并最大可能地提高学生的科研能力。为此我们构建了基于"研究互动平台"的学生教学实践和科研能力的培养体系。一是通过课程教学、科研项目、生产实习、毕业论文等环节，面向全体学生引导—指导—教导，开展实地观察、信息处理、综合分析、研究表达等能力训练；二是依托科研项目，吸收并指导本科生研究中国地理问题，对学生实行重点跟踪培养，全面提升学生的"动脑"、"动手"和"动口"能力，指导并资助本科生发表研究论文和参加学术会议。

中国地理课程的综合性和区域性特点，决定了学生实践的宏观、中观、微观的多尺度特性。这些多尺度的学生实践内容构成相互依存、有递进等关系的层次体系，缺了其中的某个环节，整个学生实践的体系结构就不完整。宏观层面的实践性教学:从太空看中国,运用现代卫星遥感影像,辨识中国地表结构及演化特征,可以实现遥感考察,把握全国宏观地理特征。整合中国地理课程资源,编制了一套"中国地理遥感图像库系统",可直接对系统进行操作,遥看中国。通过实践训练,学生的遥感影像识别和地学分析能力迅速提高,同时可以获得综合、可视化的区域地理信息。中观层面的实践性教学:从视频看中国,运用现代多媒体技术手段,通过采集区域地理影视片信息,共同观看并完成实践要求作业,来理解区域人地关系和地理问题。课程实践中通过多人选择不同区域的录像,增加区域准感性认识,实现准区域考察,把握区域地理特征,从而达到较好的实践效果。微观层面的实践性教学:从实地看中国,运用野外调查和测量技术,通过对周边区域的综合考察或专题调研,理解站立点区域人地关系和地理问题。最终把学生的技能训练方法、分组立项方法、实地调查和结果汇总形成系列成果,增强学生对区域的感性知识,激发研究创新能力。

学生的培养,不是一个短期间断的过程,而是一个长期连续的过程。在这方面,我注重培养学生的研究能力。我认为,有了良好的研究能力,学生的就业和深造就不成问题。在学生的研究能力的培养上,最重要的就是动脑、动手和动口。

关于动脑的能力,我用构思和撰写一篇学术文章为例。我们现在很多学生都不会写论文,一提起写论文就很头痛。我就用拟人法来描述一篇好的研究论文应该具备的要素。例如,人只有肉不行,和动物无法区分。人有了骨架,才可以辨析出人形。因此,一篇文章是从骨架开始的,也就是从思想"架构"开始的。但是,光有骨头也不行,那是一具"骷髅",还需要为它添加肌肉(而非肥肉),有了肌肉,就有了"内容",就能运动,这就是体现思维活动。但只有这前两者,这个"人"还没有活起来,接下来,还要有血液;有了血液,人就活了,充满了活力,文章也是一样的,要有新点子,新思路。这好比人要有大脑一样,一篇好文章也需要有好的想法、能创新。最后,当这些要素都齐备时,我们发现,这个"人"还是一个裸人,我们还需要给他穿衣服,这就是学术规范。对于一篇文章来说,需要加以学术的规范,才能合格。这就是我说的"动脑+动手=一篇好论文"。

关于动口，我是强调，北师大的学生作为一名广义的师范生，要特别注意培养自己的语言表达能力、讲课的能力。结合我自己多年教学经验，我总结出讲课"动口"的三个要诀，即言之有理、言之有物、言之有数。教师讲课，要目标明确，还需要准备充分的可视化信息和作证材料，还要留给学生思考的空间。我把这种讲课方式比作"物质三态"，即气态、液态、固态的转化作业。一堂好课，应该有"三态"的转化。首先，在课前，应该明了"想讲什么"？我把这个阶段比作"气态"阶段，它是存在于教师的脑海里的、其次，要做到"讲和听"，这叫"液态"过程，也就是教师要由想变成讲，并且能够让学生听得到和听进去，这需要教师良好的教学技能，要表达出鲜活的教学内容，要对学生对知识的习得过程有很好的把握。讲课如潺潺溪水浸润学生的心田。最后，要把"液态"转为"固态"，就是要让学生有反馈，帮助他们真正理解所学的知识，并能熟练地运用，变成自己的东西。一堂好课，应该能够实现这三态的转化，缺一不可。

（三）带领国家"区域地理教学团队"

在教学方面，我还特别要强调科研队伍的建设。到了我这个年龄段，作为一名老教师，我肩负着"传帮带"的责任，我还要把知识和经验传递给后备的青年教师，鼓励他们勇于突破。一个人的能力是有限的，团队的力量是无穷的。我带领的区域地理教学团队2007年第一批入选国家教学团队，由北师大地理学的17名教师组成，是一支结构合理的教师队伍，肩负着建设一流课程和教材、承担一流教学项目和科研项目、产出一流教学和培养一流教师的重任。

我举两个例子。一是我组织全国三十多所高校和我们自己的团队共同编撰了《中国省区地理》，33册。二是我带领我们自己的团队和美国高校同行展开国际教学交流，共同编撰中美比较地理教材。这两件事，都让我意识到，要真正做成大事，就要依靠团队。

我们已经建立了一支包括了非北师大教师组成的、具有专业特色和地域特色的、讲座教师和网络教师形式的、相对稳定的海内外协作型教师队伍，主要来自四个方面：一是基于地理区域性和全球化特征组织国外教师协作队伍;二是基于地理区域性和国情特征组织国内省属师范大学"区域地理"教授担任的教师协作队伍;三是基于地理综合性特征,组织国内外教师协作队伍;四是基于区域地理教学的师范性,组织中学地理教师协作队伍。

(四) 研究创新——国家需求

我研究区域地理,几乎所有研究项目都是围绕国家现实需求进行的。在此我主要介绍带领本科生开展研究创新的几个实例。

1. 开展中国三代自然灾害地图集的研究

中国自然灾害类型多、造成的灾情重且区域分异明显,是世界上少数几个自然灾害严重的国家之一。中国的主要自然灾害有地震、台风、水灾、旱灾及农作物病虫害等,并形成地震灾害链、台风—暴雨灾害链、寒潮及大风灾害链。自然灾害及其综合风险防范是国家急需研究的重大问题,也是我们关注和研究的重要课题。

从 1989 年起,直到现在,持续二十多年,我先后参与并作为制图总设计编纂出版三种自然灾害地图集,形成了"三代"自然灾害学思想的发展序列。它们是:第一代《中国自然灾害地图集》,第二代《中国自然灾害系统地图集》和第三代《中国自然灾害风险地图集》。这些著作都是中英版。在这里,我特别想说的是,在这个为期不短的研究中,我们的本科生发挥了特殊的作用。教师作为项目的主持人和主编团队成员,只要有创新思想和严密的科研框架,并善于教学,就能在这种大型科研中,帮助本科生既学习,又成长,其中的优秀者还能迅速成长为中坚力量。

2. 开展渤海海冰资源淡化与利用技术研究

这是我主持的 863 项目 (2006—2010)。我向大家讲讲我怎样在这个项目中创新思考。这个项目是在我国的渤海辽东湾做的,渤海湾冬天是结冰的,是世界上最低纬度的结冰区。一般世界上缺水的地方的海水都不结冰,结冰的地方都不缺(淡)水,唯有环渤海地区又缺水又结冰。但是,我家的一个生活经验启发了我。1995 年,我家里买了个冰箱,我们给孩子冻冰块,冰块里有糖分。吃冰块时先把糖的部分吸走了,剩下的结冰部分没有多少糖了。我丈夫突然想到:糖是这样,盐会不会也如此呢?第二天,我们就派了两个女生(1993 级),到渤海打了两大桶水回来做实验,结果成功了。她们俩后来的论文也是由此而生。这个例子是从我们的生活开始的，再到我指导本科生做研究，积累了数据，形成了思路。现在，这种项目已经沉淀了过千万的研究经费。我要做的事就是把环渤海的盐荒地改造成良田，我就是用这种海冰水进行浇灌，整个过程可以说低炭节能，是可持续的。

这个课题先后资助了两项"国家大学生创新性试验计划项目"，分别为北京师范大学地理学与遥感科学学院 2006 级本科生林要等 4 人主持的"黄骅盐碱荒地台田—浅池模式的脱盐效率研究"以及北京师范大学资源学院 07 级本科生汪超子等 4 人主持"滨海淤泥质盐碱荒地遥感检测——以黄骅为例"。期间 8 名本科生参与海冰项目过程中结合室内分析、数据挖掘等方面知识深入培养学生的科研能力与创新意识。学生们在野外能直接面对植物土壤，亲自动手科学采样和分析，入户调查了解农村、农户、农田，感受土壤、植被与气候的差异，不仅开阔了学生的视野，也加深了学生对自然科学的认识，在野外实习基地更是得到了论文写作的灵感和素材。从这个例子中，我体会到，科研需要围绕国家需求，并能突破创新，同时也能培养新型人才。

3. 探讨本科生"课程——项目——论文——保研"的导师制人才培养模式

国外一些学者认为，教师在推动研究性学习的过程中应充当认知性的辅导者，帮助学生在问题的界定、信息的收集、分析和综合过程中，理解问题，分析问题以及解决问题。而这种以问题为基础的学习就要求导师制的实施。我国现行的导师制主要针对研究生教育，然而不断推进的基础教育教学改革要求教师重视素质教育和学生专长多样化，实现从群体培养到个性培养的转变。因此导师制的培养方式实施对象越来越广，从研究生教育到本科教育都在推行。对于大学本科教育来说，通过培养学生科研能力，实现对本科生人才培养，是教师教学和教书育人的目标。实践证明根据本科生人才个性特点和需求，开展因材施教，可以提高学生成才的效率。综合来看，推动本科生参加科研和产生研究成果的驱动力类型有 8 种，即校系科研立项驱动型（XQ）、教师课题驱动型（JQ）、勤工助学驱动型（QQ）、课程要求驱动型（KQ）、就业需求驱动型（YQ）、个人兴趣驱动型（GQ）、成才目标驱动型（CQ）和保研愿望驱动型（BQ）等。前面五种属于客观驱动力，后三种则属于主观驱动力。多数学生是在几种因素的综合驱动下形成参与科研的强烈愿望。近年来跟踪并探讨了 3 种本科人才培养过程的案例，基本建立了本科生"课程——项目——论文——保研"的导师制人才培养模式。

三　教书育人——教师的天职

我认为，作为一名大学教师，要做好自己的本职工作，首先是定位。老师怎么定位，学生怎么定位，要解决好。"古之学者必有师。师者，所以传道受业解惑也。"韩愈的诗可谓是一语道破教师教书育人的本质。我在传道授业时努力做到尽心、尽力，在为学生解惑时努力做到尽责、尽情，这是我所恪守的。

（一）"一个中心，三个基本点"

我个人的理解是，师生定位在"一个中心，三个基本点"。对于教师而言，就是应秉承以学生为中心的理念，注重教学、科研和管理工作，这三项工作不能缺少和偏废。教师是学生成长的管理者，更不能缺少和偏废这个环节。以往很多教师都会忽视它，以为只搞好教学和科研就是一个好老师了，但实际上不然。教师还有其他责任，包括对学生需求的满足，对学生困难的帮助，对学生心理问题的洞察，以及解决那些关系学生能否顺利地读书，能否愉快地生活过程中的一些在他们看来很重要的问题。教师是应该把学生放在自己心里的，管理好学生的这类日常思想、情绪和生活内容也是重要的。当然，对学生而言，他们也有一个中心，那就是学习。除了学习之外，学生还应学会做人、做事和做学问，这也是"一个中心，三个基本点"。

（二）克尽厥职、培养人才

尽心——做教育发展的思考者。作为教师要思考的问题有很多。在推进素质教育、实施课程改革的背景下，面对各种教育理念和教学模式所产生的困惑，必须思考如何转变教学观念，如何设计优化课程体系，乃至规划课程发展的前景等等。但大体可以分为两个方面：一是课程设计不能一叶障目，以一节课的优秀表现遮掩一门课整体效果。学生的眼睛是雪亮的，理性的学生会给出客观评价。这也就要求教师不能以投机取巧，瞒天过海的心态进行教学，要静下心来扎扎实实，理清结构，把握学科脉络，做好顶层设计；二是课程现状、发展定位及远景规划与实施过程存在的问题。国家精品课程历经几代地理学家的努力，是集时间的磨炼、每轮教学的修正完善，逐渐逼近学科的核心，是一个从量变到质变的过程。作为教师始终要有超前意识，要超前思考，形成明晰的思想，才能对课程的发展起到引领作用。

尽力——做教育思想的实践者。尽心思考的落脚点是尽力教学实践，我注重学以致用，回归实践。（图5）教师讲课从四个大方向出发，明确目标、可视信息、佐证材料、思考空间把握实践教学，这样才能做到课堂言之有理、言之有物、言之有数，这样的课堂才能有魂。设计的原则从两个维度出发，一方面是教师想讲什么、讲出什么，另一方面是学生听到什么、听进什么。这个原则看似简单，实则复杂。对于一个青年老师，从教学内容到教学方法都陌生的情况下，自己在课堂上的言行往往心有余而力不足。学生相应的"听到的"和"听进的"离教学要求相差很远，教学效果难以实现。如何解决呢？我提倡青年教师要常常进行"如果我是学生"的换位思考，以求突破。说句实话，教学实践是要求教师刻苦而为之的。我以我心看"刻苦"，"刻"是在时间与实践层面做出常人不及的努力，"苦"是感觉层面上差值，是一种比较后的感官。我们常常说，刻苦学习，主动实践、被动承受，牺牲利益和享乐，获得了才智和成功，这样的刻苦是一种推迟的幸福感，辛苦但是心不苦。

尽责——做教育创新的服务者。青年教师教学常常会犯经验主义的错误，就像孙猴子戴上了紧箍咒，老师如何教我，我就如何教学生。无视教学的创新，只是模板的重复，像这样青年教师很快就会陷入职业疲劳期。那么何为创新？"抛开旧的，创造新的"是"与众不同，无中生有，前所未有，空前绝后"。教师怎样能培养学生的创新能力呢？这就要求教师和学生进行经常的、主动的、充满激情的聊天、谈话、讨论等口头交流，在学生对学科熟能生巧的基础上，引领学生进入学科前缘，鼓励学生"胡思乱想"，培养学生个人兴趣，保持学生个性发展。在创新型人才的培养过程中，师生互通有无、互相支持、互相帮助。建立创新机制，注重学思结合，倡导启发式、探究式、讨论式、参与式教学，开展多样化的教学活动、演讲、交流、辩论、会谈等帮助学生学会学习。激发学生的好奇心，培养学生的兴趣爱好，营造独立思考、自由探索、勇于创新的良好环境；注重学术环境培养，成立有活力的课题小组，通过学术讨论、小组协作发表论文、完成科研项目，实现"1＋1＞2"的效果，不断提升学生的学习能力和创新能力。

尽情——做学生的贴心者。教学是培养人的实践活动，是师生共同劳动的成果。优秀的教师在师生的互动中能够与学生进行换位思考，即从教师教的位置换到学生学的位置，想学生之所想，以学生的角度来对教师的行为做出思考，例如教师设想我是学生，我会希望教师积极地投入到课堂中，能够以学生接受的方式讲授课程内容等，真正地以学生的角度来思考，做学生的贴心者不仅能够拉近师生之间的距离，而且会有助于提高课堂教学效率。尽情不仅体现在想学生之所想，更应该站在教师的角度为学生的发展进行规划。秉着以学生为本的理念，一切的发展都是为了学生，通过多种途径发展学生的个人能力，包括外语能力、计算机应用能力以及专业能力等。教师应该站在宏观的角度把握学生的发展方向，教师的职责不仅是教学生做学问，更重要的是教会学生做人、做事。并且能从长远的角度依据学生的个人的优势和学科的发展基础为学生的前景进行规划，学生的个人素质是学生发展的重要基础，不仅包括个人知识素养等硬性的条件，同时也包括个人能力，如与周围环境的融入、人际关系的处理等等，即所谓的硬实力与软实力，我们要做到两手都要抓两手都要硬，培养学生的综合竞争能力。总之，大学阶段是人生中重要的时期，因此教师更应该尽情于学生的未来，结合学生的个人兴趣以及现实条件等因材施教，给不同的学生制定不同的目标，为学生将来的发展打下坚实的基础。

（三）因材施教、提升学生的发展能力

教师和众多学生的关系可以看作"一对多"的交集，教师对某个学生的关系又是"一对一"的交集，在此基础上透视学生个性，把握住学生的优缺点，即特点，因材施教。在能力培养方面，我把学生分为四类，对不同类别予以不同对待。对聪明勤奋的学生，我会超前培养；对勤奋但不够聪明的学生，我会启发培养；对聪明但不够勤奋的学生，我会督促培养；

对既不聪明也不够勤奋的学生，我会耐心培养。在我心中，没有培养不好的学生，只有自己有惰性并缺乏教育智慧的教师。教育不只是谋生的职业，甚至不只是一项工作，而是应该更多地被认定为终身为之努力奋斗的事业。我认为，除了教师这个行业外，世界上没有任何一种职业能与它相比，教师是培养一个鲜活的、充满朝气的未来人群的工作，教师应该非常严肃认真地对待这份崇高的事业。

怀着对教师这一职业的无限忠诚和对学生的无限热爱，我把教学过程作为一种享受，我的幸福与对学生的奉献成正比，我的价值与对学生的负责成正比。幸福感与价值观的概念模型是：

$$幸福＝（i＋j）＊（aX＋bZ）$$
$$价值＝（i＋j）＊（cY＋dZ）$$

其中，i 表示对学生，j 表示对社会/学校，X 是奉献，Y 是责任，Z 是爱心，a、b、c、d 表明不同权重的系数。在我心里，幸福和价值是有关对象和态度的两个参数体系。当你对学校、对社会的奉献越多，你的幸福指数就会越高；当你对学生、对社会的责任越大，你的价值也就越高。一个人如果没有付出就永远体会不到幸福，同样，一个人若不能承担责任也永远体会不到人生意义。

我想用一个问题来结束今天的讲座。"学习是为了什么？"在座的同学大多数是大学生，我想，学习是为了传递和培养人类优秀素质，成为对人类有用的人；学习是为了培养创新和创业能力，成为对社会有益的人。

最后，送给在座的同学们几句话：

> 今天比明天更年轻，
> 热爱大学的每一天，
> 享受学习的全过程！

[主讲人简介] 王静爱，北京师范大学地理学与遥感科学学院教授，博士生导师，国家级教学名师。国家区域地理教学团队带头人，北师大区域地理研究重点实验室主任。长期致力于区域地理、自然条件评价与自然灾害制图等方面教学与科研。主持国家"863"项目、国家自然科学基金项

目、国家 973 项目子课题和国家科技支撑项目子课题等。主持国家精品课程"中国地理"，出版《中国地理教程》、《中国自然灾害时空格局》等教材和专著，是《中国自然灾害风险地图集》的制图总设计，发表研究论文 200 余篇。曾获得国家级教学成果一、二等奖、教育部自然科学奖一等奖、宝钢教育基金优秀教师特等奖，北京师范大学最受学生欢迎的"十佳教师"称号等。

我与社会政策研究

张秀兰

一　关于女教授

王静爱和郑新蓉两位老师约我从女教授角度写篇文稿，关于女教授，卑之无甚高论，可又不愿拂人美意，思来想去，决定写点自己这些年做社会政策研究的思考。我这些年专业多次变化，研究领域繁杂，行走多个国家。从科学研究到机构建设到学科发展，大多时候是顺着心性走，也有很多外界机会的引导。尽量坚持埋头做事、知止知足的原则。不过，既然是命题作文，那就先把郑老师和王老师的作业交上，谈谈女教授。

这些年下来，我发现自己在这个男性占优势的高教、科研领域算是异类。比如有人对我说，张老师，好像海归里女的做正院长的就是你了。这话让我一思量，还真是。还有，我参加过多次不同领域的评审，去了才意识到，自己是唯一的女评委。至于想到要做教授，那是在30多年前考大学的时候就决定了的，因为我一方面喜欢读书，并且喜欢再把读书的体会和别人分享，另一方面，又不喜欢坐班的生活。所以这些年读书下来，选择做个教授就是很自然的了。因为是女的，就成了女教授。

我大学和研究生读的是自然地理学，这门学科的特点使得女性会弱化性别意识，因为她们需要和男性一样在野外活动。当然，得到男同学照顾也是常有的事。例如，那个时候出野外，大家都背着被子赶火车，男生会帮助女生把被子从车窗塞进车厢里。但到了野外，要走多少路还得走多少路，男女生是一样的。所以地理系出来的女生好像都有性别盲点。我记得在读大学时，特别崇拜的是一个1977级的学姐，她一个人到山西的林子里去做植物标本，背着标本走不动了，坐在地上哭一阵子，接着该做什么就做什么。做学问么，不是因为你是女生就不去野外了，那还学什么？这个学姐后来成了非常有名的教授，30 年后我又一次见到了她，也没把她和女教授联系起来，就觉得她是一个非常棒的教授，现在我还崇拜着她。

我也会被问起如何平衡事业和家庭。我比较幸运的是家庭很支持我，我也尽量地自律，例如每天回家吃饭，不出去应酬。做院长好像被邀请吃饭的事情多一些，在国外基本上不会有这样的事情，回国了，因为有一个海归的牌子，所以可以很轻易地推辞掉。久而久之，人家也习惯了，自己也解脱了。还有一个附加的好处，那就是本人做院长的单位，这种应酬很少，因为我写了家庭政策的文章，大家知道我比较在意家庭，这和男女也没关系，是学术的研究，顺便带动一下机构文化。盒饭制度在我们学院也比较容易实行，因为除了省钱，关键是省时间。教授是靠学问吃饭的，学问是要花时间积累的，所以吃盒饭这种省钱又省时间的做法，大家都乐于接受。于是，应酬就更少了。这样省出来的时间除了可以做做学问，也可以多和家人一起。不知道减少应酬、尽量回家吃饭，这跟事业和家庭的平衡，是不是多少有点关系呢？

下面就谈谈自己和社会政策的问题吧！

二　从自然地理学走进社会福利学

上个月亚洲开发银行约我写一篇文章，题目是《城市化进程中的社会政策》。在我梳理 30 年中国的城市化进程，写到早期的乡村工业化时，便想起，我当年的本科论文写的是晋南的水泥工业。为此，1984 年，我一个人到山西去调查。到太原，住在一个小旅馆，十几个人住在一起，身上也没什么钱，只有几本书。雨夜到街上还有刀削面的摊子，我吃到了地道的山西刀削面。然后，从太原出发，坐火车到运城，然后做长途车到侯马搜集调研。那黄土高原的路，雨后车轮留下来的埂子，太阳一晒，比水泥的还要硬。在长途车上，手要死死抓住车里可握的把手，即使如此，每当长途车过一个黄土埂子，头都要被颠得撞在车顶上。将近 30 年了，我还记得非常清楚那个雨夜去吃的刀削面，那些黄土埂子。我在山西调查了半年。现在想来，那半年在山西的经验，就是我日后实证研究路子的开端。

我在研究生阶段没有继续读自然地理学，而是选择了经济地理学，论文还是乡村工业化。在准备写作的阶段，我到北师大地理系图书馆，从几本英文经济地理的杂志中查找相关论文，在不多的论文中，看到一篇写以色列乡村工业化的，里面有很多的模型。那个时候我对计量地理学很入迷，一见那些计量模型就放不下来，但是文中有些问题我不是很清楚，当时也不知道怎么想的，就给杂志的编辑写了封信，说我对这篇文章很感兴趣，但是里面的关于计量分析的文献我找不到。写完之后也没想着会有答复，我就背着包去甘肃做调查了。没想到从甘肃回来，收到了一个很厚的大信封，是从国外寄来的！！！打开一看，原来是那篇文章的作者寄给我的，内中除了发表文章，还有一些作者没有发表的文章草稿。我真是如获至宝——30年前的学术研究，英文文献的匮乏是现在的学者很难想象的。我每天带着这些英文文献去图书馆研读，受益匪浅，后来，提前半年完成了硕士论文。在那个年代，提前答辩是很骄傲的事情，那种感觉真是很奇妙。我写了信给这个作者，向他表示感谢。这位以色列作者帮助后学的精神感染着我，我也在努力传承这种精神。多年后，每当我收到别人索求文章的信，或是写信给我询问关于考研、谋职的信，不管文字多短，我都会尽快回信。2013年的夏天，我在上海参加社会政策国际会议，遇到一个年轻人，一定要和我照一张相片。她对我说，张老师可能你不认识我，我前几年写信给你，我当时博士毕业，写了很多求职信。在发出的邮件里，只有您给我回复了。

我虽然学的是理科，但是一直喜欢写写东西，那个时候年轻，还不时写小说、写诗。我还特别喜欢古文，喜欢练毛笔字。所以读了7年理科，对文字的工作还是很喜欢。研究生毕业后我没有选择留校，而去了民政部的一家报社，当时叫《社会保障报》，现在叫《中国社会报》，在那里做编辑和记者。

刚去，没什么硬性的工作，我就把历年的民政文件汇编找出来读，虽然枯燥，但是很入迷。我先被分派在社会部，后来社会部分出来理论部，我就到了理论部。我是北师大第一个去民政部工作的，也是报社的第二个研究生。有一天，社长叫我去他办公室，让我把他的一篇稿子抄写一遍。新分配去的，能被社长和主编认识，心里很兴奋。我以前练过几笔字，抄稿子的时候自然是百倍的认真。稿子交给社长后，他看到我的一笔字，说你的字写得不错。我得到夸奖，觉得自己需要加倍的努力。进报社三个月后，我写出了第一篇稿子，题目是"论民政经济学"，上万字，算是一个版面的大稿子了。理论室主任看了之后说非常好，然后兴奋地拿去给主编看，主编看了之后也很兴奋。又给了当时的民政部长崔乃夫看。当时就决定发整版。稿子发出去后，一些地方的民政报纸也摘发了。

这篇稿子我以后再看，好像实在没什么。但是它在很大程度上奠定了我以后社会政策研究的基础。稿子要回答的问题是，在农村改革的背景下，如何重构农村福利制度中的福利提供方。1988年，那是农村经济体制改革的年代，集体经济解体后，依托于集体经济的福利制度受到很大的冲击。在这种条件下，民政部门不得不采取一些经济手段来解决民政对象的生活和服务需求。那个时候，以社区为主的社会保障体系是民政部力推的，因为集体经济解体了，乡村工业化起来，这就需要重构社会福利的融资机制。那个时候提出社区保障，实际上是希望能探索出一条个人和乡村工业共担的社会福利融资机制。我后来思考政府责任的问题，很大程度上与自己对这段历史的理解有关。而我后来对社会政策的研究，也和这段经历有关。我体会到，人生的第一份职业非常关键，我因为这份工作走上了政策研究，特别是社会政策研究。

当时刚入职，一篇稿子打响，那种兴奋和骄傲是掩饰不住的。20多年后，报社同仁给老社长80岁生日出了一本书，我写了一篇文章，里面谈到当年作为一个年轻人，领导的鼓励和肯定，使我能更加努力。我深深体会到，鼓励的力量真是难以估量的。因此，我做了老师、后来做了院长，常常会想到自己需要给年轻人以鼓励。

围绕这篇稿子的经历，使我认识到自己对政策和学术研究的兴趣，特别是那个时候对社区型社会保障制度的建设很认同，自己希望能在社会福利领域更深入地做些研究，就于1990年1月10日到了美国加州大学伯克莱分校读社会福利学的博士。

三　加州大学伯克莱分校的10年

第一个挑战：让导师接纳我

在伯克莱，因为我是社会福利学院第一个来自中国大陆的学生，所以学院对我很关照，派了两个老师指导我，一个是出生于台湾的学心理学出身的教授印有文，她懂中文；还有一个是学计量经济出身、教方法论的Leonard Miller教授。我的专业导师是Leonard。第一次见面我终身难忘。出国时我戴的是一块电子表，没有想到换电池。那天老师约好了下午一点在他的办公室见面，我很紧张，但是手表上的时间一直都不到一点钟，我在校园里转悠到天都黑了，最后决定去学院看看，一进学院，见到学院办公室的钟都下午5点多了。我赶忙去Leonard的办公室，他正在锁门，见到我说，我等了你一下午，我想我不是你合适的导师，然后就离开了。

晚上我回到住的地方，知道自己的电子表误了事情。我想了很长时间，觉得这样被拒绝不行，就对房东说明天早点叫我起来，我的手表电池没了，也就不好掌握时间，只能依赖房东了。第二天7点我就起来，不到8点我就到了Leonard的办公室。老师还没来，我就坐在他办公室门口的地下，拿着我昨天晚上写的要和他说的话一遍遍地温习。因为刚到，英文不行。等了挺长时间，他来了，见到我说，他9点要开会，没有时间和我谈。我也知道这是他在拒绝我，就说我只要5分钟，解释一下。我说我刚到，手表没电池了，很抱歉。然后我说，我的计划是研究中国的社会保障制度，因为我的经济学的基础，院长认为他是我最合适的导师人选。他看着我，说了句，哇，中国的社会保障制度，那将是世界上最大的社保制度了，进来，谈谈你的计划。我和他谈了之后，他建议我选他的一门研究方法的课程，同时建议我选Eileen Gambrill教授的一门国际发展的课，以及去找印有文教授，谈加强英文写作的事。

Leonard终于接纳了我。

我第一周上课下来，发现方法论课程不是很难，但是Eileen的课听不懂，而且上课要发言。我也闹不明白老师和同学都说什么，决定万变不离其宗：既然我是第一个中国学生，每次发言我根据上课的题目就谈中国。Leonard把他儿子的电脑放在他的办公室的另一个桌子上，让我每周一、三、五去学习电脑，并和我讨论方法论的课。我虽然英文不是很好，但是数学公式是没有问题的。第二周他让我去数学图书馆查一本书，关于Truncated normal distribution，也就是截断正态分布的公式。伯克莱加大有 34 个图书馆，我英文也不行，找了半天没找着数学图书馆。我在主图书馆的门前坐着，不知所措，就看着 Leonard 给我的公式，看着看着发现不是很难，我自己就把公式没写完的部分写出来了。然后拿着自己的答案就去见他，告诉他我自己没找着数学图书馆，自己解出来了，请他看看对不对。他半信半疑地看着我，说回去看看。晚上我在房间学英文，房东叫我说有我的电话，原来是 Leonard 打来的，他说，看了我的公式，说我做对了。从此我和 Leonard 开始了长达 20 多年的学习与合作。我师从于他，主要做 Limited Dependent Variable Models，而且主要是研究疾病的经济学负担。后期延伸到吸烟酗酒的经济学分析。

第二个挑战：选学位论文题目

该确定学位论文的题目了。按说，我平素积累了很多中国社会保障的数据和文献，随着自己对社会福利和社会保障制度的学习，就中国问题写完论文是没问题的。但是一次和 Leonard 聊天，他说很多外国学生写的都是自己国家的论文，导师也不是很了解，比较容易通过。的确如此。我就联想到自己选 Eileen 的课，能拿到 A，是因为大家对中国的情况不熟悉。我想，还是选择一个难度大点的题目，这样可以使自己各方面得到更好的提升。于是，我决定放弃以中国社会保障制度作为论文题目，重新选择论文题目。

四 学习心理学的研究方法

Leonard 建议我去给印有文做研究助理，印有文教授是伯克莱的临床心理学博士，她做抑郁症的研究。于是，我就去给印有文老师做研究助理了。我帮她做完了一本专著的所有模型。

在这个过程中，我熟悉了心理学的研究方法，如因子分析、主成分分析、路径分析等模型。还去和另外一个从斯坦福大学心理系毕业的、搞老年学的教授写老年家庭代际关系，我主要是对两两一组的方法感兴趣。学院一个特别牛的心理学教授，来自哈佛大学，搞弗洛依德心理学分析的。我那个时候接连和几个学心理学的教授学习，主要是在方法论上，觉得自己理论上需要读几本书。就去找了这个大牛的教授，他说我给你几本书，你每周向我汇报读书心得。我抱着一堆的书回来，每本书看完了前言就看不下去了。原是说每周汇报学习心得，我根本没去。到了期末，因为选择了大牛教授的 Independent study，算两个学分，总得去见见。见到大牛教授，他说你读完了几本，我说每本书的前言都读了，内容没读，没意思。然后他问我，你希望我给你什么分数，我说给 A 吧。这样我拿了一门心理学的 A，就算是和心理学的理论告别了。但是心理学的研究方法我还是学习了不少，后来也写了不少这方面的文章，还是走的实证路线。

五 在加州大学旧金山医学院老年与健康研究所做研究助理

因为 Leonard 自己没有科研项目，没办法给我研究助理的位置。他看我对心理学不感兴趣，理论也不是很喜欢，就推荐我去加州大学旧金山医学院老年与健康研究所去做研究助理。我按照 Leonard 给我的电话，给一个叫 Mitch 的人打电话，说 Leonard 推荐我去做他的研究助理，记得是个周二。Mitch 说你会 MVS 吗，我当时就懵了，没听说过。但是这个助理的职位很诱人，每个月可以有不少的钱，我的那点奖学金太紧张，我还计划着存点钱给家里，自己也想出去旅游，所以就对 Mitch 说，我会。他说那你明天来面谈吧，我赶紧说，周三我有课，周四可以过去。这样就定下来周四去面试。

我放下电话就马上钻进图书馆，查 MVS 的关键词，在一大堆的解释里，发现了旧金山加州大学的计算机系统是 MVS，我想 Mitch 在旧金山加大雇研究助理，一定是要会这个系统。所以我借了两本 MVS 系统入门的书，就开始死记硬背那些专业术语。具体是什么先不管，先记住专业术语，也算是会了。周四见到 Mitch，谈起来我专业术语差不多，似乎是懂。他就让我下一周去上班。这时离上班还有三天时间，我就赶忙开始去了解这个 MVS 系统。我发现，这个系统和伯克莱的 CMS 系统差不多，就是大型计算机的运算。从这个时候开始，我就在医学院开始了研究工作。Mitch 也没什么要我具体做的事情，因为他的项目里有研究助理的钱，需要花出去。我就每天跑计算机房，或是读自己的书，他也不管。

刚去的那几年，因为有奖学金，加上有研究助理的收入，日子是悠闲的。自己什么都想学，很多领域都涉及，但是主要的精力还是花在研究方法上。从经济计量到生物统计到心理学方法，到后来发现其实方法是要对着问题来的。虽然方法很有意思，但是如果不知道要解决什么问题，那就是一些简单的公式而已。

六　拿下博士候选人的资格

因为旧金山加大的很多研究是与健康有关的，所以那个时候我就开始往公共卫生学院跑，上课，找老师问问题。也因为两个学院的计算机房在一起，所以就花了很多的时间和公共卫生的学生老师讨论，甚至希望转到公卫学院去。Leonard 说不用转，到时候论文选公卫学院的老师就行。这样几年的时间里不务正业，印有文看我每天晃悠，催我把博士候选资格拿下来后再混。所以，1994 年，我在以前的一些论文题目里选择了一个，开始了博士资格考试。四个教授问了五个小时，我心里也很紧张，对每个老师提出的问题都希望能有答案，可是好多次我答出来后，提问的老师告诉我他希望的答案，我回答的有点驴唇不对马嘴。但是还是通过了。Leonard 在资格考试之后和我长谈，他说你在答辩中，其实很多问题就告诉大家你没有想好，或是更简单一些，就说你不知道。其实一个敢于说自己不知道的人，是一个自信的人。因为你不必要什么都知道。我当时就呆在了那里。中国的老祖宗一直教导我们说："知之为知之，不知为不知"，这是多么简单的道理呀。做学问，其实需要的就是这样的态度。Leonard 说这几个教授对我的涉猎广泛和方法论的基础还是认可的，所以给了我博士候选的资格。

七　控烟研究——学习方法论的丰收季

博士资格一拿到，我就到加州大大学旧金山分校的老板那里要求加工资，人家也还真给我加了工资。每年几万美元，日子是挺舒服的，而且工作的事情也比较熟悉。但是觉得没什么挑战。人生的机遇很难说。这个时候，Leonard 的一个研究结果出来了：首次计算出美国每年吸烟引起的医疗费用支出占到了医疗总支出的 7.3%。这不是一个小数字，想想美国的医疗支出的总额就能明白了。Leonard 打电话给我，说美国 40 个州政府以及联邦政府要诉讼烟草公司，让烟草公司赔偿纳税人的医疗费。他问我是否可以参加进来。我当时正处在一种无聊的状态，就辞去了旧金山医学院的工作，开始了烟草诉讼案的医疗支出测算工作。于是，从 1994 年到 1998 年的几年时间里，我在数据和模型中度过了一生难忘的日子。每天 8 点到办公室，上午 10 点和下午 4 点是和 Leonard 喝咖啡的时间，这个时候他会告诉我很多学术上的人和事。特别是不同学派的形成和分化的历史，所涉及的人和事，以及学派形成的政治经济和社会环境。这些谈话是对社会福利学学术发展深层逻辑的探索，不就是人类学家格尔兹（Geertz）所说的"深描"（thick description）么！它们解读了社会福利学学术发展的深层密码，也训练了我的学术思维能力，这是我在书本上很难看到的，使我受益终生。

如果说 1990 年到 1994 年是我在学术领域自由散漫地游荡的话，那么这几年的时间，是我系统了解学科知识和方法论的几年，因此，也是在方法论上我成长最快的几年。那几年，几乎每天我都要为一些方法、数据和结果与 Leonard 讨论和争论。一开始我基本上赢 10 输 90，然后是 50 对 50，到后来可以到赢 80 输 20。这样的讨论和争论，不但我的英文口语得到了极大的锻炼，而且思辨水平也得到了提升，最关键的是我一直在分析 Leonard 切入问题的方法，因为这是我可以赢他的关键点，从假设入手，从演绎推理的条件入手，这对我后来的学术有极大的帮助。

八　解决吸烟死亡收益（Death Benefit）的难题

在烟草诉讼大战中，一个一直没有解决的问题就是老年护理的支出问题，也就是烟草经济学中的死亡收益（Death Benefit）问题。因为吸烟的人死得早，省去了很多老年护理支出。我就决定把这个题目作为我的博士论文。其实这也是一个切入点的问题。

死亡收益是一直困扰学者的难题，也是烟草公司许多经济学家和卫生经济学领域的专家双方关注的一个问题，但是当时并没有人去做。我知道这个问题非常难。当初，我为此一直很纠结。花了很多时间计算吸烟者因为疾病多出来的医疗费用与因为死亡省出来的护理费用到底哪个多，算来算去还是存在着死亡收益。当时我也考虑过这个选题的挑战，而我们的诉讼分析需要拿出一个分析数字来，我那阵子深陷在找不到切入点的困扰中。

直到一天,也不知道是哪根筋儿通了,我想到的是,这些吸烟者主要是男性,他们去世了,由于减少了寿命,表面上存在死亡收益,也就是省去了护理费用,而他们的遗孀却没有人照顾,这样,从家庭这个福利单位来看,纳税人出的护理费就会增加。我的第一个切入点就是把个人的医疗与护理费用的测算放到了家庭这个单位里。这也是我后来做政策分析中特别关注家庭的一个起点吧。这样,我开始测算这样的死亡溢出损失,以家庭为单位,一下子问题就解决了。

第二个切入点是从报税想到的,我要计算的是政府的公共支出,是纳税人的税金。我自己报税的时候是年年报,而不是把几年的平均收入来报,或是按照医生的收入来报。如果是这样,按照每年的医疗支出计算,吸烟者的费用是高于不吸烟者的。这样一年年按照财政计算,而不是按照个人的一生计算,吸烟的死亡收益在这个层面上就不存在了。也就是每年吸烟者都要花去更多的医疗费用,这样按照年度的计算,纳税人还是要为他们买单。

一通百通。这样,我的论文写起来非常顺利,4 个月就完成了。当时论文指导组的导师都是非常有名的学者,其中包括 Dorothy Rice,担任过两届美国国家卫生数据中心主任;胡德伟教授,伯克莱加大公共卫生学院的副院长;Eileen Gambrill 教授,critical thinking 的创建者和我的导师 Leonard Miller。写完论文是 1998 年 4 月,Eileen 请我吃饭,说你挣到了你的博士学位。我参加了 1998 年的毕业典礼。但是因为论文涉及烟草诉讼,当时的案子未结,所以我还不能交上去。直到 1998 年 11 月这个案子庭外和解,我才交上了论文。所以我算是 1999 年伯克莱加大的博士,虽然参加的是 1998 年的毕业典礼。我的博士论文后来也出版了。

九 1999 年:开始回国发展

这个时候,北京师范大学新的领导班子提出来推动应用社会科学,我因为是学社会福利的,那个时候社会保障领域还很新,所以当时的史培军副校长提出来希望我来北师大推动应用社会科学的研究。我面临着人生的重大选择。为此,我和 Leonard 以及胡德伟、印有文教授,以及 Dorothy 和 Eillen 谈,征求他们的意见。结果,他们一半赞成,一半反对我回国。

Leonard 对我说，如果你留在美国，你的后半生什么样，从我身上就可以看到了；如果你回到中国，有太多的未知。但是未知是很令人激动的（unknown is more exciting），而且你也不必担心太多，你的方法论很强，不管发展如何，谋生问题不大。我接受了北师大的邀请，于 1999 年 12 月 10 日在北师大建立了社会发展与公共政策研究所。

十　学术路线与政策研究

1999 年底建立了社会发展与公共政策研究所，2000 年学校给了 10 万元的启动经费和一间办公室。当时，因为国内没有社会福利这个学科。我也不知道自己回来后能做什么，于是想，先做点研究吧，争取一些科研项目，想法真是很简单。那时我还是两边跑，一个很重要的原因是，我觉得我需要一段时间读读书。因为在美国这些年，特别是烟草诉讼这些年，模型做的多，很多书都没有时间去读。虽然下一步做什么也没想得很清楚，但是读书的事情是不能放松的。所以就买了很多的书，包括很多的侦探小说，还有一些印第安人历史的书。我看着什么买什么，有些书读到一半没意思就丢掉了。

这个时候 Leonard 找到我，说目前我们的烟草经济分析的模型，还是横截面的。我的博士论文的确是一个突破，可是目前为止的横截面数据，解决不了因为吸烟提早死亡的样本偏差问题。所以我们需要调整我们的分析方法，特别是要研究出来一套方法来解决控烟项目经济学评估中的偏差的问题。

我当时虽然在师大建立了一个研究所，但是也没有特别的计划，于是就又开始和 Leonard 投入到了新的模型，一个动态偏微分的模型中去了。当时的挑战是计算机软件都不能计算这个模型，我们需要自己写程序。电脑的速度也太慢，要不断地换电脑。整整 2000 年和 2001 年都陷在焦灼中。到了 2001 年年底，我感到如果我不管北师大这个所，估计回国的事情就这样了。所以和 Leonard 长谈，他说估计你回去后可能没有很多的时间花在模型上，我继续做，有心得我写邮件给你。我记得特别清楚的是他说到现在为止，我会的差不多你都学到了。我们保持了一年多的时间讨论这个模型，但是终因我在国内的工作越来越忙，几乎没有时间花在这个模型上了。

2002 年 5 月，我全职回到了北师大，开始了建立机构和学科的工作。

十一　走进中国问题

当房子卖了，车子卖了，绿卡交了，全家回国了，所面临的挑战就是迅速融入到中国问题的研究中去。我从本科起的学术路径都是走实证的，回国后我的第一要务是在离开这个国家这么多年后迅速找到学术和政策研究的感觉，所以回来的前几年就是一个落地的过程。我一直觉得海归回来至少要 2—3 年的时间去接地气。在最初的几年的时间，我每年花一半以上的时间去调研，走得最多的是西北的陕西、甘肃、青海。我又回到当年读硕士时在山西夜半去吃碗刀削面的状态。我到了西北，会在小面摊上吃碗凉皮、牛肉面。我会在县城里转悠，到农户家聊天，面对一个真实的中国。我记得两年前甘肃的一个县的副县长到北京来，说到我去调研的情况，那是县里派了县民政局的工作人员和我一起去，他也陪同。到了一个贫困户家门口，里面非常黑，外面太阳照得很亮，我一脚就进去了，到了里面半天眼睛才适应。我看到的是一个老人和一头牛住在一起。我找个小板凳就坐下来和老人聊天，老人告诉我，这头牛就是他的生计。他每年养一头牛，年终卖掉就是一年的收入。这个副县长说我走之后，他对县民政局的人进行了严肃的批评。说我一个北京来的教授，不在乎房里的脏和味道，而他们却背着手不肯进屋，在外面等我。我说其实不必，这些在基层的人对贫困家庭的情况很了解，我在北京，必须要感受他们的生存状态，知道贫困人口的生计问题，才能提出来自己的政策建议。

我自己在国外多年，起码的英文还可以，对国际前沿的把握是有数的，但是不了解中国，那就永远走不出理论的框子，必须要把中国的问题搞明白。因为作为满足需要和解决社会问题的工具，社会政策对环境条件的依赖程度非常高。从社会政策的发展过程来看，社会政策是在一个国家独特的政治、经济、制度和社会条件下形成的，而其产生和发展的思路又构成以后社会政策发展的前提条件，即所谓的路径依赖（Path Dependent）。所以，这个"路径"是环境因素和政策发展两方面作用的总和。它们不仅是政策产生的基础，也是政策的载体。因此，如果缺乏对中国问题的理解，缺乏对中国政策的环境的理解，提出来的建议一定是难以操作的，甚至会出现问题。这几年我们的政策建议很多进入到了领导人的视野里，不少也在政策设计中得到了体现，我觉得这与对中国问题和中国制度环境的把握是密切相关的。

十二　知识分子的责任

我身处多种角色的张力之中。我个人的学术兴趣是纯学术研究，包括理论和方法论，中国对社会政策的巨大而急切的需求又要求我进行应用研究，机构领导人的角色又要求我对机构和团队建设分出相当的精力。这三重角色分别对应的是政策科学研究、政策研究和机构—学科建设。孰轻孰重，这其实是一个很艰难的选择。这时我只能听从心中知识分子责任的召唤，放弃一些个人的学术研究，把更多的精力放在政策研究和机构—学科的发展上。

应该说，中国现实对社会政策的强烈需求，召唤着我进行政策研究。这是中国知识分子的职责吧。我一直觉得一个人的价值体现在一个社会对她/他的需求上。我清楚地认识到，我们这一代知识分子，能够参与到中国的社会实践中，特别是自己，能够参与到构建世界上最大的福利国家的建设中，应该说是幸运的，也是一种职责，这要求我们必须以负责任的态度来贡献自己的智慧，否则，一个错误的政策所带来的问题，可能比要解决的问题更难处理。

在应用研究方面，汶川地震自己冲在了救灾的社会政策响应一线，协调了国际国内的专家团队为救灾建言献策；医疗卫生体制改革，自己作为第一届专家委员参与政策设计和评估；社会管理与社会建设的研究和试点在积极组织力量和参与创新案例的总结，并上升到政策层面，等等。在理论研究上，在抗击自然灾难和研究社会管理的过程中，提出来在这一领域的抗逆力理论框架，并在汶川地震大量积累的数据的基础上，获得了社科基金重大项目的支持，以抗逆力理论为基础，完成了一系列的政策和科学文章。

与此同时，在 10 年的时间里，我也常常想念自己在伯克莱散漫的学习生活，自己和 Leonard 喝咖啡争论的日子。2012 年，我想这些年在国内做政策研究，该沉下来读书、写点东西，回归学术了，所以 2012 年的秋天我作为富布莱特学者到了哈佛大学访学。

今年我获得的哈斯奖，又让我进一步思考自己的选择。2013 年 3 月 1 日，我接到了伯克莱分校校长的信，说我是 2012 哈斯国际奖的获奖者。于是我上网了解这个奖是怎么回事。原来，哈斯奖是颁发给回到自己的国家，为自己的国家在公共服务领域做出贡献的伯克莱加大毕业生的，一年全球遴选一个。我成为继 1970 年台湾考试院院长孙科，1974 年香港中文大学创建者李卓敏，1981 年清华大学水利专家张光斗院士，1995 年台湾省省长宋楚瑜，2011 年台湾中研院院长、诺贝尔获奖者李远哲之后的第六位华人获奖者。这个奖是出乎我的意料的。

5 月份我去伯克莱加大参加哈斯国际奖颁奖仪式，和我的学术导师 Leonard Miller 教授长谈，谈到当年我到美国还是 20 多岁，那时他正好 50 岁，今年我也 50 岁了。Leonard 告诉我，我回中国后，他又继续做了六年，每天在他牧场的小办公室里，终于把那个控烟项目的动态偏微分模型完成了，并用在了对加州控烟项目的评估上。他兴奋地告诉我这个模型已经得到了大家的认可。他说我估计你这些年的学术走上了另外的路子，你要是有时间，我把这些年我新学到的东西再讲给你。"另外的路子"的说法再次唤起我心中的波澜。那几天，我还见到了当年我论文的导师之一，Eileen Gambrill 教授，也是 critical thinking 的大家，她把一张我和 Leonard 当年在一起接受采访的照片给我，对我说，照片上的你真像个科学家。这事不能不引起我对自己选择的再思考。的确，自己选择了做政策研究，其实我也知道，科学决策需要的是政策科学家。我在为 Leonard 高兴的同时，也在思考自己在多大程度上学到了他对学术的这种无私精神。我想，投入到当前国家最急切需要的政策研究之中，应当算是对这种精神的一种传承吧！

总之，这些年自己一直处在酷爱学术研究和被中国社会政策的强烈需求所吸引的纠结之中。我之倾向于后者，也许是命运对自己的眷顾，使我有这样的选择。

在哈斯奖的颁奖典礼上，我说这个奖对我是一个意外，我自己认为，能获得这个奖，首先是因为中国，是中国的发展给了自己机会；其次是因为北京师范大学，是北师大的平台和信任，使自己可以推进团队、机构和学科建设；也是因为自己在伯克莱的岁月，在这里所受到的教育，有这样全世界最优秀的老师，他们不仅把学问给了自己，而且他们对我的宽容和认可，对学术的认真和奉献，都是我的精神财富。我是幸运的。我想，其实要做学问，国外的环境是不错的；选择了回来，特别是承诺了在北师大做应用社会科学的事情，就意味着自己的学术道路的不同。而自己在国外的学术积累，对问题的切入视角，对我后来做社会政策研究是非常收益的。

十三　中国发展型社会政策的提出和诠释

我回国这些年一直在社会发展和公共政策两条线上工作。刚回来的时候集中做社会保护和社会救助体系，以及反贫困的研究。而在学术理论上，则是聚焦在中国发展型社会政策的提出和诠释上。

发展型社会政策的理论和实践魅力在于其"发展"的理念。这个理论是人们对于经济社会发展进行反思的结果，是社会理性发展的产物。细究起来，20世纪80—90年代以来，全球化的加速进行和风险社会理论的发展，直接刺激了这一理论的发育。首先，全球化使国家面临提升国家竞争力的巨大压力。经济全球化将全球视为一个经济体，资本、资源、信息、人员、服务可以跨越国界，在全世界流动。一个明显的例子是，跨国公司在世界范围内配置公司的资源，将公司的要素优势与各国的区位优势相结合，以期使各地的要素资源发挥最大的效用。竞争搅动着全球的格局。全球化将整个世界投入一个巨大的运转加速器，各个国家都身不由己地在其中旋转、竞赛。在这样的形势下，国家就更需要提高自己的竞争力，以免于在全球化的过程中处于落后挨打的境地。由于国家竞争力问题凸显，提升国家竞争力成为国家优先考虑的问题。而另一方面，经济要素可以跨越国界，但是社会群体不会跨越边界，国家对于公民的责任反而更重了。在这样的压力面前，社会政策如果不能回应这一变化，将提升国家竞争力纳入自己的目标体系，而一味恪守传统的以再分配的手段改善社会公平状况的模式，必然会被国家这个战车置于无关紧要的边缘位置。发展型社会政策理论就是因应提升国家竞争力的压力而提出的，它的基本特征是：使社会政策具有生产性。

与此同时，现代风险社会的压力剧增。20 世纪 80 年代以来，德国社会学家贝克和英国社会学家吉登斯提出了风险社会的理论。他们认为，人类社会正处在从古典工业社会向风险社会转变的过程之中，风险的复杂性、不确定性、不可预见性和迅速扩散性都在日益增强。而且，风险是全球性的——我们已经进入了全球风险社会。可以说，这一社会的出现是全球化和现代性（如制度风险、技术风险）的产物。全球化不但使风险源大大扩大，而且还放大了风险的影响和潜在后果。同时，风险的分布还不受政治地理边界的限制，亚洲金融危机、SARS、疯牛病、禽流感，这些我们熟悉的风险都是跨越国界的。应对风险是社会政策的核心功能。社会政策原就是应对工业社会风险的产物。而今，风险社会拷问着一个国家应对风险的能力，也拷问着社会政策的功能。于是，如何应对全球化背景下的风险就成为对国家的一个新的挑战，也是对社会政策的挑战。对于现代国家，这无疑是巨大压力。如果说，过去工业社会的核心问题之一是财富分配以及不平等的改善，那么在风险社会，伤害的缓解与分配就成为我们必须处理的一个核心问题。

基于对全球化和全球风险社会的认知，发展型社会政策刷新了既有社会政策理论的基本预设。发展型社会政策的核心理论是，社会政策具有社会投资的作用，特别是通过对人力资本的投资而提高劳动力的素质，而劳动力素质的提高则是政府和市场的双赢——不仅有助于企业竞争力的提高，也可以起到从根本上消除贫困，增强国家竞争能力和实现可持续发展的作用。因此，它认为，社会政策是对于社会的投资，是增强国家竞争力的手段。发展型社会政策的"发展"维度集中表现在它极为注重人力资本问题。它特别关注人力资本的积累，以及劳动力人群能否顺利进入劳动力市场。它重视对于潜在劳动力的投资，包括对教育、医疗卫生和人员培训的投资，注重支持劳动力人口进入劳动力市场，从而成为生产性经济活动的活跃成员；为此，强调扫除一切有悖于这一目标的障碍，推进公民社会建设和社会资本的积累。它注重社会政策对于经济发展的贡献，强调经济社会协调发展。社会政策原是通过再分配手段应对经济发展带来的社会问题的，而发展型社会政策则强调通过社会政策反过来促进经济发展。这一政策看重的是发挥经济生活中最有活力成员的积极性，使一个国家成为富有活力的经济体，并积极促进社会建设，从而达到经济、社会协调发展，人民福祉增长，社会公正水平提高的目的。一句话，为了人们的福祉和社会的和谐，社会政策要起到支持经济发展的作用。也就是说，注重经济和社会的协调发展是它的两个基因，二者在这里并非是零和关系，而是互为条件，相互促进。由于发展型社会政策致力于经济社会的协调发展，不仅可以使一个国家的经济实力上升，而且由于社会公正水平的提高、社会系统运行的协调、社会资本的增长、社会凝聚力的提高，而可以使国家竞争力得以增强。

发展型社会政策强调对于社会问题的"上游干预"，重视中长期的战略。发展型社会政策这种"上游干预"的策略对我国处理发展和转型过程中的社会问题有非常好的借鉴意义。由于这些问题（例如人口、农民工、留守儿童等问题）是长时期积累下来的，而且很明显，它们还会在今后很长时期存在，我们必须有中长期的战略眼光，方能降低解决问题的成本。而我们目前的状况恰是事后补救型，行为短期化。发展型社会政策的"上游干预"、重视中长期战略的理念，正是医治这些毛病的良药。

"发展"这一价值基石的引入，带来了社会政策思维模式的深刻变化。首先它需要动态的思维。"发展"本身是动态的概念，所以，不同于传统社会政策的静态思维，发展型社会政策的思维是动态的。它对社会问题的"上游干预"，强调中长期的战略安排的主张，表明它的眼光总是穿透10年、20年甚至更长的时期，分析长时期的挑战，构建应对的策略。另外，它需要立体的思维。它在自己的价值系统中不仅注意收入的贫困，给有需求的人以资源、服务、信息等方面的帮助，它还特别重视回应人和社会发展的需求。人具有社会性，要想真正满足人作为社会性存在的这些需要，单靠物质支持是不够的，还需要一个良好的社会机制。收入、人的发展、家庭功能的强化、社会资本积累、社区发展，都是发展型社会政策的关注点。发展型社会政策的思维不是单一的资财再分配的维度，而是立体的，多维的。它非常重视社会机制的健康发展，重视社会资本的积累和社区建设。它认为，健康的社会机制是社会政策得以正常运行、支持人们积极参加生产性经济活动的保证。

十四 对方法论和学科体系的再思考

在过去的 30 年,经济的快速发展带来了中国社会的剧烈的变迁。从方法论的角度看,不仅仅是要研究这些变化对社会的影响,还要研究变化速率的影响。而在学科体系和知识产出上,这样快速的变化,也对我们的人才培养提出了很大的挑战。

十五 将速度纳入研究视野

从研究的角度看,政策干预也好,实验研究也好,都是在一个参照系下的分析。这个参照系是有很多的假设条件的。一项政策是针对一个问题而产生的。但是速度和速率常常使干预与问题同时发生变化,于是事情已经不仅仅是一个问题,一个干预以及一个结果的对应关系了,往往是不断变化的问题,使一个政策干预在实施后产生一系列的机制,从而产生一系列的结果,有些结果可能是在预期内的,很多则是超出预期的,即非预期后果。

我自己所经历的几个项目都面临着这样的挑战,例如,2006 年接受一个李嘉诚基金会的农村卫生的项目评估,看实施了新农合的县与没有实施新农合的县在农村卫生人力资源培训效果上的差异。所以 2006 年做了基线数据,项目县和非项目县的数据定了下来,准备之后再行调查,进行纵向比较。但是,还没等到我们的二次调查,2007 年整个陕西的新农合就全面普及,这样,对照组就不存在了,现有的统计分析方法难以做出比较来。这是我第一次意识到速度对研究方法的挑战。

近年来,我的研究重点开始转向复杂可适应系统分析(Complex Adaptive System),从系统变迁和子系统的行为入手,在方法论上,地理学的思维模式,特别是系统思维对做这样的研究有非常大的帮助。

十六 将速度纳入学科建设

目前高校的学科体系基本上是在改革开放后建立起来的,我们的知识体系也被划分得越来越细。而另一方面,我们所面临的问题,不是单学科可以解决的。在这个过程中,社会变化非常迅速,很多的知识需要我们深入下去梳理。也就是现有的学科体系和知识体系都要不断地向社会开放，以适应变化中的社会，并在这个过程中丰富和完善我们已有的知识体系。现有的应用社会科学的知识体系和知识传播方式都需要从单向转向双向。要从 transforming knowledge into action（TKA），进入 uniting knowledge and action（UKA）。对此，如何调整我们的研究方法、教学体系和学科体系，是需要认真思考的问题。很明显，我们需要教育创新，特别需要在院系这一层面进行教育创新。这不是一件容易的事情。这些年下来，我认为写文章做科研相对容易，而学科体系的创新则非常的艰难。

十七　问题意识和假设条件

当年我和 Leonard 争论的时候，我一直切入他考虑问题的假设和前提条件。首先是要明白需要解决的问题是什么。没有问题意识是难以做出好的研究的。问题不清楚，也就难以找到有效的政策干预的手段。而确定了问题之后，就要看假设条件是否正确，而且还要看这些假设条件可以维持多久，这就是速度和速率的思考。如果说中国学者要在理论上有些原创的话，对现有理论假设条件以及其演变过程的分析，个人认为相当重要。

从 1988 年做社区型社会保障体系到目前国家社会保障制度的建立，从经济保障到社会服务体系的变化，我们经历了社会的快速变迁。作为一个社会科学的研究者，我们有机会去观察这些变化，这是千载难逢的机会。但是，我们能否在原创理论上有一席之地，在推动社会朝着美好的方向前进中尽一份力量，则是要看我们自己的智慧和努力了。这是时代向我们提出的挑战，也是我们学者的责任。虽然内心里非常怀念那些安静的学术研究的日子，但很可惜，鱼和熊掌不能兼得。我解决这种内心纠结的办法，就是每年参加国际学术活动，把握前沿动态；立足中国，进行学术和政策研究的创新。另外，每年再忙，我也花出时间来做一次学习之旅，去访问相关领域的大家，和他们进行讨论。这样的讨论，曾使我读书时受益匪浅，随着我的阅历和学术积累的增加，以及对中国问题认识的深化，相信效果会更佳。

[主讲人简介] 张秀兰，北京师范大学教授、博士生导师。北京师范

大学社会发展与公共政策学院院长。1981年入北师大自然地理学专业读本科，1985年入北师大经济地理专业读硕士，1990年入美国加州大学伯克莱分校社会福利学院读社会福利学博士，1999年到北京师范大学兼职，2002年5月全职回北京师范大学工作。主要研究领域为社会保障，社会政策和社会发展。承担了来自国内外著名机构课题研究30余项，如民政部"十一五"规划、五保条例、城市低保标准的调节机制、农村低保、城市和农村医疗救助、社会救助体系研究等政策研究和咨询项目，其中国内课题主要来自国家社会科学基金、教育部、卫生部、民政部以及北京市社科基金，国际课题主要来自福特基金会、欧盟、世界银行、世界卫生组织、联合国儿童基金会、英国救助儿童会等。在国内外主要学术期刊上发表论文55篇（其中英文论文34篇），SSCI收录6篇，SCI收录9篇，在《中国社会科学》发表中、英文论文各4篇，论文《中国政府在社会福利中的角色重建》获北京市第九届哲学社会科学优秀成果奖二等奖。2012获美国加州大学伯克莱分校颁发的哈斯国际奖，成为继1970年台湾考试院院长孙科，1974年香港中文大学创建者李卓敏，1981年清华大学水利专家张光斗院士，1995年台湾省长宋楚瑜，2011年台湾中研院院长、诺贝尔获奖者李远哲之后的第六位华人获奖者。

我的人生故事与化学教育

尹冬冬

　　"向姐妹们学习，向姐妹们致敬！"如果一定要从年龄上来说，你们可能不是"冬瓜"、"粉丝"或"冬瓜籽"，而我却被我的研究生称为"教师祖宗""教师祖奶奶"这样一个辈分了。但是我知晓的东西确实很少，离现在的要求还差得很远，所以觉得在讲坛上也不够分量。但是，对于"女性、人生、事业"这个话题，从1919年五四运动以来，当女性运动向高等院校开进以后，女性在知识界的扮演什么角色，一直是热门话题。女性能否为国家、为人民做出贡献，女性能否要有自己的事业，又怎么做事业，一直是热门话题。我记得当时，女教授联谊会开办的时候，国际妇女大会要在我们北京怀柔区召开，我参加了筹办工作。为什么要积极地参加筹办工作呢？有个小故事，当时有个洗衣机的品牌叫"爱妻"，可是"爱妻"还要让她洗衣服，那么不爱妻会怎么样呢？这引起我对女性在社会上扮演角色的思考。最近网上有一件事，某大学有一名副教授，有个女大学生迟到了，他就即席发表看法。这个看法在网上被大家纷纷议论，成为了一个热门话题，可能你们也知道。由于女生建议学校取消女生的第一节课，把时间留给女生梳洗、装扮，用漂亮的容颜来上课，给男生、男教师（因为他本人是男性）一个愉悦的心情。这件事在微博上热议起来各媒体纷纷讨论采访，《北京晚报》提出讨论："大学女生，究竟第一节课要不要上？不上课的话干什么？大学女生之道究竟又是什么？"这么多的话题，也引起我的思考。我一路走来，从很艰难的岁月里走过来，确实有很多看法，想跟同学们分享一下。另外就是和大家谈谈我的女教授生涯。

　　今天来做讲座之前，我还是做了一些功课的。我征求了我的研究生的意见,问他们想听什么,他们就说:"听故事,老照片、老故事。"我不知道这个定位是否大家认可,那我就开始讲我自己的故事。

一 少年追忆与结缘化学

大家看我的名字"尹冬冬"。这个名字在"文化大革命"时受到非议。当时的造反派说,你这个名字没有革命的意思,你把它改掉。这个名字有两个"冬",小资产阶级情调太浓。叫什么名字不好呀?叫"革命、拥军、爱党"都可以,你为什么叫"冬冬"啊。我说我不能改名字,因为那样你们就有罪了。

我出生于 1942 年,大家可能都看过电影《1942》。那个时候正是日本人占领我们中国、蹂躏我们中国人的时候,是抗日战争最艰苦的时代。我出生的重庆,很多知识分子和地下党都在那里战斗、工作。当时,重庆的冬天是非常寒冷的,这是第一个"冬"。第二个"冬",同学们可以想,战争期间人民食不果腹、衣不蔽体,随时都面临生死存亡的威胁,人人在死亡线上挣扎,那是多么的寒冷,因此有了第二个"冬"。我对造反派讲了这些以后,他们说:"这个好。"我说这个名字很凝重,不仅是"冬冬(咚咚)"响亮,而且它可以每时每刻激起我,让我想起我出生时,苦难的中国。随着我年龄的成长,我逐渐意识到这个名字的沉重,为什么要改呢?

我出生时,旧中国的文化人很少,我母亲只有高小文化,父亲只有小学文化。在解放前,我特别羡慕那些能背着书包唱着歌上学的孩子,我就报考了小学。那是我自己跑去的,没有家长,不知道为什么胆子特别大。跑去后,人家问我的问题我还都能答出来,但是有一点难住我了,因为他们要七担(石)米。那时我们全家吃饭困难,所以就不能去了。

南京有一家教会学校,是汇文女子中学的附小,外国教会开办的,收费少,但也要两担米。我妈妈就带我到丹凤街,那是很繁华的一条街,卖丝绸,有银行、有当铺,确实是"朱门酒肉臭,路有冻死骨",街上也有很多乞讨的人,那是真正在吃饭的底线上挣扎的人,我在这个街上看到了迪贤小学,小学收了我,一分钱都不要,只要求带一个大板凳和一个小板凳来上课。我说我没有书,老师就说那我抄书给你。这个老师是我第一次上小学的第一位老师,她姓刘,是一个十分美丽有气质心灵美的老师。

　　我上小学的第一节课是国文课，就是刘老师上课的，当时还没有书，我们学的内容是写字："来来来，来学习；去去去，去游戏"。这句话中最难写的就是繁体的"学"字，美丽的女老师就说，我们先写哪一个字呢？先写最难的。把最难的都学会了，其他的就好办了。我们没钱买纸，就在空中比划。她这个教学方法，让我受益匪浅，到现在我做科研或学东西的时候，我常常也是从最难的开始，做完之后感觉大有成效。

　　我这辈子上学挨了一次打，空前的，也是绝后的。老师拿教鞭打我，教鞭像戒尺，一头细、一头粗。那是我在上最后一节数学课的时候，当时我有一张大板凳和一个小板凳，同学们就从我的板凳上爬出去，结果我们都被老师抓住了。老师说一定要守纪律，但是守什么纪律我并不知道。当时我很不服气，我问为什么不能从窗走啊？老师说："你难道不知道人是要从门走的吗？你在家从窗户走吗？"我默不做声，等着挨板子。若是不哭，两板子也就差不多了；哭的话挨三板子或更多。后来我只挨了一下，但手肿的不像样子，我一点都没哭。大家都走了，我也没有走，我不明白我有什么错，走窗户怎么样。我就在那杵着，也不吃饭，后来刘老师给我买了一些零食，说学校是有纪律的，什么是纪律呢？就是要维持学校正常秩序。我们以后都会是有文化、教养的人，人要从门出去；没教养的人才从窗户走。此后我就从门出去了。

　　过了一年，南京解放了。那时我们都会唱"解放区的天是明亮的天"，所以解放军打着火把进城的时候，我们去鼓楼广场迎接他们，就唱这首歌。事后我才知道，这所小学是共产党的一个据点。我们考初中，发红榜，都是拿红纸高高的竖着写自己的名字。我记得我考得不好。考试时间一天是多少小时，我写了 12 个小时，我的同学都写 24 小时，我当时想的是，考题没说一夜，只说了一天，我的答案也有道理。不过我也想，以后我要是当老师，决不出这种题。我认为自己考得不好，只敢从后头看。而我的同学从前头看，他们喊尹冬冬，尹冬冬。我那位小学的刘老师说，冬冬你考上中学啦，我太激动了，什么话都没说，傻劲到现在都回味无穷。她还说，你有什么事到南京师范学院来找我，她时任南京师范学院党委书记，是地下党党员，这使我从小就树立了感恩的思想，我要当老师，就要像刘老师那样。

1949 年 4 月 23 日南京解放,迪贤小学就没有了。按照就近入学的原则,我进了琅琊路小学。这所小学在琅琊山下,在 AB (Anti - Bolshevik)大楼,很有名。在小学的阶段,我过着供给制的生活,每人都在自己的口袋里装一个咖啡色的盒子,用结实的鞋带拴上,用来吃饭。不久我就加入了中国少年儿童队,后来才改成少年先锋队。但那时红领巾是不能随便带的,因为敌对势力还很强大,如果一个小孩子带着单枪匹马地走在外面,会被划痕撕掉红领巾。我们从小就在这两种势力的较量下成长。

我们都十分热爱自己的红领巾。记得有一次,全市的队会在南京玄武湖召开。我们是供给制必须按时吃饭,没有到开饭时间,我们六七个小孩,已经很饿、快坚持不住了。领队给了我二百块钱,相当于现在的两分钱,那二百块钱红红的。我就不停地摸自己的口袋里的那二百块钱,心想不能丢,但是能买什么呢?可以买两根芝麻糖,相当于两根手指大小,粘粘的,上面有点儿芝麻。我们六七个小孩分食,每人咬那么一小口。后来回去还不能开饭,我们是有纪律的。后来,当大勺把饭端上来的时候,全体小孩没有一个不哭的,大家都抱着饭碗哭。那真是极度饥饿的滋味啊!但是那不是最困难的时候。我觉得最困难的时候,是我在事业上,科研上达不到预期目标的时候,我的学生不能学好的时候。我是这样的心态。

我在琅琊路小学入队之后,要唱队歌,队歌给我的印象非常深刻。它伴随着我,一直到高中二年级,我把这个歌带给大家来听:

《中国少年先锋队队歌》

我们新中国的儿童,
我们新少年的先锋,
团结起来继承着我们的父兄,
不怕艰难不怕担子重。
为了新中国的建设而奋斗,
学习伟大的领袖毛泽东。

毛泽东新中国的太阳,
开辟了新中国的方向,

黑暗势力已从全中国扫荡，

红旗招展前途无限量。

为了新中国的建设而奋斗，

勇敢前进、前进、跟着共产党。

我们要拥护青年团，

准备着参加青年团。

我们全体要努力学习和锻炼，

走向光辉灿烂的明天。

为了新中国的建设而奋斗，

战斗在民主阵营的最前线！

　　我过去读的中学，当时叫第四女子中学，现在叫人民中学。它比我们北师大的历史要久远，是1887年美国的一个传教士沙德纳办的。沙德纳是一位女性，从安徽芜湖带了6个孩子到南京，在珠江路和长江路间的一条胡同里设立了学堂，叫"沙小姐学堂"。1899年成立了初中部，1902年命名为汇文女子中学，新中国成立后改称第四女子中学。1968年"文化大革命"开始后，因学校门口有条中山路，学校又改名为人民中学，以示革命性。

　　在中学时代，我遇到很多很棒的老师，在此不能一一介绍，这里就说说我的化学老师。她叫沈婉儿，是全国优秀教师。她在课堂上经常说一句话："在化学的世界里是没有废物的"。我考大学时，脑子里总是回响起她的这句话。化学，可以在我们看到的那个世纪里再合成一个新的世界。这个世界有望使我们中国人吃饱穿暖。后来想想是这样的，农药化肥，解决了我们国家的粮食问题，接着很多化纤厂的建立，解决了我们的穿衣问题。我们试想，如果国家全部都用棉花做衣服的话，肯定不够，仅仅想想染料，如果没有染料，是不是衣服都是白色的，那不也是一种"白色恐怖"？大家知道合成纤维是什么颜色？是无色透明的，那不是皇帝的新装吗。因此我认为，化学对我们这样一个发展中的国家是十分有意义的。这位老师对我考大学的专业起到了非常重要的指导作用。我当时就是在这样一种精神的支持下，努力考大学。虽然我是一个过敏体质的人，做实验经常过敏，但是我都坚持下来了，因为秉承了一个坚定的信念，在我们这样一个发展中国家，一定要让大家都吃饱穿暖。

二　大学生活与教师教育

我为什么第一志愿报考师范大学呢？这除了老师的引导之外，还有个人兴趣的问题。我的兴趣是学古汉语，还喜欢建筑装潢。当时一颗红心，两手准备。如果考不上，便投入工作当中。但是根据什么来报志愿呢？祖国的需要就是我的第一需要，我受到陈垣校长的感召。陈垣校长是我们北师大的老校长，他给毕业生的信我一直保存着，直到"文化大革命"被抄走。后来我去国图和首图找了多次，依旧没有踪影。但有两点我印象深刻，其一是他提到"人民教师"这四个字，教师，是为人民工作的，是人民的教师；其二是北京师范大学是人民教师的摇篮。陈垣校长对我的影响巨大，他1959年1月加入了中国共产党，时年79岁高龄，今年我才72岁。他入党十分不易，陈垣先生是辅仁大学的校长，也是基督教徒。他在新中国成立十年后，毅然加入中国共产党。他促使我选择了这条道路。从陈校长身上，我看到了什么叫教师的魅力，人格的魅力。

1970年下半年，他的晚辈带着新生的儿女到北京来看望他，请老爷爷取个名字。他毫不犹豫地给曾孙起名：兴兴、旺旺。始终认为中国肯定是兴旺的。就在1970年，他将几万册图书、稿费全部交公，这是他最后的报国之道，因为他1971年去世了。为何这一段我也很熟悉呢？因为他住在兴化寺街5号，我上学的地方就在他住的地方就在离他家二百米左右，那就是北京师范大学化学系，在原辅仁大学的后花园。

那时候我们的教育方针是让受教育者在德育、智育、体育各方面都得到发展，成为有社会主义觉悟的，有文化的劳动者。举个体育教育的例子吧，大家看我的个子不高，但我是我们北京师范大学排球队的队员。有一场球，北师大和北京钢铁学院的女生在什刹海体育馆比赛。指导老师说，你直接去好了。在队里我是学历最高的，年龄最小的，我总让一些年长的坐着，自己屁颠屁颠地站着，捡球、训练。上场了，我是第一号，尹冬冬。对方钢铁学院的女生长得膀大腰圆，我站在那里特瘦小，心想我怎么就这么点儿个儿啊，怎么打啊。后来我就想，我要用智力战胜她，因此从发球角度上取利，发球就发你够不着的地方，最后比分是 14∶0，我们赢了。这成了当时的一段佳话。15∶0 也不是没有可能的，但我觉得这样不好。做什么事要动脑筋，发扬自己的优点，扬长才能避短。我每天都跑步，自己身体不好，就一定要锻炼，风雨不误。我从宋庆龄家那里跑到北师大，始终如一。冬天从来没戴过围巾手套。舍不得穿袜子，就光着脚板跑。我是从南方来的，没有厚厚的大棉鞋，跑完之后晚上都不敢洗脚，脚上的血丝痛得我不能忍受，所以这 14∶0 赢得绝非偶然。

我认为在大学里最应接受的教育就是社会教育。我不聪明，但比较勤奋。我在每天晚上熄灯后，偷偷跑到厕所去做题，只有那里一夜有灯，还不影响同学休息。大学五年，我没有喝过粥，我一大早就跑出去了，粥那么烫。不好拿。社会的大学对我们的教育更大了。每当我到了八达岭长城，居庸关，我就特别开心，为什么？因为那里有我种下的树，二百多个坑啊，最多的时候能挖到三百多个。我们是 3 月去，4 月底回。六十多个人，就一个小水坑，是我们的全部用水。当时风大，要十几个人拉着手，才能冲出风口。大家开始还唱《团结就是力量》，越唱越走不出去。有一个缸，我们用来泡海带，泡完就是我们中午的菜了。这个缸，还是我们的党委书记来看望时，我们敲锣打鼓迎接他才收到的，我没有见过飞毯，那天看见了，风把我们的海带吹走了，我们眼巴巴地在那看着。当时很艰苦，但是前人栽树后人乘凉，我们种树是很有意义的。

我们还参加了其他的一些劳动。我们的菜都是我们自己整理出来的，如果三四节没有课的话，我们就会去帮厨。大家去过校医院吗？校医院的结构有什么问题？进门是挂号室，厕所都在最南边，诊室都在北边。我们这么了解，是因为对它有感情，当时我们每天晚上都去挖，看着铲土机。等建好了以后，我们去体检的时候，发现怎么厕所在南边呢，转念一想，肯定是图纸弄反了。有感情的视角是不一样的，这种感情使我能在毕业后留在北师大工作。

三 身边的榜样与化学教育

我遇到的可敬的恩师，除了地下党的刘老师，还有两位沈老师，其中一位教会我怎样在拮据中生存，告诉我可以去挖冬瓜籽，我的第一本小字典便是用挖冬瓜籽挣的钱她帮我买的。还有我的总支部王书记，在"文化大革命"的时候，无论怎么打她，她都不屈服，她不怕受皮肉之苦。当时的数学老师写一手好字，他认为，当教师必须有一笔好字才行。一位物理老师在现场演算的时候十分入迷，不知不觉快要掉到站台下去了，助教赶紧顶上去了，上课的程度都到了忘我的状态，富有激情。还有北大的徐光宪先生，我教过他的两个女儿，号称为我的嫡系部队，就是我亲自上过课的。现在一个在生科院，一个在化院。大女儿在生科院做实验的时候，说温度计升到78度，乙醇就蒸馏出来了。她说的是错的，实际情况是当有蒸汽出来的时候，突然顶到78度，这才是正确的描述。因此我罚她再做一遍实验，她不服气，他拿回家给爸爸妈妈看，她妈妈也是院士。徐光宪先生看完之后就到处找这个尹冬冬，看看是何许人也。他通过我们的一个地下党老师找到我，对我说，你就要这样，凡事要认事不认人，你就会有出息。他现在这么高龄了，他电脑上的事情都是他自己做的。在他的影响下，我也自己做的事情从来不让研究生做。还有许多先生，我们都是在生活之中培养出的师生之情，

很多人现在还称我"老师姐姐"，也有称我"冬奶奶"，姥姥的，包括在座的你们，以后不知道称我什么。我是在老一辈教育家的教导下成长起来的，我的所有成绩无一不是我的恩师的功劳，他们给我营造了一个成长的良好环境。

四　几点感悟

1964年，一个炽热的夏天，也是一个难眠的星夜。我们大学毕业的那几天，搬着小板凳、拿着扇子、点着香，一夜一夜地聊，回顾过去的五年。在有历史文化积淀的、人民教师的摇篮中，我们在求学的道路上孜孜以求。我的感悟有以下几点：

第一，铸造灵魂，一个人可以有强壮的躯干，但还要有灵魂，就是一种坚定的方向，政治方向。

第二，积蓄内能。我是学化学的，积蓄内能才能生成新物质，才能解决我们发展中国家物质缺乏的问题，内能就是德智体美劳，一样不能少。

第三，开发潜质，每个人都有巨大的能量，有待自己发掘。另外，要

雕琢气质，我们要有革命人的胸怀和意志。最后是砥砺性情，作为一个人民教师，不能由着自己的性子来，必须要有一个良好的性情。笑一笑何止十年少啊，有幸福微笑的人生病都少，免疫力都特别强，我下的决心是要为共和国健康工作五十年，我好像已经达到了。

大学之道，在于至善的人格铸造，是与室友、同学、教职工们五年朝朝夕夕、共同担当，和睦相处滋养起来的，这是毕业后立足社会的最重要的精神支柱。

大学的女生之道是什么呢？女生与男生不一样，我一开始也说道很多的区别，这个差别有时候是很痛苦的。改革开放后，有一次我到顺义工厂。厂长说他们生产的中间体已经固定在反应符里了。没有电话、BP机，我都没法跟家里联系，就直接去了工厂。反应釜在旷地里，零下十好几度，我去了就直接跳进去了，完全说不出话来。当时还来着例假，哗地一下，我的棉毛裤什么，全都被血染了。坚持啊！因为你是女性，你要面对这个问题啊。读了大学的女生要有自己的事业，同时扮演家庭妇女的角色，要有养儿育女的任务。两个都要做，你一定要缜密计划。在这个计划中最重要的要强调效率，实际就是跟时间跑。你想你白天上了班，晚上回家要准备孩子吃的东西，你还要搞卫生。每次小孩生病了，都得我请假，还要给小孩开家长会。而且，你还一定要大胆行动，绝对不要有任何犹豫。有什么你就问，不要小鸟依人式的。说实话，我没化妆过，我没时间，有的时候被子都没空儿叠。我要查论文，昨晚我还在写十五章有机化学与生态环境的目录呢。不能犹豫，有时候往往就机会错过了。要丰富自己的知识结构，开拓视野，提升自己的人格魅力。最核心的，把握自己的思想情感，尤其是做老师的。作为一个女性，最重要的是自尊、自重、自信、自立。自重。与异性交往是有分寸、有底线的，个人的底线可不一样，但最低的底线是共同的。另外还要学会保护自己。

概括起来，我们女性在学习、社会工作上，要"与男性一样"；在业余生活、在家中的时候，要"还女性本色"，还我女儿装。

我憧憬的未来：希望我的学生无论功成名就，还是默默无闻，个个都是健健康康的，平平安安的，快快乐乐的，堂堂正正的。对得起自然，也对得起人类。

（武晓伟　整理）

[主讲人简介] 尹冬冬，北京师范大学化学学院教授，任理学、教育学研究生导师等，兼任北京师范大学教学督导团团长、校党委组织员工作委员会副主任。1942 年出生于重庆，1959 年考入北京师范大学化学系，1964 年毕业。毕业后留校工作至今。近年主要科研方向为：光电转化新材料的合成、抗病毒、抗癌药物的合成研究等。常年在教学第一线任教，讲授"有机化学理论"等课程，主编《有机化学》（上、下册）、《有机化学 MCAI》等。曾获全国宝钢教育基金优秀教师奖、全国教育系统关心下一代工作先进工作者、全国高等教育精品教材等多项。

我与儿童语言阅读发展研究

舒 华

非常高兴能到"北师大女教授讲坛"来和大家一起交流，感谢王教授、郑教授的邀请。这是我第一次参加这样的课堂讲座，看到这么多同学兴致高涨地前来听讲，我心里很感动。我也在想，跟大家交流什么呢？我想，还是跟大家一起谈谈一下自己的人生、事业和研究。

先简单介绍一下我自己。我们都知道女性在事业的追求上、在工作学习上，是要比其他人付出更多的努力，我自己也是这么过来的。我很晚才上大学。在"文化大革命"中，我初中没有毕业就去陕西插队，后来在工厂做工，工作了 8 年，回北京后又工作了 2 年。我在离开中学 10 年后，又来到大学学习，特别珍惜这个学习机会。在我入大学时，比我们同班同学大概年长 10 岁左右，求学是很艰难的。但是，我觉得自己还是非常幸运的。我上了北京师范大学的心理学系，那时正赶上我国心理学从 1978 年开始到现在的一个飞速发展时期，我们在老一代心理学家的引导下，面对我国心理学很多领域都与国际上存在巨大差异，抓住机遇，跟其他很多老师和同学一起，开展系列的科学研究。回忆这个历程是一件很幸福的事。今天，在有限的时间里，我主要跟大家分享一下我目前的研究领域：认知神经科学中的儿童语言阅读发展研究。

关于语言学习，每一个人都有自己的体验，因为每个人都有语言。语言是人类最特殊的一种能力，要了解这种能力，只能通过人来做研究，虽然动物也有简单的交流，但是我们不可能通过动物来研究人的语言。科学家用什么样的方法手段，怎样去研究人类的语言呢？在过去的二三十年中，发生了巨大的变化。最初的时候，我们用行为的方法去研究，我们去收集一些语言的现象,探讨语言的行为,通过反应时手段,推测大脑中语言加工的时间进程。近年来,研究者开始用一些非常精密、非常先进的仪器,包括眼动、计算机模拟、脑电、脑成像、基因的方法,这些方法让我们对人类语言的认识,特别是对语言学习发展、障碍及其脑机制的认识,有了非常重大的突破和进展。

一 儿童语言学习和发展的探索

儿童的语言学习,是从什么时候开始发生发展的?如果有人接触过孩子的话,可以发现,孩子的语言发展是非常迅速的。从刚出生的时候一点都不会说,到一岁、两岁、三岁以后,会说大量的词汇、语句。语言学家、心理学家已经对这个现象已经进行了大量的探讨,但到现在还是不能完全解释为什么儿童语言有这样飞速的发展。学前儿童阶段通常是没有正规的语言教学的,但是语言的发展为什么这么迅速,到底动力在什么地方,机制是什么,这是语言学家、心理学家非常感兴趣的。另外,我们都知道,身高、体重是可以测量的,语言发展可以测量吗?有可能科学地测量哪个孩子语言发展得好,哪个语言发展得差吗?我们是不是可以从儿童在学前时期的发展,来预测孩子上学时候的阅读表现?特别是有语言和阅读困难的孩子,我们是否可能早期预测?这些都是特别吸引人的研究问题。

儿童语言是如何习得的是各国心理学家长期感兴趣的,其中一个重要的发现是,儿童在17—18个月有词汇爆发的现象,即从17个月之前只能说出50个词以内,到20几个月能说出500或更多的词。词汇爆发的机制是什么?国际上已经有很多语言研究建立了不同语言的词汇发展常模。我们研究了1000多名儿童,孩子的年龄是从12个月到30个月,每个月龄段大概有四十多个孩子。用的方法是非常简单而且比较容易实现的方法,就是家长问卷的方法,这也是国际上很通行的一种方法。我们借鉴国际上通用的"儿童语言和沟通量表"编制了汉语的词表,让母亲来报告,你的孩子能说出什么样的词。结果清楚地观察到了汉语词汇爆发现象。在16个月以前,儿童能说出的词是非常少的,基本上是在50个词以内。词的特点是主要是单字词,表明这一时期儿童的发音受到生理发展的限制。这些词是一些基本概念词，是儿童生活中最熟悉的，同时也是汉语中的重要语素，是作为复合词发展的基石。我们可以看到，从 17 个月开始，孩子能说出的词汇有了一个明显的增长。在短短的十几个月里，孩子能从说出不到 50 个词，达到能说出七百多个词。但是儿童的口语词汇量存在巨大的个体差异，有的孩子到二十几个月也依然只能说出五十多个词，但是有的孩子就能达到七百多个词。我们进一步通过统计发现，词汇的个体差异与母亲的教育程度和母亲对教育的意识相关，表明了环境的重要影响。

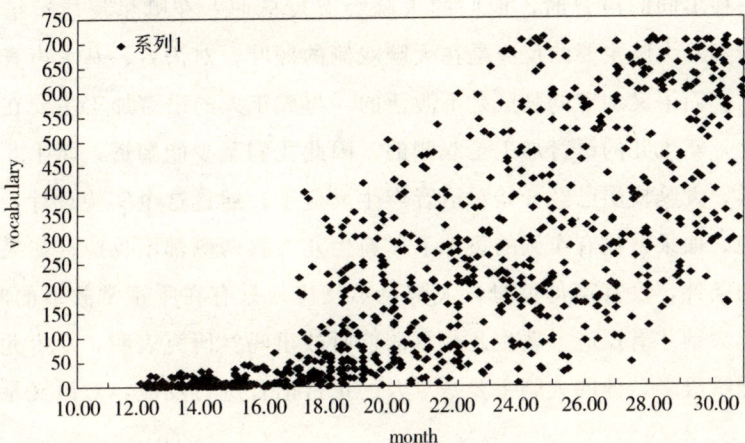

图 1 12—30 个月儿童的早期口语词汇爆发现象示意图

我们看到，孩子的语言从一岁到两岁半的时候有这么迅速的发展，其实在科学界，研究者还问这样一个问题：语言是从什么时候发生的？儿童是如何习得语言的？如果说人的语言发展全部靠教的话，即儿童是听完一个语句之后再去学习的话，那么听完所有语句的时间，就远远超过我们生命的时间了。儿童的语言习得的先天与后天的争论吸引了无数科学家。20 世纪 50 年代，语言学家乔布斯基提出大脑里有专门的语言装置，出生时就具有了掌握语言的潜能，外部语言环境会给语言装置设定参数，以便具体掌握一门语言。这种假设有可能被证明吗？以前我们认为几乎是不可能的。现在，脑科学发展以后，这个揭开答案开始变得可行了，我们越来越接近了解更多的东西了。

我介绍一个实验，这个实验可以让我们看到儿童的大脑在出生的时候，他的语言及其脑基础是什么样的，是一片空白？还是他已经准备好了去做些什么？科学家做了出生两天的新生儿的脑成像，让新生儿在睡觉的时候听故事，听的是女声讲的母语故事。出生两天的孩子能听故事吗？好像还不能听故事，但是他的大脑会有反应吗？这个实验设计有三个条件，第一个条件是给新生儿听的是正常的母语故事；第二个条件是新生儿听到的是只有声调，即将正常的声音去除了声母、韵母，只剩下声调；第三条件是把声调拉平，音节、声母、韵母仍然保持。科学家希望了解当新生儿听这三种不同的声音时，他们的大脑会有反应吗？在哪里反应？结果发现，新生儿大脑主要的反应是在大脑双侧的颞叶，对语音、基本声音反应的脑区，而语义加工的脑区是不激活的。与成年人的语言加工主要在左半球相比，新生儿的语言加工是双侧的。因此我们至少能知道，新生儿出生的时候，大脑皮层已经开始对语音产生反应了。通过这个实验设计，科学家发现，如果在只有声调的条件下，新生儿大脑两侧都不反应；如果是拉平调的条件，没有声母韵母，大脑也不反应；只有在听正常故事的时候，新生儿大脑才有反应。新生儿是真的能听故事吗？研究表明，新生儿不是真的能听故事，他的大脑主要是对人的正常语音进行反应，对语义是不反应的。

研究已经发现，儿童出生的时候，加工语言的脑区已经开始发育，对外界的语言环境进行反应，那么儿童是怎么学习语言的？特别是在孩子还不会说话的时候，他能学习吗？是怎么学习的？下面我再介绍一个国际上很著名的研究。这个研究是想初步探讨孩子是什么时候开始学说话的，怎么开始学说话的。我们可以看到，这个研究的对象是 4 个月、6 个月、8 个月、10 个月、12 个月的孩子和成年人，研究方法是眼动技术，用红外摄像机追踪人的眼球运动。具体的做法是在婴儿的前面放置一个屏幕，屏幕上是一个女性在讲故事，有两种条件，一种是用母语在讲故事，另一种是用非母语来讲故事，科学家用眼动仪来监视婴儿听故事时的眼动。结果看起来很简单。四个月的孩子听故事时，主要看的是人的眼睛；但 6 个月、8 个月、10 个月的孩子就不主要看眼睛了，开始注意看人的嘴；12 个月的孩子看嘴的比例下降。我们知道，这时候的孩子还不会说话，但实际上他已经开始学习了，他更多地观察人的嘴部，去学习可能的发音和动作。而对于成年人，人们又更多地注意看人的眼睛了。

怎么才能证明婴儿更多地看嘴是在学说话呢？心理学家认为，实验中的第一种条件是用母语讲故事，孩子从出生就被包围在母语的环境中，学习母语说话比较容易，相比而言，学习外语说话会比较难。因此科学家设置了另一个条件，用非母语讲故事，并观察当听非母语故事时，婴儿在看什么。结果发现，孩子在听外语故事时和听母语故事时眼睛观察是不一样的，四到六个月的孩子看眼睛更多一些，从 8 个月、10 个月到 12 个月，孩子一直在更多地看嘴。到了成年人，也没有完全去看眼睛，成年人还在注意看人的嘴。科学家的解释是学习外语说话比较难，所以人们相对更多地观察嘴。这是一个很聪明的实验，告诉我们小孩是怎么学习的，发现小孩是自发地学习。其实孩子在整个学前阶段，都是非常自发地学习，而且是非常有效的，有的时候，我们会低估了孩子的学习能力。

我们再来看一下孩子早期写字，对汉字的认识也有一个自我学习的过程。其实写汉字是非常难的，这与英语是很不同的。对于英语来说，幼儿园大班儿童已经可以写简单日记，他如果能用字母简单记录下来嘴里说的音位，就是书写的开始了。但是汉字是完全不可能的。从下面的例子中，我们可以看到儿童是如何认识汉字的。这是三岁一个月的儿童开始写的东西，"屋子""房子"这些词汇孩子实在是不会写，就画出一个房子，写"妈妈"就画一个人，写"大象"，也画出一个画；到三岁八个月，孩子开始发现汉字应该不是画，他开始用一些类似笔画的东西来塑造他的字，他在发展一种早期的意识，写汉字不是画画，虽然他并不知道怎么写汉字；到四岁八个月的时候，孩子写出的东西就更不像画了；到五岁三个月的时候，他可以写出学会写的字，对不会写的字，他意识到应该是某些笔画组成的。可以看到，儿童的写字学习并完全不是一个教什么学什么的过程，写字的学习也包含许多自发的学习过程。

二　汉语儿童阅读发展研究

语言的发展，特别是学前语言的发展，在很大程度上是一个自然发展的过程。但是，读和写，就不完全是自然发展的过程，它一定要通过教育。这个学习过程是很多教育学家心理学家都非常感兴趣的。世界上有几千种语言，除了汉语、日本语的片假名以外，其他的语言基本上都是形和音有字母对应的语言。在国际上，拼音语言研究已经进行了一百多年，有了非常大的发展，汉语认知研究的历史要短得多，但是我们汉语的研究是不能够直接照搬其他语言的，汉语有自己的特点，我们必须要走自己的路，所以这个研究刚开始是非常艰苦的。我今天也想谈谈这个方面的感受。

我开始进入心理语言研究是在张厚粲教授、彭聃龄教授等老先生的指导下起步的。当时西方儿童如何学习阅读、语言如何发展已经有了大量的研究，然而在汉语阅读学习方面基本是空白。当时西方心理学家认为，汉字学习完全是死记硬背，与英语学习的学习规律是不同的。拼音文字中阅读障碍儿童通常表现为不能使用形音对应规则读单词，西方心理学家将这些阅读障碍儿童叫"Chinese"。当时我们还无法回答汉语、汉字是怎么学习的？我们没有任何发言权，因为没有研究数据在手。在过去的二三十年间，大陆、香港、台湾、国际上许多研究者一直在探索，汉字学习的过程是如何发生的？现在大家基本上达成共识，汉语阅读学习与英语学习有很多类似的地方，但是汉语学习也有很多自己独特的特点。我们也是在学习规律性的东西，学习汉语阅读不是死记硬背，需要依赖许多基本认知能力的发展，这些基本的认知能力包括语音辨别、语素意识、快速命名、口语词汇量等，都是学习汉语、汉字的基础。如果这些基本的认知能力有缺陷，就会造成阅读障碍。

从那时起，我进入了这样一个充满挑战的领域。我们虽然能够借鉴西方拼音文字研究的思想，但大量的研究课题、研究材料必须基于汉语的特点。更重要的是，我们要揭示汉语学习的规律，为建立人类学习不同语言的普遍性和特殊性理论提供重要的依据。1989年，我作为中美联合培养博士研究生，赴美国伊利诺大学阅读研究中心学习工作，博士论文是关于中美儿童从阅读中自然伴随学习字词意义的研究，首次探讨了汉语儿童汉字学习的过程及其与英语儿童学习的异同，该论文获国际阅读学会1993年度杰出博士论文奖。

从20世纪80年代后期起，我们系统地研究了汉语儿童的元语言学意识，如语音意识、正字法意识、形旁意识、语素意识、声旁规则性意识、声旁一致性意识等的发展。发现二年级儿童的读音正确率比四、六年级儿童更多地受到对文字的熟悉性的影响，四、六年级儿童在生字读音中表现出更大的规则性效应。二年级儿童汉字读音中的错误是相对任意的。随着年级的增高，儿童读音中犯更多的声旁错误和类比错误。研究还发现，四、六年级的高能力学生开始发展对声旁一致性的意识，中学甚至大学才发展比较完善。使用类似课堂老师用的学习—测验的方法发现，形声字声旁提供的部分信息，如声母、韵母和声调信息，对儿童学习和记忆生字均有重要贡献。我们还发现，儿童读汉字时，汉字的声旁和形旁在整字中被自动分解并通达亚词汇水平的语音和语义表征。汉字书写过程中，正字法意识、声旁和形旁规则性意识的重要性。研究结果表明，发展正字法意识、形—音规则性和一致性意识，形旁意识，掌握汉字表音、表义线索对于儿童有效学习汉字、扩大字汇量是重要的。除了行为研究，通过计算机模拟途径研究儿童语言和阅读发展的机制也是一个研究的热点。在多年汉字学习研究和小学汉字数据库研究的基础上，我们建立了汉字正字法表征库，后来又建立了 PDP 形音义三角模型，使用与英语同样的 PDP 模型和汉语特殊的正字法表征，对汉字识别学习过程进行了模拟。这些研究大大加深了我们对汉语儿童阅读学习规律的认识。，目前汉语阅读及发展研究已经成为一个国际研究的热点。

三　阅读障碍的认知神经机制研究

我从 1997 年开始研究一个新的领域：发展性阅读障碍。阅读障碍这个词在我国到目前为止还是基本上未被人所知的，而在全世界特别是一些发达国家，这是一个非常普遍的概念。根据国际阅读障碍研究协会（Orton Dyslexia Society Research Committee）的定义，阅读障碍是一种源自神经生理的特殊的学习失调，主要表现为字词再认时的准确性和流畅性有问题，影响到阅读理解和拼写，进而阻碍儿童的词汇量和书面知识的学习。阅读障碍儿童的困难不是来源于听觉或视觉等感觉缺陷，不是智力发展迟缓的结果，也不是由于学习动机或教育机会的缺乏，而是与认知能力的异常有关。大约有 7％的儿童在语言发展上落后于同龄人，大概有 5％—10％的孩子在上学后不能顺利地学习阅读，这些孩子实际上是一个弱势群体，这些孩子通常被我们大家认为是不认真、不注意、不努力,但实际上他们是有一些生理的问题,这些问题影响他们的学习,所以这些孩子如何才能得到全社会的关注,这也是许多心理学家一直非常关注的问题。在过去的十几年里,我们主要是做基础研究,希望回答下面的问题:汉语的阅读障碍和英语的阅读障碍是一样的吗?汉语阅读障碍儿童的基本特征是什么?其更深层的根源和影响因素是什么?

导致儿童阅读困难的原因是多种多样的。有些儿童不喜欢阅读、阅读量很小,缺乏学习动机,造成阅读困难。还有些儿童,语言理解能力、口语能力发展较低,也可能造成阅读困难。然而这两种原因造成的阅读困难更多地与儿童生活环境的影响有关。如果能够改善环境,儿童的阅读问题的就可以得到改善。我们这里说的阅读障碍儿童则不同,他们可能存在一些认知问题、生理问题。这些问题是教师、家长目前还不太了解的。研究表明,许多障碍儿童有语音、语素、快速命名、正字法方面的认知缺陷。例如有些儿童,他们在语音识别的精确性上存在问题,他们在日常生活中进行听觉对话的时候可能没有理解困难,然而在辨别一个单独的音节、声母、韵母或声调的时候存在问题。这会给学习汉字造成困难,因为儿童需要将一个字形与一个精确的语音配对。再例如,儿童的视觉没有问题,然而在基本的字形分析上存在缺陷。在学习识字和写字的时候,儿童需要对汉字进行分析,需要从掌握基本的笔画开始,逐渐学习形成对汉字中一些更大的单元,如部件、形旁、声旁的认识,还需要了解汉字各部分组成的规则,例如,"亻"只能在左边,"刂"只能在右边。正字法或组字规则的分析能力可以使儿童在读字和写字时能迅速分解一个汉字,分析、记住这些单元及其位置,并顺利把整个汉字读出来或写出来。儿童还需要了解字形、语音和意义之间关系。汉字听写中经常遇到一个音节对应多个汉字的情况。例如,我们要写"湖水"的"湖",而不笼统地说写"湖",因为"湖"有许多同音字,如"弧"、"糊"、"壶"、"狐"等等。能正确地写出"湖"字,需要一种重要的能力,语素能力,以便理解一个同音字所代表的意义及在复合词中的作用。阅读障碍儿童由于存在语素能力缺陷,或对汉字形音义之间关系理解能力的缺乏,写字时会犯大量的同音字或形似字错误。

　　给大家看的是两个很典型的有阅读障碍的孩子，我们给他们很多汉字，让他们读出每一个汉字并且组词。他们在完成任务中犯很多错误，我们发现这两个孩子犯错误的类型很不一样。第一个孩子把"牺"读成"XI1"，但组的词是"夕阳"，把"驯"念成"CHUAN1 声"，组词是"穿过"，等等。从她的读音和组词错误中可以看出，这个孩子尽量利用声旁线索读汉字，但是他对字的语义是不了解的。而另外一个孩子，他把"煎"读作"DUN4 声"，组词"炖肉"，把"愧"读作"HUI3 声"，组词是"后悔"，等等，可以看到，这个孩子知道字的语义，但是不了解汉字声旁的表音部分。这是两个典型的阅读障碍亚类型孩子的表现。从这两个孩子的读音和组词错误中我们可以看到，我们在识别汉字时有两条认知通路，一条是和语音有关的，一条是和语义有关的。当不同的通路有问题，孩子就会表现出典型的读音和组词错误。有些阅读障碍的孩子在阅读流畅性上有很大的问题，他们阅读速度非常慢，会读串行。我们用眼动去记录孩子的阅读过程，设置了两种条件，尽快读出排列的数字和读出排列的骰子。阅读正常的孩子在快速读出数字时不需要看到一行中的末位数字，眼睛就可以转到下一行，而有阅读障碍的孩子必须要看到一行中的末位数字才会转下一行，说明障碍孩子的前视野很小，进一步的分析表明，其原因是他们提取数字的语音更困难，需要集中更多的注意，分配到前视野的注意很少。

　　在过去的十几年中，我们在北京测试了几千儿童，发现汉语阅读障碍的发病率与拼音语言阅读障碍儿童类似，在 5%—8%。他们的主要困难也是在字词识别的精确性和流畅性上。阅读障碍儿童的困难的根源是什么呢？问题根源是一些认知能力的缺陷，如语音缺陷、语素缺陷、快速命名缺陷、口语词汇缺陷等。其中语音缺陷和快速命名缺陷是各个语言普遍具有的，语素缺陷则是汉语阅读障碍中独特的，是与汉语的语言文字特点有关的，是我们首先提出的。

　　我们有没有可能早期发现阅读障碍儿童呢？如果能够早期发现，我们就可以早期干预，就能够减少他上学时发生的种种状况，这也是很多人都在探讨的问题。在国际上，已经有许多研究报告早期辨别有阅读障碍风险的孩子，而目前汉语的相关研究并不多。我们首先想了解，学前儿童认知能力的发展真的与学习汉字有关系吗?我们曾经研究 3 岁、4 岁、5 岁儿童的语音辨别与学习汉字的关系。我们给孩子听一个音"MAO1",然后让他选择下面两个音哪一个与"MAO1"的音更接近,一个是"SHAN1",一个是"BAO1"。我们发现,一个孩子如果语音辨别能力非常差,他是不可能识别许多汉字的,表明语音辨别是儿童学习阅读的重要基础。汉语中还有词素和语素,一个词汇可能由多个词素组成。我们也研究 3 岁、4 岁、5 岁儿童的语素能力与学习汉字的关系。给孩子看 4 个图片,要孩子选择哪个图片上的动物可能是"斑牛"。如果一个孩子知道"斑马"这个词,能够将"斑"、"马"两个语素分解,再重新组合,就可以做出合适的选择。3 岁的孩子很少知道,而四五岁的孩子做出正确选择的百分比就增加了。这种能力与识字是什么关系呢?我们发现,如果语素能力非常差,他是不可能识别许多汉字的。同样,我们还研究过命名速度、口头词汇量与识字的关系,发现如果孩子命名速度很慢、或口头词汇量很小,他也不可能识得很多汉字。

大量研究表明,阅读障碍起始于儿童期,受到遗传、家庭、学校等多种因素的影响。早期鉴别存在阅读障碍风险的儿童,更易于矫治。这些在上学以后面临阅读困难的儿童是否有可能在学龄前早期得到鉴别?儿童早期的家庭与教育环境如何影响儿童语言和阅读的发展?我们的一个长期追踪研究跟踪了约 300 名儿童从 2 岁到 13 岁的语言和阅读发展历程。我们每年给儿童进行语言、阅读、认知能力的测试,并收集了他们的智力、家庭、生理等信息。我们发现,儿童学前的一些认知能力发展低下在一定程度上可以预测他们上学后的阅读发展落后。例如,儿童在 4—6 岁时的语音、语素和正字法共同缺陷可以预测 8 岁时的阅读落后,如果儿童还伴有语言发展迟缓,会导致 8 岁时的阅读落后更加明显。我们也探讨了家庭背景、早期语音技能和阅读发展的关系。结果表明,对于来自母亲教育程度高或亲子活动丰富家庭的儿童,无论他们在 4—5 岁时的语音技能是正常还是落后,小学三年级时的阅读都基本正常。然而,对于来自母亲教育程度低或亲子活动缺乏家庭的儿童,如果他们早期的语音技能正常,学龄期的阅读也还基本正常。但如果他们早期的语音技能落后,小学三年级时的阅读也会落后。结果表明,早期家庭文化环境是非常重要的,可以在一定程度减少阅读障碍的发生。学校教育也是重要的一环，我们的研究还表明，对一些早期家庭教育相对缺少的儿童，如果他们的认知能力没有明显缺陷，进入小学接受正常的学校教育后，他们的语言、阅读能力仍然有机会逐渐追赶上他们的同伴。

儿童的认知能力、语言阅读学习为什么会差呢？是因为他们不努力吗？或是他们的学习条件不够好？其实已经有很多研究表明他们是存在一些生理问题的。大量研究已经表明语音辨别是儿童学习阅读的重要基础。汉语语音的一个重要特征是声调，声调的四声可以区分语义，如，妈、麻、马、骂，这是汉语非常独特的特点。我们的研究发现阅读障碍儿童对声调的加工是存在问题的。近几年，我们进一步想知道，阅读障碍儿童对声调的认知缺陷是否有神经基础，研究中我们利用了人的一种重要的感知能力：范畴性知觉能力。

在国际上有英语研究表明，把电极放在开颅病人的大脑皮层上，发现在大脑皮层的颞叶有特定的区域对特定的范畴性类别做反应。我们用脑成像给成年人做研究，发现汉语被试对声调做范畴性类别反应的区域与英语被试对音位加工的区域非常接近。有研究者开始用脑电来做阅读障碍的早期预测。在一个芬兰语的实验中，研究者利用芬兰语的特点，即语音的时长可以区分不同的语义。他们选取两组六个月的儿童，一组儿童的父母有阅读障碍，一组儿童的父母是正常的。给这两组儿童呈现长、短音的对比，发现对父母阅读正常的六个月儿童，辨别长音和短音的脑电（MMN）已经表现出差别。然而对父母有阅读障碍的六个月大的儿童，脑电表明他们对长音、短音的区别是不敏感的。这证明儿童语言发展的一些问题是有生理基础的，而且表现得非常早。

我们的实验是给汉语正常和障碍两组儿童呈现声调的范畴内和范畴间的对比，行为研究结果发现，与正常成人、正常儿童相比，阅读障碍儿童对范畴内变化过于敏感，而对范畴间变化不够敏感，由于范畴间的变化对语音加工是重要的，所以我们说声调范畴性加工缺陷可能是障碍儿童语音缺陷的更底层的机制。脑电研究也表明，正常儿童的范畴间偏差引起的脑电 MMN 显著大于范畴内偏差引起的 MMN，模式与成人类似。然而，阅读障碍儿童的范畴间与范畴内偏差引发的 MMN 波幅差异不显著，进一步表明了阅读障碍儿童的声调范畴性知觉缺陷的脑机制的异常。下一步，我们希望把这些方法应用在更小的孩子，应用在婴儿甚至是新生儿上，看看有没有可能非常早期就能预测儿童的阅读障碍。

阅读障碍儿童为什么从出生起就存在一些脑的异常，现在国际上热点的研究是试图发现阅读障碍的基因基础。研究发现，阅读障碍受到多种基本认知能力缺陷的影响，也是一个复杂的多基因共同作用的遗传疾病。15号染色体上的 DYX1C1 是最早发现的与阅读障碍有关的基因，近些年，6号染色体上的 DCDC2、KIAA0319、TTRAP 等也被发现与阅读能力、阅读障碍有关。我们现在也开始做与汉语阅读障碍和阅读能力有关的基因研究。我们的追踪研究初步发现，基因 DYX1C1 上的遗传标记 rs11629841 在特定的发展阶段作用于儿童的拼写和正字法技能，其中 G 可能为致缺陷或易感等位基因。

结　语

我很高兴跟大家分享我们现在的一些研究结果，我觉得非常幸运投身儿童语言阅读发展研究，特别是阅读障碍研究，研究结果有很重要的理论意义和实践意义。在发达国家，阅读障碍儿童是心理学家、教育学家、医生、家长、学校、政府共同关注的群体。大量科学研究试图揭示阅读障碍的心理、生理机制，发现其发生与遗传、大脑机制、家庭环境和教育有关，发展了许多干预、训练途径，改善儿童的阅读困难。近年来，人们开始关心学前儿童，发展早期诊断技术，发现潜在的"风险"儿童，给予特定的教育方式，以便避免或减轻其发展为障碍儿童的可能性。许多国家成立了阅读障碍联合会，由心理学家、教育学家、社会工作者、医生、家长、学校、政府组成。美国教育部会同美国卫生与公众服务部共同建立了一个委员会，考察阅读困难的预防问题。欧洲15国提出"早期帮助，更好的未来（Early help - Better future）"。我也希望通过努力，在我们国家更多地普及有关阅读障碍儿童的观念，将科学研究成果走向实践，进入课堂和家庭，使更多的儿童受益。

[主讲人简介] 舒华，北京师范大学认知神经科学与学习国家重点实验

室教授，博士生导师，1991 年获博士学位。曾任北京师范大学心理系教授、系主任。现任中国心理学会常务理事、《心理学报》副主编、"Bilingualism：Language and Cognition"（双语语言和认知）、"Journal of Cognitive Science"（认知科学杂志）编委等。多年从事认知心理学、心理语言学研究，主要包括语言的认知神经机制、儿童语言阅读发展及阅读障碍等方面的研究。主持多项国家自然科学基金、教育部哲学社会科学研究重大课题攻关项目、教育部科学技术重点项目、国家教育"十五"规划项目、北京市自然科学基金和国际合作基金项目。在国际国内学术杂志上发表论文 200 余篇。曾荣获第一届全国高校国家教学名师、国家级教学成果二等奖、教育部自然科学奖一等奖（排名第二）等多种。

我与资源生态学研究和教学

江 源

我长期在高校从事植物地理和资源生态学的科研和教学。作为教授，将科研与教学紧密结合是职业活动的完美状态；作为教师，在教学第一线培养人才是自己的职责。带着对大学教师职业的这份理解，我走过了将近30年的职业历程。为了准备这次演讲，我不得不回顾以往，这使我第一次清晰地意识到，我为这份职业付出着，也被这份职业改变着。

一 在中德教学对比中站稳高校讲台

1984年，我在西北大学获得硕士学位后，留校任教。当时的追求是认真备课并讲好每一堂课。1990—1996年，我到德国攻读博士学位和工作。留学期间，德国教授大量的课堂案例教学和丰富多彩的实践教学，让我感到与自己原来的想法有反差。将中国和德国高校教学作对比，我意识到，仅仅专注于课程讲授，是很难满足大学人才培养的需要的，应该通过从事深入而丰富的科学研究活动，给课堂教学赋予科学问题的灵魂，使课堂讲授的基础知识与科学问题相互关联。教师要在各个培养环节中，进行求实和严谨的科研训练，而不是仅仅灌输学科知识的教条，这可能是大学课堂教学的根本所在。是大学本科教育阶段特别需要加强的培养内容。即使学生毕业后不再从事科学研究，对他们来说，养成科学严谨和求真务实的习惯，也会受益终生。

1996年，我在德国获得博士学位后，来到北京师范大学，带着憧憬和追求重新走上讲台。多年来，我先后承担过植物地理学、城市生态学、植物与植被资源学、资源生态学等本科和研究生课程。在这些课程的讲授过程中，除了系统讲授知识之外，我尽可能地引用国内外研究案例，注重实践环节的设置，通过野外实习，教授学生获取原始数据的方法、也指导学生分析数据和撰写研究结果报告。对于有兴趣参与科研的本科生，我鼓励他们参与研究小组的科研活动，增长才干。许多学生开始抱怨我要求过严，抱怨投入数据搜集工作的时间太多，但是当学生们的科研成果公开发表之后，他们总是会带着兴奋和满足感，理解这些严格要求的意义，对教师发自内心的感谢。

在课堂内外、无论新生和老生，都会面对教学计划中的野外实习产生疑惑，我凭着自己多年的经历和体会，在课堂上和实习中身体力行，引导学生认识地理科学的博大精深，使他们了解基础理论学习和野外实践都不可或缺。我也会形象地告诉学生，只有将课堂理论学习和实习实践相结合，才能够读懂"天书"，听懂"地语"，进行新的境界，而一旦到达了那种境界，再仰望群星闪烁的夜空时，就能感受到个人在宇宙中的位置。当身处风云变幻的气场时，就能明白周围的环流系统。人在这种境界中，放眼观山川，可知沧桑地史；低头看草木，便知干湿冷暖；从河流湖泊，能感知火山、冰川和大地的脉动；从岩石土层，会辨析地球物质循环的节奏。

二　科学研究的四个阶段与过程和收获的快乐

在高校工作要有过硬的科研能力。科学研究不仅需要有科学的思维和逻辑，也要有坚实的专业基础知识，规范而先进的科研手段。我自己还观察和体会，科研工作还要有执着的热情和无所羁绊的想象力。有热情才能够全身心投入。然而，从学习做研究，到热爱科研。需要一个转变的过程。

我总结自己做科研，有四个阶段性的状态。

第一阶段是懵懂状态。那是在读大学本科和硕士研究生，当时并无明确的研究设想和对问题的好奇，只是跟着导师学习如何做科学研究。努力的主要目标，是完成导师交给的每一项任务。

第二阶段是学习和探索状态。大体是在德国留学期间从事博士论文研究阶段。在那个阶段，开始了一些探索性研究。由于德国的标准繁多，对博士论文的评价挑剔苛刻，六年的学习和工作，我不知不觉地养成了有序、严谨和注重逻辑与规范的科研风格。我的德国导师在我毕业酒会祝词时评价说，我的博士论文结果十分出色，论文工作中所显示出的理论基础远远超出他的预判。最让我感到意外的是，他接着说到，我的科研的"洁癖"，保证了这些结果毋庸置疑。他又开玩笑地问我如何形成了科研"洁癖"，我回答那是因为他开始对我的告诫吓到了我。我回忆他说的话是："德国的每一片森林都被研究过若干次，数据信息全部记录在案"。他反问我："是这样的吗？我可不记得了"。但事实的确如此。正因为他对当地研究情况的介绍，使我在研究中注重实验和数据分析，常常为解决某些具体问题而苦思冥想，对所有研究环节不敢马虎，对每个实验结果都要核对无误，提出每一条结论时都要参考大量的文献，最后确认其具有不重复性和新颖性，我才能提交。

第三阶段是展开和积累。这个时期的状态是有体系、有规划开展研究。这时我对科学问题的探究有一定想法，但还是缺少探索科学现象和规律的冲动。

第四阶段是热情奔放状态。到了这个阶段，我不仅善于寻求新的手段和方法，而且常常对科学问题和规律的探索感到兴奋不已，对每一次收获都感到欢欣鼓舞，有了这份热情的陪伴，即使工作繁重，也乐在其中。我猜想，驱动历史上和当代很多科学家夜以继日地超强度工作的动力，也许就是这类冲动和这类热情，这使他们对科学发现的追求如痴如醉。

我国有一句古训："书山有路勤为径，学海无涯苦作舟"，我更愿意将其中的"苦"字改为"乐"字。当阅读一篇高质量研究论文时，我会为作者的巧妙构思而惊呼，也会为结果的精准而赞叹，还会跟随问题的讨论而思绪起伏。当提出科学假设并着手研究和探索时，时而山重水复，时而又柳暗花明，随着问题的不断出现和不断被解决，心情也在纠结和舒展之间不停地转换，当获得了结果，为发表成果而撰写科学论文时，又会按照规范，展开引言、叙述方法、呈现结果、转入讨论并最终回归结论，这好似一曲交响乐的演奏，承转启合，丰富多彩，又始终主题鲜明。最后，感受成功的喜悦和收获的满足。我就是这样享受着科研工作的过程和收获，乐于为此而孜孜不倦地探索，在领略同行智慧的同时也挑战自己。

三 我的学生陆军与水军

我们承担的是自然资源领域的研究生培养任务。在这个学科领域中，理解地理学和生态学的科学问题，并拥有获取来自调查、观测和实验的第一手研究数据，是获得原始性创新成果的重要条件。为此，长期以来，我始终坚持让每个学生都要在第一手数据的基础上完成学位论文。这就要求在研究生指导中，坚持对每个研究生的实施科研全过程培养，即培养学生发现科学问题、开展实验和观测、开展数据调研、进行科学数据处理和分析等多种能力。数年来，无论经费和工作条件如何困难，无论工作时间如何紧张，我都会坚持克服困难，亲历现场，指导研究生采集数据，开展观测和实验。

学生们喜欢将他们分为陆军兵团和水军兵团。十几年来，我们陆军兵团，深入塔克拉玛干沙漠、穿越内蒙古草原、跋涉青藏高原、攀登昆仑雪山、安营贺兰山顶、扎寨秦岭太白山巅，华北地区的五台山、芦芽山、小五台山、东灵山、中条山和关帝山更是我们经常出入的工作根据地。虽然工作条件大多地处海拔 2000—3000 m 以上，但我们师生始终为揭示高山—亚高山植物与植被地理过程同甘共苦，完成了一项又一项科研任务。我们的研究足迹几乎遍布全国各省。

我们的水军兵团，常年"征战"于跨越广东江西两省的东江流域，冒着酷暑挥汗如雨地采集水样和水生生物样品，致力于揭示河流生态系统对流域景观特征的响应关系。这期间，我们经历过星夜寻找掉队队员的万分焦急，也经历过上山运送物品租用的骡子自己跑回家，使我们不得不在结束观测后负重行军返回的极端无奈。我们有为了防止帐篷绳索被咬断而与牛群彻夜搏斗的烦恼，也有为了遵守僧人不浪费粮食的规矩，不得不将饭盆中所有食物填装入肚，导致过饱而只能平卧、不能工作的尴尬。回首这些历程，我们有艰辛和汗水，更有成果和收获。这些经历成为伴随我们一生的，美好回忆。

多年来，通过不懈地坚持和努力，我们形成了一支奋发有为、愉快合作的师生团队，学生的科研能力得到了全面训练，养成严谨务实的学风，以及不造假、不剽窃的基本学术道德。学生切实体会到科学研究中团队协作的重要性，拥有良好的科研合作精神。

我们的研究环境艰苦，虽然由于过多地登山和跋涉，我的膝关节受到损伤，但是看到学生们能够在自己的工作岗位上发挥各自的作用，陆续成为科研人才的新一代主力军，有人还当上了教授和研究员，我感到无比欣慰。

我热爱科学研究，我也热爱我的学生们。

[主讲人简介] 江源，北京师范大学教授、博士生导师。北京师范大学资源学院院长。1977—1984 年在西北大学地理系读本科和硕士研究生，获硕士学位，毕业后留校任教。1990—1996 年赴联邦德国学习和工作，在卡尔斯鲁厄大学地理与地生态学研究所读博士研究生，获自然科学博士学位。1996 年到北京师范大学工作。长期从事植物地理和资源生态领域的教学和科研工作，在中国北方的高山与亚高山植被生态学、生物多样性保护和流域水生态功能分区方面开展研究。近年来承担国家科研项目和国际合作研究项目 20 余项，在国内外学术期刊发表论文 100 余篇，出版专著和教材近 10 部。曾获北京市优秀教师称号，并获得省部级科研和教学奖励多项。

我与农村教育

郑新蓉

之所以选择这样一个题目，我征求了同事和学生们的意见，我做了很多和农村相关的课题、研究，的确想跟大家分享。农村教育领域很广，可以说，我做了这么多年的农村教育，它和我的生活、生命体验已融合在了一起，我在这个领域花的时间也是最多的。今天，主要讲一下我是如何走进农村，我在农村工作的一些心路历程，做农村教育研究时我的收获和成长，以及我的希望，包括我对在座同学们的希望。

一 我的出生与成长

父亲去世很早，我对父亲的记忆是模糊的，但我们却成长在一个快乐的环境里，别人所描述的单亲家庭的苦难和悲泣在我家看不到，妈妈天天逗我们开心，我们每个生日，她都会带我们去照相。记得有一年"六一儿童节"演出，我没有演出服，妈妈就把家里唯一一床绿色锻被面裁下来给我做了条非常漂亮的裙子。妈妈也是个很讲究的女人，尽管家里条件不好，但每次出门她总是穿着干净，连衣服的边角部分都

打理得整整齐齐。

在家乡当过两年代课教师,1978 年来北京念大学,随后结婚和生子,组建了自己的小家庭。

1994 年,第一次走出国门是在加拿大做访问学者,它对我生命的记忆非常深刻,临走的前一天,女儿不停翻着我箱子,跟她爸爸哭诉:爸爸,妈妈把咱们家的好东西都带走了! 其实,一周后就是女儿上小学的日子,可是我却离开了她……这之中有很多难以磨灭的回忆,以后有时间,我再跟大家做分享。

二 走进农村教育

讲到农村教育,先谈谈我走进来的背景。中国农村发展,在改革开放三十年后,与城市相比是越来越形成反差。最早的时候农村是人多、地少、收入少,但人气很旺。这些年再到农村,它除了贫穷,还有了污染,人丁不兴旺,社会组织功能弱,是落寞的农村。我走进的时候,农村刚刚开始变化,这是一个背景;另外,我国 1986 年就有普及义务教育的法律,但一直到上个世纪末,甚至本世纪初,农村普及义务教育的任务还非常艰巨。最初是政府缺钱,中国的老百姓是重教育的老百姓,于是"人民教育,人民办",但农民能拿得出什么材质来自己办教育? 农民办教育几年、十几年后发现负担太重,这也是一个背景;我接触农村教育的机缘还在于,当时(1995 年),中国是世界人口最多的发展中国家,农村教育世界上也是穷国。无论是 UNDP(联合国开发计划署),还是世界银行,联合国儿童基金会等,很多发达国家都很高傲、很慷慨地带着资金和知识来资助中国,这个刚刚起步的发展中国家,当时在高校中没有学者做农村和发展这方面的研究,因此,在这种背景下,一大批学者都卷入其中。一方面是帮助自己的国家的农民脱贫,但是另一方面,指挥我们做这些事、出资的却都是外国人,我始终有一个心结在其中,难道扶贫和发展的知识都必须来自发达国家? 最后一个背景就是年轻充满活力,当时刚从加拿大进修回来,便轰轰烈烈地准备在北京召开的"第四届世界妇女大会"中的"女童教育论坛",真可谓意气风发。这四个特点是我当时与农村教育结缘的一些时间、机遇,包括我自己状态的一个交汇。

下面一些经历都是我从事多年农村教育积累下的片段，跟大家分享。

（一）藏区寄宿学校——家长陪读"逐学校而居"

八、九年以前我去到青藏高原的一个藏族小学，看到两个长者坐在学生宿舍。我问校长：他们是谁？是厨师吗？校长笑而不语。后来问了很久才知道，他们是藏区来陪孩子读书的老人。过去这些牧民是逐水草而居，现在是逐学校而居。一个房间里住着藏族部落里的男男女女，大大小小孩子，都有两个老人照顾。老师们当时看到我们十分紧张，害怕我们看见一些学校不合上面规矩的地方。我是八月底来的，天气已经开始冷起来了，孩子们陆续报名，家长们背来的都是可以冬季取暖的羊粪，牛粪，烧在炉子上，让孩子在宿舍里取暖，孩子和家长分别时们依依不舍，这是我国农村大面积寄宿制学校的开端时节，这个县全县的小学生都将集中县城的一个学校。

（二）凉山彝族的一个教学点——拥挤的一年级

在凉山彝族的教学点里，但是还没有普九，一年级的教室挤满了六七十个孩子，有站着的、坐着的，还有蹲着的，熙熙攘攘。但到五、六年级教室看，孩子就很少了，恨不能只有两三个，几乎都是男生，辍学率很高，一年级入学率其实也有问题，六岁的孩子恨不得和十一二岁的孩子同时读一年级。

（三）贵州威宁——路边游荡的孩童

在很多国家西部的偏远贫困地区，因为我们常常去考察工作，积累了一些很好用的经验。比如，这里的孩子入学情况怎么样？我们的车一路开过去，如果旁边没有适龄孩子，就说明这个地方的教育好。但往往是我们的车开过，后面追着一群娃娃，他们都是适龄孩子，想要上学。有时我们还能看到大一点的女孩子背着小一点的孩子。我们在贵州威宁调研时，拍到很多散落在路边和校门口的女孩子，都不再上学了，她们年纪很小，看了就让人痛心。女童教育是偏远贫困地区一个很严重的问题，小学六年级就很少见到女生，初中基本没有女生了。

三　心路历程

接下来，我想讲一下走进农村都经历了什么样的阶段，经历了什么样的心路历程。

（一）有热情和理想的"无知者"

当时留了洋，也拿到了博士学位，而且我是四川人，自以为西南地区方言也听得懂，能跟当地人交流，自己的姨和舅也是农村人，我觉得自己是有优势的。刚去（农村），心怀同情，是怜悯者和施者的心态，因为项目有资金，我们有知识。这个阶段是非常有意思的。刚刚做项目时，每次走之前，都要把我女儿的东西翻箱倒柜找出来，从衣服到文具，全带上，要去帮助别人。那时真是走一路掏一路钱，把自己掏干净了，回来了，就觉得自己很伟大。那种施者和怜者的心态还是很重的。

这组照片是1995年第四次世界妇女大会，我在论坛上发言和听讲座的一些留影。大家可以看得出，像假小子一样，信心满满。当时一个朋友形容我是"像小钢炮一样"，很有活力，也口无遮拦，性情直截了当。凭着这种无知无畏，和几分自以为是，走进了农村。走到农村，我才开始慢慢学。我国农村是分层的，按学校的结构来说，县城学校是有城市户口和选拔出来的农村的学生上的。下面一级（县城以下）是乡和镇，乡镇的学校都称为中心学校，有些乡镇有两个中心学校，是因为过去它很有可能就是

两个乡镇合并的，中心学校是这个乡镇最好的学校，也相当于乡镇教育局，行使一定行政职能。再下面就是若干村小或教学点，但"撤点并校"后有些地方是没有教学点了，有些地方甚至连村小都没有。农村的学校小，而且大都在山上、山坳里，条件非常艰苦，在很多民族地区，一座山就有可能坐落着一个民族。"撤点并校"的过程中就出了很多问题，给大家举个广西的例子，大山的一边是侗族，一边是瑶族，国家要撤并村小，要在这山中间建一所学校，结果这两边都不干，争吵，因为每个民族都有它自己的特点，山那边的村落到一定时间开始要锤粑粑了，山这边的民族却要安静，再加上历史上民族的纷争，使得"撤点并校"执行起来并不是那么容易。

（二）勇敢不畏艰苦的行动者

后来，我开始觉得，我不是去撒钱的，也不是去洒泪的，我要真正用行动，我要勇敢地投入，我要花时间花精力去帮他们改变，动员入学，设立女童助学金等等。这个阶段，我应该是个勇敢而不畏艰苦的行动者。

在项目中，十几年来我都是在社会发展、公平方面做咨询专家。所有的项目都是带着钱来了，但发给谁？关照谁？先做什么后做什么？常常是效率优先、政绩优先，而我们所扮演的角色一定是要公平优先，做"公平警察"。有些项目里我会做首席专家或团队的带头人，尤其在做性别平等问题时，我更是性别平等的"警察"。我们的工作路径和方式是自下而上，倾听处境最不利人群的声音，所以我们是一群做参与式研究的学者，很草根。常常的活动是走街串巷，寻找那些被遗忘的村落，那些从来没有人愿意听他说话的人，那些被村里人欺负的外乡人，看看他们的孩子上不上学等等，真正地走近他们。很多时候县里的、教育局里的干部都不知道身边有这么一群人失学的人，但我们知道！我们知道有些孩子不能上学可能是性别的原因、贫困的原因。我们很注重倾听当地的情况，特别是听取弱势人群的声音，同时吸收一些国际经验。

任何一个项目都是为了改变，改变就需要知道这个地方的当下，要了解这个地方的现状就需要摸底调查，我们的术语叫做"基线调研"。这个地方的人口多少？收入多少？离婚率多少？多少得艾滋病？气象情况怎样？收成怎样？吃饭是靠救济吗？财政状况如何？等等，这些全部都是我们基线调研的内容。

在这之后，紧接着就是开发一些适合当地的培训教材，培训从领导到当地普通的老百姓。因为要转变观念，就涉及能力建设，项目设计好后还需要实施和监测，也会做一些试点项目。举个中英甘肃项目的例子，也就是本世纪初。临夏四个项目县，农村普遍缺少女教师。在保守的穆斯林地区，家长根本不送女孩子去上学，男女的区隔很明显，女孩连出门都小心翼翼，还要送到没有女老师的学校里，当地人简直不敢想象。如果我们等那些城里中师毕业还愿意回到这大山沟学校任教的女老师来，要等到猴年马月！所以，项目就设想可不可以招收一些当地初中毕业，或者初中就辍学但是能扎根在这里教书的女学生，充任教师，我们开展短期培训。另外，专门为女教师修建宿舍，发放物资，可能会吸引一些本村的媳妇儿或外村的女子到这里来教书。再有，给一些免费午餐项目，发放助学金，布置校园，同时征求校舍建在哪里的意见，等等大量的工作。

也做了很多民族地区的农村教师培训工作。我们开发一本是从国际经验传播过来的叫做《爱生学校教师培训教材》，在我国 12 个省的项目县农村地区用得非常好，但对民族地区的支持还不够，于是，我们在儿基会的支持下，把这本《爱生》教材翻译成藏文、维文、哈文和蒙文，在培训时，少数民族老师可选汉语、也可以选民文的教材，只要合适就好！效果很好。

（三）脚踏实地的研究者

现在的阶段，除了还是要做一些行动项目，更多的是做研究，进入"脚踏实地"的研究阶段。

我这些年很大部分在做政策咨询研究。2011 年做了一个 5000 人样本的特岗教师调查。我们知道，中国的教育，特别是基础教育都是地方办，地方穷就办穷教育，富地方就办富教育。国家除了一些专项特别少的拨款之外，从来没有中央财政拿钱给地方的农村教师发工资，这是 2006 年开中央出资兴给贫困地区特别招聘教师发工资的先河，"国标、省考、县聘、校用"，每个特岗教师发三年。开了这个先河后财政部就很紧张，不知道这些钱花的值不值。我们受到教育部和儿基会的委托做第三方独立的评估，发现特岗教师政策是非常有价值的，效果和免农业税政策一样受欢迎。紧接着，财政部根据我们的调研报告，决定持续支持农村教师特岗计划，把的工资从每个月 2000 元涨到 2700 元。随后，我们又开始关注村小、教学点的教师，很多特岗教师都到了乡镇一级或以下的学校，我们要了解那些偏远艰苦的地区教师到底有多辛苦，他们需要什么样的补贴才能吸引和留住优秀的教师？在教育部和儿基会继续支持下，我们开始了村小、教学点的调研。我们的调研报告反映上去，又传来让我们兴奋的消息，虽然现在中央部委还没有对外公布，但据说已有了相应的方案，即越在那些条件艰苦地区工作的教师补贴越高，可能要高出在县城工作的教师 1000 元/月。这个政策对我们搞农村教育的人来说真是盼了不知道多少年！当辛苦工作的成果变成一种政策咨询的建议，看到政策的改变，其实和你任何相干都没有，但我心里还是很高兴。

还有一种让我很有感情的就是行动研究。这种研究就是为了改变现实，刚才说的调研我们只能向教育部建议，却不能直接做出改变，而行动研究就是我们到了当地和那里的老百姓一起来行动，来改变。比如说，中央西南项目的一项基线调研发现，在边缘贫困地区 27 个项目县中基本没有女性任正职校长，很多县一个女校长的都没有，而女性充任教师已达到 50%。为什么这些地方没有女校长？教育局的领导全是男的，我们如何说服这些男性跟我们合作，答应三年内提拔一批女性做校长呢？我们就开始一点点做工作，告诉男性领导们男女平等是国策，他不信；再说国际社会看到男女不平等会嘲笑你，看不起你，（教育局的人）有点受震动了；进一步结合他们的观察和经验，女性有很多特质，干活比男性更投入，更专心，这些教育局的人就开始琢磨了，的确这里的女性做教育更专注更认真，那就先试试吧。我们从 4 个县扩大的 27 个县，最后某些县就像"大跃进"似的，"校校开女花"每个学校都要有女性领导。这些成效在中国教育历史上，在性别平等的篇章上都是翻天覆地的进步。同时我们也认识到，节奏不能太快，而且需要对女校长进行很好的培训和支持。

民族教育方面，怎么促进少数民族儿童的学业的提升。进到民族地区，我们常常会看到一些少数民族孩子在听，在拉着长音背书、背公式，但哪些知识他们真正了解了？在少数民族地区，老师拿着汉语教材，说着汉话，给学生灌输下去的就是一个音频强作用在大脑上留下的划痕，但这些划痕里包含着经验和意义吗？不包含！有的老师跟我们描述，他让同学们在课堂上"要动脑筋"，但同学们不知道什么是"动脑筋"，却不停晃头。听起来有点可笑，但如果教师的经验和学生的（经验）不关联，百分之百的标准、百分之百的激情讲出来的话都是"空壳"。我们要促进课堂上教师和学生之间知识的传递的沟通是有效沟通，语言不行，可以用动作。我们请来教育学部裴淼老师用一种全新的方法，我们称之为 TPR，即全身性反应的教学法，课堂上不管你用什么方法能教对就行。

（四）农村教育现场的"领道人"

我现在主要是农村教育的领路人，就是带路人，到了一个地方，我可以凭借经验和人脉领着并告诉大家"这叫村、这叫点、这叫寨……"我常常会带着学生，带着一些年轻的学着，让他们把农村教育做得更深入，做得更好！我有个想法，我今年是 56 岁了，可能越来越跑不动了，但我希望有更多的学这和学生都到农村去。

四 收获和体会

到了农村就像回到老家，我要久了不下农村，我浑身都难受。在这次准备课的时候我在想自己为什么会有这种感觉，有很多解释，其中最深刻的是，过去这么多年，在现代化这趟高速列车中，城市在全球性的经济和市场的驱动下，我们越来越功利，满脑子都是考核，都是升官发财，越来越关注自己，而远离自然，学问越来越远离中国的现实。我们学着英语，看着洋书，吃着西餐……

回到农村，可能让我找到了一种更大的国情现实和家国情怀；回到自然，勤劳和朴实滋养的心灵，你会看到永远有一群，不管是农村的学生还是农村的教师，比我们刻苦得多，比我们艰难得多，还在追求，还在抗争，还在保持着人类最美好的奋发向上，勤俭善良的品性；在农村，让我找到中国现实，中国学术的土壤。这是我愿意走进农村，愿意去农村做调研的一个方面。

第二个收获，我珍惜和热爱大学教师的工作。我常常想，倘若我不是大学教师，而是商店售货员，或是领导，人家都不愿意让我当专家，所以我珍惜这个机会。而作为女性，我还有一种特殊的角度。我是 50 年代出生的人，我们都记得当时读过的一本书《工作着是美丽的》。这本书从小就给了我很多很浪漫的想象；另外，老教育系郭齐家老师，教育系迎新的时候都会让他会告诫新生：你们能不干沉重的体力劳动而坐在这里读书、做学问，是很多人干着单调、乏味、艰难的体力活在供养着你们过精神生活，只要记住这件事就能够珍惜你们做读书人，做学生的机会了。别人不想，就想想你们的妈妈、你们的亲人！的确，人类发展的机会是不均衡的，能够脱离这些繁重的体力劳动而潜心做学问，专心教学是一种造化和福气。这点我非常认同，也非常珍惜！我是我们教研室第一个女教授，我很自豪也觉得很珍贵，因此我觉得如果我做不好，会辜负很多人对我的希望。

另外，这其中也有家人的影响和鼓励。我受我妈妈影响，妈妈就特别喜欢农村，喜欢到农村工作，她在县城新华书店工作，每年开学，她们都给农村学校发教材，边远地方，她用肩背，拿车推着，给村小和教学点送教材，全县的农村学校的校长她都认识，因为全县每年的教材都是通过我妈妈他们的手发下去！我妈妈八十多了，一到北京来就问我：最近写文章了吗？写书了吗？妈妈那么愿意看我变成有学问的人，她年轻的时候在书店工作，她希望我写的东西能变成铅字。我感到肩上有重任，为了妈妈，也要做出成绩。

我还有一个特点，未知与挑战都会让我心奋。我有个学生和我谈，她害怕迷路。而我一迷路就兴奋。有一次我们到西藏，半山上车抛锚了，很可能要车上过夜，我第一反应是兴奋！在农村工作，看见愈多未知，我就愈兴奋。

还有一个特点，应该算优点，就是我喜欢跟那些优秀的人在一起，我把它称之为"见贤思齐"，这样我身边永远有榜样。

给我人生很大影响的除了母亲之外，还有就是我遇到的几位老师。首先是我的两位读博士的导师，黄济先生的仁慈与王先生的王策三严谨治学都是我的两座山峰，我永远都无法企及。前辈恩师们，都八九十了还笔耕不辍，还在出书，还在评析今天中国的教育和社会，我更不能停歇，只能比他们做得多。刚刚提到的郭齐家老师，在他身上你就能感觉到对人的关心和关爱。前年，我和去珠海看他，他八十多岁了，看到我赶忙让我坐下，看我面色说我太辛苦了，要给我按摩，真的是佛心仁厚啊！还有一位最帅的，我的硕士老师厉以贤，他的记忆力，他的学问，他的治学严谨，就是我的榜样，直到现在都是如此，如果自己的事情没做好，我就不敢见他。我的国际合作伙伴 Mary，五十多岁，能对所有她培训过的人过目不忘，能猜出翻译中的失误。我们下乡在山区，中国的司机都开不动的车，她就说"我来！"，就把车发动起来。她还是五个孩子的妈妈。生活中有很多榜样在激励着我。

对在座的同学们，有几句话相送：

历练自己，面对困难，不要把自己养成温室里的花朵。坐在下面的李雪莲老师我特别佩服，几年前学部报名去援藏，作为教育学部援藏工作的领导和发动者，她一马当先，第一个去西藏，呆了整整两年。

珍惜青春，勇于探索，不断钻研。尝试自己没有尝试的事情。你们最大的本钱，就是年轻，尝试是会犯错误，但是你们是犯的起错误的年龄，是成年人、长辈会原谅你们的年龄，但是一定不要畏头畏尾。

动手、动脑、动身体。身体健康，心理就健康。现在很多年轻人抱怨有些人脸上长青春痘，依我看，干三天体力活就都好了。你看哪个打工妹会长青春痘，就是一些手脑不动的人才长青春痘，精神低靡，脑体不和谐。

健康，智慧，勇敢，成长（成熟）。大家说女人不要成熟，要小鸟依人，那你就发傻了。这是你最重要的财富，是你必须积累的财富。你假装天真可以，但坚持不成熟一定不可以。你一定要成长！人类要不成长，那怎么办？到了北师大的女性，你还不成长，是不成的！

谢谢大家。

整理：武晓伟

[主讲人简介] 郑新蓉，北京师范大学教育学部教育基本理论研究院教授，中国民族教育与多元文化教育研究中心主任，博士生导师。长期致

力于教育学，教育法与教育政策、基础教育改革、多元文化教育、性别研究的教学和研究。主持并承担多项教育部与联合国儿童基金会合作项目。发表著作《性别研究与妇女发展》、《现代教育改革的理性批判》、《性别与教育》等。现任全国妇女研究会副秘书长、全国少数民族研究会常务理事、北京市第十三届人民代表大会代表。

女教授应在高校学风建设中发挥表率作用^①

王　宁

随着科教兴国战略的全面实施，随着现代化建设事业的不断推进，包括高校在内，中国教育事业出现了空前繁荣的发展局面。作为高校教师，我们为此由衷地感到高兴，并为自己能生活在这样生机勃勃的时代，能用自己教学、科研、育人的实际工作为中国的经济发展、社会进步和学术创新做出贡献而感到自豪。

然而，我们也清醒地意识到，目前的高校和学术界决非一尘不染的净土；相反，社会上的腐败、堕落等不正之风对这块园地时有影响。近年来，高校及学术界不断揭露出的虚假炒作、抄袭剽窃等学术风气不正、学术道德失范的现象，严重影响了高校及学术界的声誉，也引起了广大教育工作者和社会各界人士的强烈不满。我们认为：目前，无论是面向历史、面向现实，还是面向未来，学术发展都到了一个关键时刻，加强学风建设，树立与现代教育发展速度相称的学者群体形象和学术道德风范，不断丰富和完善新时期教育改革的成果，推动高校教育事业的健康发展，是我国广大高校教育工作者的历史使命，也是全体高校教师义不容辞的社会责任。全国的女教授们应在学术道德建设上积极发挥表率作用。

---

① 此为作者撰写的向全国女教授发布的倡议书，曾于 2003 年三八妇女节期间在北京市女教授协会召开的"加强学术道德建设"会议上宣读，获得与会首都高校女教授代表的热烈响应。原文标题为《为高校学术道德建设做出新贡献》，本次发表时题目略作修改，其他文字未作任何改动。

一　严格律己、以德治教，首先使自身，进而使学生成为有修养、有道德、有真才实学的新型人才

在新时期高校教育事业蓬勃发展的进程中，人才质量是高等教育的命脉。中华文明五千年绵绵不绝的原因之一，是能够"厚德载物、自强不息"。而在观代社会全球互动发展的环境中，学术变化的节奏越快、知识信息的容量越大、人才竞争的层次越高，对人才的学术道德风范的要求也越严格。我们的祖先历来有把学问知识与人格品质、道德情操和思想行为联系在一起的教育传统，这是我们民族的宝贵遗产，它培养了历代中华英才，渗透了中国的先进文化，激励了中国人度过一次又一次的历史磨难。当前，在知识经济成为主流、全球化趋势日益明显的情况下，我们一方面要继承和发扬中国的敬业乐群、严于律己和澹泊高洁等优秀的学术道德传统，另一方面要学习和遵守知识产权、学术规范，充分认识它对于我们学术生命的意义。我们要通过规范的操作，吸收人类的先进文明成果。我们要依靠自己的诚实劳动和学术精品，去证明我们的学术进步和竞争能力，赢得国内外同行学者的关注与尊重。我们也要这样培养自己的学生，以身作则，以德兴教，把他们造就成适应现代化事业要求的品学兼优的新型人才。

二　重视培养自身的人文素养、发挥老中青教师队伍的综合优势、加速高校教师素质的提高

目前我国高校的大多数教师，辛勤耕耘在科学文化的园地里，他们兢兢业业，艰苦奋斗，不为红尘物欲所动；他们尊重传统、珍惜历史、按照学术规律办事；他们积极开拓、勇敢进取、在学术研究上取得丰硕成果。在他们的身上，综合了我国优秀知识分子的精神素养。与之相比较，那些只讲高新技术、不讲人文精神，只讲一朝成名、不讲苦练内功，只讲大干快上、不讲十载寒窗，只讲物质拥有、不讲境界升华，只讲个人自我实现、不讲国家民族前途命运的想法和做法，都是不可取、乃至有害的。因此，我们提倡，对各种违反社会道德和学术规范的错误观念和不良行为，要提高警惕，增强识别力，充分认识其危害性，与之展开坚决的斗争，珍惜和维护来之不易的教育改革新成果。

三 提倡创新思维、强调科学良心、加强学术规范、维护学术尊严

创新,是保持民族传统教育优势的手段,也是开拓现代学术新方向的出路。在现代社会日益激烈的竞争中,只有不断创新,才能保持发展。但创新要以良好的学风为依托,要用科学的良心做保证,决不能投机取巧、弄虚作假,更不能蓄意犯规、欺世盗名。我们认为,所有高校教育工作者,都应该注重严格正规的学术训练。学术创新要建立在独立探索的基础之上,在合理借鉴和使用前人、他人的研究成果时,要恪守规范。新成果出现后,要提倡通过学术批评和学术争鸣的方式,促进其成熟和推广;同时,要抵制商业炒作的不正之风和造假吹嘘的错误行为。学术评价机制的建立和完善,关系到学术评审中的公正原则,是发展学术的一项基础工程,我们应当力促这一工程的完成。我们相信,求真尚实、科学创新,为人类的科学文化事业做出贡献,始终是广大高校教育工作者所追求的境界。

四 增强法制观念、尊重知识产权、促进科学发展的现代规范运行体制的建立

当前,在高校师生中,应普遍进行知识产权法的教育,并把这项工作的意义,提高到教育改革质量和学术生命的高度来认识。对所有抄袭剽窃、违法侵权的个人或行为,不开脱、不姑息,不加人情分,从我做起,从本单位做起,促进建立科学发展的现代规范运行体制,使我国的高校教育改革在新的层次上走向良性循环的发展道路。

教育部 2 月 27 日发布的《关于加强学术道德建设的若干意见》,对高校教师提出了希望和要求,我们应当积极响应、严格遵守。我们呼吁,全体在岗的高校教育工作者,要以高度的责任感,弘扬正气,激浊扬清,继往开来,用自己勤奋、扎实、有创新意义的工作和高尚的学术道德,维护教育工作者的庄严形象,净化中国高校和学界的学术环境,以谢世代先贤的崇高奉献,以谢改革开放的伟大时代。

女性的社会发展及其文化多样性

董晓萍

当前我国社会性别研究的一个比较明显的问题，是用西方框架套用中国女性研究，把女性问题单纯界定为社会评价问题。其实，仅就中国的情况看，在中国女性问题的背后，还有深远的文化传统问题。中国文化不是单一结构的，而是由上层正统文化、中层市民文化和基层民间文化共同构成的，这是一种文化复杂性。在一批五四以来男性学者著述中，就表现了这种文化复杂性。以留日的钟敬文和留德的季羡林为例，将他们的文章中所描写的中国女性与西方优秀女性的自述体文章相比较，能发现这个特点。

本课从民俗学、社会学和社会性别学综合研究的角度，采用个案分析的方法，主要使用钟敬文和季羡林的散文资料，对这个问题展开初步的探讨。作者同时使用个人所经历的西方女性知识分子教育过程的资料，同样在个案分析的框架内，适当进行中西女性发展模式的比较研究。

本课拟通过个案比较分析表达一个核心思想，即这批资料对女性问题的认知和表达，经历了从性别她者、到性别他者、再到身份她者的不同思想阶段。两位学者扎根古今、学贯中西的深厚学养，追求国家民族解放的社会理想，与了解中国民俗的生活基础，决定了他们谈论中国女性问题的立场是中国立场。他们的那些真知灼见不乏中国特色。但是，比较个案资料和相关历史资料也能看出，在中国，对女性的社会评价不如文化评价那样稳定，而文化评价更依赖于历史传统和文化多样性。因此，在现代社会，如何根据中国实际，构建女性的社会发展模式，使女性发展获得社会评价与文化评价的双重合理性，促进女性社会发展的良性运行，是本文重点探讨的问题。

一 性 别 她 者

20 世纪以来，中西学者对女性发展的社会模式有多种看法，但有两个基本概念要搞清楚，即"性化"与"性别他者"。"性化"，是西方人喜欢谈论的观点，它从心理学和教育学入手讨论女性发展的概念，要求从女性幼年的家庭教育开始，对女性进行性别意识的内化渗透，使女性注重个体的生理特征和外表形象，但这种观点忽略集体性和社会活动，使女性在社会评价上呈现弱势。从今天的角度看，适度的性化教育对女性的成长是必要的，但同时还要进行社会教育和文化教育，才能使女性得到全面健康的发展。"性别他者"的观点也来自西方，它将人类学和民俗学的研究引入女性研究，原指男性把女性当作"他者"，放在社会的边缘位置上，男性占据社会主体地位。这种观点的好处，是已不再单纯从性化角度去看待女性问题，而是关注与女性发展相关的社会政治、社会政策和妇女儿童利益等问题，这对于推进女性研究和制定正确的社会性别政策是有帮助的。

我国当代的社会性别学研究不乏对性别他者的观点和方法的借鉴，但这种研究的结果经常是按中国学者的个人理解去解释西方概念，并不大理会西方概念的原意，同时也不大关注中国女性资料的特殊性。这种借鉴貌似自圆其说、却并没有对中西相似性中的差异面做仔细的考察和分析，这就会影响到研究的深入程度。

中国女性的发展也不都是社会问题，还有文化问题，而且文化是多元的，是有历史传统的。在诸多文化模式中，女性发展的社会条件也许不足，但其文化资源充分，女性照样能得到个人与社会皆相得的发展。在这类文化评价框架中，适用于中国女性发展的研究概念，准确地说，就不是"性别他者"，而是"性别她者"。自五四时期以后，我国许多男女学者，特别是占主流地位的男性学者，接受了新文化观和新价值观，进入对"性别她者"的描述和讨论，这方面的资料是值得我们注意的。

钟敬文是从五四走来的男性学者，他曾以女性歌谣（看见她）、女性神话（女娲）、女性传说（刘三姐）和女性故事（天鹅处女）为对象，建立了成功的研究个案。季羡林对女性的描述与他有很多相似之处，他们都受过留学教育，又一生坚持民族主体性文化，其社会改革思想和进步文化观念往往通过女性观表达出来。但是，他们对女性问题的看法，缺乏性化的概念和评价阶段，这是他们与西方人不一样的地方。他们对女性的认识经历了两个阶段，即从中国传统文化向现代文化转型的视角进行女性角色的文化评价，到从中国现代社会发展的视角进行女性发展能力评价，在此，为了研究的方便，我姑且将之用"性别她者"和"性别他者"两个概念来概括。他们和其他从五四过来的前辈学者一样，都有这种思想倾向，因此，研究他们的著作中的女性观具有一定的代表性。

（一）性别她者的文化符号

钟敬文那一代五四学者是文史哲贯通的大家。他们泡在中国国学中，又接触了西方人文社会科学，同时承担了开辟中国现代学术的使命，这使他们容易将目光集中到既有社会性、又有文化性，既很国际化、又有封闭性的女性问题上。在这种背景下，我们发现，他们发表女性观，既是新理性的阐发，又是进步情感的投射。这种情理兼备的新思想倾向的创作形象，正好由他们的人生某些被他们认为重要的女性担当；而这种新型创作的文体承载者便是散文。换句话说，他们散文中的女性往往是他们身边的女性。他们的现代学术思想越是被建设，这些女性越是被表扬。这种表扬恰恰是中国文化传统的丰厚产出，而不是西方的舶来品，在此称为"性别她者"。所谓性别她者，指学者评价女性观念和行为逻辑的思想观点，并不是一种社会利益和物质欲望的集合体，而是一种文化构成。由学者的历史背景和生活基础所决定，这种"性别她者"概念的内涵，由神话逻辑、诗学思维及其文化符号组成，其实正是民俗学与社会性别学的交叉研究对象。

钟敬文是我国现代史上的著名诗人、散文家和作家，同时是民俗学和民间文艺学家。在他身上充满了诗人的气质。诗人正是我国这个文化大国的盛产，女性尤其是诗歌的宠儿，这在钟敬文的诗中绝不乏见，他经常将这类诗性的比喻用在散文写作中，使其散文如诗。他有一篇脍炙人口的散文名篇《西湖的雪景》，将西湖比做女性，让我们能顺着他的写法走进他的文化审美观。

（观海亭的）石阶上下都厚厚地堆满了水沫似的雪，亭前的树上，雪著得很重，在雪的下层并结了冰块。旁边有几株山茶花，正在艳开着粉红色的花朵。那花朵有些堕下来的，半掩在雪花里，红白相映，色彩灿然，使我们感到华而不俗，清而不寒；因而联忆起那"天寒翠袖薄，日暮倚修竹"的佳人来①。

这让我们想起苏轼把西湖比作美人西施的妙句："欲把西湖比西子，淡妆浓抹总相宜"②，不过这里的女子是化妆的。我们还会想起李太白将杨贵妃比作"云想衣裳花想容"③，这里的女子是穿着华贵的霓裳服饰的，美女与华服在春光中映照，比得上天上的仙女下凡。我们还会想起白居易将琵琶女操作乐器的高超技术比作"大珠小珠落玉盘"的表演④，白居易还说自己虽贵为政府官员，然而在仕途逆境中邂逅这位漂泊女子，也会有"同是天涯沦落人"的感受。这时以白居易的心境和时代，哪里会产生性别她者之念？他只是在一次偶然进入的表演氛围中思考文人与女性的社会相遇。

在我国文学文化传统中，经常用女性作比喻，认识山川日月、彩虹云霞和一些社会活动现象，将女人与迷人的自然现象、多变的生活事件、不平凡的物质操演与家庭社会组织相联系。这种拿来相比的思路，正是一种处理文化传统并使之符号化的过程。它使用是一种神话传说的概念，传承的是一种历史文化逻辑、它的性质，不是讲政治、阶级和权力的社会管理逻辑和国家机器逻辑。

（二）性别她者的社会角色

在钟敬文笔下的女性群体中，几乎没有母亲。在他发表的大量散文

① 钟敬文：《西湖的雪景》，载蔡清富编《钟敬文散文选集》，百花文艺出版社 1989 年版，第 59 页。

② 苏轼：《饮湖上初晴后雨》，林庚、冯沅君主编《中国历代诗歌选》下编（一），人民文学出版社 1979 年版，第 628 页。

③ 李白：《清平调》，（清）蘅塘退士编《唐诗三百首》，卷八，陈婉俊补注、锺文谷点校，中华书局 1959 年版，第 22 页。

④ 白居易：《琵琶行》，（清）蘅塘退士编《唐诗三百首》，卷三，陈婉俊补注、锺文谷点校，中华书局 1959 年版，第 21—22 页。

中，提到"母亲"的只有3处，还有2处都是别人的母亲。他唯一一次写自己的"母亲"，是在痛悼亡兄的诔文中提到的：

> 你患咯血的症，于今三年了。家人——尤其年过半百的母亲——日夜为你忧虑着。因为看过患这种症候的，十人中没有一二能长活；而且死期之速，是很可预料而惊愕的。你现在终于死去了。家人的哀思苦泪，何时才会休止呢[①]？

这时的母亲，是作家儿子心中的情感主角，绝不是西方人的"性别他者"概念所讲的那种社会边缘化的母亲。但钟敬文始终没有写过母亲是否美貌，没有写过母亲怎样梳洗打扮，只写了母亲的家庭角色和母爱的特质。母亲是"家人的哀思苦泪"的群体中的一个，母亲处于母子关系的中心位置。季羡林写母亲的形象也是模糊的，没有美貌，只有骨血之情。

> 我在她身边只呆到六岁，以后两次奔丧回家，呆的时间也很短。现在我回忆起来，连母亲的面影都是迷离模糊的，没有一个清晰的轮廓。特别有一点，让我难解而又易解：我无论如何也回忆不起母亲的笑容来，她好像一辈子都没有笑过。家境贫困，儿子远离，她受尽了苦难，笑容从何而来呢？有一次我回家听对面的宁大婶子告诉我说："你娘经常说：'早知道送出去回不来，我无论如何也不会放他走的！'"简短的一句话里面含着多少辛酸、多少悲伤啊！母亲不知有多少日日夜夜，眼望远方，盼望自己的儿子回来啊！然而这个儿子却始终没有归去，一直到母亲离开这个世界[②]。

在前辈的散文中，写母亲与自己的情感和理智距离很近，是在写人，除了钟敬文和季羡林，朱德写《我的母亲》也如此。写母亲与自己距离遥远、形象模糊而理智清晰是在写神，如季羡林，晚年的季羡林把母亲放到

---

① 钟敬文：《逝者如斯》，蔡清富编《钟敬文散文选集》，百花文艺出版社1989年版，第126页。
② 季羡林：《赋得永久的悔》，季羡林《季羡林散文全编》，中国广播电视出版社1999年版，第126—127页。

了宇宙构造中，把母亲神话化了。

不知是出于什么原因，最近几年以来，我每次想到母亲，眼前总浮现出一张山水画：低低的一片山丘，上面修建了一座亭子，周围植绿竹十余竿，幼树十几株，地上有青草。按道理，这样一幅画的底色应该是微绿加微黄，宛然一幅元人倪云林的小画。然而我眼前的这幅画整幅显出了淡红色，这样一个地方，在宇宙间是找不到的。可是，我每次一想母亲，这幅画便飘然出现，到现在已经出现过许多许多次，从来没有一点改变。胡为而来哉！恐怕永远也不会找到答案的。也或许是说，在这一幅小画上的我的母亲，在这一元复始，万象更新之际，让这一幅小画告诫我，永远不要停顿，要永远向前，千万不能满足于当前自己已经获得的这一点小小的成就。要前进。再前进。永不停息①。

季羡林幼年被过继给没有儿子的大伯家，自6岁离家后再也没见过母亲。他对于母亲，写不出容貌，写不出衣饰，写不出任何细节。他回忆母亲必须是从文化传统上进行的，因为过继是中国古老的家族文化，家族中的长子承担繁衍后代的责任，如果没有儿子，就要从兄弟家庭中的长子中过继。季羡林的父亲是家族中弟弟，尽管父亲也只有一个独生子，但按照家族规矩，他要将独生子过继给兄长。这件事对于儿童的亲生父母和儿童来说，在生理上是十分痛苦的，在情感上是悲剧性的，但在文化上又是合理的。于是季羡林写了母亲在文化上是怎样一个深明大义的女性，她最后用生命维护了儿子的社会成功。这种母亲对失去儿子的思念的忍受，是超越普通母亲的、超越日常需求的，于是这种女性就成了神。对神话思维的采用，可以让作者打破任何阶级、阶层、地位、学历和头衔的界限，尽情抒发虔诚的敬意。对这种构思，民俗学和社会学理论有很多解释。

同样的思路还见于童庆炳写母亲照相的散文。他说，母亲来北京小住，他与夫人带着母亲去照相。摄影师要为老太太拍一张侧身像，照片更

---

① 季羡林:《元旦思母》，季羡林《病榻杂记》，新世界出版社2007年版，第105页。

传神，但老太太不愿意。她坚持要拍正面照，两个耳朵都全，认为这样才能死后去见祖宗，摄影师和童先生夫妇只好都依了她，她维护了自己的审美观，对这次照相活动很满意①。而我们知道，这正是老太太的当地民俗观在起作用。顺应了这种文化，当地人就称美；不顺应这种文化，当地人就不要，更不要说美不美。很多中国散文写女性都有这个特点，她们在当地的文化模式中生存，如柔石的《为奴隶的母亲》中的春宝娘。在这种文化模式与特定社会运行方式结合时，她们在文化模式中扮演的角色控制着她们参与社会运行的功能。

季羡林除了写母亲，也这样评价妻子。他并不写妻子的容貌，而是从她的文化传统去评价。

> 她对我一辈子搞的这一套玩意儿根本不知道是什么东西，有什么意义，她似乎从来也没有想知道过。在这方面，我们俩毫无共同的语言。……然而，在道德方面，她却是超一流的。上对公婆，她真正尽上了孝道；下对子女，她真正做到了慈母应做的一切；中对丈夫，她绝对忠诚，绝对服从，绝对爱护。她是一个极为难得的孝顺媳妇，贤妻良母。她对待任何人都是忠厚诚恳，从来没有说过半句闲话。她不会撒谎，我敢保证，她一辈子没有说过半句谎话。如果中国将来要修《二十几史》，而其中又有什么"妇女列传"或"闺秀列传"的话，她应该榜上有名②。

在前辈学者的笔下，女性没有"性化"的过程，甚至没有人对她们的"性化"过程和日常现象予以关注。这说明什么？说明西方人所讲的"性化"概念在这批中国学者的资料中找不到对证。当然，没有"性化"的概念并不等于我国的前辈学者在理性上把女性放到社会角落中。事实恰恰相反，在他们的散文中，女性是从文化评价上被奉为伟人的。对于他们生命中的母亲和妻子等关系至为密切的女性，还在他们心目中处于被尊敬的社

---

① 童庆炳：《苦日子甜日子》，上海人民出版社 2000 年版。
② 季羡林：《寸草心》，季羡林《季羡林散文全编》，中国广播电视出版社 1999 年版，第 204 页。

会地位。从这类例子看，中国人从文化评价的角度评价女性，是与西方从社会评价的角度评价女性，有着十分不同的思维方式和写作传统。

（三）性别她者的社会导向

钟敬文写过他的一位"二嫂"，他说她是怎样了不起的故事篓子，怎样在他需要投入歌谣学运动的时候，向他提供了学术帮助。他到了晚年都忘不掉这位二嫂。他照样也没写这位亲人的美貌，但同样把她抬高到一个民俗角色上，放到了自己永久的理性记忆中[①]。

钟敬文的至交顾颉刚，也在自己出版的学术著作中郑重表扬了自己家族中的女性群体，我将他的话抄在下面：

> 我家是一个很老的读书人家，他们酷望我从读书上求上进。……我的本生祖父和嗣祖母都是极能讲故事的：祖父所讲大都属于滑稽一方面，如"诸福宝"（苏州的徐文长）之类；祖母所讲则大都属于神话一方面，如"老虎外婆"之类。除了我的祖父母外，我家的几个老仆和老女仆也都擅长这种讲话，我坐在门槛上听她们讲《山海经》的趣味，到现在还是一种很可眷恋的温熙[②]。

> （1918 年）我为家庭间的变故，一气成病，还家休息。《北大日刊》按时寄来，使我常常接触到其中新搜集的歌谣，心想：我虽因病不能读书，难道竟还不能做些搜集歌谣的轻简工作吗？因此，我就在家中组织人力，从我的祖母起，直到保姆，由她们唱，我来笔记。后来后推广到亲戚、朋友家。我的爱人殷履安又在她的母家甪直镇上为了收到了好些。一年之中，居然记下了三百余首[③]。

对这批男性学者来说，在他们的周围有一批活跃的女性。她们具有支持他们的事业的主动性。这些女性不是读书人，不能在学问事业上与男性举案齐眉，但她们照样能走到男性的精神世界和社会贡献领域的中央地

---

① 钟敬文：《钟敬文采集口承故事集》，张振犁编，黄河文艺出版社 1989 年版。
② 顾颉刚：《自序》，顾颉刚《顾颉刚民俗学论集》，上海文艺出版社 1998 年版，第 1 页。
③ 同上书，第 31 页。

带。这种女性的影响力是在男性学者的正向评价的动力，他们为她们构建了"性别她者"的文化价值兼社会价值。

二　性别他者

我在本文的开头说过，西方的"性别他者"概念是一个不完善的社会评价概念，这个概念也影响到中国的社会性别研究。但在中国对之有不同的理解。我们在观察以往中国学者借鉴"性别他者"概念的方式时，既要看到中国资料中有貌似相像的思想倾向，也要看到这种相像倾向只是貌似而已。实际上，它是一种文化改革取向。在男性学者笔下表达的文化改革取向，是与当时的社会革命运动是有一定区别的。在本文所使用的资料中，钟敬文和其他一些学者的女性观，大都出于积极的文化改革意识和新伦理价值观。他们让女性站在明媚的文化曙光里，自己通过称赞这类新女性，获得对文化变革的希望和文化伦理的安全感。我们可以将这类男性学者资料中的变革思想用"性别他者"概括，但要声明它有中国学者所具有的"性别他者"的概念特点，不能与西方人的"性别他者"概念直接混为一谈。

（一）情感疲惫的他者

受欧洲浪漫主义文学的影响，在 20 世纪初的中国的男女知识分子中，《少年维特之烦恼》流行。在这种语境中，男性学者将那些追求革命理想和恋爱婚姻自由的新女性树立为站在主流思潮中的有力的"他者"，将自己定位为旧式情感疲惫而新式追求不改的决意前行者。这是一种理性与情感捆绑紧密的精神活动，特别适合散文表达。钟敬文有一篇名文《海行日述》，以日记的方式，从男性作者的视角，写了这种"性别他者"的意识流。

> 你或许不很清楚吧，我现在在此给你写信的是个什么地方。这里已不是我们从前住过的广州市，乃是离去那里一二十里外的珠江之湄。虽然从窗外望出去，广州全市的灯光犹灿然在目；但到明天此时，她却要和我们分离得远远了！弟弟，广州，是我第二的故乡，这回一住又两三年。现在为了衣、食，不能不离她北去了！那里，要说

到好处呢，诚然是无大值得留恋的，但我爱她；为的她和我很狎熟。她的缺点，我一一都明白，——她的灵魂是有些浮夸、脆弱的。但没有缺点的地方，差不多是没有的，说句放情的话，因她有些缺点，才惹得人怜爱，何况，她也有她相当的美点——她的性格是那样活泼、生动而急进啊！总之，北园的夕照，东郊的月明，暮春时满城的红棉，以及轻装健步、神色飞跃的青年男女……这一切都牢牢的印入我的心坎深处，将长遗作别后相思的资料。弟弟，你以为我对她太溺爱么？也许吧，然而我真的这样的想着呀[①]！

我刚从甲板上眺望回来。

在那里有一位女子很像你。因之，你的印象，又在我脑场上活动起来了。弟弟，我觉得你家常淡装时，更使我喜爱。记得有一二次，我到了你的家里，你没有穿裙子，也没有穿袜子，只有短裤、木屐，和上面一个已褪色的短衣，我看了感到一种朴素、恬淡的情趣。你自己却好像有点娇羞不很自然似的。其实，这又何呢？穿衣服的理由，除实用外，大约是礼貌和装饰。你那样的家常淡装，有什么不合礼貌，违背了装饰？今天那位女子，也和你一样的淡装，而且头发也正像你那般的散漫不加梳理。弟弟，我现在是这样的挚念着你呀！假使，你不回去，我此来定把你挽着一道走。那我还会像此刻这样清寂么[②]？

这是一种被失恋描写，其特点是对旧文化传统和旧社会婚姻观的双重"失恋"。这时钟敬文在一种变革趋新的理念中看待女性，同时反省和自责自我，这种新文化伦理的评价已混合了新的理想社会构想成分。因此，这种被失恋散文的写作结果，是肯定新女性握有恋爱婚姻自由的权利，新女性勇敢坚定地站在新社会评价中心的位置上。在男性学者的心目中，出现了"性化"的意识，但这种性化是思想成熟的新女性的标志，她始终是有

---

① 钟敬文：《海行日述——寄呈女友繁君》，杨哲编《钟敬文散文》，中国广播电视出版社1993年版，第28—29页。

② 同上书，第32页。

知识又十分性化、符合新社会理想又受男性尊重的"他者"。在男性的感情世界中，这时的"性别她者"与"性别他者"已成为两个两相平等的概念。他写道，那位她"淡装，而且头发也正像你那般的散漫不加梳理"，"我看了感到一种朴素、恬淡的情趣。"他给她的评价是有性化的吸引力，但又绝不是生理上的和个体的女子，不是旧式婚姻中的男人拐杖。她不注重传统闺密规定的外表标准，是因为她有新的社会理想，驱动她追求新的文化形象。在她的身上有男性想要的新东西。被这种女性拒绝，也许会让男性感到追求社会进步的情感资源一时枯竭，但又不能不承认她所象征的历史和现实思想资源十分丰富。而她的极为坚强的个性使她正好能承载这份沉甸甸的追求。我们看到，这种性别他者的概念是能支撑男性进步学者的生活世界的。

（二）革命伴侣的他者

在新文化评价框架中加入新社会理想评价的成分所产生的性别他者的概念，与单纯的文化评价有差异，但这还不等于是完整的社会评价概念。完整的社会评价概念是要通过完成社会政治体制的革命后才能获得的。我们看到，一些从社会政治方面持性别他者观念的男性作家，身处激进政治观的立场，有时还有排斥性化和排斥婚姻描写的倾向。以鲁迅为例，钟敬文是找过鲁迅、见过鲁迅的人。在钟敬文翻译的日本学者增田涉的著作《鲁迅的印象》中，就写了主张激进革命的鲁迅对夫人许广平的界定。鲁迅说，他与夫人结婚，不是自己一定要迎娶一位妻子，而是寻找革命路途上的伴侣。

　　往往有人向我询问鲁迅和许广平夫人结婚或恋爱问题。……仅就我所听到的，似乎不能特别当做恋爱结婚。……他曾经向我这样说过，她是他的学生，以前，他征询过关于种种问题的意见。民国十五年（1926）"三一八"事件的时候，两人都成了北京政府的追逐的人，一起向南方逃跑了，这样一来，某某便说，鲁迅带着许广平逃跑了。他们已经结婚了，这样恶意捏造他们的关系而散布起谣言来。本来是没有什么关系的，听了这种风传，觉得很麻烦，就结婚了。……这也许是个不太满足的答案。不过，比这更多的情况，我不知道。……只是记得许夫人尊称鲁迅为"先生",鲁迅在和我们说话的时候称她为密斯许;给我很强的印象,是他对她有点像对学生似的加以照料①。

这种男性的社会资源是丰富的,这种社会资源还会在世界范围内加以扩展。但他把女性放在什么位置上呢?是一种信仰世界的徒弟。这种性别他者的概念,算不上是以情感为中心的理性表述,也没有把女性放到社会边缘区的意思,而是在讲以革命的标准作为婚姻标准。

三 身份她者

新中国成立后,我国社会政治体制从根本性质上发生了变化,中国女性的地位也有了根本性的转变。在新中国初期,高知女性就已成为拥有崇高社会地位兼文化地位的知识群体。我们注意到,从这时起,她们的丈夫和子女对她们的表述,也都带有这种社会与文化身份认同的双重性质。我们将之称为"身份她者"。研究身份她者概念的目标,是考察如何使女性研究的文化价值和社会价值一起提升,同时也能将女性发展的社会意义与文化意义共同讨论。20世纪90年代以后,联合国推行社会性别研究理论,其实在中国早就有这种基础。

我们再来看钟敬文晚年对夫人陈秋帆的评价,对本文的研究来说,这种评价正是一种"身份她者"的概念的个案诠释。

秋帆是一个具有现代理想的女性。由于在大革命时期,受到一位青年革命者(他在一九二七年成了烈士)的思想启发,她知道人生正确的奋斗目标,是为了广大人民的解放②。

秋帆又是一个勤奋不息、一意向前的女性。我们要在现实的社会中成为一个像样的人,正确的人生理想当然是很重要的。没有它,我们将成为随风飘荡的飞蓬,或者失舵的舟船。但是,光有理想,而没

---

① [日]增田涉:《十九 鲁迅与许广平结婚的问题》,钟敬文著、译《寻找鲁迅、鲁迅印象》,北京出版社2002年版,第312页。

② 钟敬文:《一个具有现代理想的女性——〈陈秋帆文集〉序》,钟敬文《沧海潮音》,黑龙江人民出版社2002年版,第444页。

有坚强意志和奋斗不懈的毅力，恐怕也不容易有所成就吧。

在这点上，秋帆同样是个有她强处的人。在一切工作上，她是一个埋头苦干、不求闻达的人。遥遥的数十年，在家庭中，她是勤劳的主妇，是照料周到的妻子和母亲；在学校里，她是认真教学和亲切待人的教师；在社会上，她是奋力工作、默默无闻的、良好文化食品供应者。居杭州时，因为自强和勤奋，在艰苦的生活条件中学会了日语（能够翻译一些文学作品）。到了东京，学习环境较好，她更加力求精进。在不算长的时间里，她的日语，竟达到能与普通日本人一样说话的程度。记得有一年，日本天皇出游，东京全市戒严，她在路上竟被警察认作可疑的"日本人"，因为她的日语几乎可以乱真，她险些遭受拘禁。从这件小事，也可以知道她做事（包括学习）的专精致意了[1]。

在钟敬文这段文字中，他对自己生命中最亲密女性的评价，有无限的深情却未必溢于言表。他所追忆和肯定的，是夫人的学术成就和社会贡献，是她从事业到生活上带给他的福分。他写了她的高尚身份，他对这类身份女性表示了极大的、全方位的尊重。比起他早期写恋人，我们可以看出，两者是十分不同的。当然，即便在"身份她者"的描写中，我们也不到性化的东西，这则是由中国文化传统决定的，这方面表达的复杂性在中国经典古代小说和现代散文中随处可见，在此毋庸赘述。

钟敬文也与梁思成、林徽因夫妇相熟。林梁夫妇是有口皆碑的教授夫妻，两人从社会地位到文化素质都完美对称和堪称一流。林徽因是对梁思成有很大影响的夫人，梁思成也对林徽因有世称绝配的评价。双方的身份尊重和性别尊重都达到了极高的境界，由这个高度所产生的社会性别评价也成为美谈。林徽因写给儿子的诗《你是人间四月天》，是为数不多的从女性角度对性化概念的评价。

---

[1] 钟敬文：《一个具有现代理想的女性——〈陈秋帆文集〉序》，钟敬文《沧海潮音》，黑龙江人民出版社 2002 年版，第 446 页。

> 我说你是人间的四月天；
>
> 笑响点亮了四面风；轻灵
>
> 在春的光艳中交舞着变。
>
> ……
>
> 你是一树一树的花开，是燕
>
> 在梁间呢喃，——你是爱，是暖，
>
> 是希望，你是人间的四月天[①]！

这种回归性化的女性诗篇很难找到更多的数据，不过林徽因很早成为中国现代史上"身份她者"的特例，所以我们对她的作品仍可看作是一种性化意识渗透到性别他者和性别她者概念的样本。而这种由身份她者与性别他者两性共建的婚姻空间，已成为文化评价认同与社会评价认同的统一体。

在中国，才女，靓女、女状元和女驸马的社会成功都有例子，这种例子也都有传奇性。成为获得社会认同的稀有文化符号。在这方面，中国人不用等西方理论传入再认识女性在中国多元文化模式中的价值，而中国早有这种文化多样性资源。它们在儒家思想支配的文化传统之外和之内都能生存，它们的故事像诗歌一样美丽，像碑刻一样永久。

世界是多元的，在有些国家、有些地区和有些民族中，女性的发展还有其他不同的模式。在西方发达国家，在 20 世纪初期以来，女科学家、女文豪、女政治家已不乏见。西方女性与中国女性有不同的文化传统，也有不同的"性别他者"概念。西方社会还由于较早完成了资产阶级革命，对女性的美丽、学养和社会活动都加以鼓励。正是在这些地方，我们也看到了中西文化的多样性。

四　中西比较：西方构建身份她者的制度化个案

20 世纪中期以后，西方发达国家在战后和平建设中，从社会政治体制

---

① 林徽因：《你是人间四月天》，林徽因《林徽因诗集》，人民文学出版社 1985 年版，第 20—21 页。林徽因此诗究竟写给谁？还有其他不同的说法。但本文的主旨不是研究林徽因的，故不再此详述。

的整体上，改善女性发展的条件，在政治、政党、文化阶层、高等教育和社会福利待遇等多方面逐步加强女性权益，使女性在社会文化事业中都得到整体发展。在这种模式中，很多知识女性获得了相当高的社会成就。我所认识的英国牛津大学著名生化学家达芙妮教授（Prof. Daphne Osborne）就是其中的一位。达芙妮是英国剑桥大学三一学院博士，英国皇家学术院院士，英国牛津大学萨蒙维尔学院（Somerville College of Oxford University）资深院士，英国剑桥大学丘吉尔学院（Churchill College of Cambridge University）历史上的第一位女院士，一生取得了辉煌的科学成就。她强调文化对于科学的作用，强调科学家要有文化良心，这种品格与她的家庭教育和社会经历有密切关系。这是一个典型的西方社会身份她者制度化的个案。我写过介绍她的文章，曾在中华书局《文史知识》杂志上发表，题目叫《在科学与美丽之间》[①]，以下我以此文中的某些段落为资料，简单分析该个案带给我们的启示。

（一）女性家庭教育阶段

西方上层女性不回避美丽。达芙妮母亲的美丽和华贵拷贝了达芙妮的人生，她与母亲一直生活在一起，直到母亲去世。她的个案说明，西方上层家庭对女孩进行性化渗透对女性的性格和形象模式有长期的影响。她说："我母亲是家庭妇女，当时英国的上层女性都不工作，在她那个时代，她只能当一个妻子。她容貌美丽，衣着华贵，对我影响很大。"她属于中国人说的那种"才貌双全"的高级知识分子女性。她的科学天才自不必说，她的绝色美丽也不亚于电影明星，凡是见过她的人都会感叹上帝把她打造得这样完美。她超群脱俗的聪明和美丽让她成为人生所有场合的宠儿。但美丽是惹眼的，科学却是寂寞的，她的家庭经验帮助她处理了这一对矛盾。其中，父母陪伴孩子的时间对孩子的成长有决定意义。对女性来说，她的成长要观察父亲和母亲两人的行为，其中的一个观察标准是父母亲是否"志同道合"。她认为，回首平生，"父母亲的观点、教导和行为方式，对我的一生起了关键的作用。我父亲是一个科学家，准确地说，是物

----

① 参见董晓萍《在科学与人文之间——记达芙妮·奥斯本教授》，《文史知识》2012年第1期。以下关于达芙妮·奥斯本教授学历与人生的讨论皆出自此文，为控制文字起见，故不重复注释。

理化学家和理论化学家。母亲与父亲出相入随、志同道合。在孩子面前，他们十分注重言教和身教，给我做出了榜样。"而父亲在女孩幼年时期的介入教育有利于女孩的成长。她还说："在我幼年时代，父母把我带到野外去观察动物。……他们还在我幼年的心田里播下了友爱的种子，要我与天地万物亲密地相处。父亲说，除了落到你食物上的苍蝇要消灭，其他的都不要伤害"。

问达芙妮什么是此生最难忘的事情，她毫不迟疑地回答是跟父母到野外去捉蝴蝶的幼虫，再把植物的叶子翻过来，看它们的背面，找躲起来的幼虫。这种经历给她的影响很深，让她懂得去发现不平常的东西，而发现的观点就是研究。她成长的另一个关键期是升学和就业，这时父亲的鼓励和决策的作用会大于母亲。

达芙妮高中毕业后，达芙妮以优异成绩考进牛津大学念历史。她父亲从印度回来，听说此事，找到校方说："念历史绝对不行，我的女儿必须念自然科学，她只能把历史当兴趣"。父亲便把达芙妮从牛津大学拽出来送进了剑桥大学。剑桥大学对所有女生来说都是最好的大学，那里有十分优秀的自然科学师资，非他处可比。

达芙妮在事业上一路顺风，但她同样经历了英国政府对女性精英政治政策的变化，对于社会环境的不利条件，她认为，女性与社会环境的关系好比戴手套，不是让手套适合女性，而是女性要找到最适合自己的手套。

（二）女性事业阶段

达芙妮是西方女性精英中有代表性的"身份她者"。身份她者有职业和专业的要求，她们生活时间分配与非身份她者的女性会有较大差异。身份她者的女性的时间结构是一种社会结构，一种符合科学规律的文化结构。她们将专业时间化，将聪明才智投入到专业活动中，将个人成就社会化。她们带着优秀文化素质奋斗，获得了很高的社会评价，

达芙妮也结过婚，但她还是把一生嫁给了实验室。我在牛津时，她每早9点开车去实验室，晚上6点下班回家，每日准时来往从不改

变。我曾在一本书里看到德国哲学家康德每日守时如"钟"，达芙妮让我见识了一位女科学家也是一座人生之"钟"，对此我佩服得五体投地。

这种严格的时间刻度代表了这类精英女性的事业高度。她消费的专业时间丈量了她在高端科研阵容中长跑的人生距离。这位西方的性别她者在这种身份时间化的过程中，付出了超强的意志和耐力，获得了科学发现的乐趣，度过自己的人生岁月，成为科学巨星。

达芙妮是善于合作的科学家，在她的事业圈子中男性学者多于女性，但整个团队都像拥戴女神那样拥戴她。

她认为，男女学术同行之间的关系不应该是竞争，而应该是平等的同事，双方应组建最佳团队开展合作，她的观点与她的工作模式是一致的。

由于她领导团队的威望和能力，英国皇家科学院给她的科研支持超过了其他几乎任何任何本国科学家，他们资助了她一辈子。

达芙妮的生活质量也与一般中国女学者不同。她是拥有巨大财富的人，她将父母留给她的两栋别墅和大量财产全部捐给大学教育事业，连她家花园里的八只乌龟都捐给了牛津大学植物学系研究所。

我们从以上个案出发，将中西女性发展模式相比较，可以看到，身份她者的确立，是需要通过社会制度化的途径实现的，而良好社会制度的重要因素是社会性别平等的教育制度，它通过平等的人才培养，确认能力方向，划定家庭身份，构建社会身份。

20世纪以来，中国也有一些家庭在这种模式中给女性子女提供了机会，在教育资源平等中为女性铺垫了身份她者的基础。但这不是唯一的。作为女学者，还要有学术能力，而能力出自文化信念和严格训练，这点在中国日益崛起的科学文化事业和女性大量参与的趋势中尤为重要。

结论：女性社会发展的文化多样性分析

身为女性，每个人的发展模式都是不可复制的，但女性发展的社会文化模式是有基本规律的，是可以掌握的。

第一，要性化，更要有文化。一个人可以暂时离开社会，却不可以须臾离开文化。离开了文化，人不会说话，不辨草木，没有合作，不能生存。现在上演的欧洲热播影视片《荒野求生》，就说了这个道理。其实欧洲社会富有文化传统，与中国一样，但他们过分宣传个人与社会的关系，宣传个人对社会的独立性，也产生了大量的社会问题。与之相比，中国文化传统深厚，中国人可以对社会问题不满，但很少对文化传统突破。现在中国人在社会发展有困难的情况了下火热的保护非遗文化，就能证明这一点。文化对性别文化是有自养作用的。

另一方面，西方人讲性化教育，但性化不能于将生理性别的外在差异绝对内化，忽略文化修养和精神世界的建设，忽略了社会奉献。这种性化就是倒退。现在社会上过分鼓吹小鸟依人，女性美的药物化和工业化，这不利于女性的全面成长。据有学者近期对我国 300 名 1—4 年级的大学生的调查，所得结论是："大学生中存在着男性化、女性化、双性化和未分化 4 种性别特质类型。其中未分化者所占比例最大，双性化者最少。双性化特质的大学生在人格特征上表现较为良好，未分化与男性化、女性化的人格特征无明显好坏之分[1]。"

调查结果呈双性化趋势，即本节所讲的性别他者与性别她者协调呈现。在女性方面，过度追求性化，是盲目学西方的结果，是一种文化倒退。在男性方面，过度追求男性主体并不能获得明显积极的人格特质，也未必取得显著的社会成就。它要求男女两性都具备社会评价意识，都要善于与对方合作，提高自己的内外向行为质量和精神质量。

男性和女性追求片面性化，都会成为性别他者的俘虏。在这方面，中西有多样文化，都有优秀成分，可以中西互补。

第二，建立性别她者与性别他者的双焦点。人类从具有生物差异的婴儿开始，就已经是承担社会认可的生命载体。在今天，女性研究再次被特别提出，是因为在全球化下，女性、移民、民族和宗教再次成为某种意义

---

[1] 翟秀军：《大学生性别特质类型与人格特征的相关性》，原载《中国组织工程研究与临床康复》（《中国临床康复》）2006 年第 30 期。

上的"他者"问题。在这种背景下，女性的社会发展与尊重文化多样性，受到同等的重视。有的学者将之称为两种趋势。一是新社会化趋势，认为女性在高科技和地球资源的高端竞争面前，失去了权力、政治、政策和制度的眷顾，男性再次成为主宰者，女性被再现为"性别他者"，这一派的学者呼吁重新构建女性主体地位①。二是多元文化建构趋势，这一派学者认为，全球化下的"他者"再现，在不同国家、不同历史传统中，也正在呈现为多种本土神话观念或本土概念的体系，它们拥有独特的思维逻辑②，也正在成为培养女性人才的动力。

　　当代女性要在社会发展和文化发展中获得机会，要能自觉地赢得双发展，女性的这种发展，因能合理地"性化"而提升精神质量，因能不掠夺他者而具有和谐的人格特质，因拥有文化修养而靠近崇高的气质评价，因能合作而激励愉快的社会运行。这种发展模式，要将性别差异、社会条件和文化传统等要素整合起来，促进其共同发挥作用，使女性能获得具有社会认同和文化认同的双重合理身份。这种女性才是真正的现代女性，才能懂得优秀，才能将个人、事业和生活都建设得更美好。

---

　　① 傅美容等：《社会性别、再现与女性的他者地位》，原载《妇女研究》2010 年第 5 期。在此文中，作者从社会性别研究的角度征引了斯图亚特·霍尔（Stuart Hall）的"再现"论，Stuart Hall, *Representation: Cultureal Representation and Signifying Practice* （C），Lodon, Calofornia & New Delhi: Sage, 1997。

　　② Louis Althusseer, *For Marx*, trans. by Ben Brewster, New York & London: The Penguin Press, 1969.

地理学名师的网站传承

——以周廷儒先生网站为例①

王静爱

2009 年是北京师范大学地理学名师周廷儒先生诞辰 100 周年的纪念年。周廷儒先生（1909—1989）是我国著名地理学家、地理学教育家、中国科学院地学部委员、北京师范大学地理学与遥感科学学院的学术先驱。周先生也是我爱人的博士生导师，这也使我有"近水楼台先得月"的条件，对周先生的巨大学术成就和人格魅力，不仅由衷敬仰，而且感到十分亲近。广义地说，在北师大，地理学专业中青年后学的学术发展，在不同程度上，都与周先生的地理学思想为同脉。2009 年是周先生诞辰百年纪念年，我带领我所主持的国家级区域地理教学团队，建立和开通了周廷儒院士纪念网站，用现代科技手段的新形式，探索继承周先生科学成就与地理学教育思想的新途径，培养地理学中青年后学和研究生人才，促进了学科与团队的双建设。

一　纪念网站的传承理念

集成与继承遗产。周廷儒院士在科研、教学、管理等方面都做出了突出的成就，为后人留下了丰富而宝贵的遗产。网站作为一种可兼容多种表达方式、传播速度快而扩散范围广、信息量大、易更新的媒介，为集成周先生留下的宝贵遗产提供了充分的技术支撑和硬件环境。通过搜集、整理和数字化周先生留下的大量宝贵遗产，在网站平台上集成遗产。从而实现

① 周廷儒院士纪念网站的建立得到了多方支持与帮助，特别感谢周先生的亲属，感谢接受访谈的北师大地理学与遥感科学学院的诸位老先生和中青年的支持，感谢北师大地理学与遥感科学学院的支持，感谢北师大区域地理实验室和地理学与遥感科学学院部分师生给予的多方配合。

后人对其遗产进行系统、形象且方便、快捷的学习与继承。

激活与拓展师资。周廷儒院士作为区域地理师资队伍中的老前辈，其科研精神、教学理念、管理风范、做人做事的品质都是区域地理师资中的宝贵财富。以网站的形式，通过图片、照片、地图、动画、视频、音频等多种方式，将先师的大脑资源"数字化"，把视觉与听觉相结合，真正让宗师的遗产"活"起来，从而实现对其遗产的重新激活。通过这种方式，将周先生作为虚拟的师资重新加入到区域地理教学团队中，从而实现对师资在数量和质量上的进一步拓展。

共享与传承精神。周廷儒院士的遗产不只是区域地理教学团队的宝贵财富，同时也是地理学界的宝贵财富；不只是北京师范大学的宝贵财富，同时也是中国乃至世界的宝贵财富。教育的本质在于传承，大师的精神需要共享，周先生纪念网站作为大师资源共享与精神传承的平台，对区域地理团队的师资传承乃至地理学科后辈人才培养都有重要的意义。与传统传承方式相比，网络传承能兼容多种表达方式，不受时空限制，可以迅速扩大周廷儒遗产的传承与共享效应。

学习与创新学业。周廷儒院士纪念网站作为大师资源共享与精神传承的平台，其传承的基础在于学习，传承的更高境界在于创新。将周先生的科研和教学成果、超人的精神与超凡的智慧分层次展现出来，以满足不同层次、不同类型的学生自主学习的需要；提供与周先生精神与学问相关的扩展性专题学习资源库，可引导学习者进行探究性学习；通过动态的网络交流讨论版块，使学习者展示学习成果，讨论问题并有所创新，从而实现传承的更高境界。最重要的是通过"周廷儒院士纪念网站"，在了解过去中传承方法，在认识现在中传承精神，在预测未来中发展创新。

二 纪念网站结构与功能

名师网站作为一种网上传承形式，将信息技术整合到学科专题内容中，为网络化学习环境提供了新的思路，为更好地传承周廷儒院士的遗产提供了可能。

"周廷儒院士纪念网站"，分为前台页面和后台管理两大部分（图1）。前台页面分为遗产站和工作站两部分，遗产站实现对周先生的生平轨迹、地理教育与教学、地理科学研究与成果的展现与传承"静态遗产"功能；工作站通过周先生的同事、弟子、学生、家人侧面，反映周先生的精神与"遗产"。后台管理主要是网站管理人员，包括区域地理教学团队教师和技术人员，实现对网站的维护，主要分系统管理、分类管理、信息资源管理、和交流互动管理四部分。

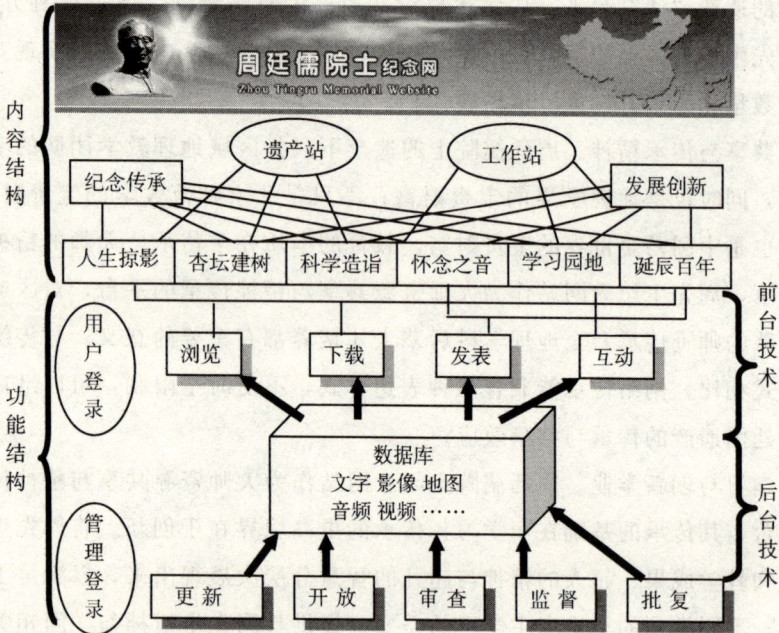

图1　"周廷儒院士纪念网站"核心结构与功能

该网站引导学习者和传承者深入领会周先生的科学精神，促进学习与传承的升华，促进发展创新，展现与传承"动态遗产"的功能。

三　周廷儒院士遗产站模块

综合周廷儒院士在科研、教学、管理等方面所取得的突出成就及其所做出的贡献，把周先生的学术思想和学术精神融于其中，分层次进行纪念网站中的遗产站的模块设计，将遗产站分为人生掠影、杏坛建树、科研造诣等三个版块，在横向上利用文字、图片等传统形式写实记录周先生的生平经历、科学研究、教育成果、精神品质，为其精神与学问的传承提供基础的大脑资，即首先以年代为顺序系统介绍周先生生平、展现其形象及其取得的荣誉；继而全面展现周先生作为一名教育家、管理者和科学家的成就和成果，并将其数字化，从而塑造一个比较完整的写实的人物形象。使用者通过了解遗产站的内容，在了解过去中学习，在认识现在中传承，将周先生的精神与学问重新"活"起来。

人生掠影版块。分设"生平与贡献"、"图像记忆"、"院士证书"等三个小模块。一个人的生平及其生活背景对其成就的影响是相当重大的，了解周廷儒院士的生平，构建其精神与学问的学习与传承的概要框架，是对其精神与学问进行深入学习与有效传承的基础。该模块主要以时间顺序展示周先生生平简介和学术贡献。"图像记忆"模块展示周先生的工作照、生活照、野外照、会议照等一系列照片，并配以文字说明，使形象传承和文化与精神的传承更加具体化、形象化，以视觉冲击加强传承效果。"院士证书"模块主要是展示 1980 年周廷儒先生当选为中国科学院院士（原称学部委员）时的证书，进一步激发学习者传承周先生精神与学问的动力。

杏坛建树版块。以多种手段、系统地展现周廷儒院士在教育和管理方面所做出的成就，是周先生精神遗产的精髓。通过设置"担任系主任"、"创建实验室"、"教学思想"、"指导学生论文"、"历届弟子"等模块。"担任系主任"展示周先生在北京师范大学的 30 年（1952—1982）工作与贡献；20 世纪 50—60 年代，周先生开创了中国新生代古地理研究，并创建了中国第一个新生代古地理研究室并制定了该实验室的发展规划，开创了地理系的实验传统，"创建实验室"版块主要展示周先生的这一突出贡献。周先生的"教学思想"（图 2）

是其在教学方面取得突出成就、培养出一辈又一辈人才的源动力，同时也对北师大地理系的发展产生了深远的影响，值得区域地理师资队伍乃至所有教育者学习与传承；周先生一生桃李满天下，据不完全统计，他曾指导 5 名博士、25 名硕士以及众多本科生，网站通过"指导学生论文"和"历届弟子"模块来展现其教育育人成果。

学术造诣版块。分设"获奖证书"、"研究论文"、"研究专著"、"汇编文集"、"野外考察"、"学术交流"六个部分。周先生一生提倡鼓励野外考

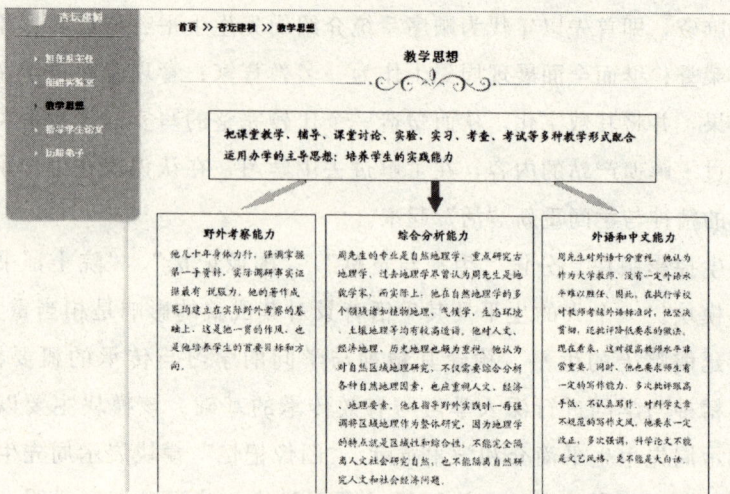

图 2　周廷儒院士的教学思想

察，并参加各种学术交流活动和会议，在新生代古地理学、地貌学、自然地理学等方面造诣极高。该版块详细展示了周廷儒院士撰写的地理学术论文、地理专著、学术文集和纪念文集等，其中包括周先生的代表作《古地理学》、《中国自然地理——古地理》上、《新疆地貌》等专著的全书扫描件，还展示了他的地理野外考察工作路线和曾经参加的国内外的重大学术研讨活动和会议的记录。

四　周廷儒院士工作站模块

高等院校作为教学和研究机构的综合体，尤其师范大学，是培养教育的摇篮，宗师精神与学问、师资队伍的传承尤为重要。然而宗师已逝，深层次地挖掘其学问与精神、有效地发挥传承者的主体地位显得极其重要。工作站共分为"怀念之音"、"学习园地"、"诞辰百年"三个版块。试图从纵向上深层挖掘"隐形资源"，通过曾与其共过事的教师"口述历史"引起共鸣，努力通过几代地理人之口、之文侧面反映周先生的精神与学问，传承地理宗师的综合品质，不断承袭和发展地理学的伟大精神与学问。我们体会到网站建设的过程本身就是传承过程。

怀念之音版块。分设"塑立铜像"、"口述历史"、"纪念文章"、"奖学金"、"祭奠先生"、"联系我们"六个模块。"塑立铜像"模块展现北师大地理 81 级校友为纪念周廷儒院士而塑造的铜像（图 3），他屹立在我们身边，指引我们前行；"口述历史"通过采访曾与周先生共事或者从师于他的第一代直接传承者及其家人等，从侧面深入反映其精神与学问，是对遗产站内容的补充与完善；"纪念文章"主要展现周先生的家人、同事、弟子和朋友为怀念先生所撰写的纪念文章，深切表达后人对周先生的怀念与景仰之情；"奖学金"展现了缅怀周先生的另一种形式，主要发布"周廷儒院士奖学金"文件，每年奖励 10 名学子，包括本科生、硕士生和博士生，既是对周先生成就与贡献的认可，也是对学生传承周先生科学精神的鼓励；"祭奠先生"模块（图 3）为缅怀周先生提供了虚拟的平台，学习者可以通过虚拟的方式表达对周先生的缅怀与景仰之情。

图 3　"祭奠先生"模块

　　学习园地版块。分设"本科生感言"、"研究生感言"、"讨论交流"等三个模块，展现从未接触过周先生本人的、下一代的传承者，学习周先生的精神与学问后的收获和感悟。其中本科生感言、研究生感言（表 1）主要展示学生对周廷儒院士学术思想和科学精神的认识和体会，使得网站的建设过程本身就成为一种传承过程；"讨论交流"为学习者进行沟通交流提供虚拟平台，使得读者可以实时、实地进行交流，提高学习和传承的效率，在此基础上促进创新。

表1　　　　　　　　　"学习园地"板块学生感言样例

分类	届别与年级	题　目
本科生感言	2005 级本科生	大师风范，高山仰止—后辈怀念先生
	2005 级本科生	谈谈学习《新疆综合自然区划纲要》后的感受
	2005 级本科生	学习周廷儒院士的科研精神
	2005 级本科生	地理人前进的指明灯——后辈眼中的周廷儒先生
	2006 级本科生	伟大的古地理学家周廷儒院士——采访方修琦老师后写
	2006 级本科生	地理学界永恒的璀璨——采访众位先生后我眼中的周廷儒先生
	2006 级本科生	博大精深，山高水长——周廷儒院士——采访张兰生先生后写
	2006 级本科生	学海无涯，上下求索——学习周廷儒先生的论文之《广东经济地形之研究》
	2006 级本科生	在猪野泽所想到的罗布泊和周先生
研究生感言	2007 级硕士生	周廷儒先生开展野外考察工作对我的启示
	2008 级硕士生	经世济国的赞歌
	2007 级博士生	光辉的足迹——纪念古地理学家周廷儒院士
	2007 级博士生	你的眼神激励着我

诞辰百年版块。记录了 2009 年 10 月 21 日纪念周廷儒院诞辰 100 周年学术研讨会的盛况，分设"会议盛况"、"代表发言"和"照片记录"三个部分。周廷儒院士去世多年，这么多人还在缅怀他的业绩，他的人品，他的学识，就因为他的爱国精神和科学精神永远存在，无论是学校里，还是他走过的大地之上。

五　前辈师资的传承与共享

创建和利用名师网站，我们有以下几点收获。

（一）延长区域地理教师队伍的链条

区域地理教学团队的教师队伍是由老、中、青教师构成的教学团队，形成老年教师——中年教师——青年教师的教育传承链条。该链条的形成，目的是为了将优秀的教学理念和教学精神从老年教师到中年教师再到青年教师不断传承下去，发挥老年和中年教师的传帮带作用，促进青年教师的提高，保证优质教学资源的有效传递，实现教师队伍的可持续发展。周廷儒院士是区域地理师资队伍中的资深老教师，通过周先生纪念网站的建立将周先生这位老一辈师资的丰富"遗产"激活并纳入到团队中来，实现区域地理教师队伍链条的追本溯源，是教师队伍链条向更老一辈师资的延长，实现了区域地理教师队伍优质师资在长度上的增长。

（二）增强地理学教师队伍的实力

地理学教学团队的建设目标是：建设成为一支国内一流、国际有影响的敬业乐教、专兼协作、优势互补、可持续性强的专业教学队伍。周先生作为地理学界的泰斗，虽然已经故去，但是他的学术精神、科学成果和教学理念一直影响和激励着后人。通过网站将周先生的优质教学资源激活，现实中将周先生这位虚拟教师以周先生的身份"重新"纳入地理教学团队，将在很大程度上提高区域地理教学团队的实力和教学空间，促进地理教师队伍实力在深度上的加强。

（三）拓宽地理教师队伍的辐射面

北师大地理教学团队力求面向科学发展观教育、师范教育和教师教育、西部大开发等国家需求，建设在高等教育、继续教育、基础教育、公民教育等多领域的"教师—课程—教材—实践基地—网络—学生"六位一体的全方位教学系统，通过教师西部教学或讲座、主持全国教学研讨会、课程上网、实习基地、等途径，扩大影响面，提高辐射力。纪念网站的建设可以从三个方面拓宽辐射范围：其一，纪念网站本身作为网络虚拟师资，具有覆盖面广，不受访问的时间地点的限制；其二，周先生一生的卓越贡献使周先生在地理学界和教育界的影响力本身就很大，经网站平台传承过程，其影响和辐射面更加广泛；其三，周先生的教学理念和精神遗产，会使教学团队的辐射功能更加有效。

下　编

女教授与女大学生对话

师承·延续·创新

　　大学之魂就在于大学老师。有什么样的老师，学生便会有什么样的倾向。女教授讲坛给我们了一个机会，让我们去广泛接触来自各院系的女教授，她们可能成为众多女学生的人生标杆。她们有着一些共同的特质，体现在她们不平凡的故事中。她们都有不平凡的身世，或者都有不平凡的母校，或者都有自己不平凡的老师，但更重要的是，她们都有足够的自觉、自信和自强，创建了不平凡的事业。不得不说，怀着对女教授们的崇敬，我为北师大而感到骄傲。她们立于世间的风范，将成为我对大学记忆中无法抹去的一笔。当我终走出校园走向社会，这一份纯洁的风骨将被我永远铭记。

——摘自北京师范大学 2012 级大学生微博

纪念我的老师陆宗达先生

——《训诂与训诂学》序

王　宁

1993 年元月 13 日，是我的老师陆宗达先生逝世 5 周年的纪念日；一个月后的 2 月 13 日，又是他 88 岁的诞辰。陆先生逝世一周年的时候，由张寿康先生出面，邀请了一些陆先生生前最亲密的朋友、学生和亲属，在中山堂一个小会议室开了追思会。那次的会由关世雄先生主持，到会的虽不到 20 人，但大家倾吐了怀念陆先生的真心话，表达了对已故老师的一份诚挚的心意。现在，事隔 4 年，张寿康先生也已不在人世，恐怕连那样的小型追思会也无法开成，这或许是一种遗憾。但我想，正因为如此，追思和纪念便显得更为真诚而有意义。

陆先生与中国训诂学的关系是非同一般的。50 年代和 60 年代正处于训诂学的断裂时期，关于训诂学的教学与研究几成空白，只有陆宗达先生以他的《谈谈训诂学》和《训诂浅谈》向现代读者介绍了这门学科，并且培养出了一批以学习传统文字训诂学为重点的研究生。70 年代末与 80 年代初，中国传统文化的黄金季节到来的时候，又是陆先生的《说文解字通论》和《训诂简论》最早宣告了训诂学在当代的复生。正因为如此，在陆先生逝世 5 周年的时候，我接受了几位师兄弟的建议，把 1980—1988 年间陆先生和我所写的训诂与训诂学的论著加以选择，结集成《训诂与训诂学》出版，来纪念我们的老师。

1961—1964 年我做陆宗达先生的研究生，然后回青海工作。15 年后，从 1979 年到陆先生逝世这一段时间，先是在北师大进修，以后帮陆先生写书，再以后调入北师大作陆先生的助手。这样，前后大约 12 年在陆先生亲自指导下学习和工作。我从陆先生那里接近了丰富的中国古代文献语言文字材料，并在他的启发下对传统文字训诂学的理论和方法进行了思考。

陆先生是一位重视继承、严守师说的学者，他对自己的老师章太炎、黄季刚两位先生的每一部书都读得很熟、讲得很透彻。他是顺着章黄的思路去研究清代乾嘉"小学"的。章黄是乾嘉"小学"向现代语言文字学过度的承上启下人物，他们的起点要高于乾嘉的小学家，这就使陆先生的学术思想更接近现代。陆先生在 60 年代就告诫我们，要"先接受师承，再广泛吸收；先弄懂前人，再加以评判"。有两件事给我非常深刻的印象：有一次，一位崇拜黄季刚先生的老师在会上发言批评王力先生的音韵学，之后，他征求陆先生的意见，以为陆先生会支持他。但陆先生却说："你的发言里有好几个地方把王力先生的古韵学观点讲错了，你还没理解王力先生，怎么可以去批评别人！"还有一次，一位年轻人发言批判汉代的声训，态度十分激昂。散会后陆先生问我："他讲刘熙《释名》那一段，你听懂了吗？"我说："大部分没听懂。"陆先生说："一个人讲的东西连同行都听不懂，多半是他自己还没懂，自己真懂了就一定能把别人讲懂。《释名》都没看懂的人就批判汉代的声训，不太'玄'点了吗？"在陆先生影响下，我们不论读古代的注疏还是读前人的论著，都非常重视这个"懂"字，而且习惯于把能不能给别人讲懂作为自己是否真懂的检验。拿《说文解字》来说，自钟鼎之学与甲骨之学兴起后，就有人否定它了，有一段时间，批判《说文》几乎成为一件时髦的事。但陆先生总是说，《说文》不能一个字一个字来评判是非，要看整体，它的构形和意义都是成系统的，要先弄清楚许慎为什么这样说，再考虑他说得对不对、有没有合理的地方。因此，我们从一接触《说文》起，就先把大、小徐本对校一遍，然后一个字一个字地作《说文》形义系联。系联作完后，很多看法的确起了变化。再拿章太炎先生的《文始》来说，50 年代就有人全盘否定了它，但我们始终怀疑，轻易否定一本书的人，是否真读过这本书并把它看懂了。因此，我们硬是在陆先生指导下读了几遍，直到大致懂了，才开始评判其中的是非，并且给学生讲。从具体的材料看，《文始》中的个别同源系联确为太炎先生即兴而发，似乎还处在感觉的阶段，是很难说服人的。但从总体看，却正是这部书奠定了我们对传统字源学的基本认识，读《文始》，成为我们学习《说文》学的一个新的起点。我们从自己切身的体会中认识到，对中国的传统语言学，先要认真读懂，才有可能继承；也只有在读懂基础上的批判，才可能分寸适当而不是轻率地全盘否定。或许正是这种认识，使我们始终没有动摇对训诂学的信念。当认为训诂学是"封建学术"这一说法十分盛行的时候，我们没有受到影响；当有人讲"训诂学不是学"、"先秦文献语言已没有研究必要"的时候，我们也没有放弃对训诂学的研究。这正是因为我们在陆先生指导下对这门学科有比较深入理解的缘故。

陆先生对学术地位之类的事一向比较恬淡，他自己从不争当"泰斗"，不以自己的名字能否进入某些"录"或"书"为意，但他却有强烈的学术自尊与自信，一丝不苟地教自己的书，发表自己真正弄懂了的学术见解，并以冷静的态度、不带成见地维护自己的师说。只要回想一下，就可以知道训诂学在过去半个世纪以至当代承受着多么大的压力。如果没有陆先生这样的自尊与自信，恐怕即使在 20 世纪 70 年代末 80 年代初这个传统文化的黄金季节，它也会再次被扼杀的。

不论在五六十年代还是在七八十年代，陆先生教自己的学生都严格遵照传统的"为实"学风：先大量阅读第一手材料，通读《说文》段注并对大徐本全书作系联，并选几部先秦的经书、子书连注疏一起通读。他很重视一字一词的考据，并且重视在考据时纵横联系。在给学生讲书的时候，往往讲一个字要联系十几个字，涉及十几部文献和注疏，再加上他论证十分严谨，一环套着一环，所以刚刚入学的研究生往往感到"吃不消"，大约要到半年后才能适应。陆先生多次对我说："弄通一个字、一个词、一个义绝不能是孤立的，不要简单化，不要怕'烦琐'。"到了 80 年代，他经过认真的反思，对自己的教学方法有所改变。他认识到，大量的语料是必须的，而充分的说理也不可缺少，不但要讲是什么，还得讲为什么。他接受了自己学生的意见，认为要想真正救活训诂学，必须从原始的材料中提炼出基础理论和可供操作的方法。《训诂方法论》出版后，他又接受了我们的另一个意见：介绍训诂学要注重用一般人能懂的语料来阐明理论方法。因而，用常用词而不是生僻词作实例，尽量把原理讲透、方法说清，便成为这一阶段我们写训诂学文章的努力目标。

　　曾经有好几次，语言学学界的朋友们友好地问我："陆宗达先生在传统语言学里最精通的是什么？"我按照自己的体会回答他们说："中国传统的'小学'是以研究意义为中心的。形和音（文字、音韵）都只是工具，意义是研究的出发点，又是研究的落脚点。陆先生精通的是意义之学，他是一个研究意义方面的专家。"我现在仍然这样看。几十年来，我们从陆先生那里得益最多的是他讲解汉语词汇意义的熟练和透彻。由于对古代文献语言和注疏材料掌握得十分丰富而纯熟，加之他接受了章黄不孤立研究一字、一词、一义的系统论思想，因此，他胸中似装着一个先秦古汉语词义的网络，并且对词义关系的沟通、词义的比较、词义的类聚与分析、词义的探求与解释，都有一套行之有效的方法，这套方法里含有许多规律。正是因为他对古代汉语词义的整体把握得比较准确和熟练，所以，在利用音韵学成果探求词义时，他既能遵循音韵学的音理，又敢于打破带有一定假说性质总结出的声系、韵部及其拟音。在利用汉字字形探求词义时，他既信《说文》，又能从《说文》全书的构形系统整体出发来纠正《说文》。遗憾的是中国的汉语语言文字学体系过去受西欧与苏联的影响太深，对意义这一部分特别是其中的规律重视太少，因而，有些人对陆先生的研究理解是很不够的。其实，语言的意义实际上控制着语音形式和书写形式，其中蕴积着几千年民族文化的内涵，本身又有许多饶有趣味的发展规律，实在太值得深入研究了。我想，这也正是陆先生的学术对他的学生有着强大的吸引力并能形成一股不绝的凝聚力的原因吧！

　　这里，我还想说一说陆先生的为人。我和我的师兄弟都很崇敬自己的老师。他从不具有自己是"万能语言学家"的那种感觉，即使在自己专门研究的领域里，他也绝不认为自己什么都懂。不论是作文还是发言，他从不菲薄别人的学术而伤害同行与晚辈。对于自己涉猎甚少的领域，他绝不妄加评论，而总是采取信任和尊重的态度。比如，他总是说自己不懂甲骨钟鼎，却竭力主张自己的学生去学习甲骨钟鼎；他常说自己对西欧语言学知之甚少，却非常尊重从事外国语言理论研究的专家；他一直坚持用黄季刚先生的音韵分部，教给学生熟悉二十八部与十九纽，但他时常探讨各派音韵学家的分部与归部，不反对自己的学生采用其他人的学术成果。他是一位平易的学者：写书作文时，除非万不得已，他从不用古奥的生僻词语和难懂的引文去有意表现自己的渊博；对读者的意见，即使是外行人的意见，只要不是无理取闹与胡搅蛮缠，他都耐心听取与解答；他还十分体谅各个领域研究者的甘苦，特别感到青年人发展自己的不易，每当他有一点学术评议权时，总是在不违背学术原则的前提下，尽量去发掘、介绍别人的长处。有好几次，陆先生的老学生们背着人劝他："您太随和了，也许会有人因此反而说您没学问。"他也总是笑一笑说："由他们说去吧，咱们只能说真话，无需用摆架子去抬高自己的威信。"这种朴实平易的作风，给他的学生做了极好的榜样，留下了深刻的印象。而经常跟从陆先生的人都知道，他的浅显是以渊博作后盾的，而平易反映的正是他真正的透彻。

这本书的出版让我想起《古代的尊师之礼——释菜》一文最后的一段话，这段话当时是我的师弟谢栋元（他是与我同届的陆先生的研究生）和我，与陆先生一起，在师生促膝谈话之后加上去的。现在，我把这段话抄录在下面，来代表我的师兄弟们共同的尊师情谊。这段话说：

> 至今岭南梅县地区，仍有将蔬菜置于老师门外以示敬意的风俗，这应该是古代"释菜"之礼的孑遗罢。这种古朴的民俗，常使我们想起颜回"释菜"的故事，并使我们永远记得这一值得继承的为学、为人的准则——即使老师暂处逆境，只要他未穷于道，做学生的，便应当一如既往地尊崇老师。愿那种师权势、师富贵、师名位的势利恶俗永远绝迹，愿天下学子皆如颜回，敬师于困厄之际，"释菜"于危难之时，因术业而尊师，因科学而尊师，为真理而尊师，其礼可薄于"释菜"，其情则重于泰山。在今天，这恐怕仍是我们应当提倡的良好风尚吧！

师生之谊重在学术的传承，唯愿章黄之学的传人都懂得这段话的深意！

为师忧道不忧贫

——纪念刘乃和先生诞生九十周年

王 宁

  刘乃和先生离开我们 10 年了，她是在丝毫没有思想准备的情况下离开自己永不说放弃的事业的。她辞世前，先是在检查病情时跌倒在地，之后是卧床不起，然后夜间被送到冶金医院急诊，再转到北医三院住院。在三院，开始我给她送饭去，她还高兴地说"真好吃"，过了三天，她就已经昏迷。这段过程，为时不到四个月。她过于简朴的生活和超负荷的工作产生的一切危害健康的后果，浓缩在这四个月里加倍抵偿！在这短短的四个月里，她对我不断说起三件事：没有完成的《陈垣评传》，打算系统梳理的《中国古代妇女史》，还有培养文献学的人才和古籍整理的质量。死亡总有一天会到来，没有什么可怕，但对于一位还想做很多事又完全可以做得比别人好的学者来说，却不能不说是一个悲剧呀！

  刘乃和先生和陆宗达先生同在辅仁大学任过教，"文化大革命"期间又一起编过《新华词典》。我作陆先生助手的时候，有好几次遇到关于历史典籍的出处问题，陆先生总是让我去请教乃和先生，她对前四史真是烂熟于心，往往不用查书，就可以说出出处，经过验证而不错，让我感叹万分又钦佩不已。90 年代初我读她写的《励耘承学录》，知道她在年轻时对中国古代典籍下的功夫。我也是从乃和先生的论文里知道了什么是"文献学"，陈垣老的目录学、版本学、校勘学、避讳学，我们读研究生的时候是学过的，后来看到乃和先生的论文集《历史文献研究论丛》，才知道陈垣老的文献学在 80—90 年代已经有了很多发展，乃和先生在文献学的丰富和发展上是功不可没的。

  乃和先生对做古籍整理的人不懂文献学和文字训诂学时常表示忧虑，

常常提起关于古籍整理的质量问题。每次提起这个问题，她在开始时总有一句几乎成了口头禅的话"别嫌我絮叨"，由于对当今古籍整理的人才问题与质量问题有所了解，我深深理解她的"絮叨"里含有的那种出于责任心而产生的焦虑。1996 年，乃和先生主动要为我的《训诂学原理》写一份评奖的鉴定，她说："训诂太重要了，把它讲得好懂一点就更重要了。"她为颖明师诞辰 90 周年写的题词也特别说到训诂学要后继有人的问题，这使我懂得，在前辈先贤的眼里，文史的确是不分家的。也就是在她的启发下，我开始关注章太炎先生的《春秋左传叙录》等关于史籍的论文，直到后来《春秋左传读》公开刊行时，我也是抱着以"小学"读史籍的信念去学习的。那是一个时代的学风——没有空疏的"小学"，也没有无根的史学，二者的结合是不容置疑的。

我和刘先生接触最多的时候是 1995 年以后。1995 年，我代表首都女教授联谊会去做 95'世界妇女大会非政府论坛的筹备委员会委员，有一天，黄启璪副主席要我亲自去接刘乃和先生，请她牵头在一幅长卷上签名。启璪同志说："临时接到通知要在今天晚上举行活动，太难为老先生了，刘先生是你老师，请你务必亲自代我们去接，通知得太晚，也替我们道歉。"当我到乃和先生家里时，她已经整装待发，那时她走路已经不太方便，但当我转达启璪的意思时，她摇着手说："世界妇女大会在中国开，这是非常时期的非常事，我随时候着，随叫随到，一个电话就行，何必麻烦你!"一上车，乃和先生就对我说："你平常太忙，我得抓着你说点事儿，紧接着她不停地对我说的都是《中国古代妇女史》的构架问题，她强调一定要树立正确的妇女观和要重视从野史上搜集材料，一直说到我们下车。她把时间都交给了学术和工作，一时一刻也不想浪费。

95'世妇会以后，我到刘乃和先生家里去的次数就渐渐多了，不仅更熟悉了她的治学之道，而且更深地了解了她的生活。乃和先生的生活俭朴到令人难以想象的程度，家里有人照顾时日子过得好一些，一个人时，她常常吃的菜是开水焯过的青菜拌上酱油和味精。超市的服务员时常主动给她送一点鸡蛋和熟肉，但她吃完了就完了，从来不主动去麻烦人家。由于行动不方便，很多已经很通行的食品，她都没有买过，一包很平常的喜字饼、一碗普通的肉汤，都会受到她连连的赞美。她每天用在生活上的时间和自己的阅读、写作、审校、题词、评议……花的时间，实在太不成比例了。她却从来不为生活而发愁，总是说："已经很好了。"这些事情想起来都是催人泪下的。

其实，乃和先生的学术专长并没有得到很好的发挥。她一直想在北师大开一门"妇女史"选修，按道理这种有特色的课开一次试试总是可以的，但连一次机会也没有给她。她在文献学上的专长和一些创新的主张在世时也未能弘扬。古籍整理早就到了需要关注质量的时候，但是实际情况如何，又有谁能评说！她的忧虑以致焦躁，实在是其来有自啊！

为师忧道不忧贫——乃和先生学术生涯的概括尽在其中了。但是，一个时代应当给一位有专长的学者充分发挥专长的机会，一个单位则要给一位学者实现学术的必要条件，让学者得其所，得其值，这是大家共同的理想啊！

启璪同志的微笑

王　宁

2000 年 1 月 8 日，我到了为黄启璪同志遗体送别的礼堂门口，但我没有进去，徘徊之后就离去了。启璪同志活着的时候，留给我的内钢外柔的形象实在太美好，我愿意把那个活生生的美好启璪的音容，连同那些难忘的回忆一起，永远存留在心里。

认识启璪同志是在 95' 世界妇女大会的前夕，我代表首都女教授联谊会去参加 NGO 论坛筹委会，启璪同志主持会议时，提出了组织论坛的各种注意事项，讲得非常全面。可能是一种职业的敏感吧，我当时觉得，她还应当强调一下语言问题。一个国际性的群众论坛，中国又是东道主，语言媒质是取得一切效果的前提。在那种群众性的国际交流场合，一般的参与者不可能都带翻译，如果没有国际通行的英语保证交谈，简直就没法达到"让中国了解世界，也让世界了解中国"的目的。想到这里，我准备发言，但即刻忍住了。我曾经因为"有什么说什么"吃过苦头，尤其是在会场上，这种属于"边边角角"的意见，不说也罢！于是我沉默着，直到终会。过了几天，在另外一个会上，我又见到了启璪同志，而且正坐在她不远的旁边。启璪同志主动跟我打招呼说："是王宁老师吧！我看了你写的《女教授与女大学生》的论坛设计提纲，很有深度，很有新意。妇女工作需要你们这些有知识的教授参加，希望你们多发挥作用。"我心里微微震动了一下：我注意到，她称我"老师"——这不是官腔；我还注意到她说的"深度"和"新意"。用"深"和"新"来评论一个提纲，在学术界是经常听到的，而在这种政治场合，使我感到一点意外。我向她望去，看到的是她真诚的微笑，那微笑中漾出的温柔和亲切，使我永难忘怀。我终于把那个"边边角角"的意见说了出来。我说，我很担心到了那个大论坛上，语言不通，内容与国际不接轨，东道主应有的作用和收获都会降低。启琮同志连连点头，立刻记了下来，就在这个会上，她用非常简洁的几句话，强调了 NGO 论坛的语言要求，也强调了内容要考虑到不同制度各国妇女的感受。

世妇会筹备的过程中，我不断见到启琮同志，每一次都是她主动招呼我，虽是三言两语，却总有新的内容：

她问过我："北师大的幼儿园有没有研究生在实习？"

她告诉我，NGO 论坛的代表中也有连英语都不懂的。可能要增加一部分志愿的多语种翻译人员。

有一次，开会之前她来得早了一点，细细地问我的经历和专业后，她说："怪不得你那么重视语言问题，语言学是属于领先科学的吧？"我又是一惊，"语言学是领先科学"，这个命题在大学中文系，文学专业的老师都不一定说得出，她从哪里得到这样的知识？

NGO 论坛快要举行的前半个月，我们的《女教授与女大学生》专题给组织到教育专题里，似乎变成了一个子课题，有些文件里没有单独列出我们的题目。老师们要我去反映一下，希望这个专题能够独立设题。反映了多次，没有结果。那时，会议已经临近，各种工作千头万绪，我只得给启琮同志写了一封简短的信，信中特别说，只请她顺便问一问，千万不要专为这件事花费时间。没有想到，第三天，我接到启琮同志亲自打来的电话，她说，已经告诉办公室，每个专题的题目都要直接上目录，论坛的总数定在 44 个，不是 40 个。果然，此后的一切文件，中国的 NGO 论坛都按 44 个列出。

世妇会召开的那一天，启琮同志代表中国接过火炬的那一刹那，我心里响起一声赞叹，顷刻，我便在人群里听到一片带着强烈赞叹的欢呼，我觉得，那欢呼中的赞叹，应当是属于启琮同志的端庄、美丽、富有古国气息和现代风度的美好形象的。

在 NGO 论坛的总结会上，我没有准备发言。《女教授与女大学生》论坛应当说非常成功，报道也已经很多，我们也写了专门的总结，我觉得不用再说了。可是，休息的时候，启琮同志叫我过去，要我一定讲一讲，她提醒我，"你要替那些女教授发言"。令我又一次震动的是，她居然知道我们论坛中有星期日英语的主持人蔡文美教授，还有好几个外语专业的老师。

想起 NGO 论坛那众多的穿着纷纭、肤色不一的济济人群，想起那短短数天成百上千的无巨无细的烦心事，启璪同志的才能和她的微笑一起，化作一片隽永的浮雕，在我的心里凝固了。

世妇会以后，启璪同志告诉我，她已经把首都女教授联谊会列入了全国妇联的团体会员，她要我们"带着自己的知识为中国的妇女运动做更大的贡献！"1997 年，我们出版女教授的散文集《繁花絮语》，要请启璪同志写一篇序，她的序里，讲述了她认识我们、了解我们的经过。这篇序成为启璪同志和首都女教授友谊的见证，留在我们心中的博物馆里。

从担任北师大女教职工委员会主任到现在，我业余进入妇女工作领域已经 8 年，在教学科研超负荷运转的同时，妇女工作占去了我许多的时间，占有了我相当多的思绪与情感。在这 8 年里，我脑海中常常浮现的，是我26 年在青海农村、牧区结识的阿奶、阿嬢、大妈、大嫂，她们在食不饱、居不安的日子里经常保存着爽朗的笑声，她们在烧灰、拔草、担水、扬场的繁重劳动中总是透露出无比的轻松，她们蔑视十年浩劫编造的所谓"阶级敌人"的神话，非常自信地用自己的眼光去分辨好坏人。是那段回忆伴随着我，去了解奋斗在高等学校的女教授们。两种文化差距极大的妇女群，同使我感受到中国妇女的纯净与坚韧、正直与智慧，使我对妇女工作从不情愿到难以推脱，从勉强投入到无怨无悔。在这 8 年里，我接触了许许多多妇女工作者，接触最多的，是从事妇联工作的同志们、大姐们，她们面对着占中国人口一半的妇女，执着地带领那个勤劳、正直、努力、聪慧、为中国的革命和建设作出过巨大贡献、付出过巨大牺牲的优秀群体，争平等，争发展，争权益。他们代表着母亲、儿童——社会发展实际的主体，工作却常常处于边缘，即使是在世妇会那样的国际论坛机遇中，她们的辛劳也不一定能进入全局工作的主流。也许因为她们的才能和美德都展现在普通群众的面前，难以为上级领导觉察；也许因为她们的工作既普通又有特殊的专业性，一旦熟悉了就难以顶替；也许因为"女子无才便是德"的历史性偏见，妨碍人们洞察她们的才能……总之，她们被提拔到其他岗位的机会非常少，所以，她们很难有机会把自己在无数经验中拾掇起的先进的性别意识，带进那些性别意识荒芜的领域。但是，她们似乎"传染"上了中国妇女的"只问耕耘，不计收获"的惯性，高高兴兴地在自己的园地里播种、浇灌、刨锄，为姐妹们的成功感到极大的快意。她们是我遇到的最不具有官僚气、最具有平常心和人民性的"领导"。每每想起她们、看到她们，我总能想起启璪同志的那种微笑——那种让我一想起来就感动不已的微笑，那种毫无矫饰、亲切坦荡、如同一片无云的蓝天的令人永难忘怀的微笑。启璪同志在我心目中，就是那些无限美好形象的代表。

启璪同志带着她的微笑已经走了整整两个月，从她的生平里，我看到她一步一个脚印地走完短暂的一生。她逝世于 2000 年 12 月 28 日 6 时 32 分，如果按照"2001 年到达新世纪"的说法，她的生命仅仅差了两天多的时间，却永远留在了 20 世纪。除了妇女工作，她还是环境与资源保护委员会的副主任委员，这个职务使她的生命染上了浓郁的绿色。她的微笑将属于变幻莫测的 20 世纪中国妇女，也将属于这个抚爱了母亲、养育了孩子的绿色大地。

2001 年"三八"妇女节

一个冷隽的人、一个热忱的人[①]

——纪念吾师王瑶

乐黛云

入昭琛师门下，倏忽已是 38 载！记得 1952 年一个万物繁茂滋生的夏夜，第一次往谒先生，谈及我从先生学现代文学史的意愿。先生说："现代史是非常困难的，有些事还没有定论，有些貌似定论，却还没有经过历史的检验！"他点燃了烟斗，冷然一笑，"况且有时还会有人打上门来，说你对他的评价如何如何不公，他是如何如何伟大，等等，你必须随时警惕不要迁就强者，不要只顾息事宁人！"他掷过来锐利考察的一瞥。"何不去学古典文学呢？至少作者不会从坟墓里爬出来和你论争！"我说，"那么，先生何以从驾轻就熟的中古文学研究转而治现代文学史呢？"我们相视一笑，一切尽在不言中，他收了我这个学生。

在那个生意盎然，相互感应着雄心壮志的夏夜，我们何曾想到历史竟会是这样发展？20 年一片空白，我唯一能记起的是 1957 年 4 月，我和一些朋友被那活跃的"早春天气"弄得昏头昏脑，异想天开，竟想靠募捐来办一个中级学术刊物，让不大成熟的年轻人的文章也有地方发表。没想到先生严词拒绝了我的募捐要求，他从来是一个十分冷峻的时事分析家。按照他分析的结果，他严厉警告我，绝对不要搞什么"组织"，出什么"同人刊物"，必须对当时的鸣放热潮保持头脑清醒，当时还只是 4 月末。我们听从了他的劝告，但为时已晚，他的真知灼见和料事如神终于未能救出他的三个学生。

---

① 此文原收入王宁等主编、首都女教授联谊会编《繁花絮语》，北京邮电大学出版社 1998年版，第 1—4 页。

之后，我就没有机会接近先生。"文化大革命"中，他的遭遇比我更悲惨。我永远也不能忘记那难于回首的一幕：由于有人挟嫌诬陷，他被一群红卫兵打得鲜血淋漓。我们这些"专政对象"和全体革命群众都被勒令到现场"接受教育"。打手们逼迫他承认：是他，蓄意侮辱了伟大领袖毛主席，将一张印有毛主席像的报纸扔到厕所里。先生忍受着，报以绝对的沉默。那高傲心灵的扭曲和伤痛真是伤心惨目！我的心在哭泣！

终于雨过天晴，有人来调查他所受的迫害，要他指出曾经伤害他的人。先生一笑置之，说是全都不记得了。其实，哪里能忘记呢？先生一向以博闻强识著称，所有往事都会历历在目。例如，有一次，先生和我谈起当时被囚禁在"牛棚"中的生活，十分感慨于像朱光潜先生那样一向严肃的学者，也会在"牛棚"那样的特殊环境下写出一首非常可笑的打油诗。先生一字不漏地将这首诗背给我听，并告诉我当时"牛棚"并无纸笔，朱光潜先生是把这首诗念给他们两三个人听的。那时生活虽然艰辛，他们听了这首诗，还是忍不住笑了一场，看守极为恼怒，勒令他们几个人把诗句背出来。先生一个字也不肯说，只说朱光潜先生根本就没有作什么诗。为此，他遭受了一顿毒打。先生解嘲地说："我在牛棚挨打，多半是为了劳动跟不上趟，那时真心后悔儿时在农村未曾好好锻炼。唯独这一次挨打，是为了朋友？"

10 年改革开放，先生学术著作硕果累累，也曾有过宏伟的学术研究规划。他是大海，能容下一切现代的、传统的，新派的、旧派的，开阔的、严谨的、大刀阔斧的和拘泥执著的。在为我的一本小书写的序言中，他特别提出："每个人如果能根据自己的精神素质和知识结构、思维特点和美学爱好等因素来选择结合自己特点的研究对象、角度和方法，那就能够比较充分地发挥自己的才智，从而获得更好的成就。"这些话一直给我力量和信心，催我前进。

先生的音容笑貌，他那幽默的谈吐，富于穿透力的锋利的眼神，他那出自内心却总带几分反讽意味的笑声，他那冷隽的外表下深藏着的赤子的热忱……38 年来，这一切对我是如此亲切，如此熟悉！难道这一切都永远消逝，只留下一撮无言的灰烬？

记得最后一次去先生家，已是 1989 年深秋季节，古老的庭院，树叶在一片片飘落，那两头冰冷的大石狮子严严把守着先生的家门，更增添了气氛的悲凉和压抑。我东拉西扯，想分散先生的注意，和他谈些轶闻琐事，但先生始终忧郁，我也越谈越不是滋味，终于两人相对潸然。先生说有一桩事，一点心愿，也许再也难以实现……

最后一面见先生，是在苏州的寒山寺。先生原已抱病，却执意要参加他担任了10年会长的中国现代文学学会的苏州理事会。会议在风和日丽中圆满结束，先生作了总结，告别了大家，安排了明年年会，没想到最后一天游览，寒流猛至，北风凛冽，先生所带衣物不多，却坚持要上寒山古寺，一登那古今闻名的钟楼。"姑苏城外寒山寺，夜半钟声到客船"！先生花了三块钱，换来古钟三击。钟声悠扬凄厉，余音袅袅，久久不息。不知道为什么，我的心在寒风中战栗，总觉得听出了一点什么不祥之音！先生击钟，在呼唤谁？在思念谁？在为谁祝愿？在为谁祈福？这钟声，为谁而鸣？而今，年末岁暮，心衰力竭，我哭先生，欲哭无泪，我呼先生，欲语无言！唯愿先生英灵，随袅袅钟声乘姑苏客船，驶向那极乐的永恒！

透过历史的烟尘[①]

——纪念一位已逝的北大女性

乐黛云

　　人生在世，总有一些场景，铭刻于心，永远难忘，尽管时光如逝水，往事瞬间就会隐没于历史的烟尘；但这些场景像里程碑，联系着一些人和事，标志着你成熟的某个阶段，已成为你生命的一部分。

　　你曾注意到未名湖幽僻的拱桥边，那几块发暗的青石吗？那就是我和她经常流连忘返的地方。1952年院系调整，我和她一起大学毕业，一起从沙滩红楼搬进燕园，她当了新中国成立后中文系第一个研究生，我则因工作需要，选择了助教的职业。我们的生活既忙碌，又高兴，无忧无虑，仿佛前方永远处处是鲜花、芳草、绿茵。她住在未名湖畔，那间被称为"休斋"的方形阁楼里。我一有空，就常去找她，把她从书本里揪出来，或是坐在那些大青石上聊一会儿，或是沿着未名湖溜一圈。尤其难忘的是我们这两个南方人偏偏不愿放弃在冰上翱翔的乐趣，白天没空，又怕别人瞧见我们摔跤的窘态，只好相约晚上十一二点开完会（那时会很多）后，去学滑冰。这块大青石就是我们一起坐着换冰鞋的地方。我们互相扶持，蹒跚地走在冰上，既无教练、又无人保护，我们常常在朦胧的夜色中摔成一团，但我们哈哈大笑，仿佛青春、活力、无边无际的快乐从心中满溢而出，弥漫了整个夜空。

　　我是她的入党介绍人。她是上海资本家的女儿，入党时很费了番周折。记得那是1951年春天，我们正在热火朝天地学习文件，准备开赴土地

　　① 此文原收入王宁等主编、首都女教授联谊会编《繁花絮语》，北京邮电大学出版社1998年版，第83—88页。

改革最前线。她的父亲却一连打来了十几封电报，要她立即回上海，说是已经联系好，有人带她和她姐姐一起经香港去美国念书，美国银行里早已存够了供她们念书的钱。她好多天心神不宁，矛盾重重。我当然极力怂恿她不要去，美国再好，也是别人的家，这里的一切都属于我们自己。祖国的山，祖国的水，我们自幼喜爱的一切，难道这些真的都不值得留恋么？况且当时在我心目中，美国真是一个罪恶的渊薮，美国兵强奸了北大女生，可以无罪开释，二战胜利前夕，我亲身体验了美帝国主义者在中国大后方的霸道横行！我们一起读马克思的书，讨论"剩余价值"学说，痛恨一切不义的剥削。她终于下定决心，稍嫌夸张地和父亲断绝了一切关系。后来，她的父亲由于愤怒和伤心，不久就离开了人世。在土改中，她表现极好，交了许多农民朋友，老大娘、小媳妇都非常喜欢她。土改结束，她就作为剥削阶级子女改造好的典型，被吸收入党。

农村真的为她打开了一片崭新的天地，她在土改中收集了很多民歌。每当人们埋怨汉族太受束缚，不像少数民族有那么多美丽的歌和舞，她就会大声反驳，有时还会一展她圆润的歌喉，唱一曲江南民谣："沙土地呀跑白马，一跑跑到丈人家……风吹竹帘我看见了她，鸭蛋脸儿，黑头发，红缎子鞋扎梅花，当田卖地要娶她。"她一心一意毕生献身于发掘中国伟大的民间文学宝藏。当时北大中文系没有指导这方面研究生的教授，她就拜北京师范大学的钟敬文先生为师。她学习非常勤奋，仅仅三年时间就做了几大箱卡片，发表了不少很有创见的论文。直到今天，仍然健在的钟敬文教授提起她来，还是十分称赞，有一次还曾为她不幸的遭遇而老泪潸然。

她的死对我来说，始终是一个谜。我们最后一次见面，就是在这拱桥头的大青石边。那是1957年6月，课程已经结束，我正怀着第二个孩子，她第二天即将出发，渡海去大连，她一向是工会组织的这类旅游活动的积极参加者。她递给我一大包洗得干干净净的旧被里、旧被单，说是给孩子作尿布用的。她说她大概永远不会做母亲了。我知道她深深爱恋着我们系的党总支书记，一个爱说爱笑，老远就会听到他的笑声的共产党员。可惜他早已别有所恋，她只能把这份深情埋藏在心底并为此献出一生。这个秘密只有我一个人知道。当时，我猜她这样说，大概和往常一样，意思是除了他，再没有别人配让她成为母亲罢。我们把未来的孩子的未来的尿布铺在大青石上，舒舒服服地坐在一起，欣赏着波动的塔影和未名湖上夕阳的余辉。直到许多许多年以后，我仍不能相信这原来就是她对我，对这片她特别钟爱的湖水，对周围这花木云天的最后的告别式，这是永远的诀别！

她一去大连就再也没有回来！在大连，她给我写过一封信，告诉我她的游踪，还说给我买了几粒非常美丽的贝质钮扣，还要带给我一罐美味的海螺。但是，她再也没回来！她究竟是怎么死的，谁也说不清楚。人们说，她登上从大连到天津的海船，全无半点异样。她和同行的朋友又一起吃晚饭，一起玩桥牌，直到入夜 11 点，各自安寝。然而，第二天早上却再也找不到她，她竟这样离开了这个世界，永远消失，无声无息，全无踪影！我在心中假设着各种可能，唯独不能相信她是投海自尽！她是这样爱生活，爱海，爱天上的圆月！她一定是独自去欣赏那深夜静寂中的绝对之美，于不知不觉中失足落水，走进了那死之绝对！她一定是无意中听到了什么秘密，被恶人谋杀以灭口；说不定是什么突然出现的潜水艇，将她劫持而去；说不定是有什么星外来客，将她化为一道电波，与宇宙永远冥合为一……

这时，"反右"浪潮已是如火如荼，人们竟给她下了"铁案如山"的结论：顽固右派，叛变革命，以死对抗，自绝于人民。根据就是在几次有关民间文学的"鸣放"会上，她提出党不重视民间文学，以致有些民间艺人流离失所，有些民间作品湮没失传；她又提出五四时期北大是研究民间文学的重镇，北大主办的《歌谣周刊》成绩斐然，如今北大中文系却不重视这一学科。不久，我也被定名为"极右分子"，我的罪状之一就是给我的这位密友通风报信，向她透露了她无法逃脱的、等待着她的右派命运，以致她"畏罪自杀"，因此我负有"血债"。还有人揭发她在大连时曾给我写过一封信（就是谈到美丽钮扣和美味海螺的那封），领导"勒令"我立即交出这封信，不幸我却没有保留信件的习惯，我越是忧心如焚，这封信就越是找不出来，信越是交不出来，人们就越是怀疑这里必有见不得人的诡计！尽管时过境迁，转瞬 37 年已经过去，然而如今蓦然回首，我还能体味到当时那股焦灼和冷气之彻骨！

1981 年，我在美国哈佛大学进修，普林斯顿大学的一个朋友突然带来口信，说普林斯顿某公司经理急于见我一面，第二天就会有车到我住处来接。汽车穿过茂密的林荫道，驶入一家优雅的庭院，一位衣着入时的中年女性迎面走出来，我惊呆了！分明就是我那早在海底长眠的女友！然而不是，这是 1951 年遵从父命，取道香港，用资本家的钱到美国求学的女友的长姊。她泪流满面，不厌其详地向我询问有关妹妹生活的每一个细节。我能说什么呢？承认我劝她妹妹留在祖国劝错了吗？诉说生活对这位早夭的年轻共产党员的不公吗？我甚至说不清楚她究竟如何死，为什么而死！我只能告诉她，我的女友如何爱山，爱海，爱海上的明月，爱那首咏叹"沧海月明珠有泪"的美丽的诗！如今，她自己已化为一颗明珠，浮游于沧海月明之间，和明月沧海同归于永恒。

心存贞慧朴实无华[①]

——介绍卢乐山同志

杨敏如

我有几个知心的好朋友，我喜欢她们的某些性格，常从她们身上汲取前进的力量。卢乐山就是其中的一个。

卢乐山从事幼教事业几乎像是从生下来就决定了的。她出自一个教育世家：湖北沔阳卢家几代是塾师。晚清时期曾任直、奉提学使的祖父卢木斋先生，和曾任学部侍郎的外祖父严范孙先生，都是通晓新政西学，主张废科举、兴学校的维新人物。辛亥革命以来，他们息影津门，靠办实业起家，达成教育救国宏愿。卢木斋先生创立木斋学校（幼儿园、小学、中学），为南开大学捐资捐书兴建木斋图书馆（1937 年被日军炸毁）。严范孙先生开办严氏蒙养园、严氏女塾、南开学堂以及南开大学。卢乐山的母亲是严氏女塾的第一班毕业生。那里的学员毕业后分别在京津两地教幼儿园，成为我国首批的幼教工作者。卢乐山的姑姑在美国哥伦比亚大学学幼儿教育，以后在木斋中学当校长。卢乐山的表姊严仁清是北海幼儿园前主任，从事幼教工作五十几年。卢乐山在母亲和姑姑所办的幼儿园和小学，在外祖父所创的南开中学读书，然后走姑姑和表姊的路，在燕京大学教育系幼教专业学成学士和硕士，在加拿大儿童研究中心深造，在北师大教育系学前教育专业任教。她继承先辈遗志，把全部心血献给幼教事业，风吹不倒，雷击不动。她付出的精力与热情，表现的成就与贡献，确实有其深

---

① 此文原载《民主妇女》试刊号，1983 年。收入《卢乐山文集》（北京师范大学教授文库·卢乐山卷），北京师范大学出版社 2002 年版，第 435—437 页。

厚的基础的。

新中国成立的时候，卢乐山在国外，她和她的爱人立刻抛弃荣誉的学位和优厚的待遇，不顾周围亲友的劝阻，毅然归国，参加祖国建设。在北师大，她参加了中国民主同盟，为的是更好地追随她所爱戴和仰慕的中国共产党，更快地改造思想，适应党和人民交给的任务。苏联专家带来了"凯洛夫"，她所学的遭到了否定。一个运动接着一个运动，她背上了出身的包袱。尽管如此，那文静柔弱的体躯内蕴含着克服困难的力量。力量从哪里来？一个是为人民做好事的一片忠心。不管身体怎样不支，工作怎样繁重，她能沉静地一件一件做下去或写下去。一丝不苟，决不马虎和偷巧。孜孜以求，不知疲倦和休息。任何人看见她这样地对待工作，都会感动的。因此，她保有了和同事、学生等有口皆碑的良好关系。另一个是治学的实践精神。过去求学，她就从没有脱离过实践。在国内和在国外，她都是读一段时期，教一段时期。后来工作、教研室的行政事务和人事关系，苏联专家的理论和模式，都不曾让她抛弃幼儿园的实践。她不断下幼儿园实习，因为她相信不接触幼儿，不在教学实践中检验和认识理论，讲课与写论文是提不高水平的。她这样做，才有条件把真正的马列主义幼教理论学到手，为我国的幼教事业闯出路子来。

党的十一届三中全会给国家带来了光明前途，给知识分子带来黄金时代。解放思想、实事求是的方针，使多少老年知识妇女焕发了青春，发挥出潜力，卢乐山也受到极大的鼓励。你看她一不夸夸其谈，二不牢骚满腹，三不"看破红尘"，四不追求名利，只会以一系列的实际行动表达对党的正确路线和方针的拥护。思想一旦解放，她要开始著书了。近两年来，她对著名意大利女教育家蒙台梭利进行了探讨和研究。她做学问不取捷径，而是先把能找到的有关蒙台梭利的资料做出翻译和整理。她的意思是：让别人也用上那些资料，共同做出研究或有分量的论文来。在酷热的天气下，她撑着病弱的身体，读着，写着。其间，不断有同事和学生来访，拿出厚厚的文稿，请她修改提意见。她先是谦逊，但决不说一个"不"字。推辞不开，就沉默地推开自己的研究，投入别人托付的任务中去。她在民盟中央妇委会的委托下，主办一期早期教育讲习班，为本市幼教工作者做了一件大好事，为民盟中央妇委会打响了第一炮。北师大教育系去年曾准备提升她为教授，她说："我没有什么著作和成就，够不上教授。"师大民盟支部协助党落实知识分子政策，许多基层同志在政治方面、生活方面提出正当的要求。她一家三代七口人，住一套三间小单元，办公、会客、吃饭、睡觉全在一屋。但她不肯向组织开口提困难。在卢乐山心里，为人民服务是光荣的，替个人打算是可耻的，有为，有不为，表现了我国知识分子的品德和骨气。

我和卢乐山，从十几岁到六十几岁，已经是半个世纪以上的朋友了。我们是同学、同事，又是同志，情同姊妹，休戚相关，也许我对她有些偏爱，但她的心存贞慧、朴实无华确实是人所共知的。她很少大说大笑，但说起话来诚恳动人。她从不炫耀光采，但行动起来是如此地执着和有益于人民。我写这篇报道，不避嫌疑，不存私心，像她这样优秀的中国知识妇女，在我国、在民盟内，可多着哪！只要见了她们展开眉头，朗声欢笑，看到她们逐渐解放思想，加强自信，起着越来越大的作用，就不禁歌颂党的正确的知识分子政策的威力；就油然产生以她们为楷模，向她们学习的决心。

热爱是治学的动力[①]

屈育德

  我是从事中国民间文学和民俗学的教学与研究的。在这当中，可以一说的，主要是一种发自深心的热爱之情。这不仅在工作中起了促进作用，还可以说是我行走在艰难的生活道路上的精神支柱之一。因此，我想谈一点与此有关的情况，虽然文不对题，总算是肺腑之言。

  我是在 1955 年当了钟敬文先生的研究生之后，在老师的诱导下，才对民间文学产生感情的。在研习民间文学的过程中，我并非没有看到它的粗糙、稚拙的一面；然而它那淳朴、真挚的"天籁"却常常打动我的心灵。劳动人民（特别是劳动妇女）所受的苦难，使我大大加深了对旧社会封建统治的罪恶的认识；而劳动人民的反抗意志、机智勇敢和对生活的热爱，则使我感到衷心的敬佩与赞赏。特别是整个民间文学所表现出来的中国各民族人民的浑厚"元气"，更使我对中华民族的恒久生命力充满了信心。这里顺便说一句，我没有看过电影《红高粱》，但我听人说其中表现了中华民族的粗犷"元气"。我猜想，这大约与我在民间文学中所感受到的有其相通之处。要是果真如此，那么《红高粱》在国际上获奖的原因之一，也许正是中华民族的"元气"在国外人士的心中引起了震动。在我对民间文学的热爱之情中，有一些因素连自己也说不清楚，也许只是个人的某种朦胧感悟。可惜我虽然做了多年的教学工作，却仍然不能把这种感悟表述清楚，使我的学生也能对民间文学产生感情。这一直是我引以为

---

  ① 此文原收入王宁等主编、首都女教授联谊会编《繁花絮语》，北京邮电大学出版社 1998 年版，第 89—94 页。

憾的事情。

　　一个知识分子在专业工作方面的表现，是必然与他的整个生活经历相关联的，是受到制约或者说互为影响的。我的生活中颇多坎坷，1959年在研究生班毕业后，分配到宁夏大学中文系任教，先是孤身一人，后又夫妻两地分居，加上正值困难时期，所以生活上相当艰苦，1961年怀孕后，由于体弱还曾多次晕倒。另外，宁夏大学中文系没有民间文学课，因此我只得改行开设别的课程，这自然比较吃力。在这种情况下，我正因为对教学工作怀有感情，所以才感到精神上还比较充实，并能在课堂交流及与同学课外相处中得到不步的安慰，同时也没有放弃对我所热爱的民间文学的研究。

　　但是，更大的打击还在后头。1967年秋，我被诊断患了鼻咽癌左颈转移，属于三期中偏晚阶段；随后进行放射治疗，经过89次照射之后，整个身体差不多毁了。在无锡养病期间，心情也很不好。因为得了这种病不免想到死，却又舍不得幼小的女儿。然而我却不想让自己沉浸在感伤之中，只要有一点力气和精神，便拿出民间文学的书刊来看，边看边想，每天写一点笔记，做几张卡片。这渐渐成了与病魔作斗争的一种方式；而从业务的角度来说，也起到了连贯思考和积累资料的作用。

　　党的十一届三中全会以来，我的生活发生了巨大变化。这时身体已有所恢复，同时又在1978年底调到北大中文系任教，结束了十八年的两地分居。从此我更可以一心一意做我心爱的工作了。十年来，我先后开设了民间文学概论、神话学和中国民俗学三门课，参加了《民间文学概论》的编写，发表了二十多篇论文，出版了《神话·传说·民俗》一书，还写了十万字的《中国民间文学史稿》。我做这些事并非没有困难。由于体质还差，所以看书和写作时间稍长，便感到疲倦头晕；又因为放射后遗症，喉咙有裂缝，讲课感到干痛；特别是连讲三节课时，头部脸部都发麻。但是我并不觉得有什么苦，事实上，在每个星期中遇到有课的日子，心里还总有一点兴奋。我是个死里逃生的人，多少年来盼着能上讲台，能做研究，现在这一天到来了，家庭境遇也比从前好得多，所以我心里往往有一种幸福之感。只是最近一年来，由于神经损伤，说话发音不清，脸部又胀又痛，才讲不成课，写不成论文。但我总感到这是暂时的现象，损伤的部位还能够恢复。至少我的《中国民间文学史稿》的修改、补充工作是要力争做完它的。（金舒年按：先慈鼻咽癌复发并转移到颅底，其实已有几年了，由于医疗上得不到认真检查，所以直到一年前才确诊。但她自己仍以为是放射后遗症。由于颅底神经损伤越来越重，她的舌头短缩而且转动不灵，吃饭只吃稀的还常常咳呛，右脸瘫痪胀痛。在这种情况下，她还坚持讲课。最后教的一门课是给留学生讲的"中国民俗学"，一下午连上三节课，非常艰难。但每次讲完，她都很高兴。她认为能使外国人认识和重视中国传统文化，是一件很有意义的事。直到生命的最后，她还盼望能够再讲这门课）。

我认为，治学这件事，方法虽然重要，但首先总要被一种动力推上治学的道路，才能够在这路上迈步。假如像现在一些人那样厌学，那么再好的方法也是难以使用的，我想不论什么人，只要热爱自己的专业工作，能够持之以恒地去钻研它，那么多多少少总会有一点贡献。根据我个人的体验来说，不但对整个专业工作必须要有感情，就是对每一项具体任务（例如讲一堂课，写一篇文章），也必须带着感情去做，才有"兴会"，出"灵感"，做起来比较顺当。

另外，我还想谈一个意思，就是以具体的目标带动具体的实践，这也是从自己的经历中体会出来的。我在宁夏大学任教及在无锡养病期间，都不曾放弃对民间文学的阅读与思考；但现在看来，其主要作用只能说是没有荒废了专业，或者还可以说是积累了一些资料和想法，更多的效果就说不出来了。与这情形相反的是调到北大以后，在不到十年的时间里有了一些看得见摸得着的成果。这主要就因为近十年来的专业工作是由一个个具体目标所带动的。这几个月参加编教材，要如期写完承担的章节；那几个月要开课，必须写好了讲稿才能上讲台。就这样，一个个具体的目标推动自己去进行教学与科研的实践，随后便有了一个个较为具体的成果。目标对人既是动力，也产生压力，使人非干不可，这就与一般化的进修不一样。但在取得实践成果之外，同样也取得进修的效益。所以在这十年的后一半时间中，我已经习惯于各个时期都有一个具体的目标，来带动业务工作。

再一个意思，想谈谈我是怎样看待各种新理论的。我对一味堆砌新名词，甚至不知所云的文章始终难以接受，但又认为不必因为出现了这样的文章而全面否定新理论与新名词。因为有的文章运用新理论的确开拓了传统学科的视野，引起了学科之间的交汇。许多新的名词概念也已经为学术界广泛运用，的确表现了当代理论文章所需要表现的新含义。因此，我对新理论的态度和做法是"以我为主，学一点用一点"。首先是"以我为主"，不为了追求时髦而生搬硬套。我想，任何文章的创新之意都主要是从个人的学术修养中生发出来的，而不可能从外部生硬地搬来。所以在教学和研究工作中都要注意发挥个人固有的优势或特点，而不能见异思迁，以贻"邯郸学步"之讥。但固有的优势或特点又不是一成不变，而是需要扩展与充实。所以，凡是对自己能够理解与认同，特别是能够消化吸收而又的确触发了新意的观点与名词，也就自然而然地要加以运用。因为要做到真正的消化与吸收，所以在方法上只能是"学一点用一点"。

　　附注：此文据先慈屈育德口述记录成文。先慈撰写学术文章，论述中常融入深挚的情感，读来优美流畅，在这方面不止一次地受到同行专家的赞扬。在她口述这篇"治学之道"时，曾想谈及学术论文的表述问题，并提到"将散文笔墨引入论文"的设想与尝试，后来因为病情加重，未能述毕。

整理者：金舒年志

1998 年于北京大学蔚秀园

人生、机遇、拼搏[①]

——一个耕耘者的自述

田荷珍

岁月匆匆，时光流逝，转眼间我已步入花甲之年。回首往事颇感苦中有甜、苦中有乐。从自己奋斗的几十年，谈谈如何看待人生、机遇和拼搏。

一　人生：大海中的一条船

在汪洋大海中，人生是一条船，是在风平浪静的海湾里行驰还是迎着狂风恶浪前行，这是谁也不能预测的。不妨也可以将生活比作是一条没有尽头的跑道，每个人如何跑? 走什么路? 是顺利还是不顺利? 都得要走，而且每走一步就会落下一个脚印。在人生旅途中，人的天性是不愿吃苦，而万事又离不开吃苦，那么在任何时候要坚信"先苦后甜"乃是人生的哲理。

其实，每个人的一生都在圆自己的梦。譬如自己也曾年轻过，在刚迈入北京师范大学校门时，有志向要做一名人类灵魂的工程师。打那时起自己有了理想，生活有了目标。大学四年的生活是十分有意义的，它为走向生活打好了各种基础——身体的基础、学习的基础和工作的基础。在大学阶段也学会了如何做人。毕业后能留校当助教这确实是极其光荣又体面的事，紧接着就面对着历次政治运动的考验和各种形式的淘汰筛选，经过这番使自己对事业产生了一种紧迫感。深知只有全身心地投入教育事业才能成长、立业。

---

① 此文原收入王宁等主编、首都女教授联谊会编《繁花絮语》，北京邮电大学出版社 1997 年版，第 230—234 页。

作为一个耕耘者，他的最大乐趣就是将自己所掌握的知识传授给年轻的大学生。我在基础课教学岗位上一站就是 38 年，这需要多大的毅力！我的学生之多用"成千上万"来形容一点也不过分，因为我除了在正规大学开大课，还通过印度洋上空的通讯卫星向全国播讲《无机化学》。由于是"开天窗的大课堂"，靠先进技术远距离教育去传播知识，我要求自己每堂课必需认真准备，几乎录一节课要花费大于 10 节课的时间去备课，要求自己讲得有创造性和符合规范性。这种教学，学生来源复杂，基础参差不齐，真所谓"众口难调"。我竭力克服各种困难，几十年兢兢业业，为千万个素不相识的学生做奉献。自 60 年代初至 1993 年，我先后五次被中央电大聘为主讲，共录像 300 余时，播出时间超过 2000 余时，在理科类讲授电大的主讲老师中名列榜首。

我如同千万个教师一样在乎凡的岗位上默默耕耘，我热爱三尺讲台，将传授知识看作是一项崇高的工作，我更热爱那些年轻又充满着生机的大学生，经常从他们的身上吸取力量。我立志要将当今科技最新最有用的知识传授给他们，拓宽学生的视野。教人进步、育人成才。每当看到年轻的大学生们在成长，我都感到无比地欣慰。

二　捕捉：面对机遇的诀择

自改革开放打开国门以来，为了使教育与国际接轨，高校的教师出国考察、深造的机会很多。开始时我失去了好多次机会。但机遇总是向着有准备的人在微笑。我一方面努力工作，另一方面抓紧准备外语。作为一个女性更应发挥自己的优势，去抓住机遇。

这是一个良好的开端，当我在中央电视台录像进入第 10 个年头时，我获得机会东渡日本参加第 11 届 NHK 日本电视教育大奖赛。我编导的电教节目在日本展示，得到同行专家的好评，我增添了信心，期待着自己将会对远距离教育做出更大贡献。到 1988 年，我又荣幸地得到了世界银行贷款赞助去加拿大 UBC 做高级访问一年。出于对西方世界的陌生感和神秘感，又抓住此次出访的机会、良好的语言环境、优越的教学和科研的条件，我争分夺秒地学习以充实自己。在临回国前，按加拿大政府的政策我国留学生可留在加拿大，但我想到我的根在中国，我的岗位在国内，我应该将所学的知识还之子民，我毅然决定回国的消息传出后，导师和同事们都很赞赏，在国内又得到领导的肯定。回国后，自 1990 年以来，更多更好的机遇向我招手，我应持有什么态度呢？

三 拼搏：对待挑战的唯一态度

面对挑战的态度是拼搏。敢于拼搏是需要勇气和决心的。我意识到在新形势下只有吃大苦耐大劳，不断增强竞争实力，才能取胜。

90 年代是 20 世纪最后的 10 年，如何使我国的教育达到国际水平，一方面要加快改革的步伐，另一方面能争取出席国际会议，与世界各国的同行和专家切磋教育改革的方案。对一个讲基础课的教师，不可能有更多的课题费去支撑此举。但我每次将我的教改经验写成论文，翻译成英文，都能得到会议主席的邀请信，最后得到国家教委国际合作司的赞助。这样，自 1991 年以来我先后去过 10 余个国家，如英国、美国、澳大利亚、泰国，等等。在 1995 年又得到联合国教科文组织邀请率领四名中学生赴罗马尼亚参加国际科学大奖赛。每次出国我都积极收集信息，并用发言或墙贴的形式与各国进行交流。回国后又将国外教育改革的动态通过各种渠道向同行、专家们介绍，并向青少年介绍国外高新技术的新信息。每次出国，不论在欧洲、美洲还是东南亚都感到"世界之小"，总能碰到生面孔的电大学生，熟面孔的面授学生、同事甚至亲人。

90 年代以来我懂得了如何拼搏，又赶上了好的时机，各种各类的奖项我招手，我曾得到不少荣誉和奖状，其中我为自己能荣获宝钢教育基金奖（优秀教师奖）而自豪。今年又获得北京市政府授予优秀课程一等奖。在国际上，我的业绩和贡献被收录在 1996 年第 24 版英国剑桥名人录，同年我又被聘为美国名人录研究的顾问。值得振奋心弦的是在 1996 年，正值我在澳大利亚参加 14 届国际化学教育会议期间，得知我被批准为正教授。我深知在这些荣誉背后有多少甜、酸、苦、辣。

我仍要不停步地去叩响 21 世纪的大门，但愿此段往事能够对年轻的女大学生有一点启迪，女性要在事业上做出卓越成绩将要比男子付出更大的代价。愿跨世纪的一代女大学生正确对待人生、机遇和拼搏，寻找打开未来新世纪大门的钥匙，一往直前去攀登，未来是属于你们的！

在天文教育与探索宇宙的门口

刘学富

一　教学历程是拼搏、奋斗的历程

自 1960 年毕业留校以来，我在天文系从教 48 年。这 48 年的教学历程是在党培养下成长和奋斗的历程。它充满了艰辛、苦涩、欢乐、荣耀和幸福。感谢前辈冯克嘉先生的知遇之恩，把我领到天文教育与探索宇宙的大门。1958 年"大跃进"时期，学校大搞科研，我和几个同学生在冯先生的指导下要建造"太阳塔"。不懂就边学边干，请专家来讲课，找参考书来读。我们利用物理楼的原升降机的通道，捅开了楼顶，就大干起来，我们在夜里去拉水泥，在雪地里弯角铁……。当时，我们的热情和干劲感动了校工厂的师傅。在工人师傅的帮助下我们建起了太阳塔圆顶。我们又在董先生及工人师傅的帮助下设计与制作了观测太阳的定天镜。那时我系光学仪器厂的师生们为太阳塔磨制了太阳成像镜和反光镜。我系有了太阳塔，又有了从德国买来的天文望远镜，开展了太阳黑子的观测和夜间的恒星及人造卫星的观测，这就给天文学系的成立奠定了物质基础。

1960 年，我校天文系隆重成立，成为继南京大学之后第二个有天文系的高校。刚刚毕业的我，第一年就要讲天文课。我感到有巨大的压力，但这压力没有压垮我。我一边讲，一方面抓紧补课学习，另一方面多次到天文台进行观测，不断地充实自己，顶了下来。平时，兢兢业业地讲课；节假日就去天文台观测、搞科研。我多年如一日，在教学科研的战线上刻苦奋斗，取得了丰硕的成果。这些年来，我教过"基础天文学"和"实测天体物理"及研究生的"实测天体物理"和"变星与双星"等课程，担当了实测天体物理的教研室主任。其中，"实测天体物理"多次被评为"教学改革先进"课程，我曾被评为北京市"教书育人优秀工作者"，及荣获"全国师范院校优秀教师"三等奖。

改革开放后，1984 年，系里安排我到美国麦克唐纳天文台及 Nebraska 大学去进修，做访问学者。利用美国的大望远镜，我做了大量的特殊双星、变星的测光、光谱和偏振的科学研究和分析，在国内外发表论文 80 余篇。我多次参加国际天文会议，并是"中美双星会议"的主讲人之一，那时我校方福康校长还出席招待宴会，并给予我热情的鼓励。

如今，我已桃李满天下。在 2012 年校庆 110 周年的时期，我系返校的校友里，其中有的是部队的大校军官；有的是航天部的专家；有的是科学院的研究员；也有中学的一级教师……。师生相见，两眼汪汪，快乐融融。听他们说：我们想老师了，真是感慨万千。其中有一个如今是科学院研究员的说：那时刘老师带我们到天文台实习观测，我们特别兴奋，不怕冷，不怕累，通宵观测一生难忘。有的告诉我：刘老师，您是我们敬佩的老师之一。看见他们，听到这些话，我感到非常的幸福。

无论博士生、研究生和本科生，都是我们的后继之人，要培养他们成为国家的栋梁之才，在教书的同时，也就必须关心他们的健康和品德。教书育人这是我们教师的天职，一定要严要求，高标准。在这里我谈一些点教书育人的感受和心得。

二 时代要求我们培养世界第一流的人才

在这宇宙航行的时代，人类已经实现了"飞天"、"蹬月"的梦想，空间望远镜和各种探测器不断给人们传来"发现新天体"的喜讯，揭示了许多新的探测结果，提出了暗能量和暗物质的新问题。它激励人们向更深层次的思考和探索。目前，中国的嫦娥 1 号和 2 号卫星实现了绕月飞行，中国的"月球车"即将送往月球。我国对火星的空间探测也提到了日程。在不久的将来，月球上会有中国的月球车和科学实验基地；在火星上也会有中国人的足迹。也许在不久的将来，在新的宇航指令员、飞行员、优秀的天文学家中，也会有北师大天文学系培养的学生。目前，这些聪明、睿智的未来精英们正在听我们讲课，接受我们的培养，作为老师，给予他们的应当是世界一流的精神食粮和细心呵护，认真栽培，使他们以后在教育和科研领域里扬帆远航！

三 教师要敬业，从严治学

编写一流的教材。冯克嘉先生说过：在教育领域，要重视"三才"建设，即人才、器材和教材。教材是教学之本，是学生学习的主要依据。让学生有扎实的理论基础，必须有好的教材。为了教好"实测天体物理课"，我编写了理论与科研结合的"观测天体物理学"。为了给学生打好天文学理论基础，我主编了理论联系实际与现代科研相结合的"基础天文学"。它入选为"十五"国家级教材规划，是新千年课程的重点教材。本教材的特点除了时代性、科学性和系统性以外，还具有实践性。它提供了十九个"天文观测和实验"的示例，并列有大量的例题和习题，其中包括精选的历届国际天文奥赛的部分考题。此书至今畅销全国。

与时俱进的教学方式，讲课要与学生互动，不能自顾自讲，要多提问，多启发；并运用多媒体技术，提高学生的学习兴趣。

带学生到天文台实际锻炼，在科研观测中"真刀实枪"的训练学生。在实习期间不仅请天文专家讲课，重要的是在夜间向科研人员学观测，只要天气好，利用大望远镜通宵观测，实际锻炼学生的科学观测能力和吃苦精神。

严格要求学生：要求学生认真听好课，看参考书，并且做好习题。对研究生要求他们把科研资料写成论文来评定成绩。

四 从爱心出发，教书育人

在教学过程中，教书育人是指：以一颗爱心出发，培养学生的品格、毅力和科学创新精神。学生的学习情绪，身体健康等要时时关心并尽力解决他们的问题。我举一些例子说说我的感受。

在天文台实习过程中，有的学生，第一天看到我国的大望远镜，特别激动，说太伟大了。第二天观测一夜后，又说观测太冷了，也饿了，太辛苦了。针对这种现象，我们进行了艰苦奋斗、努力攀登，才能攀登科学高峰的教育。有的学生，在学习过程中，因失恋而厌学，论文也写不下去，情绪低迷。我就和他多次谈心，并与他家庭联系，及时做通思想工作，使他走出低谷，找回了自我，重镇旗鼓。

我退休后不久，某一天，接到一个电话，电话那一端的一个声音告诉我："刘老师，我被评为'科学院首席科学家了'"。我激动地祝贺他。我曾在他学习征途的最低迷的时期拉了他一把，现在我为他感到骄傲。

五　发挥余热，热心天文科普

在这伟大的时代，我国天文事业飞速发展，年轻时的天文学家正一批一批成长，广大的天文爱好者的队伍也不断扩大。青少年活动组和少年天文观测站如雨后春笋应运而生。现任北京天文馆的馆长朱进是我系毕业的学生，他推动和发展了天文科普，也发展了青少年的国际天文奥赛活动。很多天文爱好者，少年精英踊跃报名参加国际天文奥赛。我积极参与辅导活动：为他们讲课，辅导奥赛题等，并为他们编写了天文科普丛书"太阳系新探"，"我爱天文观测（少年天文活动观测指导）"及"探索宇宙的奥秘"。一些孩子非常聪明，在国际天文奥赛中夺得了金奖，有的拿回银奖和铜奖。我为这些后继的英才的成长高兴。我的努力得到了广大青少年的认可，我也成了他们追星族的"星"，被北京天文学会评为"优秀天文辅导员"。

我的道路是拼搏、奋斗之路，也是成功之路，成功的一半要归于我的爱人李志安教授。我们 50 年来在风雨中共同拼搏，在教育战线上并肩战斗。我们是同学，也是最亲密的战友和伴侣，在事业和家庭生活上，我得到了他的鼎力相助，他的爱深深地铭刻在我的心中。

诗词人生与诗教化育
——纪念导师钟敬文先生

董晓萍

钟敬文先生是民俗学者，也是诗词名家。在他漫长的人生中，写诗填词是一种生活方式，后来也成了他教育研究生的一种方式。他讲课、写文章、带研究生、出席会议，不知疲倦地工作，也乐此不彼地写诗。他的这些诗是文学诗，也是教育诗，我跟钟老学习和工作多年，对他的这种特点是十分熟悉的。

一　飞向贵州

1987年，钟老已85岁高龄，当年春，应邀赴贵州参加全国中、青年民俗学理论研讨会，来去乘飞机，因在乘客中年事最高，受到了空中小姐的格外关照。

去时一路顺风。抵达贵阳后，他开会、演讲，和青年同行一起讨论学术问题，心情极为愉快。会下，贵州省文艺界经常来人拜访，他见到了"老文联"田兵，相谈甚欢，还到田家喝了一顿"村"味儿米粥。田兵20世纪60年代整理出版过西南苗族的创世史诗《苗族古歌》，"文化大革命"中受到冲击。"文化大革命"后，钟老主编全国高校文科教材《民间文学概论》，选用了他的作品。会议休息时，钟老还抽空到被鲁迅称为"乡土作家"的贵州文坛耆老蹇先艾的办公楼小坐，两人一起回忆了20年代的文坛旧事。还有两个半天，分别游览了黄果树瀑布和花溪公园，但钟老观赏的时间不多，路上大都被年轻人包围着提各式各样的问题和请求合影留念，他尽量满足了后辈们的要求。

钟老的住地周围,青山绿水,白云缭绕,由于云贵高原气候的影响,当地还有晴天下雨的现象,雨后依然晴空万里,没有一丝乌云。钟老饭后散步,偶遇细雨,便在雨中行走,欣赏这高原山城的景色。明杨慎诗曰:"豆子山,打瓦鼓;阳平关,撒白雨;白雨下,娶龙女;织得绢,二丈五……",意思是,西南民间舞弄鼓乐,忽逢阳平山上白雨骤过,一片喜气之中,迎娶龙洞的神女出山来了,只见江水如绢,恰似她织成的嫁妆礼品……。钟老是诗人,平素喜爱明清时代大雅变俗诗风,此刻不免即景抒怀,听雨说诗,一心徜徉于群山幽径之中,竟全不知数日外出的疲劳。

由贵阳回北京时,飞机出事了。飞机飞到北京上空时,着陆滑翔用的轮子不灵了,两次试降,轮子都收缩不放。飞机下降后,无奈又猛然腾空飞起,上下数千米,顿时把机上的几百名乘客犹如甩入了狂风巨浪之中,生命变成了风雨飘摇的一叶小舟。顷刻间,机舱里的呕吐声、唏嘘声、哀叹声、责斥声、尖叫声、叹息声、抱怨声、喊问声、愤懑声和播音室的报警声,混成了一片。只剩下空姐,训练有素,保持镇定。再就是钟老,竟然奇迹般地不呕不吐,不急不怨。他自从一登机就是重点保护对象,空姐这会儿一次次地走到他的身边,问他是否可以承受,是否需要别的什么保护药物,他都一一婉谢,表示乐意从俗从众,中间还说了句:"老人家这么大年纪,早该'过期作废'了,是不是?"开了个玩笑,以慰空姐。

到第三次飞机迫降时,在接近地面的那一刹那,突然,飞机的轮子伸出来了。刚才机上还预告:如果飞机的机身直接触地,可能引起摩擦起火、撞击伤害等种种灾难,此一刻,倏忽间,却险情排除了,一切都化为子虚乌有了。再过一会儿,机舱的门打开了,空姐微笑着送乘客下飞机,乘客微笑着与空姐告别,人人的脸上都挂着从另一个世界归来的那种英雄感,但又不说,只是心照不宣。待人们双脚踏上了首都机场的土地,意识到这下算彻底到家了,那被遮掩的狂喜才终于爆发了出来。于是,有人开始起劲地高谈阔论几分钟前的空中历险记,有人说咱们坐的不是美国的波音大飞机吗?看来美国造也没啥了不起。七嘴八舌,发言踊跃,热闹非凡,神勇无比。钟老年纪大,走在人流的后面,这时已在向身边的弟子交待下一步的教学安排,其他,并无闲话。

钟老回到大学后,连日内,仍然不断地有校、系领导和同事前来打听他飞机故障的事，关心他的身体有无任何不适，他都轻描淡写地一说而过。又过了一月，他给我写了一首咏贵州的诗，题为《阅历一绝示晓萍》诗云：

> 阅历名山与大川，
> 史迁挥翰著雄篇。
> 来穷龙洞观飞瀑，
> 看拓文心逐古贤。

飞机的事，他还是一字未提。

二　我不如他

钟老门下，弟子如云，已是四世同堂、五世同堂、六世同堂。早几年，学界传说钟老收授弟子的条件严格，形容他"只吃细粮"；后来，又嫌此四字无法概括学识渊博的钟老乐于提携不同类型人才的宏大气度，便又在原来流传的民间俗语上加了两个字，叫"粗粮细粮都吃"，据说钟老风闻此话，不置可否，一笑了之。但如果轮到他评价晚辈后学，包括亲炙弟子，他却有自己的一句口头禅，叫"我还不如他"。

钟老晨起后和白天工作之余，喜欢散步，此事常见诸报端，记者们或称之为"校园之'钟'"，或称之为"师大人文一景"，或称之为"长寿秘诀"，诸如此类，形成套话。一般情况下，记者照此写作，钟老照样散步，互不干扰，各行其是。但有一年，一位青年研究生写了一篇颇调皮的散文，也谈钟老散步，题目叫《下雪了》，却大获先生嘉许。此文的要点，不是写钟老拄杖散步的外形风采，而是写他散步时的一种好心情。其中有个细节说，那天正下雪，这位学生陪钟老走回小红楼的住宅区，在他们的前面，走着两个大学生，一男一女，说说笑笑，爽爽朗朗。钟老问："他们在做什么？"研究生一怔，不敢回答，以为先生凡一开口，必是严肃的学问。不料钟老却说："是谈恋爱吧？"学生一听，先生出语平易，便悬念大释。于是，后来，雪中的他俩，一老一少，成了自由平等的朋友。他们说到民歌、五四、鲁迅和朦胧诗，也说到了浓淡各异的人生体味，直到心意畅快方才散伙。文末,研究生以活泼的笔调说,想不到,钟老的心,比跳跃的雪花还年轻,还细润,还通灵。钟老后来读到这篇散文,感叹一个和自己异时异代的二十出头的年轻人,竟能以一个年轻人的理解方式,写出一个文学老人的日常闲谈,还写得颇有灵气,便逢人就夸:"我二十几岁时写的散文,都还不如他"。

钟老工于旧诗,从少年到晚年,创作了大量脍炙人口的优美诗篇。他也写新诗,最早的一部新诗集《海滨的二月》出版时,他才 27 岁。一位当代诗人,酷爱新诗,60 年代在中文系听过他的课。一年,他送了一本新诗集给钟老,颇有私淑意。他事后对人说,当时认为,以钟老的大名,对后学的作品,一眼不看,也属正常。但让他大为震动的是:钟老不但仔细过目,看罢还在各种场合,为他"鼓吹"。有几次,钟老以五四老诗人的身份出席现当代文学的学术会议,还不忘提到这部诗集,在发言中说:"平心而论,比起写诗的造诣,我还不如他"。

钟老也治文论。他自 20 世纪 30 年代由文学转向民俗学以来,也把民间文学的活力和民俗学的视野,带进了上层文学批评的领域。大约在 90 年代中期左右,一青年文学理论家撰文提出,如果把 20 世纪以来的朱光潜、宗白华和钟敬文等的文论相比较,可见中国知识分子所寻求的一种多层次文学完美融合的"整体性"构架。文章写得大气磅礴,富有建设民族化的中国诗学的锐气和才情。钟老本来在民俗学界也强调建立中国学派,但在上层文学理论方面,心存此念,却一直没有把这种想法说出来。现在,竟由一个思想敏锐的青年后学,经过不同角度、不同方法的独立研究,率先把这种意见说了出来,钟老一经获知,高兴万分,从此,他再三赞赏:"讲文学理论,我还不如他"。

钟老在大学执教 70 年,历经世事风云、学术变迁,和门下弟子之间不免存在"代沟"、"话沟"。他的学问涉及民俗学、散文、诗词和文学理论等诸多领域,博学通识,和现在只攻读某一专业的新派青年,也不免存在着"行沟"。但钟老从不固旧,更热爱青年,这种品格,使他能够超越横亘在双方之间的沟壑而始终保持学术青春。去年,他 95 岁;一位美国学者弗里来访,50 岁;钟老得知这位异国学者去过南斯拉夫考察史诗,便百问不厌,还说:"我们由于条件的限制,对东欧史诗的了解,不如你们多",

态度真诚，全无中国民俗学权威的大架子，对方惊叹："一个学者，活到90多岁，还有兴趣向别人学习，这正是他长寿的秘诀呀"！

三　知识共享

日本学者百田弥荣子教授来北京举办日本有形民俗艺术展览，中途给钟老打电话，说要来拜访。钟老顺便请她开一次学术讲座。讲座的当天，钟老准时到场，坐在普通学生的位置上，听百荣作报告。百荣显得很激动，肯定是没想到她仰慕已久的一位中国学术权威竟是以这种方式接受她的拜见的。

一开始，她哭了，研究所里的博、硕研究生们马上安静了，每一个中国教师和学生都感受到了一种极为特殊的心灵交流。过了一会儿，她简要地说了几句话，当作开场白，意思是，50年前，日本军国主义者侵略中国，给中国带来了巨大的灾难，现在她和广大日本人民一样，深感歉疚，今后希望两国永做友好邻邦。再接着，她进入了报告的正题，其教态之认真、诚恳，提供资料之详细，分析之恰切，表现出了一个上乘学者的风度和功底。

百荣讲演时，钟老不时插话、询问；百荣则会心作答，毕恭毕敬。本来，按百荣的原意，此时此刻，她是应该在钟老的家里拜见和交谈的。但现在，在钟老的一再坚持下，这次访问却变成了她的公开教学，这在她，可能算是一个意外。

她初来，她当然不知道，对钟老来说，这是常用的教学方法。每有这种机会，钟老总是对弟子们说："来人都是很好的国际学者，他们要跟我谈话。我一个人听，不如你们一起来听。集体学习，不是更好？"

也许，让有知识"经济"头脑的人计算，这种高层次的私人学术来访的"利息"，都该归钟老。道理很简单：他们万里迢迢来中国奔的是钟老，一般他们所求教的问题，也都是他们在本国和中国的图书馆里查不到、而为钟老所亲历的史实，他们现在要来听钟老亲口作答。他们描述这些问题的表达式，还往往能刺激别人的灵性，带出某种学术新动态，而能让他们乐于信服的，也只有钟老。但钟老却不这么想。他并不把这种场合看成是一己的"专利"，而是催促弟子们前来"共享"，不但要求"知识共享"，还鼓励弟子们对他本人和外国学者的发言做独立分析，各抒己见，可以信，也可以不信。

百荣教授在北京举办民俗展览结束后，率团回国。两月后，钟老门下的一位日本留学生回国，钟老托这位留学生带给日本朋友一首新写的诗，诗云：

> 跨海西来问老人，
> 讲堂花雨落缤纷；
> 君归正及红樱节，
> 无福同探上野春。

60 年前，钟老还是一个跨海越洋到日本留学的翩翩书生，现在已满头银丝的学术老人了。此诗表达了他的一个夙愿：就是要把当年所学的东西还给日本老师和那里的友好的人民。这种独特的经历和心情，就不是别人所能共享的了。

四 君子淡交

彝族支系撒尼人的民间叙事长诗《阿诗玛》，讲述了一个美丽的少女化作山谷中的回声，向情郎哥倾述爱情的故事。它曾被拍成电影，倾倒过无数国内外观众的心。它的彝汉文本的组织翻译者是我国著名的彝族语言学家马学良教授。马教授曾在 40 年代初只身深入云南撒尼彝族社会，学习撒尼语和彝语，搜集了彝文叙事诗《阿诗玛》，半个世纪后，他又把自己所精通的古彝文和研究成果传授给彝家的后代，培养了第一代彝族博士。钟老对马先生的民族语言学造诣赞不绝口，曾推荐门下的少数民族民俗学研究生去马先生那里读博士。

马学良教授也是一位少有的重视民俗学的语言学家。70 年代末，他和钟老等"七君子"一起上书中央有关部门，恢复了新时期的中国民俗学的建设。从此，他在语言学、彝学和民俗学三块园地里同时耕耘，出版了《云南彝族社会礼俗研究文集》和《素园集》等新著，丰富了民俗学的成果。他看好的弟子，也被他鼓动到钟老门下深造，攻读民俗学博士。

钟、马二老心心相照。但两人见面，除了开会，就是研究生答辩，其他并无私事，甚至平时连电话也极少打，用当代流行的话说，叫"公对公"。1998 年的一天，适逢马学良教授 85 寿辰，钟老送上一幅寿联，表达了他对两人订交的珍重：

一生尽瘁昌彝学，
廿载相濡建友情。

上联称颂马先生在学问上的独到建树，下联交代二人君子之交的始末，用情至深而用语至淡，这就是钟老的处世风格。

钟老一生的友人同好不止马学良教授。仅就近二十年来说，他对旧交夏衍、聂绀弩、陈原、林林、启功、季羡林等多人都多有联语相赠。钟老和他们之间交往虽淡，但却"文人相重"，是另一种人。

五　学为自得

1998 年，辽宁春风文艺出版社拟推出百本《插图本中国文学小丛书》，邀集内行学者撰写，由钟老、启功老和季羡林老等担任顾问。10 下旬，春风社的杨爱群先生来电话，请钟老题词，说要为即将出版的小丛书做宣传。他讲话十分诚恳，又想要字，又怕惊扰钟老，又担心大学者不理睬小人物。

当时我估计，钟老忙是忙，但会答应。因为这套小丛书的读者对象是青年人。当代有的青年人，喜欢外来新潮的西方文学，有点瞧不起中国的古典文学。钟老既然答应出面当顾问，就是"顾"到了这种针对性。他不反对青年人学外国文学，但强调要"学为自得"，这套小丛书的编辑思想正好与他的看法不谋而合。小丛书的定价也低，考虑到能让读者易买乐"学"，这也符合钟老近年对出版物的定价要降低的呼吁。大概启功和季羡林二老的想法不外如此。果然不出半月，钟老拿来了题词，交古典文学组的张俊教授转寄出版社，题词如下：

一言山重须铭记

　　民族菁华是国魂

——录旧句题《中国文学小丛书》

　　杨爱群得知此事，乐不可支，马上打来长途电话致谢。他在电话中顺口说，"季老也寄来了题词，二百多字，工工整整，都是亲笔写的"，"这些大学者，太感动人了"。

　　钟老、季老等知名学者，多是留过洋的饱学之辈，但在他们的学问炉火纯青的时候，反而更强调本民族的主体性，这种境界本身，就是"学为自得"吧。

六　写诗养气

　　1992 年夏，由北师大校方出资，钟老去小汤山休养。疗养院内，山光水色，空气清新，钟老每日清晨出来散步。一日，孙女小卉发现院中有荷花池，回到房中向爷爷报告。从此祖孙俩便经常一起来此赏荷。当年末，钟老在《群言》杂志上发表了一篇写荷花池的散文。再以后，钟老避暑的地点移至西山八大处北京工人疗养院，院内辟有江南园林式景观，钟老也很喜爱。1998 年入夏后，钟老又来八大处疗养，此时，他刚刚结束了手头的两项紧要的工作：一是把所主编的《民俗学概论》交给了上海文艺出版社，一是完成了中美合作翻译出版的艾伯华《中国民间故事类型》的审校稿，心情很放松。一日，他在西山疗养院内踱步，忽然忆及小汤山观荷的往事，便展纸挥毫，重录旧作：

> 老去情犹似卷施，
> 退潮往事总萦思；
> 荷香竹影分明记，
> 可有今生再见时。

　　写诗养气，回归自然，是钟老的一种生活方式。钟老在北师大中文系教书多年，人人都知道他有这一手看家的"真功"。一次，中文系的一些老师闲谈，一位老教师提到，60 年代，钟老是"右派"，被送到山西临汾的农场下放劳动。农场离县城 40 里，他每周都要进城去洗澡，来回步行，每周如此。回到农场后，照样干活写诗。这位老教师大发议论说："一个大学者，在那样不公平的政治压力下，在农村干活那么艰苦，还能想着洗澡，还有心情写诗，人到了这一步，也就算脱俗了。"事后，一个青年教师好奇，还真的跑去向钟老核实此事，恰逢那天钟老刚刚抄出上面的赏荷诗，便顺手把诗递给来者说"是"，还补了一句说"在山西前后写了一本诗，叫《晋南草》"。说完马上又回到刚才写诗的兴头上，指着"荷香竹影分明记"一句对来者说："现在这儿也好，竹子秀气，花开的也好"。

七　诗教三则

写诗是钟老教育学生的独特方法。钟老在这类诗作中，谈文法、谈做人、谈修身、谈向学、谈情操、谈奉献、谈中国、谈世界，表现了一个老教育家对学术后辈的殷殷期待。兹略举三例。

（一）

一些博士生受业于钟老，追求老师的学术，也追逐老师的文采。但初出道者，难于兼顾两头，他们的论文，便有的文采斐然，但偏重主观情感；有的新见迭出，但行文艰涩，表达不够醒豁。针对这种情况，钟老作诗给予指点说：

> 古说修辞贵立诚，
> 情真意切语芳馨；
> 世间多少文章士，
> 俗艳虚花误此生。

过了几年，钟老又为季羡林散文全编题诗一首说：

> 浮花浪蕊岂真芳，
> 语朴情醇是正行；
> 我爱先生文品好，
> 如闻野老说家常。

他嘱咐弟子向季老学习,做文章,既要逻辑严密,又要返璞归真。

(二)

年轻人思想活跃,现在民俗学、人类学的外国译著又多,一些研究生就先读外国理论书籍,再到中国民俗里对号入座,被钟老批评为理论与实际"倒挂"。为此,钟老还特地抄录旧诗,和弟子沟通思想:

> 美雨欧风急转轮,
> 更弦易辙要图存。
> 一言山重须铭记:
> 民族菁华是国魂。

通过诗歌,他谆谆告诫弟子五四以来的经验教训,阐明自己的观点是坚持民族文化的主体性,并强调,治中国民俗学,更需如此。

(三)

某出版社为钟老出编著,按合同规定,预付工作费若干元。钟老坚辞不就,出版社守规矩照付,钟老就决定用此款携诸弟子到京城南隅的陶然亭一游,师生同乐。

适逢清明节,阳光普照,迎春花开,陶然亭内,春意盎然。钟老与研究生、留学生、访问学者等40余人一起,在园内凭吊了五四青年作家石评梅和早期著名共产党人高君宇的墓碑与塑像,参观了带有"女娲补天"造型的民间奇石展览,观看了退休职工票友的评剧表演,重访了元代古刹慈悲庵——近现代中国的有识之士林则徐、龚自珍、秋瑾、李大钊等均曾来此吟诗抒怀。陶然亭,还曾是五四新文学运动的一方舞台。在中国现代史上,西湖的雨、陶然亭的雪和桨声灯影里的秦淮河,都曾作为佳题名篇,传诵至今。它们的作者,有胡适、俞平伯、朱自清、郁达夫、钟敬文等一批一时之秀。诸弟子出身中文系,念着这些文章长大,这时就请钟老讲述与俞平老等邀游此地的旧事。临末,钟老感慨地说:上次来陶然亭,已是20年前,那时刚刚粉碎"四人帮",中国知识界迎来了科学的春天,他曾与夫人陈秋帆教授相携同游此地,共度劫后余年的时光。

是年钟老已96岁,诸弟子从先生学而又从先生游,来此共沐盛地文风，无不充满了巨大的历史感。

钟老和弟子在一起，至感欣慰的，则是看到民俗学后继有人。回校后，次日，他即事赋诗一首，嘱助手复印若干，分送从游者每人一份留念。诗曰：

连日春城阴复晴，
结群来此度清明；
优人呈艺心先乐①，
杨柳初醒叶未青。
廿载重临人更老，
诸君崛起业当兴②；
人间盛会非容易，
珍重题诗记此行。

钟老附注：①是日评剧退休演员在园中义务演唱，围观者颇众。

②业，指民俗文化研究事业。

钟老诗教的核心，是告诫弟子们守正、弘毅、坚韧、真诚、宽容、高远、严谨、创新、为人类而工作。

钟先生生前曾说过，后人在他的墓碑上镌刻"诗人钟敬文"足矣。的确，不了解他的诗词，就能不算是真正了解他的人生世界；不了解他的诗教，就不能充分认识他的教育活动。中国优秀诗词文化已化作他的言谈举止，进入学问品格，融入他的全部生命世界。

启功先生的清代宫廷学问与中国传统文化

——兼忆启功先生与钟敬文先生的学术交谊

董晓萍

我因启功先生的引导而师从钟敬文先生，三年后启功先生成为我的博士学位论文答辩委员会委员；因而，无论从哪个角度说，启功先生都是我的引路恩师。

启功先生和钟敬文先生都生于20世纪初，收授我等后学为徒时，已是20世纪晚期，他们都已是七八十岁的老人，其间历史变革、社会前进。

启功先生在新中国高校建设的历程中，成为著名的教育家、古典文献学家、红学家、文物鉴定家、诗人和书画艺术家，而集其学问之大成者是清代宫廷文化研究。2000年成立北京师范大学民俗典籍文字研究中心，钟、启二老特邀王宁教授主事，三个传统学科联袂，开展上中下三层文化打通研究。这时启功先生所指导的学科是古典文献学，其实是坐拥清代宫廷文化研究领域的独步人物。

以启功先生与清代宫廷文化的关系而言，至少有三个问题可以进一步探讨，包括清代宫廷文化与传统文化的关系、清代宫廷文化与北京首都城市文化的关系、清代宫廷文化与民俗文化的关系等。在这三方面的研究中，首先要解决传统文化分类与现代学科分类的矛盾，要正确理解上中下三层文化打通研究的必要性。启功先生的学问是体验的，因而是描述的，但正是这种描述能接近事物的本质，成为理论的核心。现代人文科学提倡多元文化研究，启功先生的学问入乎清宫文化的内部而出于多元，尤能显示其特殊的学术价值。在启功先生的学问中，传统文化研究不是抽象的框架，而是富有本土特征的文化理念、行为逻辑、亲密性和凝聚力的结合体。对这种学问的独立学术身份的认识需要一个过程，它也反映了现代人认识自身传统文化特征的漫长历程。现在我国传统文化研究已逐步深入，多元文化研究也在迅速展开，为我国政府保护世界文化遗产和非物质文化遗产提供了学术支撑，在这个意义上说，继承和研究和启功先生学问的历史文化模式和特种学术精髓还有重要的社会现实意义。

一　清代宫廷文化与传统文化的关系

研究启功先生的清代宫廷学问，有千丝万缕的头绪，但最能打动学者的问题，是他的清代宫廷学问在现代大学学科中的独立身份。所谓独立身份，包括基本概念、研究范围，来自学科内外的批评及其合理性。实际上，这些问题从未停止在他与学科分类面对面的讨论中。在这背后，则是传统文化整体性与现代学科分类的两种体系的矛盾。20世纪是学科分类的时代。分类促进了现代教育的发展，却忽略了传统文化整体性的重要位置，更忽略了对这种整体文化中的特色优秀遗产的诠释和弘扬。清代康、乾、雍至后世的宫廷文化中的优秀经典文化，是这种整体文化需要继承的内容。这一阶段的文化到了18世纪至19世纪中期，还与西方先进人文学说和技术文化相融合，产生了很多重要成就。启功先生的正是这种文化的嫡传者。

清代宫廷优秀文化是我国现存历史文明中的镇山之宝，可以说，没有清代文化的接续，现在就什么文明也看不见。从启功先生的著述看，他所阐释的清代宫廷文化，在清宫文化与传统文化的接续上，有两点是值得注意的：一是清代经典文学文化与国家大一统管理的政治向心力的关系，二是清代首都城市建设与国家史的关系。这两者都是启功先生经常涉及的话题。清代几度发生重大变迁，多民族文化融通，各地区的政治、经济、文化和艺术资源得到了广泛的利用、各国文化在此交流等，都与这两点有关。它们使清代思想精华借助于此向整个社会文化渗透。

了解启功先生的清代宫廷学问，要读懂他的书画艺术作品，这是因为它们是领会清代文史哲和社会文化的相对容易的部分，是研究的一个必要的前提。了解启功先生的学问，还要了解他的诗词创作，而他的创作观的精华，大量来自他对上层文化的观察、领悟和亲身经历得来的体验。他用他的体验去消化和品评现代理论。他需要在个人体验和理论消化之间停下来，按照艺术创作的规律，去重新提炼理论的心得，这样他所得出的就是与原来理论不同的，一种独到的东西，这是一种很高的境界[①]。他为此讲的很多道理，都是中国式的文艺理论，其实与现代文艺学的观点和方法是十分接近的。现代人要在他的这种能停下来的动态思维中，认识他的治学特征，并将之变成现代知识。

启功先生出生的年代，正值辛亥革命成功，他的人生几乎有与生俱来的挫折感。但他顺应了时代的巨变。他接受了启蒙教育和新式教育。当时正值国家多事之秋。他的求学和工作的时期，社会正经历着五四运动以后的思想熏陶和中国共产党建立和成长的时期。新中国成立后，他曾在历次政治运动中蒙受委屈，但他一直在勤奋、出色地做好组织分配的工作。改革开放后，提倡解放思想、实事求是，宫廷文化、民族文化和民俗文化都得到了理应得到的研究。全球化到来之后，在世界上，霸权文化和一元文化纷纷瓦解[②]，原来被压抑的多元文化或难以分类的本土文化，都在恢复建设并补充民族传统文化的主体性，同时也都有一个迫切的任务，就是要重新识别或复兴自己的独立身份。在国内高校教育中，也要重新自觉地确认这类研究对象的独立学术身份，因为它们所指向的各不同历史时期和各不同民族的特有文化，包括宗教、哲学、价值观、历史文物文化和民俗等，正是确认本民族传统文化主体性的重要因素[③]。钟先生和启功先生的学问，都在确认或逐步确认独立的学术身份中，获得新的发展。

启功先生虽有家族成就却从不炫耀。他的这一支裔即使疏弱，他也总

---

① 本文讨论启功先生的体验之学受到毕莱德（J. F. Billeter）研究的启发，但毕莱德分析庄子的体验是要找出神话思维怎样为庄子所用，本文认为启功先生的体验特征是对现实事物的观察和处理，产生经验性行为。关于毕莱德原文的阐述，参见（瑞士）毕来德（J. F. Billeter）《庄子四讲》，宋刚译，中华书局 2009 年版，第 32—33 页。

② Skul tans, 2004, 引自 Anna - Leena Siikala, *A New Generation*, in Folklore Fellows' Network, Helsinki, Finland, 2010, p. 3.

③ 汤一介：《寻求文化中的"普世价值"》，《跨文化对话》第 6 期，上海文化出版社 2001 年版，第 20、22 页。

是谨慎而自强的。他对晚辈的学问传授，是丰富的清代学术文化知识和相关上层经典文化，而不是着眼于做过什么官，或者是计较盛衰的，所以人们都可以认同。启功先生的这种为人和为学是很正确的。从他的教育中，各学科的后辈和各层面的后人都能受益。述往思来，比起现代分类指标造成的文化通识教育的断裂带来的恶果，启功先生的学问所代表的传统文化整体性教育的价值，也就显得十分重要了。对启先生学问的独立学术身份的认识，不在于这种学问的本身，实际上，反映了现代人认识自身民族传统文化特色的漫长历程和曲折过程。现在我国传统文化研究已逐步深入，研究和继承启功先生的学问的历史文化模式和特种学术精髓，已成为后学的长期任务。

就启功先生和钟敬文先生的交往讲，两人的传统学问功夫都足见于诗。诗是中国传统文学的最高境界，对前辈学者来说，就是不区分学科，也要区分出诗的修养和造诣。他们的史识见于诗，学养见于诗，接人待物见于诗，高风亮节见于诗。钟老和启功先生的因此都爱王渔洋诗[①]。与钟老相比，启功先生的更能写绝品诗，别人谁都模仿不了，这同样与他的独特体验有关。体验，使启功先生的能说自己的话。他的学问中的有些东西，已是现代人已不大注意的方面，启功先生的却能将之加工成思想资料的要点。它们与我们在现代教育中学到的、比较容易解释的一些知识，在表述上具有不同的特点，在学习过程中也有不同的阶段，这就造成了他的某些学问有一种对现代人而言的"不可传授性"，而他本人经过刻苦锻炼已达成了行动之自然，获得了怡然自得的享受感，因而能写出诗歌文学中

---

① 肖立、董晓萍：《世纪老人的话——钟敬文卷》，辽宁教育出版社2000年版。关于钟敬文先生和启功先生对王渔阳诗的共同看法，详见本书第8—9页，原文为："1989年，天津的百花文艺出版社给我出了一本散文选，我送给启功先生一本，他看过后，我问他印象如何，他说一句话，说'白话《蚕尾集》'。《蚕尾集》是清初诗人王渔阳的文集，我初到杭州的那些年，把《渔阳山人著述》不知看了多少遍，那是一部大书，我很喜欢读，启功先生评价我的散文是王渔阳著作的白话体，这句话是从他的学问中得来的，是他的智慧，他看得出来，一般没有他那种中国古典文学修养的知识分子，就说不出这个话"。另见本书第118页："钟敬文不止一次地提到自己对苏东坡、张宗子、袁中郎和王渔阳一流'才子'们的喜爱。……至于约见学生和来访者以前，每每手持一本王渔阳的诗文集低声吟诵，自得其乐，已经是人所共知的习惯"。启功先生深知王渔阳的例子，如启功七言诗《社课咏春柳四首拟渔阳秋柳之作》，启功《启功韵语精选》，册一，中华书局2011年版，第28页。

的极品。它们不能被模仿，却能在现代互联网上广为流传，深受广大人民喜爱。这些都是现代教育失去的宝贵东西。

启功先生的学问由"转益多师"而得，但他学老师的话，是用体验去领会和消化的，再发展成自己的话。他把老师的话放到礼仪中，肃穆恭敬，从不改变。现在很多学生没有自己的体验，在学校时学了老师的话，毕了业就把老师的话当成自己的话，结果没有了崇尚礼仪的境界，没有了师道尊严，更谈不上有个人的创新成就，这是启功先生所不为之事。启先生学问中的这些精神财富是与优秀的中国传统文化观相一致的。他珍惜大自然和社会的赐予，坚定自己的目标，成就了不朽的学术人格。

二　清代宫廷文化与北京首都城市文化的关系

启功先生是北京人，他身上有北京人特有的疏朗、通透和豁达。北京有比此前任何朝代的古都都明显的首都城市文化特征，启先生在这方面也独有建树。

自清代以来，北京吸收了全国不同历史地理区域内的、不同民族聚居区的、不同宗教生活的和不同中外思想文化技术人物的资源优势，拥有了历史以来最趋于相对完整的、具有首都向心力的文献文化系统。现在的北京首都文化正在这种历史氛围中积淀下来的首都城市遗产。北京有四种影响对启功先生的是必不可少的，即政治中心、文化中心、多民族融合中心和中外交流中心。它们都是启功先生的人生文化的共有根基，也是他的清宫学问多元共生的支脉。我们从启功先生的清代学问中能发掘北京首都文化研究的多种专题，探索北京清代宫廷文化与中国历史文明的深刻联系。

清代宫廷吸收儒学和佛学达到极致。清代康、乾、雍时期在吸收佛学时，还采纳了部分当时的西方先进宗教学说，因此这种吸收也达到了历代宫廷佛教文化的极致。特别是清代藏传佛教仰赖清皇室和清政府的丰厚养赡得到了优越的发展机会，同时在北京的政治生活和文化教育传播中，增添了佛教哲学与佛教艺术的内容。这些都深刻地渗透到启功先生的学问中。佛教是他的信仰。信仰能产生吸收的动力，信仰到了精神的最深处就有大到无条件的吸性动力。我们从这方面看启功先生的著述和人生，所得到的营养就不是一点半点。启功先生是深谙佛学的，他对母亲和夫人，对人对事，都极为虔诚。他在任何情况下都与老师、亲人和朋友保持密切的联系。他始终关心弟子的学业进步。他对哺育他成长的北京、亲友和中华文化真情永存。

北京也是皇城土木建筑豪华密集和高度传统审美化的城市，它对启功先生的熏染也是深刻的。启功先生的审美意识是极美的。目前对他的学问中的美学观的研究，虽然还不如研究他的书法艺术那样容易成为焦点，但相信仍有其独立的学术价值。

三　清代宫廷文化与民俗文化的关系

启功先生与钟敬文先生交谊深厚，但他们从学问渊源到人生系统都是不同的人，钟老曾写诗给启功先生说两人"三冬文史各根源"①。但启功先生照样能与钟老谈民俗，从民俗学的角度也能看到启功先生在接受巨大差异性领域的文化资料上的特殊能力。

启功先生有接受民俗与自我相异性文化的学术态度。他能完全接受其相异之处，并能在自己的身上表现出他者的智慧，如他对子弟书的看法②。然后我们可以拿他的东西可与清代的书互看，发现他能说出一般人说不出来的很多东西。在他的教导下，我了解到北京清代民俗文献的基本特点有三：一是"繁盛录"，用以描写燕京帝王盛世生活的场景，及其对中华一统文化的认同；二是"观风知政"，沿袭儒家的政治文化观；三是"田园化"，把社会文化冲突化解到民间叙事中，获得思想上和出版上的双重安全感③。他的学问还由清代民俗文献延伸到对唐宋笔记小说的评价，以及对文人雅士的诗话和词话的口述史的认识。他有不少看法与现代海外汉学

---

① 钟敬文先生此诗题目为《祝元白（启功）先生八十寿辰》，原文为："合从释氏问因缘，册载京门讲习连。一夕雷霆同劫难，三冬文史各根源。小诗共喜吟红叶，芜语常劳费玉笺。闻说灵椿八千岁，吾侪今日只雏年册"。《钟敬文文集·诗词卷》，安徽教育出版社2002年版，第408页。

② 20世纪90年代中期，我在河北滦县、唐山、迁西、青龙、秦皇岛等地搜集到一批旧藏皮影影卷，启功先生见状，嘱我注意与清代子弟书做比较研究，他对子弟书和影卷的熟悉程度让我惊讶。

③ 董晓萍：《清乾隆时期朝鲜使者手记中的北京民俗与政治》，收入陈平原主编《北京都市文化的记忆》，北京大学出版社2005年版，第459—486页。

的前沿研究不谋而合。口头讲述中的许多东西是无法用文字表达的，如手眼肩的动作、口气和意趣，但到了启功先生的口中，都能变成口头文化。我举个例子。有一次，钟老问启功先生的，可不可以向他学书法，说完钟老就在启功先生的书案上试笔。启功先生笑曰，"你看他的手不抖"。启功先生常年为钟老免费写各种诗词字幅，钟老要表达深切的谢意，启先生怎能不懂，而启功先生又是极恭谦之人，绝不会在钟老面前"好为人师"，于是他就说"你看他的手不抖"。启功先生的这种故事很多，他的描述真是能达到简约自如，随性即起的程度。他在这些地方表现出极富思辨性，绝顶聪慧到了脱口而出、出神如化的地步。他描述很多师友的手眼动作都很传神，轻松又幽默，这使他跟我们谈口述史与我们跟他谈民俗一样，你一句、我一句，能够互相理解，中间不需要开关。他在这些描述中形成了富有个性的文化理念、行为逻辑、亲密性和凝聚力。没有了它们，启功先生的学问就成了死的语言和死的书本，大概连他自己都不要。

历史是容易遗忘的。现代人已不大了解清代宫廷历史文化。对当下喜欢西方时尚的现代青年人来说，启功先生阐述清代宫廷文化还等于"背过身子讲话"。但也许正因为如此，启功先生的学问反而应该引起后学的兴趣。为什么呢？这是因为清人与现代人对待传统文化的态度已大不相同。清人用它们来描述整个主观世界和客观世界，而现代人只用它们来解释与自己有别的历史过往。在两者之间，描述却有更高的学问层次，因为正是在这种描述中，带有人类与自然事物无限亲近又安于自然秩序的基本经验；也因为正是这种描述能让人们接触到事物的本身，成为理论的核心。他对清代宫廷文化的描述性研究，也是可以转为一种根本上的共同经验的描述的。这件事成立与否，全在于后学的见识和学问功夫。

研究启功先生的学问，不能不提出任何问题就埋头苦干。我们要了解他与他的学问及其多元人文环境的关系逻辑、世界观、审美意识和生活方式；要了解他对待自我与他者的智慧；要了解他所承袭的清代宫廷文化与中国传统整体文化相比，是一种有差异性的文化遗产，但他的研究成果不是取消文化差异，而是将差异视为一种共享资料，而非一种障碍。启功先生还告诉我们一种经验，即他的人生时间的运用方法，他可以在单一时间做一件事情，也可以在多元时间同时进行多种活动，这出自他的多元文化和多元人生观，而如何把各自的文化协调起来？这是关键。启功先生做学问的职业道德就是知道、觉悟、好奇、注意、了解和尊重多元文化的大善知识和大智慧。

书本与田野

董晓萍

在我心中有一个挥之不去的字眼"十年",一个曾经给我以"文化大革命"印象、知青身份和被南驰北往的火车载着失学的无限苦恼一次次从城市运往"田野"的年代。从此我和别的插队生一样,学会了修理"地球"这个词,用来比喻自己的"新农民"职业。它的含义当然和现在所说的"地球村"不一样。它在浪漫气质下掩藏的小农意识,在精神夸张中忽略干科学事业具体条件的盲动热情,在艰苦奋斗中丧失理论品质的迷茫心态,都是那一代人所熟知的。那年代,人在"田野",身不由己,我还第一次接触了农民,被安排和他们住在一起,吃在一起,劳动、学习和开会在一起,看他们怎样种田、怎样说话、怎样花钱、怎样婚丧嫁娶、怎样相互往来、怎样分家析产。而且看也得看,不看也得看,不然一天早上,我们这个"新农民"阶层突然被创造出来,又被突然送到他们面前,两个群体如何面对、如何相处呢?那时我们被要求"消化"到他们中去,包括思想观念和日常生活,两者之间的距离越小越好,没有更好。这种人生经历算不算是"田野作业"呢?在我跟随钟敬文先生读了民俗学专业的研究生以后,这就成了悄然漂浮在我脑际里的小问题。

1995年夏天,我到芬兰参加国际民俗学会举办的民俗学高级培训暑期学校,此行令我眼界大开。学校的主讲教授组成了当时欧美和亚洲一些国家田野工作者的顶尖阵容,里面有本书中多次提到的芬兰民俗学家劳里·韩克和安娜—列娜·茜卡拉、德国民俗学家鲍辛格、美国人类学家和民俗学家鲍曼、以及口头程式理论的继起人物、美国人类学家弗里。鲍曼的讲课给我印象最深,记得他自始至终地站在那里,从头到尾地埋首念讲稿,操着纽约口音，语速很快，白色的稿纸像雪片一样一张一张地从他的指缝间飞下，一摞厚厚的讲稿在规定的 30 分钟内准确地念完，没有任何寒暄客套，台下却照样刮起了一场掌声的风暴，听者不约而同地用掌声赞叹他的理论思想的强劲力量，而且都知道那力量的源泉正来自田野。

我被分在赫尔辛基大学民俗学教授安娜—列娜·茜卡拉指导的一组，同寝室的室友是劳里·韩克的学术助手玛利娅，这使我得以随时向她们请教芬兰的田野作业情况。安娜—列娜·茜卡拉从赫尔辛基带来了一个笔记本电脑，每天下午开小组讨论会时，她就用它来打字，记录我们的发言要点，并当场把她的总结意见打印给我们，这种写作方式和工作速度，我还是第一次看到，跟我在乡下趴在炕沿上写"学习体会"，完全是两码事。在一个单元工作结束后，她就把那个"笔记本"放在一只暗红色的大皮箱里，拎走离开。看着她那双细瘦的皮鞋踏在青草地上匆匆远去的样子，人们会联想起她在田野中的倩影。据说她的田野远足之处，抵达过芬兰的东部、瑞典的南部和俄国的西伯利亚，还曾和她的社会人类学家丈夫一起到过南太平洋的玻利尼西亚群岛，做了十年的田野作业，因此她会说芬兰语、瑞典语、俄语、玻利尼西亚土语和英语。我听后有些惊讶，问她是否如此，她却平淡地说，芬兰的民俗学者人人都这样，劳里·韩克也能用熟练地用四种语言工作。芬兰是国际民俗学的大本营，历时百年而一直保持中心地位，到 20 世纪末仍能凝聚像鲍曼这样的大学者，这可能是一种原因吧。

美丽的芬兰湾是一个神奇的地方，国土有 70％以上覆盖着茂密的森林。国内产生过诺贝尔奖金的获得者，产生过人类洗澡史上的桑拿浴、产生过民间故事类型的创造者，也产生过北欧文学史上不朽的英雄史诗《卡勒瓦拉》，这些都是芬兰人引为自豪的世界文化贡献。《卡勒瓦拉》的中文译制片《三宝磨坊》，"文化大革命"以前就在我国放映过，写的是女酋长卢西恶婆的女儿嫁给一个穷铁匠的爱情故事，我小时候看过，历久未忘，猜想它当时也一定打动过无数像我一样的异国少年的心。谁曾想到，多年后，我竟然来到了《三宝磨坊》的故乡，就住在它的童话环境里。这里是约恩苏大学的科学考察营地麦克里亚尔威，一个在地图上小的让人找不到的北极圈内的小地方。时值夏季，沃野茫茫，漫山遍野的极地风光任人饱览。最有趣的是，晚上的光亮几如白天，营地进入"无夜之夜"，当地人需要拉上窗帘"造黑"，才能入睡。各国学者便在亮堂堂的"黑夜"里去"田野"中散步，三三两两地交谈学问，一路上欣赏白昼下的蓝天、彩云、红花、绿草和人民宁静的生活，我始信这世界上真有一块不眠不休体验田野的万古圣地。一天夜晚，安娜—列娜·茜卡拉请了来一位《卡勒瓦拉》世家的歌手到学校演唱，由于窗外太亮，不符合暗夜篝火中演唱史诗的古老民俗，她便指挥大家把遮光窗帘拉上，把屋里弄黑，又嘱人点燃蜡烛，模拟篝火，虚构了一个民俗志环境。然后那一夜的学校就成了歌舞的海洋。歌手不停地唱，安娜—列娜·茜卡拉和她的芬兰同行全都脱掉鞋袜席地而坐，安神倾听，时而按照情节节奏的变化伴唱或伴舞，姿态跟当地的老百姓听众一模一样。当史诗的演唱变得欢快高昂时，她竟然泪流满面，忽然拉起另一个男教授在场内飞快地旋转、疯狂地起舞，跳了一圈又一圈，把飘逸的长裙卷成了袅袅白云，人也仿佛成了史诗中那赢得爱情的公主，那平时拎着红色皮箱高雅矜持的女教授风度转瞬不在了，只见她已把自己完全投放到一个民俗志文本中去体验其生命的过程。这时你不能不折服她是一个田野全才，承认她的本领和能力我们还一时达不到。经过一个阶段的理论培训后，学校正式安排了四天的田野作业实习。我们小组一行六人在安娜—列娜·茜卡拉的带领下，来到了芬俄交界的一座边境小村庄，调查一种叫圣·彼得·普拉斯涅卡的传统宗教节日仪式，事后我们全组成员合写了一篇题为《哈特瓦拉村的圣·彼得·普拉斯涅卡：阅读一种表演》的田野报告，并提交了一盘录相带。拍摄民俗学田野考察纪录片，对我们小组的每个成员来说，都是平生首次，为了表达对组长的感激之情，大家一致提议，在录相带的片头字幕上写上："导师安娜—列娜·茜卡拉"。

我从芬兰毕业时，获得了一张由国际民俗学会颁发的"现代田野作业技术合格证书"，颁发人是校长兼教授劳里·韩克。安娜—列娜·茜卡拉站在一边，热情地拥抱我，表示祝贺。鲍曼从我身后拍下了这一镜头，作为"一次性"纪念。那一瞬间，我似乎看到了这些国际知名学者在不同文化的田野作业中待人的真纯举止。此行时间虽短，却在我的求学道路上发生了重要影响。它是一个中转站，连接了我的前五年和后五年。

前五年是 90 年代初的五年，我去过美国留学，学了几门有关田野作业的课程，也听了美国教授讲他们在英伦三岛、非洲的扎伊尔、南美的尼日利亚和美国本土做田野的个人经历，开始接触了现代田野作业的理论，在这先后，自己在国内的华北和东北地区做过田野调查，有过很薄很浅的底子。芬兰之行的意义，在于把所有这些个人的零散东西集合起来，从整体专业水平、现代理论构架和国际技术规范上，进行了一次系统的训练、刷新、整合和提升，给了我一个新的世界。

后五年，我根据在国内基层社会调查的实际，尝试使用适合民俗学的田野作业方法。在大学的寒暑假和一些节假日里，我到过河南、河北、山西和陕西农村，搜集田野资料、开展课题研究，完成了国家社科基金项目和教育部留学回国人员科研启动基金项目，参与完成了中美、中法两个国际合作项目。这期间，我着重进行自己的探索，在不能套用芬兰理论的地方，包括在其他欧美理论行不通的地方，创造为我所用的观点方法。例如，在芬兰的边境小村调查时，我发现村庄的仪式主持人毕业于美国的加州大学，深谙家乡的传统民俗，又能用流利的多门外语向田野工作者介绍；连那个演唱《卡勒瓦拉》的女歌手都是硕士研究生，人在日本留学，还计划将来到美国读博士，要从理论到实践上，继承其家族传承的史诗遗产。这种民间受教育的程度与继承保护民俗文化的群体素质，在我国是不具备的。芬兰全国的民间文学资料挖地三尺，搜罗齐备，形成了现代科学化的档案管理系统，已用来接待世界各地的研究人员和培养本国的民俗学者与民俗表演人才，这个速度，也至少领先我国三十年。因此，在这些国情不同、条件不同、对象不同的地方，我们必须办自己的事。而两个五年相加，等于十年。

时间不是切纸刀，一刀下去，边角齐整，不留毛边。怎么会呢？其实，在 90 年代之前，1982 年以后，我也做过所谓的田野。最难忘的一次是 1983 年 8 月 21 日至 25 日，我刚读完研究生一年级，到辽宁省兴城县参加一个民俗学学习班，就地在海滨的一个小渔村搜集民间故事，进行采风实习。不过这种采风是旅游式的，事先没有什么计划，也没有跟当地渔民进行任何沟通，那些跟老乡闲聊的把戏，当过知青的人都会。虽然那次我虽然搜集了七八个渔岛传说，但心里感到没有收获，以为田野作业不过如此，凡下乡知青都能自学成才。之所以说那次永生难忘，是因为我在短暂的田野滞留中，认识了北京大学的屈育德老师。当时她一个人在空气中漂浮着鱼腥味和嘈嚷人声的水边礁石上独坐，凝神静思，气质不凡，我眼前一亮，走了过去。以后我们就成了忘年交。我原以为天生不是做田野的材料，自幼身体不好，接触社会又少，照理说，缺乏从事田野作业的体力条件和个人背景。但自从见了屈老师，我改变了想法。我们初见面时，她已是劫后余生人，曾染绝症的伤痕仍留在她清丽的面庞上，她却从未以此为由拒绝下乡。对于关乎祖国人民文化的民间文学和民俗学事业，她的热爱之情和敬业精神，足以感召我的灵魂。那一次，谈到采风，她也谈到理论的指导作用，其见解清晰而深入，我后来一直很少听人说起。

80 后代后期，我为了撰写博士论文，还曾经到黑龙江和吉林做过田野作业。这时在导师钟敬文教授的要求和指导下，我已经阅读了外国民族志的著作，对科学的田野作业有了初步的了解。当然，先生本人已不能带我去做田野作业，那时他已 83 岁高龄，到了坐拥书城的晚年，出门已经很难了。但钟老十分强调这项工作的学术意义，是我从事科学田野作业的启蒙人。后来我赴美留学、赴芬深造，也都出于先生的激励。他在这方面的理论思考则片刻未曾停歇，这从他后来一直催促我的师弟师妹下乡的意图中可以看出。90 年代后期，先生又提出建立中国民俗学派的思想，其中还提到田野作业，这些都对我的探索起到了长期的指导作用。

80 年代的这些经历，不能成为后十年田野工作的直接材料，但却是间接的积累。将前后的两个十年相比，也不能进行平衡的理论对话，但老实说，从我个人的人生经历讲，十年插队仍然对我后来的田野作业有意义。我对农村生活的心理准备和忍耐力是在那时锻炼出来的，我对农民群众的理解和敬意是自那时奠定的，我与民俗学的缘分今天看来是从那时结下和以后邂逅屈老师、又师从钟先生"命中注定"的，所以我不怕下乡，等我自己当了老师以后，也对学生这样说。

现在看，田野作业的问题，不是知识分子的思想改造运动，不是学者单方面的采风行动，也不是兴之所至的旅游出行。它是一种人文社会科学的理论和方法。

田野工作者还有一个不言而喻的矛盾，就是既要和研究对象亲密地相处，又要和研究对象保持一定的距离，以免因主观的感情影响了相对客观的理论判断。因此，田野工作者下乡时要很坚决、很热情，返回时也要很果断、很冷静。田野工作者的田野民俗志是在返回以后才写的，他们要从日常经历中跳出来做研究。在这个意义上说，田野作业的理论和方法又不是绝对的，田野民俗志也不等于民俗学的全部内容。这正是我们谈这个问题的一个限度。

倏忽后过了后"十年"，钟先生已溘然长逝，再也听不见我诉说心得，这是我此生无法平复的哀痛。他晚年提出建设民俗志的观点，还亲手在笔记本上写下一些古籍的书目，嘱我给研究生开课时参考，他把一个思想、一个题目交给弟子，自己就走了，不仅对我，对别人也如此，这正是他的大师风范。而等我完成了这本书，才发现自己仍游在他的无边思想的海洋里，他却已化作天风海涛，在一浪又一浪地推动着游泳者。宇宙天下，师恩绵长，此为万世不移之理，我今始知。不久前，我又突然接到安娜—列娜·茜卡的来信，得知劳里·韩克逝世，心头再度掠过一阵悲哀。二战期间，钟先生从日本回国，发展了中国的民间文艺学和民俗学，并以此方式，投入了反法西斯和争取民族独立解放的运动，二战后，劳瑞·韩克在芬兰举起了《卡勒瓦拉》史诗的爱国旗帜，投身于反殖民主义和反文化霸权的世界潮流，推动了芬兰和北欧民俗学的建设；钟先生还在晚年根据祖国现代化的进程提出了建立中国民俗学派的学说，影响重大，劳里·韩克也在近年创立了《卡勒瓦拉》学院，提出在全球经济一体化环境中发展以民俗为主的多元文化的主张，响应者众。两人不谋而合，都是 20 世纪历史上不可替代的重要学者，他们的谢世，是一代国际民俗学巨匠的陨落。我给安娜—列娜·茜卡回了一封 E - mail，表示对劳瑞·韩克教授的哀悼，此时我却不知怎样写一封 E - mail 给天上的钟先生。

我在求学的道路上，还曾得到其他许多学者的大力帮助。美国衣阿华大学的欧达伟教授听说我需要桑斯黛教授（Bonnie S. Sunstein）的著作，曾不辞辛苦地到衣阿华大学图书馆查阅，并用 E - mail 准确无误地把信息寄给了我。法国人类学者艾茉莉（Fiorella Allo）曾和我一起下乡，她在途中和在工作期间，大量介绍了她的田野作业经验和学术观点，使我增长了见识，她的分析头脑和活泼姿态，也让我对田野工作者的形象增加了感性认识。

由田野工作的性质所决定，我在自己的小家里也要牺牲许多天伦之乐，连平常的双休日也经常一人独坐电脑跟前"想事"，很少与家人一起聊天和活动，可想而知我的家人付出的理解和支撑，我常对他们说，我这辈子嫁给了书本和田野。

追吾师脚步、投入地理学教育事业

王静爱

一 初识前的地缘情

我跟随赵济教授学习的缘分有点"传奇"：两人还没有见面就已经"认识"了。先生与我，一老一少，都住在内蒙古呼和浩特的新城区，又都住在落鳳，这种巧事世间少有。我们还都师从北京大学毕业支边的著名地理学者孙金铸先生，不同的是，赵教授是 20 世纪 40 年代末孙先生门下的高中生，我是 20 世纪 80 年代孙先生门下的硕士生，前后相差近半个世纪；在孙先生的众多弟子中，赵教授可谓老资格了，论资排辈他也是我的老师。在北京师范大学，他青年成名，很早就在地理学教学领域名闻退迩，我是后来才接了他的课程班的，我们这时才成了真正意义上的师生，不过我还是默念前面的地缘。在我们专业，地缘，是一个普通的人文地理名词，而在我心中，它因有几代人的师生传统积累而弥足珍贵。

二 合作中的结识

真正认识到赵教授是源于国家六五科技攻关项目"遥感在草原调查中应用研究"。这个项目持续了五年，我当时作为研究生助手被吸收到课题组中，认识了不少承担子课题的不同高校的教授。北师大的赵济教授是土地利用子课题的负责人。那时的我，一心想要做好一名干将，便有幸跟随赵教授出野外。在大自然的山水云雾之间，我观察赵教授怎样领略大自然的神奇；在野外考察的广袤大地上，我聆听赵教授讲解他似乎无所不晓的区域地理知识，心中佩服极了。终于，在我的埋头苦干和不懈努力下，在项目的后期，我们出版了内蒙古土地利用地图。

言传身教是赵教授非常重视的教师人格和教学风格。他常说："'言传'，就是说得出来、讲得清楚，给学生以启发；'身教'，就是身体力行，用自己的行动去影响学生"。赵教授鼓励学生多参与野外调查，学生们都记得他的话："野外才是地理人最好的课堂，这些从书本上是学不到的"。赵教授出野外的任劳任怨，对学生一行总是无微不至地关怀。那时的我，从近距离地接触赵教授的学习活动中，萌生了师从他的想法。当然，我在课题组中善于思考、踏实肯干和不辞辛苦，也给赵教授留下了深刻的印象。

毕业后，我来到了北师大地理系工作，赵教授把我留在了遥感教研室。那时刚好有一个国家"七五"科技攻关项目"黄土高原遥感调查"，我再次被吸收为项目的参与者。我还是像以往那样的踏实肯干，不懂就问。赵教授从不刻意地去观察我们平时的学习，只是偶尔看看我们工作的进展。他每每晚上来我们的工作室时，看到我还在坚持钻研课题，总是一脸欣慰的表情，我也越来越多地得到赵教授的肯定。

三 盲人摸象、亦要艰难前行

我留校后，赵教授安排我跟随他讲授"中国自然地理"的课程，并要求我负责讲其中的中国自然地理总论部分。奇怪的是，我是一名教学新手，赵教授却从来不听我的课，似乎对我非常放心。越是这样，我就越告诫自己要竭尽全力，要做到令赵教授满意才行。

然而，站好三尺讲台并非易事。赵教授讲课总能令台下的学生听得如醉如痴。他讲课幽默风趣，能将艰深难懂的知识魔术般地变得生动有趣，一届一届的学生都爱戴他，有的达到了崇拜的地步。比起赵教授，我这个初学者的讲课自然要逊色很多。赵教授也是主编我国高校地理学教材的著名学者，在将科研成果转化为教学内容上有十分独到的见解和相当丰富的经验。听他的课，学生总能体味到不同的思想精髓，学到源于教材而高于教材的真本事。相比之下，最初起步的我，只是教材的使用者，老老实实地去照本宣科，讲出来的东西只能是因循教材又低于教材，学生对我的信服度不高，更不要说与赵教授的极大威望相比有很大差距。2009年，心甘情愿所将自己的智慧与心血付诸教学，倾注于人才培养事业的赵济教授被评为杰出地理学家，那时我早已将追随赵先生的学问人品定为终生目标。

多年来，每当我在教学上信心不足时，赵教授总是在一旁鼓励我，但他从不批评我。他耐心地期待我的成长，为我的每一点进步而高兴。

但是，对我来说，在很长一段时间里，都被一个问题所困扰，那就是如何将科研与教学有机地结合在一起。不想令赵教授失望的我，不断地前往听赵教授的课，用心体会他那些能无限地激发学生的学习兴趣的讲解方法，并试着去模仿。当然，模仿只是学习的过程，更重要的还是要根据自己的知识结构和实际能力探寻自己的教学特色，一点点地改变，一步步地尝试，尽量扬长避短，形成独特的教学风格。跟随赵教授，我最大的收获就是不想放下教鞭，而是真诚地热爱教学事业，并乐意为之长期奋斗。

四　不懈努力、得到认可

在赵教授的扶持下，我开始加快了成长的步伐。在编写国家十一五规划教材中，我初尝果实。从 2003 年的北京市精品课程——中国地理，到 2005 年的国家级精品课程，赵教授虽然已退休，但是仍时常无偿的讲解这门课程，为我的课程建设提出宝贵的意见。再到 2007 年主持区域地理国家教学团队（赵教授为教学指导），先后获得 2001 年的国家教学成果一等奖（赵教授牵头）、2004 年的国家教学成果二等奖，我逐渐有了团队作战的新成绩。再后来，我先后拿到了 2003 年的北京市名师奖，2006 年的国家级名师奖。面对这些成绩和荣誉，我不能不深深感谢赵教授对我的培养。他从信任我、支持我、鼓励我、到甘为人梯将我送上更高的发展平台，是他见证了我的教师成长历程。

赵教授曾担任"中国自然地理教学研究会"（现名为中国地理教学研究会）理事长，现任理事长是我。每次开会时，若是赵教授不再现场，我的表现都会逊色一些。每次开大会时，赵教授在场都是那样地有威信和号召力。他能统领所有到场学者的发言，主动地指导野外考察。2009 年，他已年逾八旬，仍坚持去新疆罗布泊考察，成为地理学界的一段佳话。2012 年，他赴新疆北疆考察了一次。我和我的研究生们跟随着他，受益匪浅。

作为"地理人"，他始终有一颗年轻的心，亲切又不失严谨，随和又让人尊敬。他对野外考察的专注和倾情，对新知识的渴求与学习，深深地感染着我们这些后辈们。赵教授就像标杆一样，让我总能看到人生前进的方向。

我与赵教授往来有多年的印记，他在我心中亦师亦父。追随赵教授，我将青春与热情奉献给了教育事业。多年前，我曾以师从赵教授为荣，而如今，我的成就也让赵教授引为骄傲，赵教授是我一辈子的恩人。

报效祖国、从我做起

欧阳津

我在祖国改革开放的春风中走过了 30 年岁月。1978 年对我来说可谓双喜临门，我作为"文化大革命"后恢复高考的第一批考生考上了大学，同时又被我下乡插队的单位接收为中共预备党员。在祖国扩大对外开放的时代大潮中，我幸运地得到赴欧洲留学的机会，并获得了博士学位，1998 年回国，来到北京师范大学化学学院工作。我是在祖国改革开放的新时期成长起来的一代知识分子，深知报效祖国应该从我做起。

我在教学第一线从事本科生基础理论和实验课程的教学已经有二十余年，总结我的教学工作，"敬业爱岗，教书育人"八个字，是我始终追求和践行的。

教书育人是教师的天职。以满腔的热情上好每一门课是我给自己提出的基本要求。我所承担的"化学分析"及"分析化学实验"课，是大学 2 年级本科的主干基础课。从事分析化学教学 20 余年，我也算得上是一位老教师了，但我始终不敢有任何懈怠。二十多年如一日，每次上课前，我都要花费比课堂教学多出几倍甚至十几倍的时间，精心准备每一部分课堂教学内容，包括每一道例题，每一个公式的推导和讲解，力争使每一堂课都变成最精彩的一课。每当我站在讲台看着学生们充满信任，渴求知识的目光，每当学期结束，看到学生们写下的一段段感谢的话语，我在心中都充满了幸福和感动。多年的教学科研使我体会到，一名优秀的教师，必须熟练地掌握专业学科知识和教材教法，还要不断地更新教育理念，补充新知识，掌握本门学科的前沿动向，提高科研能力。我在教学工作中，非常注意将教学与科研相结合，对于自己科研工作中涉及过的内容，在讲课时会注意把它讲得更深更透。通过这种经典理论与前沿知识相结合的授课方式，我提高了教学质量，学生普遍感到收获很大。

"学为人师，行为世范"，我深深懂得，老师的一言一行都会影响学生。要想成为一名学生爱戴的教师，就要具有良好的师德和人格魅力。要相信学生，尊重学生，无论是后进还是优秀的学生，都应该一视同仁。有一次，在本科生期中考试中，有一位女同学考试不及格，这位同学比较内向，平时学习也比较努力，这次没考好，她觉得很内疚，对自己今后的学习信心不足。我发现这种情况，就及时地鼓励她，在上课时有意识地让她多发言，给予适当的表扬。经过一段时间，这位同学找回了自信心，在期末考试取得了好成绩。还有一位同学，毕业时申请出国受挫，又没找到合适的工作，感到前途迷茫。我知道这种情况后，根据她的特点帮她树立信心，还推荐她和我一起担任北京市青少年俱乐部的指导教师。她的积极性很高，和我一起耐心地指导中学生，并由此建立了事业观。我们指导的北京四中的一名中学生在 2010 年的北京市青少年创新大赛中获得了一等奖，她本人也最终获得美国一所大学的全额奖学金资助，去美国攻读博士学位。

作为一名研究生导师，针对研究生"独立性更强，更加成熟，目标更明确"的特点，我采取了将思想上、工作上的严格要求和关心关爱有机结合起来的教育管理方式。我还记得，有一位攻读硕士学位的研究生，刚来时，由于以前本科时学的不是化学专业，做起课题来比较吃力，一度想放弃，我看到他的外语能力强、动手能力强，就指出他的优点，还特别针对他的情况制订了适合他的研究方案，这位同学最后以优异成绩毕业，其论文发表在较高级别的 SCI 刊物上。再比如，我指导的一名研究生，刚来时热心社会工作，却不愿意做科研，经过我苦口婆心地教育，最近有一篇论文在本专业有影响的 SCI 刊物上发表，他本人也成了品学兼优的研究生。总结自己作为教师和研究生导师的经验，我感到，教师不只是要具有渊博的学识，要在学术上站得高、看得远，还要成为学生的楷模，还要有爱心，以真情、真诚教育和影响学生。

从 2005 年起，我担任了北京师范大学化学实验教学中心主任，作为实验中心的管理者，我对自己在工作上的要求也可以概括为八个字："勤勉奉献，开拓创新"。从 2005 年开始，我基本上没有节假日和周末。因为我觉得自己既然是一名共产党员，就应当比普通教师多承担一些工作。例如，申报北京市和国家级实验教学示范中心时，学校同意我们实验中心作为学校唯一的申报单位申报示范中心，还强调说"只有一个指标很金贵，你们要珍惜"，当时我感到压力很大，思想负担很重，刚开始的几天要靠安定片才能睡着。后来觉得自己应该勇于面对这个考验和挑战。此后，为了这份承诺，我们竭尽全力地认真准备，同心同德地创先争优。为了按照标准建设国家实验教学示范中心，2006 年和 2007 年两个暑假我都没有休息，和其他老师一道夜以继日、废寝忘食地做了大量的工作，完成了实验教学内容更新、教学改革、教学新体系的完善等，并且做了近 10 万字的申报材料的准备，还做了其他大量的申报准备工作。经过努力，加上我们长期以来的良好基础，我们的申报获得了成功。我们实验中心于 2006 年被评为北京市实验教学示范中心，2007 年被评为国家级实验教学示范中心建设单位，2008 年被北京市总工会授予工人先锋号先进集体的称号。2012 年以优异的成绩顺利通过国家级实验教学示范中心的验收。

为突破传统实验教学的方法，适应新形势下教学的改革，我和其他老师一道组织实施和完善了"一体化、三层次"的实验教学新体系，自己也承担了部分创新性实验项目的开发，并连续十年指导本科生科研基金项目。为了更好的培养学生的探究能力和综合素质，我们积极组织实施了多途径开放实验的模式，例如，每年一度的"化学试验一条街"、"实践杯食品分析大赛"、"化学实验课件制作比赛"等。2010 年，由我担任带头人的化学实验教学团队被评为国家级优秀教学团队。

目前，"百年大计、教育为本，教育大计、教师为本"的理念已经成为全党、全国人民的共识，教师的政治地位和社会地位日益提高，我倍感教师职业的神圣和光荣。同时，我也十分清楚，教师是一项最需要奉献精神和无私精神的职业。提高教育质量，关键在教师。作为一名教师，尤其作为一名师范大学的教师，我深感肩上的责任重大，所以必须做到处处以身作则、为人师表。在今后的工作中，我会更加严格地要求自己，兢兢业业地做事，踏踏实实地做人，为祖国的教育事业贡献自己的毕生精力！

因为热爱，所以快乐幸福

熊晓琳

1985年，我成为北京师范大学的一名新生。在学校的东操场上，我与同学们一起迎来了第一个教师节，那份庄严感和使命感让我深深地震撼了。如今，20多年过去了，那份庄严感和使命感丝毫不曾减弱，而且因为"热爱"，我收获满满，快乐并幸福着。

1992年，我硕士毕业留校任教，成为一名"思想政治理论课"教师。而90年代初，正是下海的热潮，而我又是经济系毕业的（我的本科、硕士、博士三个阶段都就读于北京师范大学经济与工商管理学院），所以，当时很多人不理解，说"你学的是热门的经济专业，怎么就当老师了呢"？甚至有的人替我"惋惜"，奇怪我怎么就成了个"不被看好"的思想政治理论课的老师，也就是人们所说的"马列主义老太太"了呢？20多年过去了，我特别想告诉大家：当老师是一份美好而崇高的职业，思想政治理论课给了我一个广阔的舞台。

我母亲是一位小学老师，在我的记忆里，母亲的所有生活几乎都与教育相关，上课、批改作业、和学生谈话、家访、接待来访的学生和家长，日复一日，年复一年，母亲总是快乐地重复着这些工作。我觉得母亲身上有一股神奇的力量，在做这些事情的时候那么从容、镇定，一直带着自信的微笑，就像战场上气定神闲地指挥千军万马的将军。在母亲自信的微笑中，一个个局促的孩子眼里慢慢发出自信的光，一位位忐忑而来的家长开始微笑起来。我觉得在这神奇的力量中，母亲很美，我也被这种美深深地吸引着，更希望自己也能拥有那神奇的力量。

毕业后，我留校成为一名老师，随着时间的推移，我深深理解了这个职业，并因为理解而热爱它。我发现，当老师可以有那么多学生与她的人生相关，老师的人生也就融入众多的学生成长之中。老师可以把自己的知识传授给学生，带着学生在知识的海洋里畅游。老师可以和学生分享人生的经验，让他们在智慧的熏陶中理性地成长。老师可以把自己的生命体验与学生交流，让学生的青春多姿多彩，同时也让自己的生命焕发青春的力量。

三尺讲台是老师的人生舞台，站在讲台上，面对着学生一双双期待的眼睛，似乎可以直接触摸到教师这个职业的圣神和职责的厚重，老师没有理由不全力以赴上好每一堂课。而我所教授的课程是思想政治理论课，这类课程具有一定的特殊性，其课程目标是，以马克思主义理论为基础，帮助学生树立正确的世界观、人生观、价值观。由于课程直接关系到学生如何看待外在世界和怎样定位自己的人生，对学生的成长成才非常重要。但由于种种原因，学生对这类课程不够重视，这对思想政治理论课老师是个极大的挑战。

如何上好这门课？是我自留校以来一直在不断探索的课题。思想政治理论课的特殊性在于，老师不能仅仅是个讲授者，还必须是个信仰者和践行者，所以在讲授这类课程时，教师个人的真诚表达有时比知识本身更重要。我给自己提出了一个"全情投入"的要求。在讲授一部分内容之前，我都必须让自己对相关知识有透彻了解，对这些知识的历史背景、理论逻辑和现实针对性做出准确把握，让自己从中建立对相关理论的理解和信仰。做足了这些功夫后，等到再讲授这些知识的时候，就会带着自己的情感去讲授。而我常常带着要和同学共同分享这些知识的心情去备课、讲课，所以备课的过程中充满了探索知识的快乐，而讲授的时候又充满了分享知识的欣喜和幸福。

思想政治理论课既是理论教育，也是一种情感教育，可以有丰富多彩的形式，我收集了大量的视频、音频资料，根据教学内容需要，灵活加以使用。例如，播放大学生耳熟能详的歌曲，从《北方吹来十月的风》到《走进新时代》，几十首歌曲就可以把中国革命和建设的历史生动形象地再现出来。讲授"十月革命一声炮响给中国送来了马克思主义"这段历史的时候，我运用了《北方吹来十月的风》这首歌曲，通过听歌曲讲授背景，让同学们了解了那个时代；《工友歌》让学生体会了风起云涌的工人运动；《农友歌》让学生回顾了波浪壮阔的农民运动；《春天的故事》让同学们感受到了迎面吹来的改革春风。而一曲《走进新时代》更是让同学们对我们伟大祖国的繁荣昌盛充满了自豪感。

有时候无声的分享比有声的说教更具有说服力和感染力。我根据不同年级学生的特点，制作了各种画面优美的音乐 PPT，在课间播放。这是我的得意之作，也是学生喜欢的"课间甜点"。这种方式，既让学生得到了放松，也能给学生各种启迪。例如，《世界名校之旅》意在鼓励学生进一步深造；《年迈父母的话》告诉学生要理解和体谅父母，懂得感恩；《木匠的房子》启发学生做任何事情都应该认真而专注，什么叫"优秀是一种习惯"，为什么说"细节决定成败"；《成长的一角》告诉学生在成长过程中必然会遇到的各种问题，以及应该如何去面对，如何让自己成为"独立的人"；《成为湖泊》让学生在动听的音乐和优美的画面中明白，我们感受"痛苦"的意义取决于我们有什么样的胸怀。这样的"课间甜点"我精心"烹饪"了 100 多个。这种方式润物无声，成为我实施成才教育的一大特色。

在教学中如何调动学生的学习积极性，变被动学习为主动学习，是老师必须研究的一个课题。因此，在实际教学中，我设计了一周新闻播报、课堂讨论、经典原著选读、主题发言等多个的环节，引导学生积极参与到教学中来。其中最有特色就是主题发言。通常我会选择与课程有关的某一热点问题，分成不同的子题目，让学生按兴趣分成小组，下去收集资料，进行探讨，最后由小组派代表在课堂上向老师和全班同学汇报。所选的题目主题都很鲜明，我先后使用过的题目就有"经济全球化与我们"、"我所关注的三农问题"、"改革开放三十年"、"共和国六十华诞"、"我所关注的民生问题"，等等。这种形式，把鲜明的时代主题和同学的兴趣结合起来，把所学理论和社会实际结合起来，变被动学习为主动学习，同时也培养了团队合作的精神，深受同学的欢迎。每一次主题发言，学生都非常踊跃，最后的小组汇报的形式也不断创新，有的小组制作了图文并茂 PPT 进行讲解，有的小组精心制作视频播放，有的小组则是通过小品表演形式来汇报，很多汇报都是在热烈的掌声中结束。

很多人都说思想政治理论课难讲，我也认为确实难讲，但20多年的经验告诉我：只要用心、投入，把它当做一份事业来做，思想政治理论课一样能上好，而且能够更有意义、更为精彩，因为它塑造的是人的灵魂。一想到在学生成长成才的路上我扮演着重要角色，我能影响如此众多的人，我很骄傲。能够把别人认为难讲的思想政治理论课上好，我很自豪，从中也获得极大地成就感和满足感，这是金钱和地位所不能衡量的。当收到学生发来的："熊老师，我爱你，就像老鼠爱大米"、"熊老师，我们爱死你了"这样的短信息的时候，当学生告诉我："熊老师，专业课偶尔我会逃课，而您的课我从来舍不得逃的时候。"我会很欣慰，倍感幸福。

工作20多年来，我一直从事思想政治理论课教学，今后也不打算调换岗位。我深深地体会到，思想政治理论课传递的不仅仅是知识体系，更是价值体系，它在学生的成长和成才中扮演着重要而不可或缺的角色。如果说专业课培养的是学生工具理性，那么思想政治理论课培养的是学生价值理性，没有什么课程如此直接地体现着"教书、育人"的双重功能。而思想政治理论课融汇了知识、方法、信念、情感，所以具有很大的发挥空间，给教师提供了一个广阔的舞台。只要热爱、用心、投入，在这个舞台上一样可以舞出美丽的人生。

在思想政治理论课这个广阔的舞台上，我忙碌并快乐幸福着。

我与性别及多元文化教育结缘

张莉莉

一 小时候的观察：受教育可以改变一个农村女性的命运

我于 1964 年生在一个知识分子家庭，父亲毕业于中国人民大学法律系，是那个年代较少的知识阶层，但我的日常生活却始终和农村相联。由于父亲从小生活在农村，家里又有 8 个兄弟姐妹，他始终对农村特别关注。我小的时候，是由爱叶姑姑带大的。我很纳闷，为什么同样生活在一个家庭，只有爱叶姑姑不跟着姑姑们的年龄排序叫三姑，而是另有一个三姑。大一点后，我才知道爱叶姑姑是爷爷的亲侄女，幼年时父母双亡，由爷爷奶奶收养。奶奶为了带爱叶姑姑，把自己的亲生儿子送了人。

1970 年初，母亲生了双胞胎弟弟，三姑和四姑来帮助带小孩。妈妈不忍心让两个辍学女孩去带孩子，就找自己工作小学的校长把她们送进了学校。所以我的四姑到了 15 岁才进入初一，因为比班上其他的同学年龄都大，她那时心理感到特别害臊。为了让两个姑姑上学，我妈妈把双胞胎弟弟送到周围的老太太家代为照顾，一个月 5 元钱。我从小就不明白为什么自家的姑姑白吃白住，还对小孩特别厉害，但姑姑们则是非常自在地生活在我们家，还让妈妈借很多的书给她们读。我长大以后，姑姑经常对我说："是你妈妈救了我们，没有你妈我们不会有今天"。姑姑们后来都成为中学骨干语文教师（一级教师），她们对我母亲当年坚持让她们读书的远见赞叹不已："在那个时候，连你爸爸都觉得学习没用，可你妈就是认为一定要受教育"。后来我问妈妈，为什么没有让爱叶姑姑读书，妈妈说也曾经把她送到了学校，但是她总觉得自己失学时间太久学不会了，坚持不再回到学校。即使那种情况下，妈妈也亲自教爱叶姑姑读书认字，基本完成了扫盲教育。

所有这一切对我的影响是潜移默化的，让我体会到生活中有很多艰难，但也有许多温情，我的爱叶姑姑的身世就是如此。我也深刻的认识到给这些上不了学的弱势女孩受教育的机会，换来的是一个新的生命。我的四姑喜欢写作，经常写一些儿时的趣事给大家分享，但如果没有念书的机会，她的写作才华只能被埋没。

二　榜样的引领：走进社会性别研究领域

研究生毕业留校工作，我所在的北师大教育系是一个有着许多女性榜样的单位，身边一直有不少的优秀的女性，如裴娣娜教授、史静寰教授、郑新蓉教授等。没有这些师长的支持和引领，我恐怕很难从自己的自然科学专业背景真正走进教育研究。

最早听到社会性别这个概念，得益于史静寰教授的引领。当时也参加了多个史老师主持的项目，如教育领域中的性别平等指标的开发、女大学生的就学经历、教材中的性别分析等。这些研究工作让我接触到了性别研究团队的其他老师同学，记得最为难忘的是在开展了对于初中语文教材的文本分析后，我们设计了一系列实证研究方案，通过学生作文"我看教材中的女性形象"了解学生们对于教材中性别偏见的识别与反思、通过短片还原教材中带有性别偏见的情境等，还记得当时设计了一个巧妙的小测验，在背景信息完全一样的情况下只是更换带有不同性别倾向的名字（一个叫王蕾、另一个叫王雷）让老师们表达对于男女生的不同看法。研究过程中的合作与创新氛围对我产生了很大的影响，让我感受社会性别的现实影响力，也逐渐认识到研究本身也是一个社会介入的过程。

2001从香港大学博士毕业后，我受福特基金会支持，到美国密歇根大学妇女研究中心进修。这一段的学习，让我系统接受了多元文化的洗礼，意识到多元文化教育对于大学生具有重要的价值。接受过这方面教育和影响的学生走向社会后，能有更强的社会责任感，更认同平等与和谐发展理念，更关怀弱势群体，而这恰恰是现代社会对人才的一种特殊期待。

三　能力的提升：接受挑战

2003 年春，北师大多元文化教育研究中心获准成立，创始人郑新蓉教授跟我谈了她对中心的设想，期望我能够参与中心的工作，我欣然加入。我感觉多元文化教育是一个特别好的发展方向，能使性别、少数民族、城乡、社会分层等方面的问题有机地融入一个新的框架，而且也给性别研究提供了一个更开阔的发展平台。在香港大学时，我一直是香港大学妇女研究中心的成员（这是一个针对教师的网络平台，我当时是其中唯一一个在读博士生，当然另一个身份是北师大的老师），对这样的非正式群体有着很强的兴趣，觉得女性需要这样的交流平台。虽然对多元文化教育研究中心的理念和研究方向非常认同，但是起初我只是想将自己定位为一个普通的参与者，不想承担领导职责。当郑老师推举我为中心副主任时，我有点诚惶诚恐，但是不想辜负师友们的期望，就想先挂一段时间的名，等到中心发展起来之后再寻找更能干的人选。所以，在多元文化教育研究中心的成立大会上，当郑老师介绍我为副主任时，我内心颇为不安，因为不觉得自己发挥了领导作用。

2003 年 9 月，郑老师引介我参与海峡两岸行动研究研讨会，我承担了会议筹备和组织工作。这次会议开得非常成功，这让我深深感受到了付出后的回报，也使我得到了组织管理方面的锻炼。筹备会议期间，我期待实现在香港时看到的高效的工作状态和良好的服务精神，于是从最开始我就给相关人员进行了及时的动员和细致的分工，让每个人手里都有一张自己要完成的工作流程图。会议前后，参与工作和服务的研究生个个处在良好的工作状态，精神饱满、工作高效，能够从每个细节之处替我分忧并体现团队精神。中心的几位志愿者，尤其是林玲、吴永胜、喻本云、邵丽丽等忙前忙后，不计劳苦，给我提供了巨大的支持，也为会议顺利进行做出了很大的贡献。回后我向他们表示了感谢，他们却说："张老师，我们跟您工作非常愉快，我们在其中也学到了很多东西。"这使我感觉到每个人都渴望有归属感，而且群体间的支持能够使梦想成真。

筹备此次会议，我付出了不少的心血，但心里充满了愉悦。这次会议使我对中心的定位有了不同的理解。我看到很多台湾方面的参与者有着草根组织背景，他们的经验给了我很大的激励。此次会议给我的另外一个震撼，来自台湾辅仁大学的夏林清教授。在现场培训中，夏教授运用她独特的群体动力学方法，使参与者领悟到虽然每个人都处在各种各样的社会制约中，但个人还是有着行动和改变的空间。她强调了行动与改变的重要性，并且认为人们之所以受制于环境的限制，原因在于不能对于环境中的权利关系有一个清楚的认识和梳理，她强调个人的实践反思是冲破种种束缚的动力所在。夏老师对我的影响还在于她坚持要从小处做起，认为能促成小群体的改变就很有价值。从前的我，总觉得大范围的改变很难，而对于小范围的改变又有点不屑，参加会议后，我的心态发生了比较大的改变，我觉得自己应该成为一个从点滴之处入手的行动者，在行动中实践自己的教育信念。

中心初创之时，就幸运地得到福特基金会能力建设项目的支持，参与了由温洛克实施的一系列培训活动，我们的发展方向也在此过程中清晰了起来。2004 年秋，我参与了长达两个多月的领导力培训，培训之后，我对领导和领导力的认识有了较大改变。以前，我将自己定位成一个很好的员工，能够很好地配合领导开展工作，但不愿意挑头做事。培训后，我懂得领导力对每一个人都很重要，能够在一个高效融洽的环境中工作对个人发展具有很强的激励作用，如果自己不能以一种主人翁的态度参与到活动过程中，则工作效率势必受到影响。我感觉到，在这样一种具有共同愿景的组织氛围中，每个人都要发挥其领导力，这种领导力表现在大家对工作的热忱和团队合作中。参与此次培训对我影响很大，让我勇于承担责任，能够以一种更积极的态度对待自己的"领导者"、"服务者"、"支持者"角色。

四　参与式归属感的培养：团队建设

领导力培训让我自己经历了一个增能的过程，其中的点滴感悟不仅丰富了我的思想，更汇结成一种内心的力量，使我对于社会发展事业有了情感归依。2003 年秋，我们承担了乐施会教育公平短剧拍摄项目，在工作过程中，我们发展了有效的合作创新模式。这个项目的第一步是编制剧本，我们组织了五个团队开展相关的文献研究和调研活动，并在此基础上发展出了初步的剧本。这五个团队分别由本科生和研究生志愿者组成,项目为大家搭建了网上交流平台,并提供相互学习的机会。剧本出来后,中心的老师和戏剧教育领域的专家给学生提供了反馈意见,我们也请各个小组的成员自己去找学院里相关的老师进行咨询,我们还为参加者举办了生动的戏剧工作坊培训。之后,各个小组开始自己联系拍摄地点和参与演出的师生,每个小组里的资源因此得以挖掘,比如林玲支教中认识的一位搞艺术的学生成为了摄影师。为了联系到合适的学校,同学们费了很大劲,因为我们所关注的主题涉及了教育中一些不公平的问题,这使领导和老师有一些顾虑。庆幸的是,每个组都找到了合作的学校。我们课题组的一些成员也自担角色,参与到拍摄工作中。短剧拍摄过程中,产生了一些很好的创意,如在反映社会分层与教育时,设计了这样一个场景:一所打工子女学校里,外语老师在认真教一些外语单词,其中包括蛋挞(tart)这样在大城市流行的食品,而学生不知所云。剧本拍完后,还要剪辑并设计相关的参与式培训活动。在工作过程中,学生多方面的潜能得以发挥,而大家最受益的也是合作交流和开拓创新能力的培养。

2004 年 5 月,中心承担了与世界银行北京办事处和中华全国青年联合会的合作项目的志愿者培训活动。我们认真设计了培训计划,力图在培训中传递志愿者精神,并通过深度的参与式体验为参与者增能。我们想办法邀请到了丁大卫先生以自己外国志愿者在中国西部乡村的从教经历,讲述了志愿者工作的意义。福特基金会的何进先生也与学生就支教和志愿者工作进行了深度交流。培训中,我们安排了志愿者的支教行动反思、NGO 组织与志愿者成长、田野调查和深度访谈、教学技巧、沟通交流技能、行动研究、自我认知、个人工作和生活规划等相关主题的参与式培训。

下面这些发自肺腑的话语来自总结交流时大家的发言,由志愿者张军进行整理:

> 志愿者马海燕同学说:"在我 15、16 岁的时候,能够听到骨骼生长的声音。而在这个培训中,让我听到了心灵成长的声音。"
>
> 志愿者徐月同学说:"这次活动使我发掘了自己,发现了一个自己原来都不认识的自己。"

　　志愿者吴振兴同学说：自己在本科期间支教了12次，参加了这次志愿者培训。让自己找到了不再孤独的感觉，就是："面向大海，春暖花开"。

　　志愿者周正同学说：这次培训使我感受到了人生规划的重要性，使我懂得了今后的人生中，应该规划自己的人生，制定生涯计划，才能更好的发展，做一件事情也应该有始有终。还有就是做事情要有信心，"路虽远，行则必达；事虽难，做则必成"。

　　郑新蓉老师说：一个人要得到支持，首先就是要支持别人，而且人人之间都有一颗热心，大家可以做到相互支持的。

五　女性领导力提升：赋权增能

　　2006年起，在参与中英西南基础教育项目的咨询工作中，我们了解到西南少数民族地区很少有女性校长。出于一名社会性别专家的敏感性，郑新蓉老师提议开展女性领导力行动研究。2008—2010年，在参与项目的过程中，我们开发了女性领导力培训教材，并通过与省县级团队的合作在项目县促成了一系列的政策创新，如设置由女性来承担的校长助理岗位等。为了使教育局领导支持女性干部的培养和提拔，我们还在教育局局长培训中加入了女性领导力专题。

　　女性领导力行动研究改变了西南少数民族地区缺少女性校长的历史，更让我们见证了行动研究的魅力，也令我思考如何看待女性参与管理的问题。很多的工作环境中，女性并没有承担主要的领导工作，但女性特有的认真、细腻使她们在组织中扮演着重要的支持者角色。由于没有从事领导和管理的经验，很多女性对于参与管理存在畏惧心理，害怕难以兼顾事业和生活，更怕不能很好地担当领导角色。事实上，管理也是一种服务，更是对自身的一种锤炼。

　　在开展女孩的生活技能培训过程中，我和年轻的合作者张燕共同研讨，认为农村弱势女孩也应该提升自己的领导力，尤其是要学会保护自己的权益并与他人积极沟通，能够在职业发展过程中勇于寻求晋升机会，否则这些年轻的女孩很难获得较高的职业回报，自信心也很难真正建立起来。我们在每个单元都有一段写给女孩的话，在就业与发展单元写的是：

> 敢于梦想、实现梦想不是男人的专利，女孩子也可以成就一番事业。
>
> 把小事做好，才能做好大事。即使是琐碎的小事，认真去做，也能锻炼出很多的能力和技巧。
>
> 每个人身边都有很多"平凡"而又"成功"的女性榜样，身边的"能人""巧人""高人"可能就是自己的亲人或者朋友。用心规划自己的人生，你也同样可以平凡而又成功。
>
> "活到老、学到老"是一种可贵的生活态度。从年轻的时候，就要培养这样一种习惯。
>
> 成功不一定是地位的高低，只要自信而努力地去生活，就能看到生活中更多的风景，体验到快乐而充实的人生。

我认为，女性领导力的关键是自信心的培养和支持网络的建设。过去十年间，参与培训、开展项目、发展支持网络，我从周围的师友学生身上学到了很多东西。多元文化中心一直通过项目、读书会、电影交流、午餐讨论、网上资源共享等为中心志愿者和其他有兴趣的人士搭建交流和学习平台，2013 年 7 月中旬，中心更名为中国民族教育与多元文化研究中心，试图更好地发挥自身在促进教育公平上的角色和作用。

作为一个女性知识分子，我有幸能够在开展教育科研的同时参与各种社会发展项目，在此过程中也结识了很多优秀的女性榜样和伙伴。即使是那些我培训和接触过的校外青少年、打工妹，我也从他们身上看到了个体的潜能与成长的意义。2008 年，我曾在美国新墨西哥州立大学和一位美国教师共同开设了女性领导力课程，2011 年 8 月到 2012 年 5 月又以富布莱特学者身份在美国宾州州立大学伊利大学开课两个学期，主讲了性别社会学等课程。在国外的教学实践中，国内的实践经验给我的教学注入了活力。

LIVE WITH PASSION，使我经历了一些冲突和困难，但同时也见证了我国社会变迁过程中各种改变的发生过程。

人生·事业·家庭

　　我以前认为，有幸福家庭的女性，在事业上就得不到成就；在事业上成功的女性，就不会有幸福的家庭生活。但是，听了女教授们的精彩演讲，我的看法彻底改变了：原来有幸福家庭的女性也能在事业上得到很高的成就。她们也有挫折和失败，她们也问柴米油盐，但她们从来只看前方的路，而平静地对待生活中的各种如意与不如愿。她们学者，同时也是女儿、妻子或母亲，面对很小的人生欢乐，她们也会欣然一笑。最让我触动的是女教授们讲述自己经历时的从容，她们在困境中没有抱怨，在辉煌时没有渲染，总是以平常心对待人生、家庭和事业，这不是所有人都能达到的境界。

　　　　　　　　　　——摘自北京师范大学 2012 级大学生微博

回忆外祖父严范孙先生对我们孙辈的教诲①

卢乐山

我从六岁到八岁在外祖父严范孙先生创办的严氏女学读过两年书，当时就住在他家，后来也常到外祖家小住。因此有幸和表兄弟姐妹一样受到外祖父的教诲。事隔七十多年，有关外祖父的许多言行均已淡忘，但有些零星琐事记忆犹新，对我影响很大。

一 外祖父有志于国家维新、社会走向进步与文明、首先从自己家里做起

在这个大家庭里，人人都要遵守外祖父定下的家规。外祖父极重品德教育，凡家庭成员不许吸烟，不许赌博，更不许嫖娼。只在喜庆的日子可以饮少量的酒。他常教导大家："消遣之事宜分损益"、"勿妄用钱"、"周恤亲友"。

民国成立后，家里只过阳历年，不过旧历年。全家老少的生日也都改成阳历。晚辈对长辈的"礼行"还是不能废的。不过，在行礼时候都改为鞠躬，不磕头。

记得有时早上我还没起床，就见表哥们依次到外祖父母的住处问安说："爷爷起来啦！奶奶起来啦！爷爷奶奶我上学去了。"放学回家后也向祖父母报到。

外祖父认为打骂、吵闹是不文明的行为。家里的成员从不大声喧哗、吵

---

① 此文为作者于 2000 年 4 月 2 日在南开学校举办"严范孙先生 140 年诞辰"纪念会上的发言，原载《卢乐山文集》（北京师范大学教授文库·卢乐山卷），北京师范大学出版社 2002 年版，第 427—432 页。

架。他对儿孙们就从不打骂，重正面教育。常常以身教代言教，或用奖励办法鼓励儿孙们上进。表哥们偶尔犯了错误，顶多受到"罚坐"的惩戒。

外祖父很少训斥人。有时只需一句话，就能生效。记得有一天晚上我已睡在床上，仍在和外婆大声说话。外公经过时只说了一句："还说话!"我就再也不敢吭声了。

外祖父很注重公共卫生。饭桌上人多，吃饭时都使用公筷。每人面前摆一个小筷子架，放两双筷子。吃饭时不大说大笑，替别人添饭时用个小木盘托着碗，以防手指碰着碗边。

外祖父反对徇私情。他虽然是南开学校的创办人，但从不为儿孙们在南开读书的事托人情。个人的成绩全靠自己努力。影响到南开学校的校风也一样秉公无私。当我读完小学五年级后，没有读六年级便跳班投考南开女中。当时心里真怕考不上，外祖父并不托人打听，只是在发榜后让仁绪表哥去看看榜上有没有我的名字。

二　外祖父重视孙辈的学习和多方面发展

外祖父曾为孙辈设置一个安静的自习环境。他把自己住的一套房屋中一间稍大的起坐间让出来，里面放一张大长桌子。每晚表哥表姐们可以在那里复习功课。既无人干扰，又可受到外祖父的监督。

外祖父鼓励孙辈写好毛笔字。每天下午放学后，由他的表弟（我称他为表外公）到家里来指导表兄弟姐妹写毛笔字，我有时也参加进去。评定的标准是："最优"（可得三枚铜板），"优"（可得两枚铜板），"良"（可得一枚铜板），"可"（无钱可得），"次"（罚一枚铜板）五个等级。每月计算一次，到外祖父那里领奖。

外祖父督促孙辈练习写信。表兄弟姐妹到一定年龄每周要写一篇"信稿"，由外祖父亲自批改。我也曾学着给在北京的六姨和姐姐写过几次信稿，一次我把"式样"写成"武样"，外祖父用红笔在旁边写了很大一个"式"字，此后我再也没有写错过。

外祖父要求孙辈灭蝇·每逢夏天吩咐表哥表姐们打苍蝇。每打若干苍蝇，可以得若干铜板。一次我赶上在外祖家，也参加了打苍蝇的活动。我不知道要计算数目，就把打死的苍蝇扫在一个罐子里，见到表姐们到外祖父那里报了数目并领到钱时，才发现自己没有计数，也就不敢向外祖父要报酬。但心里又感到委屈，只好向外婆去诉说。外婆说："不要紧，我还是给你几个铜板。"我心里很满意。

外祖父支持孙辈参加文体活动。外祖父不仅鼓励孙辈在学校参加课外活动，如演戏、唱歌、体育锻炼等。还聘请教师到家里为孙辈教授昆曲、武术、围棋、绘画等。表哥们还可以按自己的兴趣选学一两种民族乐器。每逢周末由一位姓杨的先生指导合奏，演奏很多乐曲，非常好听。

外祖父的起坐间里经常摆放着留声机、唱片、棋类或扑克牌（只做游戏，不能赌博），供孙辈们课余随意消遣。

那时，表哥们还成立了一个名为"乐群"的小组织。定期出壁报（包括小文章及绘画）。他们还和卢、娄两家亲戚中的子弟组成一个球队，名"L"队。因"卢"、"娄"和"乐"三个字的英文字首都是"L"字母。他们曾多次开展球类比赛，使年轻人的生活更加充实。

三　外祖父用有趣的方式表达对孙辈的关爱

外祖父平日的态度一般是严肃的，令人敬畏的。但他也时常利用机会跟孙辈们沟通，建立感情，表示他的慈爱。

外祖父喜欢带孙辈们出外郊游，有时还共进野餐，他也喜欢在闲暇时候有孙辈围绕在身边，听他讲讲故事、笑话或聊聊家常。一天晚上大家坐在房前走廊上边谈边看月亮，外祖父提到"看月嫌松密"一句古诗，我记下了。事后在作文中借用了这句诗，还得了好分数。

严氏女学停办后，仁斌表姐和我一起转入祖父卢木斋先生创办的卢氏小学读书。一次星期六的中午放学后，我随仁斌去到外祖家。进房门时外祖父已吃过午饭，正向卧室走去。听见有人进门，他并不回头，故意伸出两个指头向背后摆一摆，意思是说："进来的是'两'个人"。我知道这是他对我表示欢迎。

1927年10月在外祖父母金婚之日，合家团聚庆贺。外祖父身着长袍马褂，外祖母也穿上了旧式礼服。孙辈们乘兴建议二老相对行礼。接着便喊："一鞠躬！""再鞠躬！""三鞠躬！"两位老人一一照办，更增添了欢乐的情趣。

外祖父善于将家常事编成通俗的诗歌，供孙辈说唱。这时他老人家妙趣横生，显得十分慈爱，既为大家增加乐趣，也增进了祖孙之间的感情。例如：

大表姐仁荷是外祖父母的长孙女，1900 年生在日本。外祖父为她编了首小歌：

```
5  1  |  5  1  |  61  23  |  2 —  |
小 荷    小 荷  ，  生在 日本   国，

3 3  1  |  26  5  |  51  61  |  55  1  |
日本  国    在亚 洲 ， 亚洲 亚洲  东半  球。
```

仁庚表哥周岁生日时，家里为他举行"抓周"的小"仪式"。外祖父也为他编了首儿歌：

宣统三年八月八，一个小孩炕上爬，
炕上盘子摆两个，小孩伸手往里抓。
铅笔小本他不要，花生栗子他不拿。
看来看去看中了，双手抱住了小喇叭，
哥哥姐姐拍手笑，爷爷奶奶把他夸。
你问小孩叫什么，他叫庚符他行八。

仁斌表姐出生后第三天，外祖父很高兴，随口说道：

民国五年五月五，一个小孩炕上哭，她叫仁斌她行五。

一次仁荷表姐托仁荫表哥由北京带给外祖父一些酱菜，老人家很喜欢，边吃边说："十香菜，真可爱，大姐买，五弟带，带到天津，爷爷每饭不住筷。"

有一年夏天，家中多数人都不在家。我随几位舅母及表兄表姐们到北京西郊卧佛寺住了一个暑假。家里只剩下外祖父母和六姨。外祖父想念大

家，就把家里的情况编成儿歌，寄到卧佛寺。歌词是：

> 西院一座大天棚，仅仅住着一刘升[1]。
> 东院天棚格外大，仅仅住着仁老妈。
> 奶奶搬家油地板，满院花儿归谁管？
> 爷爷借住北上房，绿香火绳列两旁[2]。
> 六姑楼上住得惯，张妈天天去作伴。
> 姑奶奶来了院中坐，买桶冰淇凌大请客。
> 一桶剩下半桶强，端出四碟请账房[3]。
> 禄易芝芬[4]不在家，田妈来送白香瓜。
> ……

大家读了备感亲切，心里也想念这位慈祥有趣的老人。

外祖父生前有孙男女和外孙男女 38 人（逝世后又增添两人）。他对孙辈的关心还表现在把每个人的生日都记得一清二楚，并按年龄将每个人名字中的一个字排列成序：

> 荷菊清绪叶　锦萌钧泽鑑
> 庚远銮青山　颖铨英华鑫
> 斌霞锐妙驹　鐄梅喆珏罩
> 铃饴静方蓿　莲镇荃棠锜

为了凑成 40 字，其中"青山"和"静方"名字用了两个字。可惜仁莉表妹和仁缉表弟生于外祖父逝世之后，否则刚好是 40 人，40 个字。

和外祖父最后一次见面是在 1929 年 3 月初，在他病重期间。当时母亲、姨母等都回去轮流服侍。一天我也去看望，见他勉强起来坐到书桌前

---

① 指一男仆。
② 为驱散蚊蝇。
③ 指账房先生们。
④ 指大表哥嫂。

的椅子上。我站在书桌对面叫了声："外公。"他对我点头微笑，没有说话。几天后，他老人家便永远离开了我们。

今天在纪念外祖父140年诞辰之际，不禁想到自己的一辈子，从小就有机会受到健康的幼儿教育，直到高等教育；一生从事幼儿教育工作没有动摇或终止。这难道不是受他老人家兴办新式教育、提倡女子教育、重视幼儿教育和对后辈教诲的影响吗？

最近我又重新背诵当年挂在我母亲房里由外祖父亲笔写的一个条幅。内容是：

四百四十五甲子①　绛县老人犹城杞②

我今九分不足一　蒲柳望秋衰甚矣

二万四千旦与暮　禹寸陶分无量数

可怜如许好光阴　被我悠悠等闲度

（冬至前五日余生二万四千日也，甲子四百周矣，老大伤悲口占自讼）

外祖父为人民做了许多有益的事，仍虚心地认为自己的一生是"等闲度"。这再次告诫我：做人要谦虚谨慎，不断向前，奉献余生，永不自满。

---

① 古人以六十日为一甲子。

② 典故出自《左传》，今泛指老人。

建立和睦家庭
——我的一点亲身体验①

卢乐山

家庭是构成社会的基本单元。和睦幸福的家庭既是培育新一代的需要，也是促进社会安定团结与文明进步的需要。家庭生活包括物质和精神两个方面。家庭成员之间的和睦关系是健康的精神生活的重要因素。历任了妻子、母亲、祖母几种角色之后，我个人深深体会到，建立民主平等的和睦家庭必须搞好以下几种内部人际关系。

一　夫妻关系

夫妻之间的和睦不是依靠"夫唱妇随"或"夫贵妻荣"，而在于双方的平等关系。女性不仅为人类的繁衍付出代价，也应为社会文明和发展做出贡献。妇女参加社会生产劳动则是取得与男性真正平等的重要保证。

自结婚后，我的老伴始终鼓励我参加社会工作，并在家务劳动和教育子女方面给我以大力的支持和帮助。这使我几十年来从未离开儿童教育的工作岗位，并在工作中安心而无后顾之忧。我们在家庭中享有平等的权利和地位，遇事能做到民主协商。

老一代的互助互勉对下一代起着潜移默化的作用，是一种无声的教育力量，也是子女直接效法的榜样。我们的两个儿子同样没有"男尊女卑"或"男主外女主内"的思想，把参加家务劳动、教育子女视为夫妇共同的

---

① 此文原载《中华家教》1997年第6期。收入《卢乐山文集》（北京师范大学教授文库·卢乐山卷），北京师范大学出版社 2002 年版，第 399—402 页。

义务。

二 亲子关系

为父母的首先应树立正确的亲子观，明确子女并不是父母的附属品。他们是独立的人，有自己的个性、人格、权益与地位，应当受到尊重。养育子女既不是为了"传宗接代"，也不是为"养儿防老"，而是为社会培养有用之才。因而不能把子女当作私有财富，对他们任意行使权威。

我和老伴都未打过孩子，因为使用粗暴、高压的手段既是对子女的不尊重，也不能真正解决问题，反而会造成双方感情上的隔阂。

不使用打骂的办法不等于对子女没有严格的要求。孩子从小生活在一种和谐而有秩序的环境中，坚守一定的生活规律，养成必要的习惯，是十分重要的。中国有句俗话："习惯成自然"。有了固定的习惯，自然能在一定的时间、一定的地点、用一定的方式去做一定的事。这既有利于培养孩子的独立性和主动性，也便于建立民主平等的亲子关系，而不是以一方压另一方的"长尊幼卑"的专制关系。

三 多极性家庭成员之间的关系

我们的两个儿子都结了婚并有了一个孙子之后，曾一度都和我们住在一起。在这个多极性的大家庭中包含着夫妻、亲子、兄弟、妯娌、公婆与儿媳及祖孙等多种人际关系。我和老伴自然成为一家之长。作为大家庭中的第一代人对家庭的和睦应负主要责任。我们主张在共同的生活中既要有一定的纪律约束和节制，也要给年轻人以相当的自由。属于个人范畴的事，互不干涉。

当时在三室一小厅的住所中，除公用的场地之外，各家有单独的小天地，在那里有自己的权利和自由。对于共同的需要（如打扫卫生及做饭等家务劳动），则由大家分担，各尽所能。有人曾问："你们家由谁主炊？"老伴回答说："我家有六位厨师，谁先回家谁掌灶。"遇到招待亲朋时，每人贡献一个拿手好菜。

我和老伴比下一代人在时间方面充足一些，经济的收入宽裕一些，对年轻人的帮助自然也多些。但并不能因此便以"权威者"自居，从而对晚辈发号施令。在家里应尽量避免出现"小从老"、"支配与服从"的关系。

两代人在思想认识、生活方式以及兴趣爱好、价值观念等方面难免存在着差异。年轻人之间也会发生意见的分歧。这时只能求大同存小异，不能将自己的主观意志强加给对方。长辈对晚辈的事不宜干涉过多。重要的是设法沟通思想，在相互理解的基础上形成和睦的关系，使每个成员在这个大家庭中感到心情舒畅。

四　婆媳关系

婆媳关系正常是家庭和睦的重要方面。人们往往认为这种关系不容易处理。因为婆媳之间是一种非血缘的关系，在各种家庭关系中是最为敏感的、复杂的、容易产生矛盾的。

我们的两位儿媳来自不同背景的家庭，生活习惯、个人经历和个性特点都很不同。大家在一起生活，需要有一个相互适应的过程。我们的有利条件是自己没有女儿，又特别喜欢女孩子，有了儿媳感到很幸运，对她们尽量以"女儿"相待。正因为要建立"母女关系"，所以容易发现她们的长处，原谅她们的不足，也会多一些体贴、同情，少一些挑剔、责难，不做过分的苛求。

我们不仅关心儿子的学习和工作，也关心儿媳的前途，在时间和经济方面为她们创造条件，助她们一臂之力。遇到年轻夫妇间发生矛盾时，尽量回避，不妄加干涉。

对待儿媳不能存有成见。只要双方都从善意出发，即使有了矛盾，也是容易解决的。

五　祖孙关系

在三代人的家庭中，第一、二代对儿童教育的方法常会出现分歧，这也是导致家庭不和的原因之一。

我是学儿童教育的，可是对自己孙子的教育并没有干预过多。我尽量提出看法，但不坚持己见。在孙辈面前设法帮助儿辈掌握教育的主动权。遇到孩子们问我某件事应当怎样做时，总要让他们多征求自己父母的意见，以便取得教育上的一致。

　　我和老伴虽已退休多年，并没有承担完全照顾孙辈的义务。儿辈既然有了孩子，就应当尽父母的职责。亲自教育自己的孩子，也有利于建立正常的亲子关系。"隔代亲"确是事实，但作为祖辈却不应取代父母的角色而越俎代庖。

　　处理好祖孙之间的关系同样是保证家庭和睦的重要因素。

梦里潮乡[①]

王　宁

父亲青年时远离家乡谋职，曾日夜思念生养他的故乡——江南的小城海宁。但他却没有再回故乡的缘分，那日渐浓重的回乡向往，终于合着他的骨灰，撒在了北方的大地上。我在他病逝的同年同月奔赴西北高原，离从未见到的故乡越行越远。

但我对故乡并无陌生感，那江南的小城，我童年时常常在梦中依稀看到，是父亲把我带到梦中去的，我仿佛听到过家乡人的街谈巷议，一声声地，都是父亲带着乡音的普通话，和他见到浙江人时忍不住要说的海宁音。我仿佛吃过家乡的小吃，那是因为父亲常常提起，一进盐官镇的那家馄饨店，一碗馄饨装一百个，每个都像一枚扣子。他还说过，家乡的咸豆浆要比甜豆浆鲜美得多。我梦见过五光十色的菜摊——嫩绿的豆苗、翠黄的姜、鲜红的水萝卜、紫色的茄子，还有翡翠一般的豆和玉一样的茭白。每到冬天，饭桌上很难看见绿色的时候，父亲总要列数家乡丰美的菜蔬，那便是我五光十色的梦的由来。

父亲最爱提及的是海宁的潮，住在青岛的时候，有好多次，听着海涛，看着海浪，他说："什么时候，再回去看看钱塘潮！""八月涛声吼地来，头高数丈触山回，须臾却入海门去，卷起沙堆似雪堆。""海上涛头一线来，楼前指顾雪成堆。从今潮上君须上，更看银山十二回。"——这两首刘禹锡、苏轼的诗，都不是他们的名篇，却不知道是在什么时候，童年

---

① 此文原收入王宁等主编、首都女教授联谊会编《繁花絮语》，北京邮电大学出版社1997年版，第170—174页。

的我已烂熟于心。我梦见了钱塘的潮——雪一般白，山一般高，奔马一般疾迅，伴着如雷的呼号涌向海口。

　　我时时在心中充实着海宁潮的形象。奇怪的是，在西北高原上，让我联想到钱塘潮的景物竟有那么多：在青海贵德县洛乙海那个偏僻的小山村里，我夜听松林的涛声，常常披衣坐起，那黑得不见五指的夜空中，似有山一样高的浪从我头上越过；一望无际的草原上，马群从天边奔来，一瞬间便由眼前驰过，竞进而疾速，那不正是我心中的潮吗？有一年 10 月，绕道四川阿坝进青海果洛州，站在岷江边上，看一朵朵白浪在江流中卷起，我在心里便将那雪堆似的浪花连成一排，积成一片，仿佛置身于观潮的岸上……"客里无人共一杯，故园桃李为谁开？春潮不管天涯恨，更卷西兴暮雨来。"父亲曾有的身居天涯思念故园的惆怅，童年时我不可能懂得，如今却时时袭上我的心头，抹不掉也拂不去。

　　去年 8 月，我真的踏上了父亲的故乡，来到了海宁。火车到时已是晚上，夜雨阵阵，灯又不很亮，什么也看不清。但我并不想用眼睛去看，凭着那千百回梦中的情思，我的心已被家乡的温馨浸润。入夜难以合眼，重演那千百回的梦境，待一线曙光射入，我却急不可待地想看看海宁所有的一切了！

　　堂妹桐如陪我走过清晨的集市，于是我看到了五光十色的菜蔬，扣子一样大的馄饨是不会有了，一碗咸豆浆也够我细细品尝。我步上碛石的桥，倘徉在雨水冲过的大街小巷，一任那亲切的乡音灌入我耳里。流贯市中的小河、香烟缭绕的庙宇、芳草杂沓的石板路，青藤古树，阶绿苔滑，都一似在我梦中。但海宁已不是古朴的乡镇，而是一个现代的城市。这里已有许多大的企业、工业开发小区、银灯辉煌的大饭店……这又是我事先虽未想过却也在意料之中的。而我感受最深的，还是海宁那浓厚的文化氛围。当经济大潮冲涌着许多城市，金钱的魔力日盛一日的时候，海宁的图书馆仍是那样清洁敞亮；一个构思新颖的海宁高级中学刚刚创办；坐落在仓基街的张宗祥纪念馆中，字画琳琅满目。文化教育界的朋友时时不离口的，是这块睿智的土地上抚育出了王国维和徐志摩……我回到了家乡，家乡已不是梦境，而是一种真切的现实。

　　然而一站在盐官镇的钱塘岸上，遥望着对岸的萧山，我便又由现实回到梦境中。这天是阴历七月十五日,提示排上预告,潮应当在正午十二点过来。从十一点半起,我便一刻也不敢把目光从水天接垠处移开,我已有很多年没有感受到期待的焦虑和忐忑,此刻的心却翻滚如潮涌。但江水却像凝固了似的平静,如果不是"早知潮有信,嫁于弄潮儿"这样的名句给我信心,我真的要怀疑今天的潮不会来了。

正当我的心恢复平静时,一缕白色的横线由水天交际处划过,转瞬便由天边落入水中,顷刻之间,震耳的浪吼声接连不断地袭来,驰近了,雪一般的白已历历在目;又近了,便看见火一般的浪舌根根卷起,那不是一排浪,而是千万个浪花互相拥挤、连带、推动,一会儿你在前,一会儿我在前,似竞进,又似谦让;当它从眼前驰过,这才看到那潮并不是直线,而是弯曲的,一会这一段在前,一会儿那一段在前,似追赶,又似退却。我在那浪潮里看见了社会——互相干预着命运此起彼落、你追我赶的人群组成的社会;我在那流潮中看见了人生——难以驻足、无需回首,呼喊不停,飞奔不已的人生,那浪越来越强烈地冲击着我的心⋯⋯

潮已离去,我忽然觉得,冲击着我的心的浪潮,也冲去了我的梦——林涛、海浪、奔马、山峦都不能作海宁潮的写照,一旦真正看见它,我才明白,为什么那么多诗人着笔于钱塘潮,却没有一首能给我几分真切的想象。我也才明白,为什么父亲总要提起钱塘潮——因为它实在无可形容也难以比喻,没有一种景致能将它取代。它的意境——远观时梦一般的朦胧,近看时神一样的奇妙;它的情怀——驰来时全心全意地专注,离去时无怨无悔地执着,都使我产生无与伦比的新鲜感。

我抛掉虚空的想象,带着家乡的真实离去,但我即刻又难以忆起那刚刚见过的潮,仿佛只有看到它的一瞬,才会真切地感受它。我想,再见它时,还会在梦中吧!原来远离家乡也是一种幸福,它会使你常能编织比现实更美好的梦。

生活是严峻的，也是公正的[①]

邹晓丽

生活是严峻的，任何人都免不了雨雪风霜的侵袭。谁料到 20 世纪 50 年代在北京高校田径运动会上得过奖牌的我，在 36 岁（1973 年）时，身罹类风湿顽症，并在三年中急速发展到手足严重畸形、步履艰难、形销骨立的地步。

无法忍受的剧痛，使我多次想以死来解脱。但自幼失去慈母的我，怎能让膝下一双小儿女再尝苦果？更何况我可怜的长子还患有先天性的血液病，我必须活下去！

怎样活？咬紧牙关任凭病魔肆虐？照顾子女苦熬岁月……我茫然但又不甘心。想到父母和老师的教导：不说假话，做个对得起良心、对得起民族的人。于是，我似乎有了一点勇气，我对自己说：孩子的确重要，但决不是生活的全部。我不能无所事事地让病魔吞噬，必须尽全力从平凡的教学中寻求活下去的力量和勇气，只有从其间体味到生活的乐趣，才能冲淡、减轻病痛的折磨。我决心一步一步从点点滴滴做起。

在血沉高达 88mm/h 以上（正常值为 20mm/h）发病的前 12 年，我藏起全休假条，不肯耽误一次课。为把课讲得更好，我忍着钻心的剧痛，用畸形的手写出讲稿。常常是写十几个字就不得不放下笔来，轻轻地搓揉红肿、剧痛、僵硬的手指，然后咬着牙再一次拿起笔来慢慢写下去。第一本

———————————
① 此文由以下两篇文章合并而成的：邹晓丽《生活是严峻的 也是公正的》，原收入王宁等主编、首都女教授联谊会编《繁花絮语》，北京邮电大学出版社 1997 年版，第 83—85 页。邹晓丽《期末赠言》此文原收入王宁等主编、首都女教授联谊会编《繁花絮语》，北京邮电大学出版社 1998 年版，第 217—219 页。

书《基础汉字形义释源》我整整写了 10 年。苦吗？很苦！但我觉得安心，感到充实。因为我没有向顽症低头，而是尽全力在做对得起良心和民族的点滴工作。我用畸形疼痛的双足，步履艰难地走进教室，风雪无阻。为本科生、研究生开设了古汉语、文字学、音韵学、甲骨学、《尚书》选讲、《史记》选讲等课程。每个学期都超额完成工作量。我用畸形的手写作，并出版了 3 部专著，发表了 40 多篇论文；与同行合作出版了 3 部专著，发表 3 篇论文。

与剧痛顽症日夜相伴的岁月极其艰难，但我都挺过来了，因为在我肉体、精神双重重压极度痛苦之时，我却受到丈夫、女儿无微不至的照顾，享有最温馨的亲情；拥有师长及许多同行挚友热情的关心、无私的帮助，真挚友情的力量是无穷的。

我还得到了学生们的支持和理解。在多年的教学生涯中，我收到学生的信件、电话无数。每封信、每个电话都以真挚温馨的爱激起我心湖的层层涟漪，催我更加努力。有一年春节前，一个外地长途，使我感慨万千、心潮澎湃、不能自已。那是 1982 年的春天，当时我为 78 级本科生开设"文字学"选修课。这是"文化大革命"恢复高考的第二届学生。他们经历过"史无前例"的磨难，深知学习机会的难得可贵，其尊师、勤奋及学习中的创造性，博得所有任课教师的赞誉。这批以"老三届"为核心的学生是这样可爱，我从他们身上看到了国家的希望。在期末最后一次课时，我为他们留下了两段赠言。我对他们说："在说第一句赠言前，我先讲一个小故事：1981 年我和我的老师俞敏先生议论"文化大革命"流毒时，对当时校内外学术界某些人借权势压制同行的做法很反感。我忍不住气愤地说：'兔子还不吃窝边草呢！'先生笑着打断我说：'现在兔子品种改良了，专吃窝边草！'"同学们哄堂大笑。笑声甫定，我严肃地说："我送你们的第一句话是：做个堂堂正正大写的人！"

教室里鸦雀无声，从他们炯炯的目光中，我知道他们已接受了我的第一段赠言。

"我的第二句赠言是一首诗：《唐诗三百首》的压卷之作，杜秋娘的《金缕衣》：'劝君莫惜金缕衣，劝君惜取少年时。花开堪折直须折，莫待无花空折枝！'希望你们更加珍惜可贵的"少年时"，我相信你们定会及时折花，决不会老大无成空折枝！"

热烈的掌声证明了师生的共鸣！

事后同学们告诉我，他们为我的这两段话议论了很久很久。

打电话的学生说："现在我虽不能说折取了许多花，但小花还有几朵，这就是我的课很受学生欢迎，我对学生的心血得到了爱和尊敬的回报，我没有'空折枝'……我摒弃虚名浮利，在乎的是堂堂正正大写的人的品格，追求的是问心无愧的安宁！邹老师，我谢谢您！"

我的眼睛又一次湿润了。我是不幸的，但又是幸运的、幸福的。我在心中默念着："愿知识界和全社会多一些堂堂正正大写的人！"

生活是严峻的，但又是公正的。只要我们以一颗对得起民族、对得起良心的赤诚之心，一步一个脚印，从本职工作的点点滴滴做起，和煦的阳光会驱散阴霾寒冷。我深信，生活只惩罚玩世不恭的浮夸者，它从不亏待严肃、踏实的老实人。

女性的形象

时 彦

在各式各样的社交场合，人们都希望看到女性的特殊美，更习惯于看到她们具有强烈美感的社交形象。女性的社交是复杂的立体社交。

保持高尚的人格是女性社交成功的内在因素。女性的高尚有独特的一面那就是谦逊、忍让、善解人意、体谅和默默奉献，给人含蓄、善良、柔韧的美感。如果一位女性能以自己特有的人格去参与社交活动，她的社交魅力会大大高于男性。女性的社交比男性更具难度，因为她们除了要小心谨慎的应付社会之外，还必须更细致、更全面地应对家庭，而从社会的客观评价来看，女性人才理想的家庭形象与理想的社会活动形象是存在着矛盾的。

有不少事业卓有成就的女性，往往忘了保持自己的家庭形象，把丈夫当成同事，把儿女当成学生。尽管她们也有温情，但却过于呆板，缺乏自然情趣。其实，丈夫习惯的是妻子，而不是人才，儿女亦希望母亲能多多关注他们的"冷暖"。所以真正的女性人才，是能应付两种风格截然不同的社交活动——职业社交和家庭社交。一方面严谨端庄，另一方面亲昵随和；一方面果断利落，另一方面则来点优柔琐碎；一方面自信自强，另一方面又有时依赖和顺从。成功的家庭社交关系，虽不同于成功的事（职）业社交关系，但前者必定促进后者的发展，给后者以信心和力量，因为家庭的角色能增强女性意识，陶冶女性特有的素质与人格魅力。

1961年我当了新娘，丈夫是个家庭依赖型的男人，他事业心极强，是个工作狂，在单位劲使得足足的，一进家门就成了大老爷。所以我便成了当然的"里里外外一把手"，自己也要敬业，还得干出个样儿来，还要持家，绝不能比别人家过得差；而且还承担了人类发展的重任，如今儿子已步入社会。回顾这些年来，一手执着地干事业，一手不懈地抓锅勺，遵循着"修身、齐家、治国、平天下"的信条，是何等的艰辛。是自己用乐观自信与默默奉献，换来了事业有成和家庭幸福。

近年来我的工作繁忙，社会活动也多，就要求丈夫能"团结合作"与我分担家务，他姿态很高，有时也买菜或做顿晚餐。然而，我明白，那种我一直向往的家务男女平等是不可能的，丈夫已养成习惯，似乎是在帮我干家务，也许是这种潜意识，才使他全力以赴地投入工作。

紧张的工作、琐碎的家务，疲惫之时，面对"多少可爱、多少无奈"的老伴，忍不住想使使性子，以泄怨气，可丈夫毕竟更多的是有着他的美好。有人说"男人是通过征服世界来征服女人的"，而我体会，女人应该是以"征服自己来征服世界的"。也许没有丈夫的依赖与粗犷，就没有我的自强与细柔。正如歌中唱"……最爱你的人是我……是我是我还是我"。爱是人生必修课，善爱的女性宽容、洒脱，最终获得的是充满欢乐的人生。

重返北大荒

马捷莎

人真是感情的动物，总有些难忘的东西，有永远抹不去的记忆，有能够触动人情感的境况，我的知青生涯就是如此。1990年国家博物馆（原历史博物馆）举办了一个名为《魂系黑土地》展览，当时参观的北大荒知青摩肩接踵。参观后，我写了一篇小文，读给大也时忍不住哭了。文章是这样写的：

《魂系黑土地》的展览，使兵团生活的一幕幕重现在眼前。也许我有些脆弱，我几乎要落泪了。

20多年前，当我们被抛出惯常的生活轨道，从求学之路转向北大荒之途时，对我们意味着什么？幸运还是不幸？12年的间断，又是人生最宝贵的年华，怎不使人怅惘？三年前已届不惑之年的我，为何总感到时不我待？如果研究生毕业不是37岁，而是25岁，那将会是什么样的情景？再过十几年该退休了，可我感到还有几个台阶需要迈，怎不使人追悔那12年的光阴？

可是，如果我生命中没有那块黑土地，那我生命的调色板上定会缺少最为浓重的一笔！有人曾问我生活中最愉快的一段，我竟脱口而出：北大荒！在北大荒时我曾有过苦恼：物质和精神生活的匮乏，思家……但当我名正言顺地被北京招回当中学老师时，竟丝毫没有想象中离开北大荒会有的激动和兴奋。我平静地感到，自己无邪的青春，单纯的生活，愉快的遐思都留在这片黑土地上了。那是我生活中最值得回味的一段：轻松、愉快、单调、纯洁，现在的紧张、压力、人际关系的麻烦，那时是一点也没有的。

人就是这样，没有什么就思念什么。对那一切，需要细细品尝：那依山傍水临平原的美丽小山村，那密密的白桦林、榛子棵，那未有人涉足过的原始森林，那绿色的汩汩的小河，那蓝天与碧野相交的地平线，那齐腰高的大草甸，大草甸中的小水洼，水洼中的绿浮萍，野百合，那红色和淡蓝色的小蜻蜓……那原始的、辽阔的、野味的美！现在城市的喧嚣，使我留恋那里的静谧；周围高楼大厦的压抑，又使我留恋那里的辽远。生活在自然的画卷中却不懂得它的价值，懂得了它的价值又失去了生活于其中的机会。那时是思恋城市和家庭，现在有了家庭和城市又思念北大荒！

我深爱北大荒的那一段生活，也许远不止北大荒的辽远和北大荒人的纯真。我想，如果没有那一段，从小只知读书不愁衣食的我，决不会像现在这般坚韧。当"烟泡"冻伤双颊的时候，当扛麻袋差点从悬梯上摔下的时候，当思乡之情咬噬着五脏六腑的时候，韧性、忍耐、顽强也悄悄地在血液中流淌。经过这样的磨练的人，是什么也不会摧垮他的！

北大荒当然是平凡而单调的，并不是那么处处充满诗情画意。但是，人的思绪却会将生活浓缩。有人浓缩出的是悲剧，有人浓缩出的是美好的回忆，我也许属于后者。其实，生活就是这样：顺利与挫折、成功与失败相交织。当然，造化对人未必公平，它使有人更幸运，使有人更不幸。从求学的角度，12年的光阴多么可惜；但从做人的角度，北大荒对我又是多么不可缺少的一站！人们常叹我们是被耽误的一代。是的，我们千百万知青中最终只有极少数人享受了高等教育，大多数人是多么不幸！但是，我却习惯地从更积极的一面去审视那段人生。我们吃过苦，但是我们不能白吃苦。如果只盯着吃苦的一面，那就真的白吃苦了。如果看到吃苦给我们带来的人格、能力、水平的锻炼，那就没有白吃苦，苦就转化为收获了。

然而，北大荒有真正的不幸者。展览中有14名兵团战士的遗照，他们在一次救火时被烈火永远吞噬了。这其中就有我的同学潘文瑄。

如果有时光隧道，让我在选择一次人生。我还会选择那块黑土地。只是，光阴不要耽搁得太久。

我们队当年是黑龙江生产建设兵团三师 20 团 4 营 9 连，现在是八五二农场四分场 9 队。回兵团看看，是我的夙愿；一直未能成行，又成了我的一块心病。这次终于了却了自己的心愿，不会遗憾了。许多知青并不想回去，而我回去看看的愿望却十分强烈，在别人看来这可能是有些"迂"了。当我们坐上驶向八五二的大客车时，我就一直眺望窗外。虽然坐了一夜火车（买不到卧铺）已十分困倦，但我一直忍着困，希望把窗外的景致尽收眼底。多年生活在水泥"森林"里，看到一望无际的绿色田野和蓝天白云时，心情一下子就敞亮起来。

我回北大荒，就是想看看还健在的老人儿，想看看这片留下我们青春、洒下劳动汗水的地方，更想看看这里有怎样的变化。在我们之前曾回来过三拨北京或上海知青，都是住在总场招待所，来队里看看就走了。只有我们住在队里，去串门看老熟人。我们还到老连队旧址、良种站水库、大索伦河水库、蛤蟆通水库、位于六分场的湿地、八五二总场和四分场场部看了看，最后还去了宝清县的龙头桥水库、烈士纪念馆等地。

很庆幸这次回去，三十几年了，物是人非，想见的人有些调走了，有些回老家了，有些去世了。再过几年回去怕是能见的人更少了，可能连落脚的地方也没有了。闻听我们回来，许多老职工都来到我们住的黄大芬家，我们又串了几家门，第二天又到分场和总场看了几家调走的老职工，能见的基本都见了。几十年没见，老乡的热情似浓浓的亲情，使人感动。过去我们是个小连队，只有几十户人家，现在一百多户，大部分是外来承包土地的农民。这里的农民生活简单，因此为人也比较热情，大家互相走动，有事相帮，城市楼房里有些住户互不相识也不往来，这形成鲜明的对照。我想这一是由于农民本身的朴实，二是由于他们的生活压力小于城里人。

这里的变化说大也大，说不大也不大。以前听有的回去过的知青说没有什么变化，说回去后心里很难受。但是我觉得并不是这样，与我们刚刚来时相比，变化是明显的。但是，与发展比较快的地区和我们的期望相比，变化又不够大。从衣食住行和精神生活来看，衣食行三个方面的变化比较明显。我们那时很少吃肉，我养了一年猪，猪出栏后基本上缴国家，只有春播、夏收、秋收才能杀猪。私人不许养猪，养鸡鸭鹅的数目也有控制，否则就要被"割资本主义尾巴"。那时也没有大米、瓜果、鱼类等等。但是现在，只要有钱，什么都能买到。穿衣也比原来好多了，与城里人没有大的差别，像以往补丁摞补丁的衣服是不见了。出行也方便了许多。原来公路都是砂石路，现在从哈尔滨到八五二场部，除了宝清一段修路，都是或高速公路，或国道，或省道，不是柏油路就是水泥路。公共汽车也十分方便。一些人家还有了私家车，9队现任队长就有私家轿车。以前我们连队前面的公路每天只有一次公共汽车，还没有准确时间。所以我们外出只能截运粮的卡车。女生截车容易，而男生则困难。所以有的男生就戴女生的头巾截车，居然能成！北京知青回家要三天两夜，而上海知青要四天三夜。而这次回来，只用了一天时间。我们来前最担心的就是没有车，因为农场太大。可是，这次总是有人能借到车送我们去想去的地方。其中有小汽车、越野车、面包车等。但是，公路虽好，而从公路通向我们队的路却依然故我，一下雨就坑坑洼洼。我问队长队里的路怎么不修？他说总场的意思是要并队，把相邻的队合并建楼，改善职工居住条件。我问老职工并队之事，他们却极为不以为然，觉得谈何容易，不知猴年马月呢。

说实在的，从外观看，总场的变化非常大，大楼鳞次栉比，大广场鲜花盛开，有各种健身器，晨练的人你来我往。而从外观上看，连队变化则不大。尤其是住房变化不大，基本还是我们在时建的房。1968年我们刚刚来时，9队是4营的一个新建连，因为原来是畜牧队，所以小而且落后，住的是土坯房，没有电灯。后来拖拉机没日没夜的垦荒，开发出大片的土地。而我们连队背靠完达山余脉，离新开的土地很远，下地还要坐马车。为了干活方便，也为了改善居住条件，我们连迁址到三里地外的现在的地方。当时，指导员老丁开大会动员，说的什么我已记不清了，只记得最后一句话是："我们要把9连建成红彤彤的砖瓦房！"我当时差点笑出来。因为在那个阶级斗争为纲的年代，宣传上总是讲把某某建成"红彤彤的毛泽东思想的大学校"。我以为老丁讲的"红彤彤"也是"毛泽东思想大学校"，可没想到却是"砖瓦房"。这在当时还真需要点胆识呢！后来，我们就自己和泥、脱坯、烧砖、盖房。一栋栋砖瓦房建起来了，最先是知青搬了过去，然后是老职工一批批搬了过去。我在连队呆了三年半时间就调到营部当中学老师了，那时老职工还没有全部迁过去。这次，我们特地回老连队看了看，那里已经是一片瓜地了。现在的居民点，基本上是原来的老房子。但是有些人家把房子接了出去，有些人家在院里盖了仓房。这倒有些像北京的四合院，家家盖小房，原本宽敞的院子变得就剩下过道了。但是这里地方有的是，所以倒不憋屈。说到住房，要看怎么比了。不要说与大城市那些居住面积一、二百平米的楼房或别墅相比，就是与总场住楼房的老职工家相比也差远了。总场的楼房有厨房卫生间，装修的不比城里差。由此看来，队里住房是差了许多。但是，想想城市里还有多少没有住进新房的居民，几口人甚至几代人挤在几十平米的房子里，可能还不如这里呢。回农村后最不习惯的就是没有卫生间，只能擦身不能洗浴，上厕所还要到院子里，厕所还是小棚子里搭几条木板，上起来感到悬乎乎的，而且下面一坑秽物总觉得恶心。有所进步的是不像过去，秽物赤裸裸地暴露着，现在家家都在上面洒了土或者灶灰。我不知道他们为什么不建卫生间，既然能盖仓房，能盖住房，为何不利用太阳能建卫生间？这也许是积习使然，也许是观念使然，像我婆婆的保姆就说城里人在家里上厕所不好。人的生活水平一旦提高，就不适应原来的生活了。其实我在农村6年，而且过去上中学时年年下乡劳动，上的不就是这样的厕所吗？就说城里，四合院的平房，除了达官贵人的房子有卫生间，平民百姓不也是要上公共厕所，去公共浴池吗？当然，城里的公厕比这里的干净，况且队里也没有公共浴池。其实，就是住楼房的人，能够在自己家里洗浴也是近十几年的事儿，以前哪有什么家用热水器？这里的房子虽然还是老房子，但屋里还是有所不同。过去屋子里是土地，现在家家铺了地砖，过去一进屋就是一面炕，炕上有张炕桌，条件好的有个木箱子，条件不好的连箱子也没有。现在基本上炕改床了，家家有了沙发、立柜、电视、电话。

总体来看，我觉得进步是明显的，但是还不够快。这里自然条件是西北和南方许多山区难望项背的，黑得似乎能攥出油的沃土，充沛的雨水，加之人稀地广，生活容易。这里的人们说，他们很清闲，一年就是播种和收获，都用拖拉机和收割机，只干两个月的活，剩下的时间就是闲着，打麻将，等等。过去冬天，我们要上山伐木，修排水工程，积肥，等等，从不闲着。现在不许伐木了，又改使用化肥了，土地承包后，也不集体修水利工程了。所以，不要说半年的冬季无事可做，就是其他季节也很闲在。这就使我想起王铁人的名言："人无压力轻飘飘，井无压力不出油。"这里的人小富即安，他们生活水平的提高基本上是随着整个国家的发展而实现的，不像华西村、韩村河等农村，有个好带头人，大家艰苦奋斗，实现了农村现代化。

这里自然环境依然美丽。我们去了紧挨着老连队的良种站水库，我们曾在那里举行过游泳比赛。说是水库，并没有石头大坝，完全像自然湖泊一样，缓缓的水湾，如镜的水面，倒映着白云，不知是天上的云还是水中的云？对面是远山和森林，不是画儿可比画儿还美。我们同行的上海知青朱建华赞不绝口地说：太美了，过去怎么没有注意这么美？我们还去了大索伦水库，这是我们走后修的，是我们老连队边上的索伦河积蓄而成的。我们也去了蛤蟆通水库，那是我们在的时候修的，但那时还没有建好。建水库放炮还炸伤过几个知青。我特别怀念我们连队的湿地，当地人叫水泡子，大草甸子，北大甸子。那天下完雨，老郑就带我们去了，路极泥泞，上海知青的鞋子不行返回了，我就和大也、老郑前行了，其实老职工已对我说，北大甸子已经没有了，变成稻田了，但我还是不死心。我们的鞋子粘了一个大泥坨，走得我气喘吁吁。在城里，疲倦几乎是我生活的伴生物，可是在这里我再累也不怕，就是想寻梦北大甸子，想看看那齐腰深的草，那里的小水洼，水洼里的浮萍和百合。可是这一切已不复存在，我真的心痛。倒不仅仅是为了寻找曾经的美，为了兑现梦幻般的回忆，而且也为了自然生态本身的负荷。湿地是动物特别是鸟类的栖息地，也可以调节气候。黑龙江湿地破坏得太多了，而湿地的破坏是不可逆的。后来朋军听说我想看湿地，于是借了一辆越野车带我们去了六分场的大草甸子。但是不知为何，这个草甸子的草还不到膝盖深。我们当初在北大甸子割草是为了苫房，因为我们那时住的还是草房，可见那时的草有多么高了。

我们还去了四分场，主要是看看调到此处的老职工，也看了看我工作过的营部中学。我们还去了宝清县。八五二在宝清县的地盘上，但是农场是直属黑龙江省的企业。我刚刚来兵团时，没处可玩儿，就和同学一起去了宝清县。今非昔比，宝清已经大变样，与北京郊区的区县县城差不多，在宝清有黑龙江第三大水库龙头桥水库。同行的上海知青葛玲娣说：净看水库了。我觉得这说明黑龙江是个农业大省，所以水库多，也说明黑龙江水源丰富，所以黑龙江无处不绿，没有西北部的荒山、戈壁和沙漠。这是黑龙江之大幸，也是中国之大幸！我们还游览了宝清的公园，这不值得占用笔墨。还参观了革命烈士陵园，这里的青松翠柏下安葬着珍宝岛战役牺牲的 60 多名烈士。为了祖国的尊严和领土的完整，他们献出了年轻的生命。

我曾经在三师医院工作过一年，太远了，没有回去。但是往返时在大客车上看到了。从外表上看，建筑很不错，不逊于北京的大医院。它现在是二级甲等医院，准备升为三级甲等医院。

北大荒的天是那么美丽，无论白天还是夜晚。白天的天空湛蓝湛蓝的，飘着洁白的云朵。在雨将来临时，乌云遮天蔽日，从云的缝隙里，阳光像瀑布一样倾泻了下来，似云山光瀑，蔚为壮观！当夕阳西下时分，云蒸霞蔚，金光四射，火红的流云映衬着山林，把周围的一切染成金红色。夜晚，满天繁星。这里看星星比在新疆的戈壁滩上看的星星更多更密，银河也十分清晰，也许在新疆是在车子上看星星，还有灯光的干扰。这里周围一片漆黑，不仅能看到亮度强的星星，也能看到在城市里被灯光遮蔽的亮度弱的星星。在旷野上，没有任何建筑的遮挡，没有一点点光污染，抬头远望，觉得星星多的就像瓢泼大雨似的，真真要下星星雨了。在这里，古人所云"天圆地方"似乎得到最好的印证。是啊，在原野上，漫天星斗，从头顶上方一直到周围的地平线，垂直方向、水平方向，星星无处不在，看上去不正像圆圆的穹隆吗？

我的第二故乡北大荒，那里有辽阔的、原始的、野味的美，有比较单纯的生活和比较热情的人情味儿，这些是城市紧张喧闹的生活、比较复杂的人际关系和比较大的工作压力难望项背的。然而，大城市的现代化魅力是不可抗拒的，所以知青们都回城了，而农村的年轻人也涌向了城市。就是我们，也是在大城市的背景中来看北大荒，才留恋那里的自然美、那里的古朴单纯。这也就是为什么乡下人羡慕城里人，而城里人又要去吃农家饭，住农家院，享受返璞归真的田园风光的原因吧。

我衷心地为你祈福，我的北大荒！愿你不断繁荣，但又保持自然的淳朴和生态的平衡。

我们的心可以遨游到多远

于 丹

在《百家讲坛》录完《〈论语〉心得》的那一天，制片人万卫老师问我下一个选题讲什么？我几乎没有犹豫地回答：《庄子》。

2006 年有首歌唱得很红，叫做《隐形的翅膀》。庄子这个名字藏在我心中很多很多年，蹁跹如蝶，每每在我滞重胶着的时候，透进天心一线亮光，给我摆脱地心引力的力量。

从很小的时候就喜欢《庄子》的一句话："乘物以游心"，但是用了很长很长的时光也没有想得明白：我们的心究竟可以遨游到多远？

庄子自称写了一卷"谬悠之说，荒唐之言，无端崖之辞"，并且放言："以为天下沉浊，不可与庄语"，所以我在床头放了好几年陈鼓应先生的《庄子今注今译》，却一直不敢以为读懂一二。天地大道，法乎自然，庄子于虚静中挥洒着他的放诞，于达观中流露出些许狡黠，我情愿用一生的体温去焐热这个智慧的名字，渐行渐远，随着他去"独与天地精神往来"。

读大三那一年，中文系浩浩荡荡去游泰山，对中国文人而言，秦皇汉武曾经封天禅地的五岳之尊就是一个成人仪式的圣殿，可以凌绝顶、小天下、见沧海、现我心。我们一群半大孩子，从凌晨 3 点就意气蓬勃，赶着去看泰山日出。自中路而上，两边的石刻碑文像一卷徐徐展开的大书，古圣先贤端庄肃穆，一重又一重的激励怦怦荡开我们青涩年纪上正在长成的襟怀，因为相信"登山必自"，所以我们没有人用拐杖助力，一步步用青春躯体丈量过这条千古励志之路，真真切切体会到"士不可不弘毅，任重而道远"的况味，一路晨光熹微，从墨黑的天色里透出月白、水蓝，直到嫣红姹紫，烧出满天云蒸霞蔚……此一刻，我们刚好迎着山巅长风，感受了"海到尽头天作岸，山登绝顶我为峰"的豪迈，这条迎着生命朝阳的朝圣之路，让我忽然顿悟：这就是儒家的践行之道，千里之行，积于跬步，直至天下担当。

下得山来，第二天休整，我心中却隐隐悬着一个不甘的愿望，想去看看传说中的后山。于是一个人偷跑出去，自清晨开始从后山小路独自攀援。20世纪80年代中期的这条路并没有修得太好，常常断路，需要四肢并用，一路上除了泰山挑夫，罕见游人。然而那是怎样一番山川奢华的气象啊—遍山葱茏，蓊蓊郁郁，山花肆意烂漫，怒放得不计成本，整座仲夏时节的泰山，生机盎然，充满了灵动的深情……我心中返响出"天地有大美而不言，四时有明法而不议，万物有成理而不说"这句话，又一次开悟：鲜有碑铭的后山用自然造化完成了对我生命的另一种成全，阳光中折射出庄子的微笑。

前山之路是儒，授我以使命，教我在社会人格中自我实现，以身践行；后山之路是道，假我以羽翼，教我在自然人格中自我超越，心灵遨游。如果以《三五历纪》中盘古的寓言忖度，中国文化的人格理想当为"神于天，圣于地"，天地人三才共生共长。那么，儒家给我们一方坚实大地，道家给我们一片自在天空，人在其中，是以心灵无疆。儒家教我们承担了重任，而道家让我们举重若轻。

那一年，我19岁，庄子成为我心中隐形的翅膀。

流光一闪20年，红了樱桃，绿了芭蕉。生命的成长一如庄子的另一句话："外化内不化"，对外在世界越来越多宽容感恩，融合于规则，而内心的执守日益打磨得坚毅无悔，不再怀疑是否真地可以用一生把梦想刻划成真。

所以，当《百家讲坛》选择了我的时候，我愿意把心中这双翅膀放飞到所有人心的晴空之上。

在电视的讲坛上，论的不是南华真经，读的不是哲学典籍，能用来"讲"的只是一己心得，但愿千心万心，有感有悟，性情所至，以庄子之名给自己一些华丽豪迈的梦想，让生命境界摆脱"有用"事功，化为鲲鹏，畅意一回天地遨游……

《庄子》选在春节开播，在中国人最在乎的这个大年里，人们自觉不自觉地总会停下脚步，有意无意地做一番盘点。那么，就让我们用自己的生命激活经典，用经典的力量还我们生命一副本来模样，可以天真，可以飞扬。

此刻，我乘坐的航班从香港飞回北京，一座光影斑斓的城市在机翼下舒展开它的辉煌。再一次想起少年时储藏于心的那句话："乘物以游心"，我如同反刍一般咀嚼了二十多年，仍然感到力不从心……"虽不能及，心向往之"。

列御寇御风而行，犹有待也，我们的一己人生，要酝酿多少智慧和勇敢，才可以终至于"彼且恶乎待哉"的骄傲境界？

穿越千古尘埃，用庄子的名义问自己一个问题：今生今世，我们的心到底可以遨游到多远……

早年的故事[①]

于 丹

  和师长们相比，在年龄上我大概只能算做学生们的师姐辈；每一次当我面对着学生们的眼神，总是能从中发现十来年前的读大学和研究生时的自己。他们的困顿、惶惑、孩子气的固执、美丽而易碎的梦想，都和20岁的年纪一样相去不远，依然让我感到亲切。所以，在讲授专业课程之外，我更想通过自己的努力，和学生们一起去解答一个贯穿4年的大问题：在大学时代，我们能学到的最重要的东西是什么？

  大学时代，是一个人最富有的年龄。人在20岁时一天里的心灵体验，可能比他在70岁时一个月里所经历的悲欢还要丰富。那些个水灵灵的欢欣，那些个脆生生的痛苦，走过了这个年龄就不会再有；那些个青春时节特有的苍凉，映衬着青春时节特有的绚丽，显得格外触目惊心；这个年龄的人可以在静夜里倾听到自己身体的成长，听见骨骼里嘎吧嘎吧拔节的声音，听见血液冲击在血管壁上的动静。

  我知道当我执起教鞭时，我面对的首先不是教程，而是这样一群血肉之躯，因此我无法漠然。

  这个年龄的人，全身都布满了眼睛，如果得到适时的训练，培养起一种鹰隼般坚定而敏锐的目光，那么终其一生他都会去发现：对外发现无比辽阔的世界，对内发现无比深刻的心灵。但如果忽略了这些眼睛，过了这个年龄它们也许就逐渐关闭，沉浸在琐碎繁忙的事务中，失去了发现的乐

---

  ① 此文原收入王宁等主编、首都女教授联谊会编《繁花絮语》，北京邮电大学出版社1997年版，第183—188页。

趣和激情;而我们正是通过这些发现,在长长的岁月中确立着信念,觉悟着生命。心灵是一块土地,只有经过觉悟的翻垦,才能被赋予活性,变得通灵滋润,易于吸收营养。同样是学知识,觉悟的心灵会把知识演化为智慧;同样是看世界,觉悟的心灵会透过纷繁世象,建立自己的原则。而觉悟这种事,不是靠书本和忠告就可以获得,有些内容,唯有自己去发现。

我刚刚做班主任的时候,给我的学生们讲过一个故事。

19岁的那个暑假,我和两个好朋友相约去漫游新疆,计划好一个月的行程,我们揣着几百块钱就上了路。入疆之前,我们在柳园下了车,去朝拜魂牵梦萦的敦煌。那时正是7月末,西部的天空浓郁得像蓝水彩一样,天心里奔涌着大团的流云,阳光里有一种金属的质感,粉末般干松松、沙啦啦地撒下来,落地就渗进沙漠,积淀千年,化为瀚海。那瀚海如潮。我每天痴痴地站在沙漠边上,望着瀚海如潮。我的目光追随着大漠的呼吸,起起伏伏延伸进那潮里浪里。那些金灿灿的沙丘,自然风化出平滑流畅的曲线,优美绝伦;曲线的阴面宁静安详,阳面却炫耀着一种张扬的灿烂,逼得人睁不开眼睛。想起来那些日子真是奢侈,每天从一早就流连在绚烂无极的洞窟中,神思飞扬,膜拜在壁画的魅惑里;到了下午四点,莫高窟一上锁,我就闹着要进沙漠,因为西部的太阳出得晚,收得也晚,到晚上十点来钟还看得见自然光线,我想进出沙漠一趟有这几个小时总归是够了吧。可是那两个年长一点的朋友总是在讥笑我不知凶险,说什么也不陪我进去。我实在禁受不住沙漠的诱惑,有一天他们下午出去拍照,我决定一个人去闯沙漠。

进沙漠到底有什么凶险呢?我想他们是怕我天黑以后会迷路。所以我从壁画讲解员那儿借了一支装六节电池的大手电,像枪一样斜背在后面,又带了火柴、毛巾,一把英吉沙短刀,义无反顾地去做独行侠。临走,我给他们留了一张纸条:"你们别担心,我带手电了。"

我一路趔趔地在流沙上留下深深的脚窝,爬沙丘的时候手脚并用,还是进一米退半米地往下出溜;但下沙丘的时候非常快,一滚到底,不用担心有什么磕碰。阳光像火一样淋在身上,金灿灿的光彩也像火一样蒸发到我的脸上,大漠是这么古老,覆盖了多少个沧海多少个桑田而依然缄默;我是这么年轻,为这片无言的大漠动心动容。

等我终于感觉到冷的时候，才发现周围的天全黑下来，"回顾所来径"，不见"苍苍横翠微"，但见森森沙漠布，凛凛朔风吹，我真的迷路了。

沙漠夜里的气温一旦开始下降，就像坐上了滑梯，一小时不到，就冷得让人绝望。我不敢再瞎走了，一边蹦着跳着一边琢磨着取暖的办法。沙漠里除了一种叫做骆驼刺的蕨类植物之外什么都不生长，看来我只能用这东西生火。可是这东西比沙漠还要坚韧，矮蓬蓬的一丛一丛，刺如钢针，根脉扎得极深。我拔出刀来，连刨带挖，弄得十指鲜血淋漓，总算归拢了一小堆；在沙子里扒一个浅坑，把骆驼刺放进去，我开始一根接一根地划火柴，点不着，半盒火柴下去还是点不着；只好把毛巾铺在底下做引子，才算弄着了这堆火。我握着寒光闪闪的英吉沙刀坐在火边，烤完前胸烤后背，再去刨骆驼刺，续在火里接着烤。奇怪的是心里很安静，并不觉得害怕。我背着一个毫无用处的大手电，忙忙活活来回跑，静下来就望着天空，天似穹庐，笼盖四野，暗灰色的天幕上挂着一些紫黛色、墨蓝色的云彩，疾走狂奔，如天马行空。

凌晨时分，那两个朋友循着火光找到了我，又气又笑，说："傻丫头呵，你背了个手电就敢闯沙漠，你想过夜里会降温吗？想过会因为沙丘平移而失路吗？想过沙暴吗？想过有狼吗？你的手电是用来打狼的吗？"我乖乖地跟着他们往回走，我承认没有想到过这些，否则我不会这么勇敢而荒唐。

从新疆回来以后，我们各自回到自己的学校忙于学业，毕业后各奔东西，一个朋友去了美国，另一个朋友去了海南，大家的联络并不很多。几年过去，我在社会上经历的事情越来越多，随着经验的丰富，人变得稳重成熟，总是能感觉到沉甸甸的分量压着自己，有一些顾虑总使自己裹足不前。26岁的那个夏天，我的情绪沉寂到了极点，我不习惯对人倾诉，因为我不相信别人的经验能够鼓励我；我也不愿意对别人剖析自己的复杂心情，因为我想独立找到自拔的办法。这种状态不知被谁告诉了海南的那个朋友，我忽然接到了他的一封信，一大张白纸上，居中只有一行字：

我什么都不怕，我带手电了！

那个时刻我潸然泪下，感到19岁的勇气从身体里扶摇升起。那一束遥远的光芒穿越大漠，灿然照亮了我的觉醒。我明白了这些年并没有什么大不了的事情击倒我，我是输给了自己的勇气。当我越来越洞悉了社会的原则，知道了那些降温、沙暴、狼和沙丘平移的危险，我就丧失了为一个梦想而去闯荡的无畏精神，丧失了在寒风里刨骆驼刺、挖沙坑、用毛巾引火的种种可能；于是，我的征服力和创造力也就寂灭在了没有危险的平静之中。

从那以后，我很快把自己调整到了比较好的状态，而且每当失衡的时候，总是会想起我的手电。我19岁时一个荒唐的创举，在多年以后化为生命的觉悟，让我坚定不移，做每一件平凡琐事的时候依然不泯灭梦想，依然向往金沙丘上方飞卷着流云的天空。少年时懵懂无知中积累的经验，竟然成为一种拯救的力量，可以秉持终生。

因此，当我面对着20岁上下的学生，我不敢忽略这个年纪生命的特质，不敢忽略他们遍布我全身的眼睛，我希望在培养他们健全的理性和严谨的治学态度之外，不要轻易斥责年轻人的幼稚和唐突，那种憧憬和激情可以引导他们去发现比课本更丰富的东西。而为人师长者的职责，就是要去点化这种发现，使之变成一种生命的觉悟，在文化的浸染中建立起坚定而高尚的人格。

我愿意告诉他们：激情，梦想，也是产生勇气的一种源泉。

姥姥的私塾

于 丹

我是一个爱做梦的人。从小到大，夜夜多梦，彩色，逼真。所谓一夜无梦到天明对我真成了奢侈的事。在所有梦里，有两个梦是不断重复的，从中学时代到现在，在 30 年间屡屡回来，一个最恐惧的梦就是考数学，我常常在梦里对着面目模糊的数学老师哭着说"我记得我考上中文系了"……一个最欢喜的梦就是看见姥姥，姥姥穿着偏襟大褂，鞋干袜净，笑意吟吟坐在床边，叫着我的小名，说上学去吧，回来时候姥姥还在家等着你……

做完那个恐惧的梦，醒来是侥幸的；做完那个欢喜的梦，醒来是悲伤的。恍兮惚兮，姥姥，那个画面是你留在我 15 年生命中最后的音容。

15 岁那个初夏，我初中三年级期末考试第一天，80 岁的姥姥胃里的肿瘤在前一夜破裂了，她呕出了一搪瓷缸子的鲜血，自己悄悄地藏起来，从凌晨就坐在床头，整齐干净地捱着时光，等待我醒来去上学。

"毛毛，"姥姥叫着我的小名，递过来两个橘子，"乖乖上学去吧，别惦记姥姥，好好考试，放学回家，姥姥还在这儿等你。"

我浑然不觉地跟姥姥再见，去了考场。中午回家，姥姥不在床边，妈妈说姥姥进医院了，问题不大，嘱咐我好好考完再去看她。

初三的考试拉得很长。在一个星期的时间里，我怎么央求大人，不管哭还是闹，就是不带我去看姥姥。直到全部考完，奔跑回家，看见堂屋里妈妈舅舅都在等我，他们脸上的神色把我吓住了，空气里只有毫无顾忌的蝉鸣，一声一声打碎紧绷的安静，我小心翼翼地问："我姥姥……我姥姥怎么样了？"

姐弟俩艰难地交换了一下眼色，动了动嘴唇，我记不清他俩是谁说了一句："毛毛，你是大孩子了，要冷静……"轰地一下，我的耳朵里连蝉鸣都听不见了。

姥姥去世了，几天前就去世了。她入院抢救时医生已经回天无力，姥姥迅速脱形，瘦得不到80斤，单单薄薄躺在被单下，插满管子。医生嘱咐把家里最喜欢的孩子叫来让老人看一眼，姥姥跟妈妈舅舅说："孩子正考试，我不见这最后一面了，就让孩子记住姥姥坐在家里送她上学吧，我不想让孩子看见我现在的样子，她以后想起姥姥，会难受的。"

我一言九鼎的姥姥，我那不到40岁就守寡拉扯大儿女的姥姥，妈妈和舅舅怎么敢违逆她一点意愿呢。就这样，姥姥平生第一次对我失约，我考完试回家，姥姥没有扯着甜蜜的长声叫"毛毛啊，过来让姥姥看看……"

15岁那个夏天，那个早晨，那个今生今世与姥姥离别的瞬间，就这样，一次一次回到我的梦里，清晰鲜亮，一伸手，就触摸到姥姥手指的暖和橘皮的凉。

我出生也是一个夏天，据说妈妈从妇产医院带我回家的时候还不会抱孩子，用一方藕荷色的纱巾兜着我，叼着两个角拎着两个角，把一个七斤半的大胖丫头放在姥姥的手上。从那一天起，我几乎从没有离开过姥姥。爸爸、妈妈、舅舅都下放了，而我，在府右街九号那个四合院里，跟着我的姥姥，走过整个童年。

我生命中最早的诗意，与那个院子相关，即使它在这个世界上无影无踪了，也还是固执地把青砖灰瓦和红艳艳的石榴花留在我的梦境里。一闭眼，我就会看见它，甚至比我此刻身处其中的家还要清晰。

海棠飞花时节，满地都是扑簌而下的浅粉色碎花瓣儿，穿着月白色偏襟大褂和黑府绸裤子的姥姥，用大蒲扇替我拍打着蚊子，教我背"无可奈何花落去，似曾相识燕归来，小园香径独徘徊……"

小园香径，那里一侧长着大枣树和挂满榆钱儿的大榆树，另一侧是海棠，还有飘着芬芳的香椿，姥姥在一溜北房下排开几盆硕大的石榴树，那些鲜红烂漫的石榴花瓣儿，洒下来，落在一种白天开小粉花的植物上，到夜里，细碎的小花瓣儿乖乖合上，姥姥说它的名字就叫做明开夜合。

小园香径，那里不是我少女时的徘徊，而是我幼女时的蹒跚学步，我稚嫩的诗意明开夜合，就驻守在这个院落里。

院子的对面就是中南海的高高红墙，揪刘火线就在这条街上。半夜里经常锣鼓喧天，喇叭齐鸣，不是迎接最新指示，就是批斗游行。姥姥总是把院门用木插销横着别住，不敢让我上幼儿园，也不敢让我出去玩儿，我跳的皮筋永远是一头拴在枣树上，另一头拴在香椿树上，我进屋吃饭的时候，皮筋就兀自寂寞，在风里一颤一颤地微微跳动。

而寂寞，恰恰是诗意的老家。有谁见过真正的诗意是从纷纷攘攘的喧嚣中飘散出来的呢？热闹拥挤之间，诗意舒展不开薄如蝉翼的翅膀。

幸亏姥姥在院子里种了那么多花，密密匝匝跌宕下来，林木扶摇。相比于明开夜合这种精致的小花小草，我从小更爱海棠树上木本的花枝。小小的我拘束在家里，可是高高的花枝探出了院墙，我随着那一树蓬勃峥嵘把目光探望出去，岁岁春来，飞花逐梦。大概八岁左右，忘了从哪本诗集里读到李商隐的《天涯》：

> 春日在天涯，无涯日又斜。莺啼如有泪，为湿最高花。

寥寥二十个字的一首绝句，我似懂非懂的，心里空落落就难受起来，忽忽悠悠，无处安置。那时候还不懂相思，但是懂得别离，因为妈妈不在身边；那时候也不明白天涯，但是知道远方，因为爸爸就在远方。一个那么喧哗又那么寂寥的时代里，玉谿生让我遇见了诗意的多情，让我第一次体会到：辗转于伤情，也是可以沉缅的事。

从此，我爱了李商隐的伤，上了李商隐的瘾。读着他的悼亡诗，根本不知道背景，字面极浅，用意极深：

> 荷叶生时春恨生，荷叶枯时秋恨成。深知身在情长在，怅望江头江水声。

小小的我无端就含着泪，想不明白一个人的生命究竟可以有多少深情，随着四季荣枯，死而后已。

最是一篇锦瑟解人难。我还记得那个冬天，我穿着紫红色灯芯绒小棉袄，举着这首绝美也是绝难的诗问姥姥，姥姥拆开一张暗灰色的烟盒纸，用齐整整的小楷抄下来，从右到左，竖行排列。究竟是庄生一霎迷了蝴蝶梦幻，还是蝴蝶翩飞化成了庄周？究竟子规啼血含情带恨，还是遍山杜鹃染就了嫣红的不甘？沧海深处，鲛人珠泪熠熠生辉；晴空暖日，蓝田软玉袅袅生烟；……姥姥似乎没给我讲明白过太多典故，她只是纵容着我不知所起的深情与感伤，迷恋只是迷恋而已，甚至与懂得无关。

更不必说那千古之前的昨夜星辰昨夜风，那清晰一瞬的月斜楼上五更钟，那春蚕的丝，与蜡炬的泪，怎么也织不完，怎么也流不干。在故事的踪迹里逡巡，探问着"贾氏窥帘韩掾少，宓妃留枕魏王才"；在天心的明灭中凝神，揣摸着"嫦娥应悔偷灵药，碧海青天夜夜心"。"春心莫共花争发，一寸相思一寸灰"，"直道相思了无益，未妨惆怅是清狂"，这样的决绝无悔，不计一切的任性，纵使不懂，也深深地影响了我的一生。

直到有一天，妈妈单位的领导，一位姓张的叔叔，到家里来，和蔼地摸着我的刷子辫问："听说毛毛跟着姥姥读过不少诗啊？最喜欢谁的呢？"

我如同鬼使神差一般，答："李商隐。"

张叔叔的笑容到时收了，脸色沉郁得一如眼镜上宽宽的黑框："这可不健康啊！小小年纪的孩子，为什么不喜欢李白杜甫呢？"

我求助般地看着姥姥，姥姥站在一边，神情洒落安宁，不接话，也不分辩，尽管她教我背的李白杜甫的诗还是比李商隐的诗多得多。

似乎就是从那一天起，我明白了读诗爱诗只是自己的事情，泪水是自己的，笑容也是自己的，用不着什么争辩，用不着什么证明，诗中本也没有那么多后人附会的是与非。

在十来岁的年纪上，我剑走偏锋地排斥所有的现实主义，对中国诗词全部的趣味都倾注在了浪漫无极的飞扬上。所以我深爱的李太白，是那个"长剑一杯酒，男儿方寸心"的侠客，是那个"我且为君捶碎黄鹤楼，君亦为吾倒却鹦鹉洲"的狂生，是那个"感君恩重许君命，太山一掷轻鸿毛"的义士，更是那个"且就洞庭赊月色，将船买酒白云边"的谪仙。也许因为我家院子之外的世界一片绿军装蓝制服，不是捍卫红色江山就是清算反革命的变天账，所以我才任由一颗懵懂的少年心无限迷恋着李太白，跟着他去梦见"青冥浩荡不见底，日月照耀金银台，霓为衣兮风为马，云之君兮纷纷而来下"，也追随他走向庐山："登山壮观天地间，大江茫茫去不还，黄云万里动风色，白波九道流雪山"。神往着他的"兴酣落笔摇五岳，诗成啸傲凌沧州"，赞许着他的"人生飘忽百年内，且须酣畅万古情"……光阴走过流水，春秋轮回古今，那些弃我而去的昨日之日终究没有留下，那些乱我心者的今日之日随着成长纷至沓来，如果，我的生命中不曾有一种庞大甚至偏激的力量叫做李太白，那么，面对长大的寥落与烦恼，我又怎能天真透彻地昂首，"举杯邀明月，对影成三人"？

生长在北京的孩子，从小的遗憾是缺失故乡鲜明的风物，而诗词，恰恰成为我的乡土。

我的姥姥，用她那一座繁花锦绣的院落做成了私塾，攒一把流光从诗意中穿过。她确乎没有给我讲过太多的训诂典实，她所做的最好的事，就是纵容了我对诗意的盲目沉迷，从来也没有用标准答案的是非破坏过我对这份原始信仰的热情。

那座飞花逐梦的院子拆了，院子里种花讲诗的姥姥也走了，可是诗意流淌在我的血管中。年华渐长，我凭着诗意的本能，在人群中清晰辨认出自己——一个在乡土中念过私塾的孩子。

多年以后，一个暮春的下午，我坐在自己家的楼梯上，摇晃着小小的女儿，听她嫩生生说着些没有逻辑的话，新买一张周杰伦的唱片因循流转，唱到方文山新写的歌《青花瓷》：

> 天青色等烟雨，而我在等你，炊烟袅袅升起，隔江千万里，在瓶底书汉隶仿前朝的飘逸，就当我为遇见你伏笔……

那一瞬间，我懵懂泪下，宛如遇见"莺啼如有泪，为湿最高花"的那个时刻。

中年心事浓如酒，少女情怀总是诗。冥冥之中，总有一些等待，在不期然的拐角处，猛烈而单纯地撞上来。而所有的前尘往事里，都埋着隐约的伏笔。

我与姥姥，继续着梦中的相见。生命中所有预设的伏笔，在未来的时光中，渐次清晰，以诗歌的名义。

睡觉的问题[①]

董晓萍

我给本科生开《民俗学》的选修课，在第六章《日常生活》里讲到一个话题：睡觉是一种文化。我说，它涉及睡处、睡具、睡法、睡姿和睡觉的观念等，带有地区性和民族性的特点；我还说，中国是礼义之邦，自古讲究站有站相、睡有睡相，这种文化观至今还有影响。

几轮下来，我奇怪没有一个学生反问我，为什么睡觉不是一种文化呢？睡觉难道不是一种个人化的行为吗？学生们过集体生活，你要早点睡，他要晚点睡，为此打点"口官司"，往往是最惹人同情的小是小非。我在教材里还引用了一条谜语，叫："一人吃饱总不饥，二人相思我便知，听了多少知心话，不到人前论是非"，打一睡具（枕头）。那是从家庭生活讲到睡觉的个人化的例子。

再一想，这其实是从另一个角度说明，睡觉具有整体上的类型性。天下人人都要睡觉，人人都有从父母长辈那里接受传统的睡觉知识和睡觉观念的经历，所以人们容易对睡觉文化的提法表示认同。睡觉虽然另有个人化的领地，但即便是"枕上话"、"席梦思"，一旦被个体加工到可以向集体传播的程度，就又成了集体文化。大量欲休还说的民间谜语和民间故事的流传，不正是由此而来的吗？唐传奇《枕中记》就把一个古代知识分子睡觉的故事，加工成了感悟人生沧桑的千古慨叹！

个体睡觉固然是个体之事，因为谁也不能代替谁去睡一觉。但是，这

① 此文原收入王宁等主编、首都女教授联谊会编《繁花絮语》，北京邮电大学出版社 1997 年版，第 200—212 页。本次发表时在个别文字上做了修改。

种个人行为又与社会生活发生着千丝万缕的联系，正所谓夜有所思，日有所为。睡觉的文化是通过个体成员与社会集体的相互沟通来建立的。否则，一个人不管不顾、不吃不喝、不理不睬、整日整夜地独自拥被大睡，那不是有病吗？

在特定的社会时期，睡觉的问题不是单纯的文化问题，还是社会问题。在这种时期，睡觉与否就不仅是一种文化选择，而且是一种社会行动。如果能在一般不大被关注的睡觉的时间点上，观察到这些文化和社会的变化，收获额外的思想，那也未免不是一种意外之喜。

一　控制的智慧

睡觉是一种控制时间的智慧，但我小时候不懂，属于大人一喊睡觉就磨蹭的那一类儿童。可能正因为如此，我对家中长辈按时起居的生活方式，印象特别深刻。第一个让我难忘的是我的父亲。每天清晨5点钟，他一定坐在他房间里看外文书。等到我后来读中学、大学时，所用的最早的俄文、英文和日文辞典都是向他借来的。父亲搞化学，闲时也浏览文学作品。现在我还记得，小时候我在他的书架上看到的文学读物，一类是中国古典通俗小说，有《三国演义》、《水浒传》等；一类是现代传记文学，有《我的前半生》、《六十年的变迁》等；一类是苏联小说，有《远离莫斯科的地方》、《教育诗》等。我还见过他晚上或周末读这些小说。父亲从我上小学起，开始教导我养成起居有则的习惯。他特别要求我准时早起，用功读书。他叮嘱我说："一日之计在于晨。早上脑子清楚，要多读多背"。他还不止一次地给我讲古诗："少壮不努力，老大徒伤悲"。

知子莫若父。父母亲知道我睡觉少的生理特点，对我的晚寝时间控制得并不严格，只是告诉我说："你年纪还小，身体还在生长发育，记住不能睡得太晚"。他们还经常允许我跟他们的长辈住在一起，因为老人睡觉也少。有一两年的功夫，我都与祖父住在一起的，一时间老少相得，起居融洽，我快乐无比。祖父是第二个令我难忘的人，他私塾出身，记忆力极好。晚上别人都睡了，只有他一个人对着我这孙女一个听众，讲金戈铁马的朝野故事。讲着讲着，他忽然话锋一转，给我出几道民间数学谜题叫我猜，考查一下我的大脑是否还在活动。数年后，我在新华书店买到一本

《趣味数学》，看到里面有一种智力算题就是祖父在世时考过我的。许多时候，祖父先睡了，我继续开灯看书，他也不阻拦。我就在那些自由自在的夜晚，读完了父亲书架上的小说，还看了一批滋养我们那个时代青少年的革命小说，如《红岩》、《古丽雅的道路》和《牛虻》等。受家庭的影响，我当时看得最用心的是少年科技类图书。

长辈和长辈不一样。有一段时间，我跟母亲的叔叔婶婶同住，按照无锡老家的习惯，我也喊他们外公外婆。那时我们住在北京机械学院的大院里（现《人民日报》社的社址）。外公外婆睡得晚，也起得稍晚。我是小孩，他们允许我晚睡，却不允许我早起。我的单人床靠着南墙的大玻璃窗，窗上挂着淡蓝素花的细布窗帘。早上5点钟，我醒了，又不敢起来，就等着外面的光亮从窗帘的对缝中照进来，照亮东墙上的《世界动物分布地图》。那是一幅大型的彩绘地图，上面画着绿鸟、金猴、黄虎、红狮，还画着它们栖息过的陆地、海洋、高山和平原。我白天仔细地看过它，已经看了无数遍，现在凭着微弱的光线，也能对什么动物分布在什么地图的什么位置上猜个大概。直到几十分钟后，外公外婆起身，我也被准许起床，这时那幅美丽的地图少说也被我再目游了两三个来回。外公外婆曾在国外学习过和工作过，就用他们的洋标准来要求我。我跟他们一起生活，更加迷恋这博大的世界，也进一步懂得了利用时间是一种智慧。

二 时间的异化

"文化大革命"开始时我15岁，初三刚毕业。转瞬间编为下乡知青，一去十年。我下乡的地方是辽宁省盘锦地区的一个农场（时称"南大荒"），离北京隔着一段长城，离营口隔着一条辽河，离沈阳隔着一座打虎山。这个农场号称是"国营"单位，实际是日本开拓团留下的一片盐碱地村庄，其贫穷和偏僻，不亚于当年百万知青所到其他之处。这十年，我的境遇与"文化大革命"前的家庭和学校教育脱了钩，睡觉的习惯也发生了变化。

我被分配到北窑村，与当地农民合伙家居。我平生第一次见到了满族民居，住进了东北老乡的南北大炕，认识了火炕作为睡处，所同时承担的祭祀、生育、待客、生产和家族活动等多种乡土文化的功能。可以说，一铺穷光而火热的大炕，帮助我走进了中国农村社会。

知青跟随农民日出而作、日入而息，还要肩负改造思想和开垦新荒的任务。白天上工，有人领头唱"我们是共产主义接班人……"，顿时田野间回荡起知青时代特有的豪情万丈的举重劝力之歌。傍晚收工回来，精疲力尽，但大多知青还能坚持做到早请示、晚汇报，先背毛主席语录、后吃饭。等到吃完晚饭，一个个睏得稀里糊涂，但再睏也不能睡，还要到生产队里去开会，在队部关东烟弥漫的大炕上熬上一、两个小时。季羡林先生在《留德十年》里描写了二战期间德国人和留学生如何饱受了"饥饿"的洋罪，我则在知青年代头一回知道了睏的滋味。有谁见过一边睡觉、一边念最高指示的知识青年？我见过；有谁见过一边睡觉、一边行军拉练的知识青年？我也见过。我少年时代读了施耐庵的《水浒传》，但直到此时此地，我才明白什么是水泊梁山英雄好汉的"纳头便拜"和"倒头便睡"。

知青的表现受到了社会环境的鼓励。一位知青同学的母亲从城里给她寄来了一个闹钟，还附了一封信，要她："分分秒秒走在毛主席的革命路线上"。对一群以为"明天比蜜甜"的风华正茂的同学少年来说，睡觉如果不是出于本能，就会取消睡觉，因为"分分秒秒"地革命和生产，就没有时间睡觉了。

我一向睡觉不积极，但对当时这种革命化、战斗化的睡觉观却吸收消化得很慢。我久久听不到"解放"父亲的消息，情绪更加消沉。我知道这是由于他们不肯放弃科学工作者的世界观的结果，这也使我的内心更加矛盾：这是我的"严重家庭问题"的一种象征吗？我不愿意相信。但我那时幼稚，还不知道一个人怎么才能做到不信这、又不信那。因此我经常睡不着，眼前经常有黑、白小人你对我错地争来争去。一次，我偷偷看从家里带来的书，中间有关汉卿的小令："贤的是你，愚的是我，争什么"？我又发奇想，把个七争八争看得不值一矧。

知青毕竟年轻，较快地适应了农村的环境。几年后，陆续有出身好的当兵去了，长袖善舞的进文艺宣传队了，身强力壮的上辽河油田了。我凭借在校时各门功课成绩好，有点小名气，当了民办教师。后又调入县委宣传部，从此一晃七年。我与从北大、清华和北师大分配来的老五届大学生成了比邻而居的"同志"，至今我还有时翻看记录了那时生活的珍贵照片。

一排农舍，几盏青灯，我随他们在灯下苦读长卷。当时读书的借口已经很多，因为政治运动多，一会儿注法评儒，一会儿批林批孔，每次运动一来，上级就特批县级宣传部门一些"香花"书和"毒草"书，供编写宣传教育资料使用。我们就买一批，读一批，"写"一批，虽然不免制造了可悲的"文化垃圾"，但在那样的穷乡僻壤，在"文化大革命"结束之前，终于有书可念，同志们何其快活乃尔！我们读了《论语》、《孟子》、《商君书》、《韩非子》等先秦著作，又读了《史记》和《汉书》等廿四史中的经典。我们有时读到"帝王将相，宁有种乎"之类的篇章，突然会有人拍案而起，处士横议，动辄三更半夜、面红耳赤。这时也有人提笔给远方的女友写"长恨歌"。

今天回首十年下乡，岁月蹉跎，但我并不记恨那个时代。因为正是那个动荡的年代，教我了解了自己的祖国、农村、农民，懂得了一个青年人的有限能力与无限责任；也正是在那片乡村陋舍里，我们迎来了粉碎"四人帮"的好消息。我们几人分别考取了各自报考的大学，被录取为大学生或研究生，临行前，大家围坐收听贝多芬的《英雄交响曲》和湖南传统花鼓戏《补锅》，竟一夜而终。

三　恶补的甘苦

我上大学后，接着读硕士、博士，转眼又是十年。1984 年，我有幸来到"中国民俗学之父"钟敬文教授的身边，接受他对我修改硕士论文《论杨慎的民间文艺观》的指导。1986 年，我师从钟敬文教授继续攻博，至1989 年完成博士学位论文《明清民俗文艺学史论略》的写作。作为"文化大革命"后在老一代著名学者直接培养下成长起来的新一代研究生，我无时无刻不感受到"文化大革命"期间正规教育的"断挡"所带来的巨大损失，求补心切，不言而喻。那时我的年龄，过了三十过四十，又有家室之累，时间再也不像青少年时期那样，大多归自己。于是，我抓紧时间早课晚读，将睡眠时间压缩到最低限度。在经历了人生的磨炼之后，再来做自己梦想做的事情，那股干劲，别人看了叫犯傻，我的心却像上足了发条的钟表，一刻不停地向前走。研究生毕业至今，我对所学专业喜爱有加，但自知刚刚出道，仍需努力振刷，不敢稍有松懈；钟先生对弟子管束又严，精打细磨；两下一凑，我更觉得时间不够用，睡得很少。

以前我家房子小，三人一室。我读书撰稿，丈夫看材料写报告，兼陪孩子看电视。谁也不耽误谁。我们三人戏称"三国演义"。当然，我这样蛮干，做法不可取。抛开社会科学人文科学的学问是慢工细活不谈，也抛开丈夫为了支持我十数年来承担了全部家务不说，仅就我个人的睡觉问题，我到了研究生阶段，才尝到了缺少睡眠的那份说不出的苦。而且越是自以为有希望、有把握、有兴趣的学术工作，实际做起来就越寂寞、越心烦、越愁苦。不揣冒昧，我把当年为此写的一首《了好歌》（不是《好了歌》）抄在这里，聊以自画。

> 人人都说研究生好，
> 那个苦可受不了。
> 没黑夜、没白天，
> 吃不饱、睡不着，
> 别人嬉戏你干活，
> 别人躺着你得跑，
> 有家归不得，
> 有戏不得瞧。
> 半生辛苦谁知道，
> 满头华发生得早。

诚然写这种诗（其实是顺口溜），不仅仅是为了自嘲；现在拿出来"发表"，也不是为了吓唬我的学生们。我要告诫我自己，以及和我一样选择了某门学问当做职业的人，长点志气，奋斗下去。

四 人生的情调

我在美国留学期间，看到西方知识分子会工作，也会生活。西方现代意识以分钟计算办事效率，社会公共事业和家庭生活都遵守着高效快速的时间节奏，知识分子们干则干好，玩则玩够；享受人生，张弛有致，充满了浪漫的情调。

我的女房东是博士，丈夫是教授。两人平时的业余生活，有游泳、骑车、健美、养花、跑步、旅游、参加音乐会、听歌剧、看电影、下饭馆、逛超市、剪草坪、耙树叶、摘苹果、打毛衣、修房顶、弹钢琴、看报纸、读小说、邀亲访友等等，丰富多彩。他们每天晚上10点睡，早上5点起，日复一日，方寸不乱。除此而外，家里还养了一只猫，养了18年。这只猫毛色雪白，双眼碧绿，性格温顺，一天到晚跟在女主人后面形影不离。主人待猫如家人，吃饭便吃饭，睡觉便睡觉。每天女主人躺下后，猫就静卧在她的金发覆盖的额头上，彼此呼吸着对方的气息。这是一家人情调生活中的情调，女主人除了她的丈夫，对这只猫是再宝爱不过的。

有一次，她问我："你和猫睡觉吗"？以她的文化背景，她岂能料到，我根本没接触过猫。没养过，也没碰过。不过我没说什么，因为不是大事，又免得她扫兴。

终于有一天，女房东夫妇出远门了，当晚回不来，他们绝对信任地、一应俱全地把家里的事情全部托付给我，连同猫。从此，我经历了有生以来愧对朋友、也最恐怖的一夜睡觉。晚上10点钟，猫儿准时去了二楼长廊另一端的女主人的房间，我在长廊这一端的我的房间看到了，下意识地关上了房门，上了暗锁。果然，不一会儿，猫跑出来了，跑下了楼梯，再跑上来，再跑下去，再跑上来，它要找它亲爱的女主人。找不到，就来找我。它先是友好地叫，叫不开；又礼貌地用爪子敲，敲不开，安静一会，再叫再敲，以后大叫大敲。我知道，它是要问我，它的女主人去哪里了？这只猫极有灵性，懂法语，懂英语，自从我来住，它还能听懂几句中文。它岂是不知道谁是它的女主人的好友的那种笨猫！如果我告诉它，女主人今夜不归，它就会跟我睡，它怎么不该要求我给予它女主人一般的深爱呢？这原本是一种送上门的浪漫天趣！可惜我太缺乏养猫的基本训练了，无论如何也浪漫不起来。我不敢开门，更不敢跟猫说话。我不敢想象，身边有一对绿汪汪的大眼睛盯着我，我该怎样入睡；我更不敢想象，黑夜里有一堆毛茸茸、骨悚悚的东西贴近我，我会怎样惊恐不已。我从心里替它哀叫："你怎么不能与猫共枕"？我也在心里为自己辩白："我怎么可能与猫共枕"？我们一直撑下去，谁也没睡。

第二天很晚，我开了门。猫已经走开了。白天，我照料它，它跟着我，我们还是朋友。傍晚，女房东和她的丈夫回家了，我如实地报告了昨夜睡觉的事，想不到她真诚地道歉说："我不知道它这样打扰了你，实在对不起"。

两年后，我和女主人在中国重逢了。一见面，我满怀罪咎地问起那只猫，想不到她轻松地回答说："我们就要养一只新猫了！那只老猫太老了，我叫医生帮它安乐死了"，一边说着，她一边用手做了个打针的姿势。

她的神态，不，她的心态，依然充满了浪漫的情调。我突然意识到：这是两种文化的差异。教育我长大的文化，"伤人乎？不问马"，人们习惯用人的伦理情感去对待万事万物，包括动物。而在她的文化里，人本高贵，也崇尚自然；人们习惯与动物交朋友；但人是人，动物是动物，各自保持着各自的"私人"空间。

五　月下琴瑟

最后说说我丈夫。我睡觉晚，起得晚，据说是猫头鹰型；他睡觉早，起得早，据说是百灵鸟型。多年来，我对他的欠账太多，总想表示后悔，又不好正经八板地检讨，于是有一天，我们有了下面一段谈话：

我说：
下一世，百灵鸟再也不娶猫头鹰了。
要不你当百灵鸟，我也当百灵鸟。

他说：
下一世，百灵鸟还要娶猫头鹰。
但是我当猫头鹰，你当百灵鸟。

他飞快地把句式一换，就表达了他的温厚，还保护了我的自尊心，又巧妙地警告我要好好睡觉。

睡觉的问题，在个人生活的溪流里，在社会生活的海洋中，都是一滴水。但文学作品不是说，一滴水也能反射太阳的光辉吗？

我的教师梦

向蓓莉

1988 年，《小说月报》过刊在武汉饭店旁熙熙攘攘的航空路上出售，梁晓声的《这是一片神奇的土地》等一系列知青小说正在热销；金庸 1983 年版的电视连续剧《射雕英雄传》，仍雄踞电视遥控器的选台榜首，暑假重播，万人空巷，少年们窝在家里梦回南宋，又在作业本上回到现实。这一年，做着实习护士的我，女警官梦想已渐渐远离，我开始梦想成为能促进学生自由而充分地成长、具有独立思考的教师。这个梦，13 年后在北京师范大学实现。

一　从英雄女侠到女警官梦

中考时，我选择去做女警官。南宋的女侠如果穿越到 1988 年，应该是一名女警官模样罢。中专和高中是两不相交的平行轨道，我选择为了警官梦而放弃了考高中——尽管武汉市警官学校的要求看上去与我相去遥远，不仅因为全市仅招 9 名女生，更因为要求报考女生身高 1.57 米以上，那时我的身高才 1.53 米。我仗着自己的成绩还好，初二还获得过武汉市三好学生，便顶着爸爸妈妈和老师们的反对与苦口婆心，在第一志愿兴奋地填写：武汉市警官学校。

英勇美丽的女英雄女侠，是由小人书启蒙的，家里的小人书，和图书室的小人书。那时，家住武汉市汉阳区汛合村 37 号，长江边，距离武汉长江大桥不到 2 公里。汛合村南有洲头，北有洲尾，这个与黄鹤楼隔江相望的洲，就是"晴川历历汉阳树，芳草萋萋鹦鹉洲"里的"鹦鹉洲"；是 6 岁上学第一天，奶奶叮嘱我的那个"洲"："如果老师问你住在哪里，你就告诉她，住在鹦鹉洲啊。"家里有好多小人书，邻居伙伴来家里看书时，我们就将条凳搬到屋外的阳光里，将书一本本摆上。我们只能老老实实晒书，不像东晋郝隆可以袒胸露腹来"晒书"，他的书都在胸腹之中，我们的书在胸腹之外。出家门几步路，就是一个图书室，在门口用一分钱换一个小木牌，就可以静静坐在条凳上看书。我们说看小人书，不说读小人书，盖因早在识字前，小人书就透过精美的线描插图，在我们的心灵刻画了一个个奇妙的故事吧。在图书室，看完一本还可以换一本接着看，整个人很快就沉浸在故事里了。

那个年代，革命和英雄理想是主流，很多女性英雄在我心中留下了难以磨灭的印象。《杨门女将》里，不顾"征鞍万里、冷夜西风、白发凝霜"挂帅出征的百岁余佘太君、英姿飒爽"跃马横枪丧敌胆"的穆桂英，不消说就立刻成为我心目中的英雄；1907 年绍兴大通学堂督办、鉴湖女侠秋瑾，则让我着迷，继志趣相投的好友徐锡麟就义后，秋瑾亦慷慨赴死，留下一句"秋风秋雨愁煞人"，让年少的我也徒生惆怅之情，秋瑾一身侠骨，又眉目清秀、神情从容、气度超然，简直不仅是女侠，而是女神。十几岁的我有一年买了一件黑色蓝格大衣，宽袍大袖，我常和朋友们念叨，唯一的遗憾是缺一把剑挂在腰间，若真挂上一把剑，简直就是秋瑾那身装扮。可惜那个年代的小人书，多把《秋瑾》画得只有凛然正气，那让人惊心动魄的美，不见了。小人书里现代女英雄也不少，譬如《赵一曼》，那个 1926 年考入武汉黄埔军校的大家闺秀，那个 1936 年被日本关东军杀害的东北抗日联军团政委，那位在赴死的车上给 8 岁的儿子写下遗书，告知儿子，自己"是为国而牺牲的"母亲。

上了初中，英雄主义继续，并添加了历史的厚重、诗词歌赋的悠远、儿女情长的浪漫，和共同生活里的有情有义。读初二时，我在洲头的两个图书馆办了借书证。《青春之歌》自然是要挑灯夜读的。传记《大地的儿子——周恩来的故事》里则有两个情节打动我：一是周恩来等四位请愿游行的学生入狱，以绝食抗争，邓颖超率女学生们要求自己入狱绝食，换周恩来这些男生出来；一是郭隆真有理有据法庭上辩论。罗曼·罗兰则透过《约翰·克里斯多夫》让我认识贝多芬与命运搏斗、以音乐传达共和理想。我还迷上了武侠小说，喜欢看金庸的《射雕英雄传》和梁羽生的《冰川天女传》、《七剑下天山》。小说文白相间，诗词歌赋点染其中，读到绿林豪侠一同仗剑天涯伸张正义，不由让我拍案叫绝。

我没有收到武汉市警官学校的录取通知书。录取我的，是武汉市卫生学校。

二 女护士与人格的完善

我带着失落的心去武汉市卫生学校报到，却不知等待我的，是此生的一大恩慈。若没有遇见卫校的那两位老师，或许我此生的职业，就以南丁格尔（Florence Nightingale，1820—1910）为理想了。

南丁格尔出生于上流社会，选择将不被这个阶层接受的护士工作作为天职，一度在上流社会的舞会、沙龙中感到空虚的她，从此找到了生命的意义。她被称为天使，一位"提灯天使"，一位奠定了基础护理学专业地位的先驱。我们能想象南丁格尔提灯在克里米亚战争中看护受伤士兵的形象吗？若想象不出，去英国伦敦时，一定拜访滑铁卢广场，那里有建于1867年的克里米亚纪念碑与南丁格尔的提灯铜像，与军务大臣西德尼·赫伯特的铜像并列。具备数学天赋的她，当年分析了大量克里米亚战争的军事档案，经统计发现，在医院内死亡的士兵，大部分是因为恶劣的卫生条件和缺乏及时的护理，于是，她呼吁改善医院的卫生设施，并致信军务大臣西德尼·赫伯特，建议派遣女护士参与"伤病士兵的医疗服务工作"，她恳求"我们必须全力以赴，不仅拯救了无数受苦受难的战士，同时也扫除英国长久以来的社会偏见，为公益事业铺下一条坦途，相信从此以后许多服务事业都会尾随而起。"不惑之年的南丁格尔在伦敦的圣托马斯医院，成立了世界上第一个非修道院形式的护士学校，现为伦敦大学国王学院的一部分，基础护理学专业由此奠定，1859年，她出版了一本136页的教科书《护理笔记》（*Notes on Nursing*）。1912年，国际护士理事会将南丁格尔的生日（5月12日）定为国际护士节。1907年，英王爱德华七世首次将丰功勋章颁授给女性，这位女性便是南丁格尔。她甚至还发展出极坐标图饼图（polar area diagram），因此这个图又有了一个浪漫的名字：南丁格尔玫瑰图（Nightingale rose diagram），她还被选为英国皇家统计学会会员，是学会第一位女性成员，后来还成为美国统计协会名誉会员。

1988 年 2 月，读卫校 2 年级下学期的我，开始到武汉市第四医院分校实习。四医院位于汉口江汉一桥北段、汉正街西段，前身是 1864 年由英国基督教循道公会创办的汉口普爱医院，1958 年更名。四医院东侧有一座基督教堂，想必与英国基督教循道公会有关，我和同学们曾好奇地去那里听唱赞美诗，一位老年牧师还送了《圣经》给我们。这个情节，我在那年写进了一篇小说，不过，直到现在，这篇小说都还是手稿，躺在我一个宝贝箱子里。

实习期间，我还记得第一次真正给病人做静脉注射时是多么紧张，所幸那位年轻的病人爽朗地笑着鼓励我。我和同学们在内外科儿科等各科室轮流实习，和临床导师一起上白班，也在夜里看病护患。那时，我为护士写了一首小诗，在 1993 年发表于《少年文学报》：

　　白蝴蝶的歌——致护士

　　是在青春乍然开放的日子
　　你披上白蝴蝶的羽衣

　　你从此在虚弱和呻吟中穿行
　　那些劫后的园子啊
　　因你的照临
　　点亮了他思慕的慰安

　　你的眸子注目痛苦注目欢乐
　　你柔和的手指传达了生的讯息
　　还有你轻捷的脚步
　　这诺亚的方舟
　　载着黑夜　　划向黎明
　　星空注视下的你啊
　　守护着不属于自己的梦乡

仿佛母亲守护着孩子轻轻睡去

独自　　站在黑夜最黑暗的时刻
破晓第一道天边的曙色

这就是你吗？
用纤细的手指
和翻飞不止的羽翼
守候黑暗
载一个光明

　　记得在产科实习时，我怀抱着一个新生儿，襁褓里的她柔美可爱，我的心也充满柔美喜悦，整个世界一下子静谧极了。回家后，我兴奋地将这个美好体验告诉妈妈，还说好期盼自己有孩子的那一天。结果遭妈妈一阵嗔怪，那个年头，女孩子家是不能惦念生孩子一类事情的。

　　在内科实习的一个偶然经验，则让我看到了职业之外作为一个完整的人的精神生活，可以何等丰厚。有一夜值中班，大约是从晚上 6 点到第二天凌晨 2 点左右。和导师以及内科的一位大夫巡视病房后，那位极有艺术气质的大夫便在科室与我们轻声交谈，大学时期是学校乐团指挥的他，给我们讲《梁祝》和《江河水》的鉴赏：他给我们一段一段地小声哼唱乐曲，一段一段地讲解乐曲如何表现梁祝和江边悲痛欲绝女子的故事、情感。那一晚的艺术欣赏真是美极了，我不仅看到一个精进于职业的人，也看到职业之外的精神世界，可以让一个人更为完整、心灵更为丰厚。2007年，我在那则韦尔乔因肺癌离世的新闻里，初得知我喜爱的那些签着"尔乔"画作的画家，居然不是职业画家，而是一位哈工大医院心脏内科大夫，我很是吃惊，旋即我回想到这位内科大夫，便默然点头了。1964 年出生的韦尔乔，很多作品都涂鸦在空白的病历表格和透视单背面，他开处方的钢笔就是他的画笔。我不仅喜欢看他寥寥数笔画出的在广袤星空下沉思默想的人，还喜欢他题的隽永文字。医生的职业生涯还是他画家生涯的灵感源泉之一：生与死，墓碑，以及大地与星空、西方哲理与圣经。或许，正是医生的职业生涯和作为人的完整，为尔乔的画作奠定了母题，正如作家高岩在尔乔作品《梦游手记》的后记《一个医生的生命余地》里的评论："有人说，尔乔的画'一出手就有自己的母题'，而不少人画了一辈子也没能找到。"

三 文学社与参与社会治理

在我的护士职业之外，让我人生更为完整、心灵更为丰满的，则是阅读、写作、交流及对社会治理的初步介入。

武汉市卫校座落在汉口航空路和青年路的交界、武汉饭店隔壁。我在武胜路新华书店、航空路卖旧书刊的书摊，与书继续结缘。那时，读知青小说的我当然不知道，我未来的公公婆婆就曾是北大荒的知青，他/她们的青春岁月里就有很多梁晓声知青小说中的要素。1988年，我和其他几位爱文学的男生女生参与创建了卫校的"滑行风"文学社，一位写诗写得清新温婉之极的女生在《滑行风》刊首语这样写："被羡慕的时候，我们敢作敢当，笑声爽朗。"深夜在台灯下用铁针笔刻蜡纸编辑文字和画插图的记忆，到今天都淳美。

20世纪80年代，很多学校都自发建有文学社，有自己的刊物。同学的来信就常说到他们文学社的情况，互寄诗作、随感。那个时候，我常觉得该有一个文学大繁荣的时代出现，像二三十年代的中国文坛的再现和发展。对于那个年代很多青少年来说，写诗或者渴望诗意地生活，成为一种生活状态，虽则我的诗常写得如同论说文。

1988年，我家邻居、初中同窗、我妈妈和他爸爸是一所中学同事的宋向，将他在武汉市银行学校的挚友周涛带给我认识。他俩都爱读书，宋向通达随和幽默非常，胖态可掬有如弥勒佛；周涛郊寒岛瘦，身材颀长英气逼人，尤擅填词作诗及写作新诗。我们在一起时，时常幽一默让我们笑得直不起腰的一定是宋向，悠悠地飘出一句古诗或口占一绝的一定是周涛。我也将我在卫校的一位爱读书的高年级师姐邓向红介绍给他们认识。此后，我们这几个十六七岁的少年，连同我们的兄弟姐妹，就常聚在一起谈文论诗。那时，我们几个一起读《道德经》，见面与书信都讨论"无为无不为"；读《古文观止》，诸葛亮那几句"臣本布衣，躬耕于南阳，苟全性命于乱世，不求闻达于诸侯"真是又有节奏又有风骨；宋向和他哥哥宋丹还打趣将《桃花源记》编成谜语让大家猜，一时间笑声一片，譬如，一则谜面是"女儿国"，谜底是"不知有汉"；我妹妹琼林也非常喜欢读书与写作，她写的诗比我的空灵多了。我们自然也读苏东坡、徐志摩、沈从文、张爱玲、三毛、席慕容、雪莱、拜伦、普希金、泰戈尔、托尔斯泰；读哲学、美学、建筑、艺术……我们过得真有如苏东坡所感慨的"且将新火试新茶，诗酒趁年华"：背着行囊，带着生活了十来年的江城地图，找一片不曾到过的江中洲去问一声："天兴洲大否？"买了瓶黄酒就来信告知"有当年孔乙己喝的那种酒，'能饮一杯无'？"围坐在一起，不免就"家事国事天下事"侃个天昏地暗爽快无比。毕业后，我们更一起游三峡、武当山，到洛阳看《河殇》里写到的卢舍那大佛。我们常交流所读所思，以及写作，例如从洛阳回汉后，我写了篇小文《龙门行》，周涛则写了首小诗："伊阙弱柳随风栽，龙门山麓众佛台。密妃昔时留枕地，魏王今日复重来。放歌纵马须携酒，顾盼自雄亦别才。此行如斯已尽兴，虽然未睹牡丹开。"我想，"苟日新，日日新，又日新"的生活，就是这样的罢。次年5月，周涛在武汉市银行学校发起成立芦荻文学社，他写的"邀请书"，引用王蒙1987年在意大利领"蒙德罗文学奖"的答辞，将其中的"诗"改成了"文学"，并追问"什么是真正的人"、"什么是真正的人的生活"，这也折射了那一时期的文化思考。

　　1988年，改革开放刚十年的中国大陆正经历着文化反思的热潮。我们这些少年也常在一起讨论如何在骄傲于汉唐盛世的同时，直面中国17世纪以来的衰落，如何承担自己的责任。这一年我在《少年文学报》发表了我的第一首诗。诗的原名叫《初春的故事——致黄土地》，发表时，编辑改为《黄土地》。那时学校给我们看了一部电视片《美国的农业》，一个镜头至今让我难忘：机械化生产，技术员到田地，捧起卷心菜就吃，我当时非常吃惊，不洗怎么可以吃呢？而当我走在武汉的田野上，我看到的是，在田地里劳作的农民，依然重复着千年前的耕种方式：牛耕人犁。于是我写了这首诗，写青少年准备迎接挑战。

初春的故事——致黄土地

踩着田畴，绿野一片片而来，牛耕人犁的历史仍在千年后复复上演。回想我看过的电视片《美国的农业》，不禁慨然。地球那一边的挑战早已打碎唐宋盛世的荣耀，远古的灿烂、自豪让我沉默，于是提笔。

扬起鞭子

黄土地在牛蹄和铁犁下起伏

沧桑黄昏后

绿野一辈一辈长消

五千年

沿着铧迹

老长老长的胡子延伸

那浸透着

沉重牛哞班驳铁锈

的每一根哪

正从远古的自豪里

褪着阳光的颜色

垅上浑浊的瞳仁

沉默于满眶的远方世界的挑战

叽叽喳喳的少年开始飞奔

田野风吹起头发吹起衣襟

展露自信展露意气风发

握一支沉重的笔

准备在祖辈生生不息的这片土地上

填一份新历史的考卷

这种对于承担的思考后来得到发展，并且见诸行动：我给武汉市环保部门写信讨论武汉味精厂的污染、给武汉市政府和交通部门写信讨论过江轮渡将看江景的甲板覆盖成乌烟瘴气的录像室收费……9年后，我在《武汉人才报》发表《见义勇为·社会公德及其他》一文，讨论公民的权利与义务。20年后，我将公民教育作为我的研究领域之一。

写作与交流，有自足的内在心灵的丰满，亦有喜悦的共同生活。介入社会治理，则是个人与社会相交，承担公民权责。

四 教师梦的唤醒

武汉卫校的曾德雄与张琨老师激发了我的教师梦。我在校期间与两位老师有诸多交流，他们于我亦师亦友。他们与此前其他老师的不同之处，不仅在于促进学生尽可能自由而充分地成长，更在启迪学生独立思考；他们并以学生为师，建构了互为师生的关系。我在2001年的一篇论文《教育的目的及其他》中，写到他们给我的影响：

> 两位老师启迪我独立思考，鼓励我坚持自己信仰的真理。那时，我们常一同讨论鲁迅，探讨人文主义的精神，思考我们关注的各种社会问题，我为自己所坚持的理想辩护，只服从于让我认同的思考，从不因为他们的教师身份而自甘"屈服"，我们一起度过了许多心灵充实而快乐的日子。当我在纷纭的世事中，用自己的头脑思考，用自己的心灵体验，用自己的理想支持人格与尊严时，我欣喜而又欣慰地发现，思考使我感到有力了。就在这种独立思考中，我一步一步寻找着自己人生的道路。

> 正是对生活中遇见的优秀老师的感恩之情，使我希望将生活给予我的惠泽转赠给我身边的人和比我年轻的一代一代，所以在医学与教育之间，我选择了教育作为毕生投入的事业。对教育中自由精神的思索也自此开始。

好的教育会唤醒人的思想。我在2012年第7期《基础教育课程》的"教师的课程能力：作为知识分子的唤醒能力——以曾德雄老师的课程实践为个案"一文，讲述及分析了曾老师的教育与课程。曾德雄老师以深厚的文学鉴赏与创作的语文学科能力，和通过诗歌鉴赏与鼓励学生自由创作，唤醒了我们对于中文之美的鉴赏与创造能力；以对话作为唤醒途径，他通过作文评语唤醒我对于人生存在与意义之思；他的语文教学唤醒了我们独立人格的成长，和审美地体验日常生活；他唤醒了我们成长的潜能与可能性，朝向人充分而自由的成长。曾老师现任广州社科院文哲所所长。

张琨老师一拨一拨地借书给我读。这些书的范围很广，文学以外还有科学、哲学等领域，以及鲁迅和胡适的著作、都德的《繁星》等等。

1988 年 2 月，我开始到四医院分校实习。张老师让我向同学们调查：一个好的老师是什么样的？我把调查结果写信告诉了他，他回信说，看到调查结果他乐了，那些个要求，他大约一辈子也做不到，他还是愿意做一个有血有肉的、会犯错误的人，而不是学生崇拜的偶像。在那封信里，他还追问："我们要如何防止自己浑然无知地成为禁锢我们思想牢笼的囚犯？"不多久，他将英国 BBC 的英语教学节目《跟我学》（Follow Me）、外语教学与研究出版社的《生活在英国》（Living in England）的书和磁带借给我学，并建议我买一个收音机，他在信里，将《生活在英国》的所有广播时间告诉我，建议我找合适的时间段收听；中文节目，他推荐了《午间半小时》。有一次我在信里问他："你是想塑造我吗？"他在回信里回答："即使是塑造，也只能体现自由的含义"。

张老师敏锐、批判感强，不以自己的人格换取名利，他的所有阅读，也都与他的生命体验息息相关。我感到，我们思想探讨与生命体验相关的程度，是此后我其他的思想交流都没有超越的，大约因为这是在我思想成熟的早年阶段罢。

他们的教育，不仅激发了我的教师梦，而且启发了我做一个怎样的教师，我将之表达在《教育的目的及其他》中："教师应该成为学生的一面镜子，在启发学生追求真善美的理想的过程中，鼓励学生通过反思不断认识自我，养成独立思考与独立行动的能力，由此确定自己的生活道路，并担负起对自身与社会的责任。教育的目的即在于培养自我认识、自我塑造、自我负责并具有社会责任感的和谐发展的人。"

结　语

我的教师梦的实现，是一条很长的路，带着梦想探索人生，也许与当今的女大学生不无共通之处。

我想，不论做什么职业，都可以带着心灵丰满的精神生活与日常生活共处，带着诗意与哲学去生活：或许这样的人就同时享受着两个世界：一个是物质世界，跟锅碗瓢盆打交道；一个是意义世界，在那里，所有的思想，不管来自我的生活体验还是某本书，都经过我自己在生活中的体验与体现之后，成为我生命的一部分。真正的思想与存在不可分离。

当今的女大学生或许和我博士毕业时一样，在追问一个根本问题：生命可以如何度过？我的答案是：过心灵丰满的生活——个体的心灵丰满，和在共同生活里的心灵丰满；追求理想，创造有奉献的现实生活。

阳光、空气、花和水[①]

汤　锐

　　一带白色的墙栅，海蓝色的窗，窗下挺立着几棵硕大浓绿的仙人掌，在携着朦朦雨丝的斜风中，摇曳出一派浓郁的异国情调。沿着袖珍型卵石甬道直入海蓝色的木门，在柔柔的灯光、细碎的低语以及 waiter 年轻灿然的笑容里一番曲径通幽地峰回路转，便坐定在最里面一间陈设简单雅致的咖啡室内了。依然是雪白色的墙壁，依然是海蓝色的窗棂，那为了追求某种特殊质感而故意涂刷成凹凸不平的墙壁上，装点着一排排色泽艳丽的艺术挂盘或大小不一的各色陶瓶。我和台湾民生报的桂文亚女士、北京电影学院的葛竞小姐，就在 3 月末一个暖意融融的湿润的黄昏，坐在台北市一家小小的颇具南美情调的 coffee shop 里，每人面前摆着一大杯美味的"天堂鸟汁"，任魂思天南海北地翔游。

　　这家 coffee shop 有一个别致得令人叫绝的名字 ——"阳光空气花和水"。

　　这里是台北市繁华商业区中一条幽静的小巷，四周林立着椰榈般的高楼大厦，我诧异于这都市的密林中还有这样一块充满"阳光 空气 花和水"的小小绿地。在现代人生存的物理空间和心理空间都正变得越来越嘈杂和拥挤的今天，生活也像一张缩了水的网，我们时时处处感到它的束缚和压力，却无可奈何。

　　曾几何时，我们居住在简陋的大杂院内，没有高楼大厦、没有华丽的装修、没有高档的家具和电器，放了学的孩子们在紫丁香盛开的院子里笑

---

① 此文原收入王宁等主编、首都女教授联谊会编《繁花絮语》，北京邮电大学出版社 1998
年版，第 203—206 页。

着叫着跑着，捉迷藏、跳皮筋、过家家、官兵捉强盗，男人们赤着膊、摇着扇，天南地北的闲聊，从狭小灶间冒出的饭香菜香袅袅地醉遍了大院的每一处角落，女人唤孩子回家吃饭的声音充满嗔爱地回荡在热浪尚未退尽的黄昏……

而一夜之间，人们发家致富的意识突然被唤醒，对自然生活的那种淳朴的热情就开始迅速萎缩和消退。除为家庭的存折和孩子的功课而焦虑之外，人们的心已经被每日的油盐酱醋和永无止境的发财梦涨得满满的，甚至没有多余的空间驻留一份朴素的爱情。在"十亿人民九亿商"、"风吹落一片瓦，肯定砸到一个经理的头"的今天，为生计奔波的人们再也无暇停下匆匆的脚步，哪怕片刻倾听秋虫唧唧、小鸟鸣啭。品味生活、享受自然已沦为一种奢侈的诱饵出现在房地产商的广告中。挣更多的钱已经是今天最大众化的人生信仰，生活变成一个永远上满发条、而又不断被拨快的钟，我们听到的最时髦的问候是："你如今在哪儿发财？"

正像德国作家恩德的童话《时间之谜》中的小姑娘毛毛一样，我们大睁着无助的眸子，眼看生命的触角渐渐僵硬、萎缩，正在失去灵性，变得越来越麻木和莫明地不安，焦渴的灵魂流浪在生活之外，找不到家园，于是我们从各种媒体中听说当今最时髦的都市病症是"抑郁症"、"工作环境焦虑症"等等，最具发展前途的职业之一是心理咨询……

与此形成鲜明对照的是，在霏霏春雨中召开的"海峡两岸童话研讨会"，给了我一种难忘的体验。这是一次学术的交流，又是一次友情的交融、灵性的激活。从台湾同行身上我无疑见到了许多值得汲取的品质：科学而严谨的治学精神、开阔而独到的眼界、活跃而敏锐的论辩风气。我更高兴的是认识了许多善良热情的朋友。不知是生趣盎然的儿童文学使人变得纯真善良，还是纯真善良的人们使儿童文学生趣盎然，儿童文学圈在某种程度上总使人感到有几分纯净和安宁，堪称物欲横流的现代世界中一块充满"阳光空气花和水"的净土。我看到无论是海峡的这边，还是海峡的那边，都有着一群怀有同样诚挚的执着与生命冲动的人们，置身于这一人群中，实在让我体验到一种无可言喻的快乐。

人在成年以后，为什么还要创作儿童文学？这是个谜，又不是个谜，我曾经无数次地沉浸在这样一个谜中，我喜欢它带来的那份神秘和超然的感觉。从事儿童文学的人总是在灵魂深处保有一个生气蓬勃的"永远的儿童"，总是对自然对人生怀有一份稚童：般朴素的冲动，正是这种神秘的来自童年的灵性，使一个人的生命之树永不会枯萎，生活对他永远是静：鲜和充满创造活力的。

短短十天，对于宇宙，仅仅是亿万分之一秒的时间，而对于人，却可能成为永恒的体验。

因此，在三月末台北的霏霏春雨中，在这个弥酒：着咖啡浓香的黄昏，一个播撒"阳光空气花和水"的儿童文学盛会伴随着短暂而又永恒的体验深深驻留在我的记忆中。

海南纪游①

杨联芬

1998 年初的寒假，我们全家到海南旅游。

飞机在碧蓝色的海面上空盘旋，海口到了。从舷窗俯瞰海面，海上航行的船只，真是沧海一粟，而这一粒"粟"后部划出的雪白浪痕，倒显得矫健有力，使整个海面便生动起来。海口机场被新建的楼群及其他建筑包围在城市中央，飞机俯冲时，几乎擦着高层建筑的顶端，好不吓人！后来我们乘汽车在市中心的立交桥下经过时，恰有一架飞机降落，只见它"刺啦"一声仿佛紧贴着桥栏俯冲而去，这种惊心动魄的飞机降落场景，在全国城市中，大约也是独一无二的。十年以前，谁也没有料到海口会在一夜之间成为吸引天南地北人流下海淘金的场所。来机场接我们的朋友张，河南人氏，八九年前挎着一个黄书包，怀揣仅有的 800 元钱，只身离乡背井，来到这神秘而遥远的海岛。这些年来，成千上万的大陆人破釜沉舟南下海口，究竟有多少人圆了发财梦、又有多少人落魄潦倒？不知道。反正张君的发财梦正看好。

一下飞机舷梯，一股潮湿的热空气扑面而来。出了机场，我们便一层层地剥脱衣服。从天寒地冻的北方乍一来到热带，这感觉是非常新奇的，多儿兴奋地感受着"热带气候"的概念。

海口在海南的最北端。由此往南，沿着一条准高速公路，可以到达海南岛的最南端——三亚。张君开着他的"海马"，载着我们上了路。车上

---

① 此文原收入王宁等主编、首都女教授联谊会编《繁花絮语》，北京邮电大学出版社 1998年版，第 147—154 页。

还有一位海南人。

到了琼海，我们便离开准高速路，从一条普通公路向南行进，为的是瞻仰一下"洪常青"就义的那棵大树。

公路两旁，开阔的平地、起伏的低峦、参差的村落，都簇长着椰林。椰子树舒展的枝叶凌空招摇，像风情万种的纯情少女，又像一首首诗。公路在诗的韵律中蜿蜒，我们在画的意境中穿行。我不禁想起一句话：自然中有美的时候，就是自然类似艺术的时候。在不涉及艺术起源问题而只关乎我们的审美经验时，这句话是没有错误的。我不知道椰子树这柔媚而又刚劲的风韵所传达的诗意与美感，是它自身的品格、韵致？还是孩提时代刻骨铭心的芭蕾舞剧《红色娘子军》从电影、宣传画到音乐的教育使椰树的诗的意象深留在了我们的经验世界中使然？

我们来到了琼崖县境内的"洪常青"遇难处时，天色已近黄昏。在公路的中央，兀立着一棵高大苍劲的树。它合围有三米左右，树根处躺着一块断成两节的石碑，上有文字曰"李振亚烈士殉难处"——原来，电影与舞剧中的"洪常青"的原型名叫李振亚，是"红色娘子军"（琼崖支队）的党代表。树的南侧约四五米高处残存着一节木框，那是李振亚被吊死的地方。李振亚牺牲的细节在艺术作品中被改成了烈火焚烧，恐怖的场面转换成了美。据说，当年修高速路时，有关部门曾打算将这棵树砍掉，可工程尚未开始，就有好几辆汽车先后撞在树上——李振亚的碑就是这时被出车祸的车撞断的。人们觉得砍树之想（因为还没有实施）是触犯了神灵，于是高速路改道而行，这棵公路当中的大树，也就凛然留存下来。这真是一个十分有趣的景观：由于树在路的当中，来来往往的车辆自动地"来左去右"，环绕大树的两侧竟形成了两条分而又合的叉道，树，则成了交叉路口的岗亭。同车的海南人说，在李振亚牺牲后，这棵大树曾经死了若干年，某一年突然又活转过来。今天看它，姿态确已老态龙钟，但树梢却青叶簇簇。我问随行的海南人：当地人对娘子军、"洪常青"有何感觉？"呵，那可是我们海南人的骄傲！人人都会唱那首歌。"我不禁哑然失笑了——又一个生活模仿艺术的典型例子。海南人是将事实与艺术中的人和事混为一谈了。我感到，吴祖强的音乐在导致"红色娘子军"深入人心方面，起到的作用是非同小可的。

　　我在车上给孩子讲"洪常青"的故事，不觉眼中噙满热泪。理想、信念这些东西，激发人的到底还是崇高。我想，我们这一代人再也不会轻易地信仰那些虚假的崇高；但是，理想主义却仍然是一种常常令我们感动的美好的意念或情绪。

　　汽车在落日的余晖中轻快地驶进一片椰树成林、别墅成群的小镇——兴隆温泉度假村。洁净的道路两旁，绿茵铺地，奇树异草错落有致、修剪得十分精巧；挺秀的椰树伸向空中，修长的枝叶在湛蓝的天空迎风招展，像在招呼来自远方的游人。坐在围着白色栅栏的半露天餐厅，吃着鲜美的海岛食物，清风徐来，灯光点点，一位印尼归国老人穿着像睡袍一样的服装在拨动吉他弹唱印尼民歌。此景此情，使人恍如置身异国他乡。

　　度假村唯一的街道，一侧是临街的宾馆饭店，个个都漂亮雅致；另一侧是灯火辉煌的简易店铺，多卖游泳衣、裤；店铺前面紧靠马路的一溜，则是水果、小吃摊。这里的甘蔗甜脆汁多，我们一家三口在走回住地的路上，沿着一段正盖别墅的荒野，吃得全无雅相。

　　我们所住的"明阳山庄"，全由一小幢一小幢两层或三层楼的别墅构成，每幢房子的底层，都有车库。可以想见，这些别墅当初并不是作宾馆用、而是修来卖的。90年代初几子牵动了整个中国的海南房地产大战，导致今日海南随处可见的别墅、大楼大量闲置的萧条景象。我丈夫一年前出差曾经住过一家叫"老乡度假村"的星级饭店，老板是个北京人。这次顺道去看望时，那里已改成了一个幼儿园，老板苦着脸说没有办法，客源太少（准确说是宾馆太多），饭店经营不下去了。这改变使人感到一丝悲凉。冬季，原本是海南的旅游旺季，而且据报纸说今年春节海南的客房相当走俏，房价飚升，可是时值春节、我们住的这个"明阳山庄"内却还是没有多少灯光。

　　深夜，整个山庄沉浸在寂静与黑暗中，一种许久以来不曾体验了的神秘、孤寂、乃至孩童时期常有的恐惧感，此时悄悄袭上来。哦，已经多年没有体验过夜晚的黑暗与静寂了。都市的夜晚，天空早已被灯光染成粉红，到处是车的轰鸣，人的热浪、电器的喧嚣；城市中已经没有一处黑暗与宁静可供我们休憩了。我曾经写下过一首诗，抒发这种感慨："灯光喷着烟雾/星空消失许多年了/临走时/将梦也挟去了"。今夜在海南的一个

"村庄"，久违了的夜晚的感觉竟不期而至。这使人感到十分快意。

次日早晨，我们离开兴隆度假村，驱车十分钟左右，来到一个叫石梅湾的海湾。一下车，眼前"哗"地展开一幅绝妙的图画——宝蓝色的大海纹丝不动似地从这一边的天边一直铺向那一边的天边，海宽阔极了、辽远极了，颜色比我见过的所有的海都深。人站在海边沙滩，海面好像高出了地平线，我们一直"仰视"着它的边缘消失在极远的天边。从来没有见到过如此宏阔、如此沉静、如此深厚的大海！简直就像画家倾尽了所有的蓝色画出来的！我们不住地惊叹，我感激（不知为何此时我的情绪是"感激"）地极目流连，不知怎样才好，只觉得眼睛不够用，恨不得自己眼中发出的每一道目光都能尽情地亲吻大海。沙滩是白的，海水是宝蓝色的，海面是一层如砥的坦荡、沉着，这时你会情不自禁地想到海底龙宫、海面仙山一类缥缈而又神秘的东西。我曾经在厦门的鼓浪屿看过大海，大海是湛蓝的、温柔的，人像欣赏一幅画一样喜欢它；我也曾经看过北戴河的海，那是另一种气派：既不湛蓝、也不宁静，浩茫中隐含着苍凉，浑浊的巨浪翻卷着白沫撞击礁石、冲向沙滩，它给予你的，决不是温情，而是一种男性的意志，强悍、激越，仿佛怀着使命而来。海南石梅湾的海呵，与这些都不同。它展示的是神秘。它宁静，然而又并不是一种让人怡然的美丽；它的深厚仿佛隐藏着某种秘密。一个小时以后我们的海上历险，证实了它的非凡的力量。

我们跟渔民讲好了价，请他们用渔船载我们到海中不远处那个圆形小岛上去捡贝壳。两位渔民开动机动的小木舟，我们欢呼着驶进大海。我们坐在小船上，宝蓝的大海就在我们的怀中，我们则在它的波浪上惬意地起伏、颠荡。天边的点点帆影，渐渐从地平线的下边升起；灰秃秃的云层，无可奈何地退到边缘地带，与坦荡辽阔的海面在极目处交会，形成一个巨大的放射角。后来，我才感到这天与海形成的巨大斜角，恰像一只鳄鱼大张着的嘴，暗藏杀机；而我们太过于渺小、又只顾陶醉，不知这毫无安全措施的巡游，随时可能有危险降临。我们迎着海风，高声笑着、叫着："真过瘾哪！一辈子也忘不了！"

船接近小岛，先并不靠岸，而是按我们的意图环绕小岛一周。当船绕到小岛的侧面时，浪开始大起来。船驶到小岛的背面时，风浪大作。宝蓝的大海不再是宁静的了，它的内部，似有千头万头的野兽在蹿动、奔突，浪"哗啦""哗啦"地泼向我们，眨眼间，我们就浑身湿透了。我们的小船，在这深不可测的丈海中，真正成了"一叶扁舟"，那么轻飘、那么孱弱，一个稍大的浪就足以将它打翻。渔民中年龄稍大的一个说："我们不到岛上去了，怕待会儿浪更大！"我们这才有了恐惧的感觉。船继续绕行，而浪愈发的大起来，海水不再是宝蓝的了，它不知什么时候变成黑魆魆的；海面也不再沉静，它汹涌着、推操着、撕打着，将愤怒摔上我们的小船，风浪扑面，打得我们睁不开眼。多儿坐在我和双之间，我们用身体替他挡着风和浪，但还是被浇得透不过气地惊叫。这回亲自尝到"沧海一粟"的渺小与无助的滋味了！

船终于靠岸，我们大有劫后余生的感觉。"大头"（年龄大的那个渔民的名字）和他的伙伴跳下船，将我们背到沙滩；而他们，就那样连裤带鞋地在水里走——他们终年就是这样在海上劳作的。在这里，我才知道这些渔民大都不识字，也没有自己的名字。"大头"一类的绰号，就算是区分彼此的名字了。

原来大海并不仅仅是美丽，它的温柔只存在于无关利害的审美距离中。而对于靠它养育的人们来说，它该是令人敬畏和无奈的罢？"大头"们贫困和愚昧的生存状态，也使我对大海的诗意感受加进了几许寂寥的怅惘——大海的神秘与人世的悲凉，都一样具有永恒的意味。

独自旅行的意义

刘静玲

耳畔听着手机里台湾歌手陈绮贞的歌唱："你看过许多美景……累计了许多飞行……收集了地图上的每一次的风和日丽……却说不出旅行的意义！"漫游在康奈尔大学美丽的校园中，脑海中浮现出在世界各地和国内各省旅游时美好的画面。我承认，我是一个喜爱旅行的人。

关于旅行，文学家们常说，旅行者脱离了自己的日常生活和日常角色，常常会展现出日常琐事遮蔽的本来面貌，而那才是人性原来的面貌。旅行中有各种美妙瞬间、各种可能、各种神迹灿若繁星，它会让你知道，你是美丽世界的一部份，那才是真正意义的旅行——心灵净化之旅！

上中学时，我已开始了独自的旅行。感激母校长春 11 高级中学为我们提供了 80 年代少有的住宿条件，使我有每周往返于家和学校的机会。长春市 1 路无轨电车上和同学的故事，会成为"漫长"旅程中印象深刻的美好时光，让我忘记了寒冷的空气和下课后的饥饿。日复一日，没有父母的接送，拿着学生月票，我独自穿越美丽的故乡长春城。这看似无关紧要的两年经历，为我日后的人格成长打下了基础，所以我一直认为，中学生住宿离开家长的管控，过一种集体的生活，是开始尝试独立和及早走向成熟的最佳时期。在我国独生子女教育的"断奶期"已经延迟到 30 岁的今天，是否提倡和鼓励子女行为独立，这更需要家长、教育者与教育管理者共同进行反思。

在大学和研究生阶段，我非常幸运地参与了东北师范大学很多与生物学专业相关的野外实习和科研考察。我和老师、师兄妹，以及同学们，上山下海，曾徒步征服海拔 2700 米的长白山天池，连大连的黑石礁和老虎滩也留下我们的足迹。我们南征北战，北到镜泊湖、五大连池，南到厦门、上海，到处旅行，那时积累的"实习的故事"至今在同学中流传。我印象最深的，还是在长白山原始森林中的"历险记"。我做论文时，与师兄们在森林中采集标本，迷失在遮天蔽日的林海之中。我的第一反应是害怕、慌乱和措手不及，在大声呼喊无人应答之后，我瘫坐在大树下，脑海中首先想到的是最可怕的后果，绝望地以为可能永远走不出这大山了。我联想杨子荣智取威虎山的英雄形象，也没有起到自我鼓励的预期效果。我这时候出现一丝微弱却理智的声音，强迫自己冷静、冷静再冷静，大脑开始异常迅速地运转，在记忆库中搜索相关的信息，老师讲授的野外生存之道、书上关于森林方向识别的方法和自己实践经验积累，静下心来，屏气凝神，不断开始尝试各种能够想到的方法，树干上的苔藓、上山路线、阴阳坡向和隐约的汽车发动机声响，都成为我辨识方向的科学依据，但是似乎都不足以让我下定决心沿着一个方向前进，最终闭目自问，在脑海中一一回顾来时的路。在小路的拐弯处，差点与一毒蛇狭路相逢，我努力克服恐惧，保持不动，有惊无险地躲过"地雷"，却也因此与师兄的大队分离，因此反推回去，解决问题的钥匙，也就是原路返回并校对"事故"造成的偏差，空间与方位再认真回顾和上演了一遍之后，相信自己的判断，就坚决地向着认准的目标前进了。在认真观察脚印和坡向的前提下，我边看、边想、边走，大约1小时后，清晰地听到了一声汽车的笛声，又过了半个小时，终于听到了师兄们喊我的名字，胜利地脱险让我喜极而泣，遇事不慌的镇定和科学的分析方法，帮我从莽莽林海中找到正确的方向，最终脱离险境。我从这件事中领悟到，独自旅行必须学会预测风险，保障安全，沉着应对突发事件，这时系统的野外训练和知识储备是必不可少的。

参加工作之后，我要兼顾家庭和工作，品尝到为人师、为人妻和为人母艰辛与繁杂的生活。个人的闲暇时间少之又少。真正意义的家庭旅行也是在孩子上学之后。而现在记忆中很多的旅行，都是在公出之余，我喜欢在繁忙结束之后，自己安排哪怕半日的独自旅行。我让自己与大自然相伴，静静地欣赏美丽的山川、小溪、山花、松鼠和公园景观，或者让自己放慢脚步，漫游在市井人群中，边品尝地方特色小吃，边欣赏街边传统或时尚的衣着。我尽情地放松着自己的身体和大脑，感受大自然的阳光、白云、微风和味道。我静静地发呆，让心去自由地飞翔。

我有一次独步深巷的国外旅行，2009年底，我去日本名古屋参加中日韩青年环境教育论坛。会议涉及三国环境教育专家，时间安排堪称高效率，没有一点闲暇时间。经过大会发言讨论和晚宴的全天忙碌之后，过了晚上九点，我独自散步，来到酒店旁小巷中一狭小的居酒屋，要了一壶热腾腾的清酒，一碟日式小菜，这时日剧中常见的喝酒聊天场景再现，短短两个小时，让我对"real"日本人生活有了初步的体验，印象比在千篇一律让人乏味的星级酒店深刻一千倍。

还有一次，在绍兴讲课之后，我经上网搜寻旅行的目标地点，决定在回程的路上经过王羲之的居所会稽山阴。这是因为喜欢书法的爸爸最爱王羲之的兰亭序，因此我决定独自留宿一日。次日，在以兰亭序著称的风景区中，在细雨蒙蒙、安静无人、如诗如画的环境中，我徜徉其中，体会这位书法家在1600多年前，在鹅池旁挥毫自如、呼朋唤友、吟诗作画的情景，真是美不胜收！王羲之游历名山之后，博采众长、贵越群品，古今莫二。他的书法飘若浮云、矫若惊龙。他出身书法世家，但也曾在幼年随姨母、著名女书法家卫夫人学习书法，受到点化，可见女性对幼儿教育的影响深远。

印象最深的一次是去四川讲学，那是汶川大地震之后平静的11月份，住在峨眉山脚下，在演讲结束后，独自一人冲向风景区。因为时间关系，售票员只买给我半山游的车票，山清水秀，游人稀少，空气清新，我一路边照边游，美景无限，和当地的老乡聊天，了解当地书上没有的文化和趣事，他们建议我做快速上山，去看闻名远近的峨眉山猕猴。我坐在滑竿上，脑海里红色娘子军中南霸天坐滑竿的镜头一闪而过，忽然难过地想到这种交通方式是否平等？而人与人的平等与尊重应该是一个文明社会的标志，今后抬滑竿的职业也许会消失。我到达观赏猴子的山坳时，被告知禁止给猴子随意喂食，它们已经营养过剩，患了"三高"症的富贵病。最后，在管理人员的帮助下，我和一大一小猕猴亲密合影，后来这张照片成了我在课堂上讲解环境伦理与自然保护的素材。我一路奔跑下山，赶上了最后一班车回到到宾馆，再拎着行李乘车回到成都。

我对旅行的理解是，与自然接触、与智者交流，是人生永远的必修课。如果人们总是宅在屋内或喧闹的城市中，大脑总会短路的。我这次拍了不知多少山水画般的美景照片，还给老爸买了一本兰亭序拓本，然后心满意足地离开。

在北京师范大学国际化跨越式发展的平台下，近几年的海外访问与游学，更让我喜欢独自旅行的自由和冒险，这是对自我的一种挑战。我从一个已经熟悉的生活与工作状态走出来，睁大双眼去观察和了解未知的世界，然后静下心来反思走过的路，从埋头苦干、无暇品味的麻木状态中挣脱出来，重新观察和思考重要的人和事，无异于对自我适应能力的一种新的考验。它能看人是否适应新的环境与多元文化，是否愿意开放自己的心灵，学习改变自己并尝试面对未知世界的新鲜感，心灵与身体一同享受旅行带来的快乐。正如《阿黛拉的非凡冒险》中女主角所言，或亲历或读书，都可以开始你自己的旅行。不必花费巨资，不必准备，随时随地都可以开始。一种风景、一幅画、一部电影和一个感人的故事，都可以让我们感觉生活的美好和世界的奇妙。如果能够克服恐惧，独自勇敢地到一个陌生的地方去旅行，就是一个内心坚强、独立并能够包容多元文化的成功者，就会更珍惜家庭、亲朋和陌生人给予自己的爱，自己也会把这份爱传递出去，直至永远。

实际上，享受一份工作，领会一种爱情，不都是美妙的旅行吗？如果我们以实现美好人生和建设更美好的社会为目标，勇敢淡定地去直面所遇到的各种困难和挑战，把教学、科研和经营家庭当成创新之旅，就会享受与学生教学相长、与科学问题亲密接触、与亲人共同分享和共同进步的美妙时光！我更喜欢萧伯纳的话，生命对我来说，不是一截短蜡烛，而是炫丽的火炬，我必须把握机会，让它燃烧得极尽灿烂，再传承给下一代！这不就是女性和教师的神圣使命吗？让我们学会优雅地享受美好的生活。

独自旅行是有特殊意义的。在 30 岁前，人生的旅行应该是学习真诚，坦言自己在自然界和历史面前的无知，不断学习各种知识、生活的技巧和生存能力，勇者无惧地向前飞奔，追求更高、更快和更远的人生目标。在 30 至 50 岁期间，人生来到最有创新能力的时期，也是青年发挥社会中坚作用的时期，要学会在整体上看待得失成败，不过分注重细节及个人得失，要有团队精神，顺人而不失己，有自己独立的判断和做人的原则，服务社会，造福大众。在 50 岁之后，要学会放下，致力于修养德行，奔赴更高的人生憧憬；可以在教育后人、回馈社会方面做的更好。独自旅行，让人在各个年龄阶段，始终保持精神上的独立，了解自己，懂得尊重他人并包括自然万物。享受独自旅行，这是人走向独立与成熟的一种标志，是内心强大与自信的表现。

Sleep less. Think more.

Live well. Learn well.

出国·感悟·反思

　　女教授们究竟是一个什么样的群体？社会上对于女教授的印象是稳重的、博学的、成功的，但也可能是刻板的——其作为女人的另一面总不为人所知。现在，浏览她们的出国生活，倾听她们对中外文化的感悟和反思，我感受到了更多的是真实的她们。

——摘自北京师范大学 2012 级大学生微博

舷　窗[①]

王　宁

　　从北京到温哥华要飞十个多小时。飞机 1：55 起飞，四个小时后，我启开左侧的舷窗，出乎意料地发现，窗外已是深夜。

　　远处云天交界处铺着淡淡的蓝烟，机翼顶端的灯孤独而明亮，犹如一颗迫近的星，在灯光照到的地方，翻滚的云隐约可见，使我感到一种神秘，也产生一种飘泊的惆怅。

　　我目不转睛地望着舷窗外，大约一小时后，已经看见了大片的云层。黑白相交的云有如大海，黑色的是海浪，白色的是浪花——一朵朵，愈远愈朦胧。忽然，天际变得血红，然后是一片片红霞从天际落入云海，把云海染红，像鲜血流淌的湾。于是，机翼的灯不再孤独，只在血红的湾中耀动，原来是太阳即将升起。

　　天终于亮了，白雪覆盖的山峦，山谷间的冰河，都已历历在目。一簇乌云带着雨丝飞快地掠过之后，舷窗外已是光的世界：白色、青黑、紫黛、血红、橘色、天青……一层层颜色从交织到分明。

　　大约是风吧，云忽然散成沙漠般的一片，向飞机后扫去。经历了千变万化，太阳刚从云层下露出一个金边，万道金光射在它近处的雪山顶上，隔着舷窗，仍感强光刺目。北京还是晚上九点半华灯初上时分，在阿拉斯加上空，我们已享受到黎明的曙光。

　　但太阳露出的金边很快又隐入云天交界处，只把云层映照得明亮无

---

① 此文原收入王宁等主编、首都女教授联谊会编《繁花絮语》，北京邮电大学出版社 1998 年版，第 173—175 页。

比。猛然间，一条间隔着的云路像天梯一样，从山谷底处升上山峰，还在升，还在升，已临近舷窗，对你产生无限的诱惑——跳出舷窗，拾阶而下，去寻找那云层下的太阳！但云路突然消逝，窗外又成了云的海，冰山矗立在云海中，神奇与奥妙使人忘记它的果敢与坚毅。

我稍稍闭上久久注目的眼睛，再睁开时，阳光已完全铺在山顶与云层上。可以想象，那深居云层下的一轮红日，已脱离了初升时的幼稚，变得老成持重。时光带走了她一夜的年华，赋予她沉稳的新生命。

我拉下舷窗的帘，把刺眼的光关在外面，接着便想到一个成语"坐井观天"。那舷窗不是比井口还要小得多吗？可是在不到两小时的时间里，我们竟能从这小小的方框中，看到了大自然昼夜交替的千姿百态！这一切不都是因为速度吗？运动的速度克服了时间的短暂，让广阔的空间，透过一个方孔，进入"观天"者的视野。那被缩短的光阴，既使人体味到浓缩生命的无比丰满，又把生命瞬息消逝的危机感注入人的心头。

人生当追求辽远，不然便去追寻速度！

雨天的书[1]

李　岫

　　英国 18 世纪的约翰·妥玛斯密曾写有一本《雨天的书》（*Book for a rainy day*），是说雨天看的书；我国新文学史上的散文重镇苦雨斋主也写有一本《雨天的书》，是记叙心里的雨天的。我写下这个题目，突然悟到和他们的题目重复了，但我却是写在雨天的一些杂感而已。

　　苦雨斋主人说过，有两种人喜欢雨天，一种是小孩子，他们喜欢水却不易得到，一旦下了雨便去"膛河"，自然快乐无比；二是虾蟆，雨后深夜静听，作金属音，很特别，仿佛狗叫，故古人称蛙鸣为吠。我既不是小孩子，也不是虾蟆，但我喜欢雨天。

　　日本多雨，在国内时看过一个电影叫《四岛陆沉》，当时想，作家真怪，怎么会想到日本四岛沉没呢，我从来没有想到中国大陆会沉下去，但到日本后，我感到脚下的土地随时会沉没，尤其在下雨的时候，好像已经在沉下去、沉下去……有一天大雨倾盆而下，雨脚强悍，天空大地一片白蒙蒙，对面倾斜的屋顶上雨水似瀑布般一层一层泻下。我想此刻的京都大概都罩在雨里了，便登上 12 层楼顶去看雨中的市廛：打开阳台西边的门，雨组成的网遮住了眼睛，什么也看不见，只听哗哗地下着，溯进来打湿了脚，打湿了衣衫，裹进来一团又湿又冷的气流，让人倒吸一口气；打开东边的门，放眼望去，只见天幕截然化分成东半球和西半球，西城沐浴在水中依稀可辨，北山黑沉沉，大字篝火的山和乌云连成一片，东城则呈现亮

---

　　① 　此文原收入王宁等主编、首都女教授联谊会编《繁花絮语》，北京邮电大学出版社 1997 年版，第 169—169 页。

色，只有细微到像水气一样的雨珠，像新娘面纱一样落地无声的毛毛雨。这太不公平了，我想。不久，从北山露出一条青带，像苍穹裂开一条缝，黑云都原地不动，白云开始从四周的山间飘出来，像扯棉花糖一样，变换着各种形状，飘向远方，令人想起"白云苍狗，人世沧桑"这句话。想当年李白悼念日本派往唐朝的遣唐使晁衡，写下了"明月不归沉碧海，白云愁色满苍梧"的诗句，也许是看到了同样的景色。西北方向的乌云仍然很浓很密，压在黛色的山上，仿佛压得远山喘不过气来。东北方向的云从那条裂开的天缝中疏散开来，稀释开来，像无数灵巧的缫丝姑娘的手抽出了茧丝，又将它撒在天上。又过了一会儿，只感到周围的云在蒸腾，在变幻无穷，撒开的在聚拢，在加厚，白云在飘忽不定，黑云终于镶上了金边，太阳出来了。雨停了。一道彩虹出现在西天，虹脚插在岚山墺里，虹头插在西天的云里，久久不散。我仿佛在一个浓缩的间隙里目睹了一场世界的变化，仿佛伫立在陆沉之后又飘出海面的岛上。

日本有一种晴天屐，是木屐的一种，又叫日和下驮，是专门在雨天穿的。普通木屐两齿幅宽，用一木雕成，而晴天屐的齿是用竹片嵌上去的，趾前有覆，便于践泥水。晴天屐是穿在雨天而希望晴天的一种木屐罢了。七十多年前，作家永井荷风写过一本随笔，书名就叫《日和下驮》，是写他自己跐着这种晴天屐在东京市内散步的记事，记述了东京的树、淫祠、地图、寺、水附渡船、露地、闲地、崖、坂、夕阳等，从那些平凡的街道、裁缝店、点心店、灯笼店、地藏、油豆腐的市井风俗中揭示了一种专制时代的悲哀与疲劳，一种无告的色彩之美。可惜现在的日本人很少穿这种晴天屐了。偶然一次在一种旧货集市"巴扎"上，我买到一双这种晴天屐，仅 300 日元，很是喜欢，决定带回国，作为日本鞋文化的一个纪念。

雨天的时候，街上的行人张开了五颜六色的伞，在雾蒙蒙的天幕下犹如绽开了姹紫嫣红的花朵，给被雨声淹没了其他声音的城市增添了盎然生机。人们告诉我，虽然折叠伞风靡世界，又携带方便，但京都人是拿长把伞的。拿长把伞的准是京都人。京都多雨，雨季里进进出出折叠来折叠去很是麻烦，不如长把伞方便。男士们拿着伞骨壮实的长伞，下雨时打开，雨停了用作 Stick，再有一个皮包，这便是上班族的全部装束。女士们的伞种类繁多，色彩鲜艳，伞把有球形的、弯月形的、钩形的、带穗的、木制的、塑料的、有机玻璃的，与伞翼的色彩相谐调，是很讲究的。学生们骑自行车来上课，有一种伞是扣在自行车把上的，扣好后张开伞，骑车人好像坐在一顶硕大的蘑菇下，飞快地穿行在狭窄的道路旁。有一次我在雨伞的专柜上看见一支很大的铅笔，心想卖伞的地方为什么用铅笔做广告呢？好奇心驱使我拿来看看，原来大铅笔是一把伞，已经削好的，笔尖是伞把头，折好的伞架藏在笔杆里。当然，娇小的折叠伞也是有的，但那是旱伞。

头一回在雨天去超级市场买东西，进门后只见旁边架子上挂着一个个长条的塑料袋，人们自由拿取，把伞套进袋里，然后进市场购物。我也模仿着这样做，待买了些东西后再看手中的塑料袋和雨伞，伞上流下来的雨水已在袋的底部积存了不少，大家都这样做，偌大个市场保持着光滑整洁的地面。人们出去时，把塑料袋扯下扔在门口的箱子里，打开伞走到街上去。小商店顾客少，常常设置圆形的、方形的伞架，顾客把伞放在伞架里，雨水流在伞架的底盘上，购物出来再拿了伞走。在一些会馆、公园的门口常常有阶梯形的伞架，每个放伞的地方都有环形的锁，把伞插进去，正好卡住伞脖子，可以锁起来，但很少有人去锁它，倒是常常有人遗忘了它，让它长时间地卡在那里。我所住的公寓楼高12层，是一座环形的楼，走廊在楼的内侧，每当晴天的时候，家家户户把雨伞倒挂在走廊的栏杆上晒干，色彩缤纷的雨伞一律头朝下，好像一夜春风吹开了满山遍野的吊金钟。

岛国的雨是太多了。下雨对日本人来说司空见惯，该干什么照常干什么，丝毫不会因为雨而耽误工作。汽车、电车在雨中准点运行；TAXI在雨中输送着乘客、自动开启着车门；"黑猫宅急便"在雨中急驶，车上的货物不论刮风下雨都需定时送到；邮局每天准时送来邮件，邮差的摩托车和邮包都有特殊而方便的防雨设施；脚手架上的建筑工人在雨天中照常操作，电焊火花透过雨丝发出蓝色的迷茫的光；露天里的汽车展销会在放着音乐，虽然彩旗被雨淋湿了再也飘不起来；一脸严肃的警察们穿上雨衣和雨裤在指挥行人，越是小胡同的警察越是认真得一丝不苟……只有棒球比赛的预告上总有一句"遇雨延期"的话。

在一个樱花即将盛开的雨天，我得到了有朋自远方来的信息。我的朋友是一位成就卓著的科学家，他自台北而香港而大阪，最后到汉城去。大阪空港的风雨特别大，我的伞立即被吹成一朵倒喇叭花。航班预告 19 点降落，幸亏我早到了半个小时，预告牌在翻转：飞机提前 20 分钟降落，看看表已是六点半，还有十分钟，几十年不曾相见的老朋友就要在异国重逢，而今的我们都已两鬓霜白，还能不能认出来呢？预告牌在翻转：飞机推迟半小时降落，因为上空的风雨。我稍稍平静一下自己，耐下心来等待。预告牌在翻转：飞机 19 点 10 分降落，又提前 20 分钟，于是等候的人群又向前挪动一步，引颈注视关着的门。看来风雨中的飞机降下来又提上去，为了躲避气流。空港外的雨在淅淅沥沥下个不停，预告牌在翻转：因风雨着陆地点变更东京。我身旁的一个漂亮女人突然说道："我从东京到大阪来接人，不想一阵风把飞机又吹到东京去了，这可怎么好?!"原来她是中国人，我的同胞。在雨中我懊丧地返回京都，仿佛不是去接人，而是送走了一个朋友，仅剩下我自己。

第二天仍然下着雨，终于见到了久别的友人。我们努力发掘着对方儿时的一切，感慨着，失去的永不再来。步出空港，在莹池驿，光顾了说话，上错了去北千里的电车，正好是相反的方向。往回坐了一站，一列特急车呼啸而过。我们两人一个被拦在车轨以北，一个被拦在以南，这列特急车是这样慢又这样长呵。雨下着，下着，待到车过去，我的朋友说："这下可有文章写了！"然而我们都感到此时的雨像上帝撒下的银钱，像皇冠上滚下的珍珠，它们是上天和大地的信使，传递着心的消息，它们是海的女儿，从大海蒸腾升华又时时返回娘家探亲，我们高兴得像雨天的小孩子，高兴得像雨天的虾蟆。

母语之恋[①]

曾 恬

这是美国的丹佛市。在即将起飞的飞机上。

一句中国话听不到，一个中国面孔看不到，统共才六七个小时（从旧金山起飞到达丹佛），对我却长似百年。煎熬，真是一种煎熬！我愿以极多的代价换来一分钟用中国话对话的机会。

感谢上帝！瞧，机舱里走进了一位龙的传人——女性。凭她的身段、皮肤、头发、五官乃至神态，我断定她不是日本人，不是朝鲜人，不是越南人，也不是……她绝绝对对是与我同种同族的龙的传人。我一向有很灵的直觉。于是我胸膛里那个重要的器官亢奋起来，蹬蹬蹬蹬跳出了响儿，全身的血也顿时加速流淌起来。我不知道我的面部表情控制得是否成功，反正心头是欣喜若狂。我立即打定主意要在她走近我身旁时向她问声好——当然是用汉语了。万一她用英语……那就算了！就厚一次脸皮吧，反正掉不了一块肉。绝不能失去这一宝贵的机会。

这安排真是太美妙了：她的座位就在我前一排。她看了一眼座位上的号码，便将手里抱着的小女孩先放到座位上，然后放好她的东西便坐下了。整个的过程没朝我看一眼。我一直准备着问好的话也因为她眼皮都不抬一抬而憋在嘴里。那小女孩约有三岁，一头卷曲的头发，深陷的眼窝，隆起的鼻子，典型的混血儿。是她的女儿吗？谁知道，那小家伙在座位上跳上跳下一刻不停。她的母亲（？）说了她几句，听不清，是英语？是汉

---

① 此文原收入王宁等主编、首都女教授联谊会编《繁花絮语》，北京邮电大学出版社 1998年版，第 147—151 页。

语？天呐，急死我了。我是一直望着她微笑并作马上开口问好之状的。全白搭。可我不甘心。是这位太太不善交际、易羞涩吧？于是我便向那伸过头来的小女孩微笑、做鬼脸，以期寻机会和那位太太搭上话，但还是不灵，那太太连头也不回。她在小女孩跳得太高时双手把她抱起来，按在座位上，喝斥她。小女孩仍要爬起来，那太太的声音略略提高了一些，能听出她说的是英语。完蛋了！我失去了唯一的一个可能与我谈话的对象。那女士从提包中取出一本英文书读起来。她那始终不向我瞥一眼的冷冷的眼神，那埋头读书的架势，都在向我宣布一句话："我不能跟你说话。"她是不愿说？还是根本不能说——不会汉语？

我的左边坐上了一位大胖子老外，更不必幻想谈话了。一个鼓鼓胀胀的气球撒了气，这就是彼时彼刻的我。可我毕竟比气球复杂。撒了气，凄凄然，惶惶然，却还必须硬装得若无其事，必须正襟危坐，面色平静。当机舱内的冷气袭击太厉害时，我还得从大脑里搜集出突击学来的英语单词。我对空中小姐用可能是极蹩脚的英语说："我很冷，请给我帮助！"小姐给了我一条小毛毯。我为自己这一点点可怜的英语尴尬，又为这点可怜的英语庆幸。我毕竟解决了冷的问题。凭我出国前突击学的那点英语，洋人的交谈以及候机室扩音器里的播音，要想听得懂，那可实在是墙上挂帘子——没门儿。

机舱里已座无虚席了，我再也没有发现另一个黄皮肤黑头发。从丹佛到达我的儿子接我的地方——皮达腊皮兹机场，大约也得六七个小时吧，我只好继续做聋哑人了。

想起从北京到旧金山的那一路上，是多么幸福。我的左右两边的旅伴都是中国留学生。我们一路聊天，愉快之极。在旧金山我就同我的两个旅伴分别了。我得转机到丹佛，再到皮达腊皮兹。再没有一次说中国话的机会了。我憋得一肚子火，一腔的怨。在丹佛的候机室里，我因憋得太受不了啦，就想出一个听"中国话"的绝招儿：用双手捂住双耳，使周围的谈话声和广播声发生变化，变成一种非常像中国话的声音。这办法还真灵。只要一把耳朵捂起来，就能听到许多不连贯的或半连贯的中国话。比如有这些："坏了坏了甭过来甭过来"，"一筐四十斤……听见听见……"全都是味儿很足的老北京腔。有一次我听得忍不住笑起来，因为有一句这样的话："嘿嘿嘿马大哈！"我时刻幻想着出现这样的奇迹：当我把手从耳朵上拿开以后，我听到的是一片真实生动的北京胡同里的聊天声。

在皮达腊皮兹机场，儿子先看见我，喊了我一声妈妈。我没流眼泪，更没晕倒。我向他脱口而出的竟然是这么一句话：

你怎么连个长袖衣裳也没穿，不冷啊？

因为我一直在有空调的机舱或候机室待着，忘记了外面的炎热天气。

儿子也像上午还跟我在一起一样，完全没有电影里亲人久别久逢时那种激动的样子，随口回答道：

冷？好吧，呆会儿叫您尝尝热到什么份儿。

谁会相信，这普通得不能再普通的对话，竟好像是让我等了一百年，又成为我今生今世最感熨贴舒服的两句话。我的心拥抱了儿子。我的心流出了甜酸苦辣咸五味俱全的泪，流了又流，十分舒畅。

半年后我探亲结束回到了北京的家。

从前我乘车时讨厌别人叽叽哇哇地聊天。如今只要听到聊天的声音我就感到惬意。无论是娓娓的交谈或者是高声的笑闹，我都听得兴味盎然。因为龙的传人在我身边，在我四周。

我是头一遭出国，要问我最深的体会是什么，我会毫不犹豫地回答：母语所具有的极大极大的魅力，是我逛一趟美利坚之前绝对不可能体会到的。

留学荷兰①

黄海洋

  刚到荷兰，最初的印象就是环境干净，交通方便，生活舒适。荷兰人的生活真悠闲，路边的太阳伞下，市区的咖啡店里常坐满闲聊、晒太阳、喝咖啡的人；在宽阔的公园里，如画的林荫道上常见与狗为伴的遛狗者；周末各式各样的汽车载着各家大小到山上，海边度假；有人说，过于优裕的生活使欧洲失去了竞争的活力，也有人说欧洲社会的福利制度养了一批懒汉，但这些表面印象和片面的评论并非反映了欧洲的全部。

  在荷兰，当我走进大学的办公室、图书馆、参加各种研究活动时，就感到一种很浓的竞争和挑战的气氛。不少教授、研究人员都是在办公室里、计算机旁吃午饭的，尽管楼下就有一个餐厅；各系所每周都有许多讨论班、学术报告会，信息交流、科研进展相当快。我的指导教授一学期担任两门基础课的教学任务，指导着六七位博士生和博士后的研究工作，同时在大学和一些科研组织中负责一定的社会工作。因此他非常忙。我与他讨论问题总要事先约定时间，常常见他刚结束上一个讨论，来不及喝口水，就开始与我讨论。他自己的许多研究工作是在周末完成的。他还利用上、下班乘火车的时间审稿、备课。看他那么忙，我开玩笑说，在这里当教授不容易，他笑道，确切地说是当活着的教授不容易。在节假日里，他也与家人外出度假。他告诉我，度假计划有时是不确定的，为的是等 last minute，可以买到最便宜的飞机票，有时难免运气不佳。但他说，他喜欢

  ① 此文原收入王宁等主编、首都女教授联谊会编《繁花絮语》，北京邮电大学出版社 1997 年版，第 195—199 页。

这种尝试，喜欢各种挑战。即使是一次普通的度假，他也寻求一种成功的喜悦。在欧洲你能遇到不少这样充满活力的科研工作者。不论是在工作还是在生活中、他们总在孜孜不倦地追求，追求更新更美的境地，他们总在不断地提出或迎接各种挑战，以获取最大的成功感。他们从不满足已获得的研究成果。总是以批判的眼光批判自己过去的工作，不时地提出新的设想，不断地建立新的理论。他们是欧洲人中一个独特的群体，不屑于平庸单调的工作，不仅仅满足于舒适安逸的生活，以自己的聪明才智，锲而不舍的努力，不停地创造着科学技术的奇迹，推动着欧洲的文明，造福于人类。

　　或许是中国几百年来贫穷落后，受列强欺辱，战争动乱的历史，或许是中国几千年来封建的小农经济传统，使得中国人的对富裕、舒适、安稳的日子梦寐以求，小康生活很容易使刚刚摆脱贫困的人感到满足，挣钱不少、轻松安稳的工作自然成为许多人追求的目标。近十几年改革开放的政策确实大大改变了中国人的生活，但与发达国家相比，中国还是一穷二白，从荷兰阿姆斯特丹国际机场到我国北京国际机场，仅把这两个机场的规模，现代化设施相比，就使我别有一番苦涩在心头。在如今竞争激烈的高科技时代，下一世纪我国从小康水平向发达国家的水平的迈进将是一个更加艰难地旅途，需要几代人不懈的努力，尤其需要一大批不贪图舒适、不畏艰苦、献身科学的人。天上不会掉馅饼，别人不会把最先进的科学技术白白送上门，只有靠我们中国人自己的努力，在工农业、商贸金融和科学技术等各方面真正走在世界的前面，中国才有可能进入发达国家的行列。

　　这次在荷兰，每回参加学术讨论会我都遇到不少女性。尽管现在欧洲女性当物理教授或数学教授还是很少有的事，但与几年前相比，某些情况正在发生变化。在一次生物数学的暑期研讨班上，我惊讶地发现，全部的二十几位博士生都是女性，引起这个变化的原因有很多，但不可否认，现在高科技的发展确实为女性提供了更多施展他们才华的机遇，同时也给她们的就业带来更严峻的挑战。在与这些年轻女博士生的交往中，我深深地感到她们的乐观、自信、坚强。她们在工作时的勤奋刻苦，使人难以相信她们是在富裕的生活环境中长大的无忧无虑的一代。她们的自立自强是从小培养起来的。在荷兰,青年人一般在高中毕业后就离家独立生活,靠银行货款、政府补助读完大学,然后寻找工作、读博士学位能得到一笔不多的助学金,女博士生们为了选择她们所喜欢的科学研究工作,宁可收入少些,她们追求事业上的成功胜于追求生活上的安乐。但她们也不是苦行僧,她们是生活中的强者,工作时全身心地投入,度假时尽情地享受。她们充满了青春活力,与我们中国的现代女大学生有许多共同的特点。不少荷兰学生看过中国影片《大红灯笼高高挂》,看过描述三代中国女性经历的英文小说《翔》,他们对中国妇女过去的处境赶到非常的惊讶,而我们对过去的那段历史则是很熟悉的。由于封建的传统观念:女子无才便是德。也由于经济贫穷的原因,在我们的上一代中有许多妇女没有得到受教育的机会,如我的父亲大学毕业,而我的姑姑一字不识。在这短短的几十年中,中国社会发生了巨大的变迁,中国的女性经历了跨越时代的变化。特别是近十几年来我国经济的飞速发展同样为女性进入现代工农业、商贸金融、教育科技领域提供了越来越多的机遇,也带来了越来越激烈的竞争,要想在竞争中取胜,每个女性都应该根据自己的特长,抓住机遇,不要过多地考虑工资待遇,不要过分地强调性别差异,敢想敢干,选择自己所喜爱的职业,追求生活上和事业上的成功。相信我们的努力一定会使祖国在下一世纪中腾飞,相信我们的奋斗一定会为我们带来一个崭新的美好生活。

欧洲五国考察记

马捷莎

改革开放后，西方资产阶级意识形态不可避免地侵入我国高校，并对我国高校占主流地位的意识形态产生冲击。因此，在我国高校维护社会主义意识形态，反对西化和分化的任务十分艰巨，政治理论课和大学生品德修养课（即"两课"）面临的挑战越来越严峻。然而长期以来，"两课"教师缺乏对外交流的机会，缺乏对资本主义社会政治、经济和文化的感性认识。因此在教学中往往缺少生动鲜活的实例，在一定程度上影响了"两课"的教学实效。为了开阔教师的眼界，增加教师对资本主义社会的了解，促进高校"两课"的教学改革，增强教育的实效性，北京师范大学法政所组织了此次"两课"教师赴俄罗斯和北欧四国的考察活动。考察团共考察了俄罗斯、芬兰、瑞典、挪威和丹麦五国。由于俄罗斯的前身（苏联）也是社会主义的国家，并在 20 世纪末进行了剧烈的社会改革，其改革的经验教训对我国具有借鉴的意义，因此，我们着重对俄罗斯进行了考察。短短 12 天，行程万里，只是走马观花、浮光掠影。但仍使我们眼界大开，受益匪浅，获得了宝贵的感性认识，进一步加深了对一些理论问题的理解，这将有助于提高我们的教学和研究工作。

一 感受俄罗斯的历史与现实

俄罗斯是我们走访的第一个国家，也是我们主要了解的对象。从 8 月 6 日至 10 日，我们在莫斯科和圣彼得堡停留了 5 天。其间，我们会见了中国驻俄罗斯使馆教育处参赞裴玉芳女士，她在百忙之中抽出时间接待我们，向我们介绍了俄罗斯教育现状，并热情回答我们的问题。此外，我们还与驰名世界的高等学府——莫斯科大学哲学系的教授举行了座谈会，双方进行了友好亲切的交流。通过座谈，我们进一步了解了俄罗斯高校的意识形态状况，加深了对俄罗斯社会政治、经济和文化的了解。莫斯科大学哲学系的教授中断休假，给予我们热情的接待，使我们十分感动。在俄罗斯，我们还参观了红场、克林姆林城堡、皇家博物馆、教堂、纪念塔，并拜谒了列宁墓，瞻仰了列宁遗容。

俄罗斯对我们是既熟悉又陌生的。陌生，是因为我们都是初次来到这里。熟悉，则在于我们对它有着不少间接的了解。举世闻名的俄罗斯文学艺术大师及其作品，早已为中国人民所耳熟能详。更主要的是，俄罗斯同我们国家有着太多的联系，它是十月革命的发源地、列宁主义的故乡。"十月革命一声炮响，给我们送来了马克思列宁主义"，毛泽东同志对中国共产党重要思想来源的经典总结，充分说明俄国曾对我国起过重要的榜样作用。但是当我们亲身站在停泊在涅瓦河上的"阿芙乐尔"号巡洋舰上，遥望十月革命所攻打过的冬宫时，我们对这一经典总结和俄国革命与中国革命渊源的理解，就不再仅仅是理论上的，而且具有了强烈的感性体验。

社会主义制度是俄国人首创的，它曾经是许多国家包括我国的社会主义建设的模式。虽然历史已证明，这种模式存在着严重的弊端与缺陷。但是，历史也已证明，它曾经对世界产生过巨大的推动作用。强大的苏联有过自己的辉煌，发挥过决定世界命运的力量。我们以前在书本上读到过，在电影中看到过。然而，当我们走在莫斯科和彼得堡的大街上，亲历它的城堡、博物馆、纪念碑、教堂、地铁、大学和各种雕塑时，仍为它们恢弘气势所显示的力量所震撼。那些庄严高大的建筑，栩栩如生、富于想象的雕塑，以无声的语言昭示着昔日苏联的强大，显示出俄罗斯人不同凡响的智慧，以及这个国家深厚的历史积淀、文化底蕴和艺术魅力。

然而，俄罗斯的辉煌给人以昨日黄花之感。许多宏伟的建筑墙体已经斑驳，郊区的别墅已陈旧破败，像北京长安街和上海浦东那样的现代化建筑未得所见。大街上川流不息的汽车，许多仍是早已破旧落伍的苏联时期的拉达和伏尔加。莫斯科人引为自豪的地铁，的确是座名副其实的地下宫殿，但其地铁车厢却像古董般老旧。莫斯科大学这所具有 200 多年历史的著名大学，在 20 世纪 50 年代达到其辉煌的顶峰。那座 1953 年建成的，在莫斯科任何地方都可以看见的巨大的尖顶主楼，至今仍是莫斯科的标志性建筑之一。走进主楼，犹如进入了一座由大理石、雕塑和水银吊灯构成的宫殿。这座伟大建筑展现了昔日苏联的强盛和对教育与人才培养的重视，一些诺贝尔奖获得者、许多科学家和学者包括我国一些科学家和学者，都是从这座学府走出来的。然而，它也显现了凋零之相。文科大楼的墙皮已部分脱落，空场上蓬勃生长着蒿草，喷水池久已干涸，管子上生着厚厚的铁锈。这里的教授月薪只有 100 美元左右，为了维持生活，常常要兼几份工作。

当然，俄罗斯的现实与未来决非是悲观的，我们也看到了它的复苏景象。多处搭起的脚手架，正在建设中的新式商城，日渐丰富的商品供应，比我们了解到的经济数字更有说服力的表明，俄罗斯已经渡过了最困难的时期，开始了新的历程。俄罗斯是一个伟大的民族，一个曾经打败过强大的瑞典王国，战胜了骁勇的拿破仑，消灭了不可一世的希特勒的民族，一个有着辉煌历史而又不甘沉沦的民族，必定会有一个充满希望的未来，只是它还要走过一段漫长的道路。我们为俄罗斯人民祝福。

二　与北欧四国的参照对比

如果说俄罗斯使我们更多产生纵向的反思的话，那么，在北欧四国，我们则是自觉与不自觉的进行着中国与它们的横向比较。俄罗斯的曲折使我们对自己的国家感到自豪和充满信心，而北欧四国的现况却让我们认识到差距，具有了更强的发奋追赶的迫切感。

芬兰、瑞典、挪威和丹麦四个国家，虽然均属发达国家，但由于它们国小、人少（四个国家总人口才两千多万），无论在历史上还是在当前国际政治与经济中，都没有西欧和美国那样的影响和地位。因此，我们以往对它们的了解是有限的。加上时间仓促，就使我们更难于有较为细致的观察与了解，也难于得出比较深入的结论。但就我们的初步观察与了解来看，也使我们对中国与发达国家的差距有了切身的感受，对中国在 21 世纪中叶达到中等发达国家水平的艰巨性有了清醒的认识。

北欧四国呈现了富裕发达的景象，人均国民收入都在两万美元以上，而挪威则达到三万美元以上。它们的资源十分丰富，森林、石油、天然气和海洋资源，都很充裕。先天优厚的自然条件加上发达的技术，奠定了雄厚的物质基础。我们在那里看到了优美而别致的住宅，各种品牌的高级汽车，以及停泊在海湾中的为三分之一家庭所拥有的私人游艇。这些看似表面的东西，却比抽象的数字对我们更有说服力。过去，我们对邓小平同志提出的要把人民生活水平的提高作为经济发展的重要指标，重视人均国民生产总值的增长，以及中国要到21世纪中叶才能达到中等发达国家水平的观点和预见，虽然也能理解和接受，但亲眼目睹这种差距，才更深刻地体会到了它的科学性和准确性。

北欧四国环境优美，人们生活在绿色中，享受着绿色的洗礼。从瑞典的斯德哥尔摩到挪威的奥斯陆，我们坐了近8个小时汽车。沿途都是广袤的森林、大片的绿地、宁静的湖泊和蓝天白云。就是城市，除了楼房密集之处，也是大片的绿地和不知生长了几十年几百年的大树。绿化给人们带来了太多的好处，它不仅使环境优美，而且还净化着空气。在那里，空气沁人心脾，就连马路旁的植物枝叶上都纤尘不染，所有的玻璃都干净得像没有一样。

北欧四国的发达固然同其优越的自然条件和先进的技术有着直接的关系，但更重要的是人的素质普遍较高。这种较高的素质既表现为高度的文化水平，也表现在良好的职业道德与公共道德上。我们看到这里的人们都在自觉的遵守交通规则，注意维护公共秩序，一切井然有序，环境干净清新。良好的素质来源于许多方面，但有两点引起我们的注意：一个是教育。北欧四国都是高福利的国家，它们不仅在失业救济、医疗保障等方面为人们提供了充分的保障，而且实行了从小学到大学的免费教育，这是其中最重要的条件。另一个是宗教。在所到的几个国家里，教堂比比皆是。这些集建筑、艺术和音乐于一体的教堂，是宗教活动的场所，对国民发挥着净化灵魂和规范行为的作用。

行色匆匆，使我们无法全面观察这些国家的情况，特别是它们的消极方面。但根据初步了解，我们得知两个突出问题，一个是社会保障制度过于优厚所带来的负面作用。比如：失业者可以从政府那里得到免费的衣食住的供应，而工作者的纳税又过重，这极易造成一些人的懒惰和纳税人的不满，同时政府也背上了沉重的财政包袱。另一个是，由于生活优遇又缺乏奋斗目标，一些人生活空虚精神萎靡，吸毒现象日益蔓延，自杀率在全欧洲是最高的。这是资本主义制度所必然存在的问题，我们在发展社会主义市场经济的同时也要对此保持警惕。

三　反思与感悟

首先，我国的改革开放是成功的。为什么俄罗斯这个曾经是世界第二超级大国国家会衰退？原因是复杂的，但至少有两个比较突出的原因。一个原因是在苏联后期经济就已经开始停滞。为了与美国争霸世界，长期发展军事工业，忽视发展轻工业。高度集中的计划体制，又使经济发展失去活力和效率。僵化的体制、片面发展重工业和国防工业的建设路线、充满弊端的政策以及争霸世界的追求，都是构成苏联解体和俄罗斯衰弱的重要原因。

第二个原因，是苏联改革的失误。十几年的动荡，使其失去了发展的时间和机遇。苏联解体以后，社会的剧烈动荡带给俄罗斯深重的创伤，使这个昔日的巨人步履沉重。俄罗斯人民对其国家的改革有许多的不满，这些都表明，俄罗斯所进行的"改旗易帜"的改革是不成功的。

在俄罗斯期间，我们经常进行的思想活动，除了反思它的历史与现实，就是对比中俄两国。每当这时，我们总是对中国的改革开放及其所取得的巨大进步感到由衷的自豪。正是由于有邓小平建设有中国特色的社会主义的理论的指导，使我国始终坚持了"以经济建设为中心，坚持改革开放，坚持四项基本原则"的基本路线，改革始终是在安定团结的政治局面下循序渐进地进行的，改革和发展并进，人民生活得到普遍改善，中华民族从来没有像今天这样充满生机和活力，从来没有像今天这样得到世界的重视和尊重。当前，中国尽管存在诸多问题，但所走的道路无疑是正确而成功的。可以试想，当年苏联的经济和文化水平远远高于我们中国，但因为十几年的折腾，都使人民的生活水平和综合国力大大下降。以中国那么薄弱的经济基础，又在是经历了"文化大革命"的创伤之后，如果不坚持社会主义道路，没有政治和社会的稳定，不开拓创新，就不可能有今天中国的发展和国际地位。

苏联的解体和俄罗斯的变革，一向是我们教学和研究的重要内容。但以前都是根据资料，从学理上进行的，缺乏感性认识。现在，当我们直接目睹俄罗斯的历史与现实时，对它的理解极大的加深了。

其次，我们必须坚持自己的民族精神和主流意识形态。苏联解体以后，俄罗斯的意识形态表现为多元化。在这里，依然可以看到马克思恩格斯列宁斯大林的塑像，建筑上的苏联国旗以及 CCCP（苏联的缩写），人们依然排着长队，井然有序地拜谒列宁墓。从总统到平民对苏联依然有感情，比如普京说过，谁对苏联解体不难过，谁就是没有心肝，谁要是想回到过去的苏联谁就是愚蠢。而我们的导游柯利亚也说，我喜欢苏联，但不喜欢原来的苏联。然而苏联毕竟已成历史，克林姆林宫上的国旗和总统府上的总统旗在告诉着我们这点。在与莫斯科大学的教师座谈时，他们也明确说，信仰是自己的事情，但是不能在大学里宣传党派的主张，马克思主义可以讲，但只是作为学说来研究。在俄罗斯的大学，各种意识形态都允许存在，允许研究。北欧各国也是各种意识形态并存，并不存在一个统一的主导思想。比如，在瑞典的大街上，可以看到有人穿着印有毛泽东像的体恤衫，也可以看到列宁和格瓦拉的画像。

在我国，强调以马克思主义、毛泽东思想、邓小平理论为指导思想。这种差异主要是由于东西方文化和社会制度不同造成的。在西方，宗教是人们的思想道德准则，规范着人们的行为。在俄罗斯和北欧各国，人们普遍信仰宗教。例如，俄罗斯 90% 以上的人信奉东正教，而北欧各国的人们则主要信奉基督教的路德宗。这种共同的宗教信仰实际上为人们确定了一个共同的思想道德准则。而各种党派的不同主张，各种不同的主义，仅表现了人们不同的政治立场。中国是一个社会主义国家，必须以马克思主义为指导思想，继承中国优秀传统文化，凝聚中华民族的精神，推动中国先进生产力和先进文化的发展，体现最广大人民的根本利益，以实现我们民族的伟大复兴。

为此，我们要尊重历史，崇尚文化，注重教育，提高国民素质。在俄罗斯和北欧考察期间，我们有一个强烈的感觉，就是那里的人们对历史和文化的尊重。在俄罗斯和北欧，街头雕塑以历史伟人和文学艺术家为多。

在俄罗斯，既有马克思恩格斯列宁斯大林的塑像，也有彼德大帝的塑像，人们并不因为时代的变迁而刻意改变历史留下的东西。在俄罗斯，只要是对俄罗斯人民有过贡献的英雄，不论其生长于何种年代，也不问其政治立场，都受到人们的尊重。在北欧，人们并不讳言它们的国家是通过海盗掠夺而建立和发展起来的。北欧四国的海盗有四条海上路线，经过百年掠夺而发家致富。现在挪威有 5 百万人口，其中有 95％是海盗的后裔。为此，他们特别建立了海盗博物馆。对自己的丑恶历史不假掩饰，在一定程度上反映了西方人求真务实的精神。不论是俄罗斯还是北欧，各国都普遍重视教育。俄罗斯文盲率仅有 0.2％，是一个几乎没有文盲的国家。俄罗斯人酷爱读书，就连坐地铁都专心致至的读书。北欧各国从小学到大学都实行免费教育。因此，这些国家的公民素质普遍较高。人的素质包括文化素质和道德素质。中国是一个发展中国家，要想赶上发达国家，必须在人才的培养和人民道德水平的提高方面作出更大的努力。发达国家在教育方面的先进经验，我们必须学习。至于道德水平的提高，我们是社会主义国家，又是有着五千年文明史的国家，适合国情的社会制度和优秀的文化遗产，为我们的道德建设提供了正确的方向和深厚的基础。但我们也认识到，中国正处在转型期，随着经济、政治和文化的变革，社会道德的内容和情况也随之发生变化，我们仍然面临一个建设的问题。进入 21 世纪，国际竞争日趋激烈，竞争的焦点是人才的竞争，是全民素质的竞争。21 世纪，我国将实现社会主义现代化和中华民族的伟大复兴，对劳动者素质和人才结构的要求必将发生重大的变化，教育担负着重要的历史使命。因此，我国政府应加速教育事业的发展，全面提高国民素质，缩短与西方先进国家人力资源素质的差距。

我们要坚定信念，振兴中华。我们不能妄自菲薄，我们有自己的特殊优势。我们有先进的理论指导，有优越的社会制度，有勤劳智慧的人民，有改革开放后迅速积累起来的物质基础，有对先发国家经验教训的借鉴，我们可以少走弯路。作为欣欣向荣、蓬勃发展的大国，我们的综合国力要比那些发达的小国强大得多，国际地位要高得多。我们有责任把自己的国家建设好，这是生我们养我们的土地，我们有一千个一万个理由热爱她、建设她。

12 天的出行结束了。俄罗斯和北欧秀丽的风光、优美的环境以及人们的敬业精神都给我们留下了美好的记忆。时间虽短暂,但当我们回顾这段经历,总结所得体会时,却感到收获颇丰。它并不体现在深刻和系统的理论上,而表现为活生生的感性印象。它使我们的眼界更开阔了,对已有理论的理解更加完整和充实。

巴黎公社的红色记忆

董晓萍

　　近年来，我曾数度进出全球化大本营的美国等发达国家，也到了以历史遗产保护闻名的法国。我经常带着书稿飞行，在别人的文化刺激中，成了我自己书稿的第一个读者。我读自己身上的中国细胞，也读自己心情的多元化。而站在发达国家和发展中国家之间，可比性很多，中法之间尤其如此。从农村史到城市史，从封建史到大革命史，从宗教史到文学艺术史等，有许多声誉可以共享，有大量遗产可以对比，有很多名流巨著可以互译交流。我还有不少机会"泡"进法国人的生活，反观中国人的生活传统，把守理性，也不失掉激情。虽然这些东西还算不上什么课题，却可以给全球化和民俗化带来的复杂体验充任注脚。它们曾让我心跳，让我发现别人在全球化的"沙尘暴"中怎样站脚。参观法国的巴黎公社就是这类收获。

　　巴黎有三大公墓，拉雪兹神甫公墓其中之一，也是最大的一座。中国人的一段红色记忆巴黎公社墙就藏在这里。

　　拉雪兹神甫公墓的墓区密路交叉，碑雕林立，各个岔道口都有木牌路线图，但要想找到一个指定的墓地非常不容易。中国人都想找在中国影响很大的法国名人墓，要费九牛二虎之力。我们从南口进入，向左，向上，见纪念碑，由两个纪念堂加一个纪念柱组成。在纪念碑的南部，是音乐家萧邦之墓。萧邦墓的东头，是喜剧家莫里哀之墓，与莫里哀墓相邻的，是作家都德之墓，都德墓的南边是雨果墓，巴尔扎克的墓则位于北门一侧，与作曲家比才的墓相邻。这些人的名字在中国的中学和大学课本里都有，名声高高在上，但是到了这里才发现，他们在这个人类灵魂的大殿堂里只是少数人,他们身后与数以万计的政治家、军事家、科学家、思想家、文学艺术家、传教士和普通平民长眠在一起,地位都是平等的。正如这座公墓门上神甫的箴言所说:"谁相信我,谁就能获得永生"。以后,扫除名人特权的观念就像一阵风,一直在身后推着我。

由萧邦墓向前走,到东南角的墙壁前,我看到了我的既定目的地——巴黎公社社员墙。中国书上写过,这里是巴黎公社时期最后157名社员被枪杀的地方,也被称为"公社社员墙"。巴黎公社革命发生在中国的清道光年间,但影响了整个中国20世纪的历史,这是其他清代事件所不能比拟的,更是法国人所想不到的。在20世纪的中国红色记忆中,其实有两种进口的红色记忆,一种是俄国的红色记忆,另一种是法国的红色记忆,两者之间的联系就是巴黎公社。这个信仰曾被中国的社会主义革命前辈所秉承。他们当年少小离家,投身暴力革命和阶级斗争,就是从这个信仰中找到了巨大的动力。我注意到,法国人对巴黎公社墙的表述如下:"1837年5月21日和28日,一批共产党员在这里被杀害"。这是一部只有两天的历史,这是一份平静的记录,当战争岁月过去,和平年代到来的时候,血的记忆也已经长眠。

现在的巴黎公社墙是被精心修饰过的,从整个公墓看,这里是鲜花最多的地方,公墓人员管理了解不断有人前来吊唁,就在墙边种满绿草,种植了花坛,还在纪念碑前面摆放了一大束鲜花。这段墙的周围有许多左派人物的墓,还有一个叫卡尔·马克思的家族墓,不知是不是那位让巴黎公社名扬世界的马克思。我站在这里浮想,想到中共党史的思想从这里起源,想到我的前辈、我的导师和大批中国志士仁人为实现这个理想奉献了一生。他们始终都没有机会前来,如今却是我来了。我能想象,这座被他们用一生的忠诚和奋斗朝拜的圣地,在他们的心中,要比我现在看到的更加辉煌、更加神奇和更加伟大。这就是传说的力量,一个共产主义理想的传说的力量。革命学说的出口的力量之大,有时大过武器和暴力。

从巴黎公社墙离开,我顺路向前走,又参观了其他许多墓地,有法兰西共和国的缔造者、法兰西学院资深院士、法国艺术家、科学发明家等。他们都不是中国书上提到的伟人,却是法国人或其他国家的游客驻足凝视的人。我在他们沉思的时刻,开始了我的新的思考,我拍下了他们的镜头，以补充我的知识。

看多了，我也有另外的感想。与中国公墓相比，法国的公墓更像一部历史书，固然里面有巴黎公社，但也有巴黎公社之前的法国社会人物，按中国时间换算，可历数至宋、元、明、清，各墓区之间的衔接时间超过几百年，大批在欧亚各国颠沛流离的古代传教士，在法国大革命中叱咤风云的人物，在一战、二战中的捐躯者和现代社会的故去者，也都安葬在这里。在中国上哪儿去找这种墓地？传统中国墓地不是帝王陵寝就是百姓宗族墓地，两者并不混淆。现代中国公墓也都有现代的分类，政治的、文化的、名人的和无名人的墓地相对分开，级别观念犹在。这些事在中国不觉得，到了法国就会看到差别。他们的墓地可以把不同时代、不同阶层、不同类别的人们放在一起，回归元初，留给后人一种更加充满人性、人文和人的历史精神的总汇，这也许也是一种文化遗产吧？

法国的墓地很国际化，里面的长眠者还有许多从世界各国慕名而来，在法国成名，最后安息在法国的人们。他们中间的有些人，对某些国家、某些人非常重要；但对另一些国家、另一些人可能就不重要，但你想找谁，都要充满敬畏之心去搜寻，这可能就是国际化的意义。我们来自中国和东欧共产党国家的人都想找巴黎公社，但我看见其他国家的人也在匆匆忙忙地找别人，还有一些游客专门来找传教士，在那些殉教者的青冢前洒泪祭奠。大家都在寻找与自己历史相关的部分。法国墓地给你的正是这样一个大历史。这里不存在绝对的伟人墓区和绝对的平民墓区，也不存在绝对的法国人墓区和绝对的非法国人墓区，大概这就是法兰西的共和精神，一种容纳多元文化的态度，这也应该是一种文化遗产建设态度吧。

我问前来参观的法国人，他们说，法国教育部门是把巴黎公社事件写进了中小学的历史教科书的，但历史书并不是只强调巴黎公社，而是讲巴黎公社只是法国整体历史的一部分，因为历史是不能被随意切成不同的部分的，否则就不是公民社会的完整教育。他们还指给我看，就在巴黎公社墙的附近，还有二战以来的法国共产党、西班牙共产党、意大利共产党人的墓地和纪念碑。我发现，在一个法共的纪念碑上，镌刻了镰刀斧头，一人高举着党旗。这无疑是巴黎公社之后的续篇了。

在离共产党人墓地不远的地方，有二战蒙难者墓区，里面摆放了各种雕塑，形成了一个"特区"。有一个雕像由橄榄枝与蒙难者像组成，是用来纪念德国纳粹集中营中的法国死难者的。另一个雕塑群像是一些骨瘦如柴的人在做苦役，是用来纪念在波兰纳粹集中营中劳累身亡或死于毒气的法国遇难者的。还有一个雕塑作品是一双女人的手，被绳子紧紧地捆绑，向绳套外面无力又无助地下垂，似乎在诉说着妇女儿童在战争中遭受的摧残，在呼吁永久地停止战争。这一部分墓地实际上就是一个反战反纳粹的纪念馆，它展出了巴黎公社以后的百年战争史和人类共同的强烈反战精神。还有一些墓碑和雕塑是为现代人修立的，如有 20 世纪 80 年代法国维核部队的阵亡官兵合墓，最近的墓碑立于 2005 年，墓主都曾都生活在距我们更近的时代，是现代化和全球化时期的亲历者。与巴黎公社时期相比，这个时代的整个人类社会都发生了翻天覆地的变化。

这座公墓也保留了很多民俗。一般墓室都是由公墓管理员和墓主家属共同管理的，但以家属管理为主。家属可以随时前来探访，自己给花浇水，送鲜花献祭。扫墓仪式活动在万圣节进行，跟中国的清明扫墓风俗一样。但近年也有些变化，一些人提出万圣节是基督教的节日，而法国人大都信仰天主教，所以万圣节不灵。也有些名人身后萧条，没钱修墓，墓前冷落。我们曾经过一位著名心理学家的墓，四周有铁栏，铁栏中放了一张镜框镶就的心理学家遗像，此外再无任何雕塑和花草，太过简单，不过在当地厚生薄葬也是一种民俗。

参观拉雪兹神甫公墓的巴黎公社墙和墓区建设，看到它的前天、昨天和今天，我绝无绵绵悲戚，反而充满了继往开来的信心，这大概是因为这里更像一处历史文化遗产地吧。墓区中突出建筑艺术和建筑文化内涵，不是让人垂泪，而是让人获得历史教育。它从不用理论说教，而是用整体历史构筑恒定的人文精神。它平等地对待所有的长眠者，让所有的灵魂都得到安息。它也用政治家、科学家和文学艺术家的一座座丰碑为实例，讲解历史因他们而巨变的故事。它从未忘记巴黎公社，但也展现了它的现代变迁和民俗化的一面。它因此能让来访者更客观地认识巴黎公社，并且自觉自愿地传承它的红色记忆。

两只老虎[①]

董晓萍

两只老虎，

两只老虎，

跑得快，

跑得快，

一个没有脑袋，

一个没有尾巴，

真奇怪，

真奇怪。

——儿歌《两只老虎》

《两只老虎》歌词简单、意境平凡，在我出生的那个"知识"还没有"爆炸"的年代，小孩都会唱。当然，它不是《歌唱祖国》和《卡秋莎》，能把历史、哲学和政治经济学的艰涩词语美化成优雅的歌声，也不是《刘三姐》和《五朵金花》，能以美妙的旋律给我们的身心增添风采。它不过是一种开心逗乐的"雕虫小技"，任人随口来去，不假思索。奇怪的是，它却能流传久远。特别是它的"两只老虎"分类法，颇能体现中国人的思维方式。它还能用来解释一批共和国的同龄人的成长经历，这是我学了民

---

① 此文原收入王宁等主编、首都女教授联谊会编《繁花絮语》，北京邮电大学出版社 1998 年版，第 157—161 页。

俗学以后才发现的。比如,民俗观念中的虎是吉祥物:它是百兽之王,能威震天下;它也是阳刚之兽,能驱恶避邪。黄河边上的媳妇们还习惯做虎头帽、虎头鞋,用以呵护儿童脆弱的生命。这种虎是善虎。但故事里有些老虎可不是好东西,像武松拳下的饿虎和吞食乡村小儿女的老虎外婆等,这种虎是恶虎。善虎和恶虎,这是中国民间文化中的两只老虎。

我们这些共和国的同龄人还受到过另外一种"虎情"的教育。共和国成立的那一年,是牛年。转年抗美援朝是虎年。以后闭关锁国,把虎年轮过了两圈还不止。在那种观念的圈子里,我们度过了唱儿歌、听故事的童年时代,也和所有的中国人一样,十分严肃地认识到,一切帝国主义都是假老虎,一切人民的国家都是真老虎。真老虎对假老虎,不能请客吃饭,不能做文章,不能绘画绣花;只能伸出你的脚,踩在它的后背上,让它一万年不得翻身。

未几,这种"虎视眈眈"的政治结束,四人帮中的一只雌虎,站在历史的法庭上,自己变成了纸老虎和豆腐老虎。

有一段时间,我经常和一所美国大学的教授和大学生们一起看电影。一次,看反日本军国主义影片《虎,虎,虎》,我曾被现场那一浪高过一浪的反帝情绪所感染。他们在散场之后,还激动地谈论着对美国政府发动越战、伊战和海地战争的不满。身在异乡的我,此时会是什么感受?我突然问自己:美国人民,难道没有自己的道义和真情吗?按照从前的虎的逻辑,他们是不是也是真老虎?不必说,答案原来就有。只是中国人曾被一把无奈的锁锁住了眼睛,不能观察到山外的另一个"两只老虎"的世界。

在西方,不问女人年龄是礼貌。中国的留学生在那里要入乡随俗。香港回归之前,来自大陆的女性 A,与来自香港的女性 B,和来自台湾的女性 C,三人的友谊竟是这样开始的:

A 灵机一动,问:"你们属什么"?

B 说:"我属虎",

C 说:"我属虎",

A 大乐,说:"我也属虎"。

于是，只两字"属虎"，就产生了凝聚力，把三者隔绝已久的文化结为一个整体。而且，那一瞬间，说属虎，对三人的情感来说，还起了奇妙的化学变化，就好象三人同时说了"属炎黄"、"属中华"。当然，那个 A，就是我。

说来也巧，有一个新年，我是在美国科罗拉多州的落基山上度过的。大年夜，国际留学生营里举办联欢晚会，我们七个原来互不相识的中国人被要求表演中国歌曲。不知是由于谁的提议，我们唱起了儿歌《两只老虎》。出人意料的是，全场竟然登时沸腾起来，台下的很多欧美学生也用他们的语言唱起了《两只老虎》。事后我才知道，这首歌里还隐藏着一段鲜为人知的 20 世纪中西文化交流史呢！至今让我难忘的一幕，是那次台上台下的两个文化体系的合唱。大家肤色不同、社会制度不同、民俗传统不同，但却有一种相同的心情都写在了脸上，那就是认同世界和平，认同公平竞争，认同人类文化的进步。东方和西方——又是两只老虎。

中国人的思维方式和社会经历，又是不能和别人别国去简单地类比的。还说《两只老虎》，它就不像某些外国现代理论所说的那样，是被"冻结"到某一个特定时代的"话语"，如流行于我国 20 世纪五六十年代的政治歌曲、苏联歌曲和改编民歌，据说就已被"冻结"到"文化大革命"前毕业的大学生身上。但是，《两只老虎》始终没有被冻结。作为儿歌，它的传播是与中国现代社会的巨大变化并行不悖的，如一曲通俗歌曲所唱的："月亮走，我也走"。

《两只老虎》就这么简单，在天涯地角都能听到它。共和国的几代儿女传唱它、注释它，或收藏它。至于当代儿歌成人化，那是社会病；与《两只老虎》无关。

《两只老虎》，是小人书、连环画、白开水。它以自己的朴素与和谐，铺设了一条伸向中国人灵魂隐秘之处的通道。它告诉别人，中国人在善与恶、强与弱、东与西、动与静的冲突中，总要留一份"中和"，少一分"咄咄逼人"，养成一种文明大国的"含蓄"气度。

历史·现实·穿越

　　一位女教授说，历史与现实总是会选择性地接轨，要看到这一点，要有创新变革的决心，更要有信仰去坚持自己应该坚持的东西。她的故事给了我极强的历史厚重感和现实责任感。我们要在历史与现实之间理性地穿越。

——摘自北京师范大学 2012 级大学生微博

社会性别治理模式研究

尚晓援

一 主要研究的问题和背景

目前，我国社会政策的焦点问题集中在社会行政和公共管理方面，从某种意义上说，其实是集中在怎样对社会问题进行有效治理方面。除了更深层的原因（如经济发展战略的问题）之外，社会问题大量出现有两个原因：一个是社会原因，如社会分化、社会分层变得更加复杂、更加流动，各种关系的协调变得更为重要和更加困难；另一个原因是治理问题，有效治理供给不足。因此，除了对社会问题本身进行研究，治理研究是也是一个重要的方面。

本项研究把社会性别作为一个治理领域，并把这个治理领域作为一个个案，对其中现存的几种不同的治理模式进行分析。这项研究的主要发现是：在我国，原来以单位中心的治理模式已经无法对社会性别问题进行有效治理，需要向多元化的治理模式转变。非政府组织的治理资源发展不足，难以协助政府对有关问题领域进行有效治理。为了实现向多元化治理模式的转变，政府需要改变或调整目前对非政府组织的限制性政策。

二 理论框架和研究方法

治理，是英文"governance"的中文翻译。治理是一个含义广泛的概念。治理理论有三个学科来源[1]。

---

[1] Daly, Mary, 2003, *Governance and Social Policy*; in Journal of Social Policy, 32, 1, pp. 113—128.

第一，全球化的发展及其对民族国家的挑战。治理理论的产生与全球化的发展及其对民族国家的挑战有关。在这方面，治理理论的迅速兴起和世界银行有密切联系。在这个意义上的治理概念有非常明确的、新自由主义的意识形态含义。从历史上看，特别是第二次世界大战之后，人们都假定统治民族国家是政府的责任。在民主政治框架之下的政府有三个独立的又内在地互相关联的功能：立法、执法和司法。但是，在全球化的过程中，国家和跨国的私人商业利益的发展，政府机构对人民多样化的利益要求和期望的反映能力下降了，在政府的政策和实践之间出现了日益扩大的缺口：精英统治的政府机构和异化的贫困人之间的距离加大了，贫困、边缘化和社会排斥在许多国家的持续存在。这样，在政府失效的背景之下，发达国家的发展研究专家们对原来的统治概念进行了质疑。世界银行首先首先把"治理"这个概念带进发展研究话语：世界银行的经济政策在很多非洲国家失败。世行把自己的失败归结于这些国家中的治理失效，如行政效率不高，腐败，缺少法制和透明度，等等。世行没有把治理失败与任何特定的政治体制联系在一起。但是在实践中，世界银行是把"善治"（good governance）和民主政治作为一组政治目标来推广的。世行的这种关于治理的概念，与新自由主义有密切的理论渊源。

第二，欧洲联盟的发展及其独特的治理方式。治理理论的第二个学科来源和欧洲联盟的发展及其独特的治理方式有关。欧盟的发展在民族国家以上的层次扩展了原有的政治空间，并通过网络组织进行治理。欧盟是刻意设计的民主，它的实践创造了多层次治理的概念，创造了新的、非政治化的决策方式。在这个意义上，"治理"这个概念表达影响权利行使方法的规则、过程和行为。特别是有关开放、参与、透明度、有效度和整合性。

第三，广义的政治分析。治理的第三个学科根源与广义的政治分析有关。如 Daly 引用 Hunt 和 Wickham（1994）的研究，指出在后结构主义的手中，治理是试图对已知客体进行控制和管理的过程。在这个意义上说，治理概念被用来分析塑造个人日常生活中经验到的权利关系的动态变化。治理理论还提供了一套理论框架和话语，帮助人们思考诸如政府、权威、政治、身份、自我等问题之间的联系。在治理理论的框架中，常见的理论对立概念包括公民社会和国家，公域和私域，自我和社会等受到考察①。

多种学科起源使"治理"这个概念在含义上产生了某种不确定性，但也使这个概念更加丰富和更具有解释力。"治理"作为一个具有包容性的理论框架，在下述几方面，对社会性别研究是有用的理论工具。

第一，在集体行动和公共事务的管理模式方面，治理提供了一个理论框架，可以对一系列不同的管理模式进行分析。在这个系列的一极是传统的以政府为中心的、纵向的、基于官僚体制的管理和行动模式，另一极是新的、以网络形式为主的管理和行动模式。在这两者之间，则是一系列的中介模式。这样的分析框架极富包容性，适用于分析中国在向市场经济过渡中出现的多种多样的集体行为和公共事务管理模式。

第二，在集体行动和公共事务管理的参与者的分析方面，治理提供的分析框架可以帮助我们分析多重参与者之间的互动关系，如个人、群体、不同性质的公民社会组织和国家之间的互动关系。一个包括各种各样的公民社会组织在内的分析框架，对我们的研究至关重要。

第三，社会性别研究涉及的治理领域可以包括多层次的集体行动和公共管理。包括的行动层次从联合国一直到基层社区和公民组织。在所有这些层次中，都有公民社会组织的卷入。治理理论提供的分析框架允许我们在不同层次上，对各种模式的集体行动和公共管理进行分析。

基于这些考虑，在本文中所使用的包括这些意义的"治理"概念，被用来把握我国在有关社会性别事务的集体行动方式和公共管理方面的模式变化。这包括传统行为方式和管理模式的改变和多样化。

在我们的分析中，对治理模式的分析包括四个因素：第一，治理目标的形成；第二，治理的参与方分析，如政府部门，妇联、工会，其他政府组织和非政府组织；第三，治理的原则，国家在治理中的作用，国家和和其他组织之间的关系，其他组织之间的关系，统治这些关系的原则。第四，为达到治理目标所使用的政策手段和方式方法。

---

① Daly，Mary，2003，*Governance and Social Policy*；*in Journal of Social Policy*，p. 32.

三　治理主体：妇女公民社会组织发展的分析

治理与统治最大的区别，在于前者包括了非政府组织的参与。因此，对治理的研究需要关注多样的治理主体以及它们之间的相互关系。我们这里着重于讨论社会性别治理和妇女公民社会组织的发展的问题。

（一）政府

我国的公民社会组织是在政府对公民社会组织采取限制发展的政策背景之下发展的。这个政策最集中地反映在中国的社团的登记管理制度上。

（二）基本原则和指导思想

我国社团管理制度的最重要的特点是它的基本原则和指导思想是限制与政府不一致的非政府组织的发展，而不是保障宪法赋予公民的结社自由的权力[1]，这反映了在改革开放中权力的均衡不断从国家向有利于社会的方向转变的过程中，政府试图把社会组织的迅速发展限制在可控制的范围之内的意图。从这样的背景出发，中国的社团管理制度有几个基本特点。

第一，中国目前的社团管理制度实行的是"行政许可主义"，即根据一般性法律规定，由行政机关对每个法人的成立予以许可[2]。

第二，根据历史上和共产党政府的关系，对社会团体实行区别对待。少数特殊团体，如全国妇女联合会，工会等团体，不需要进行登记。还有一些团体，法律上需要登记，但是通过政府法规给予免予登记的待遇。这些不需要进行登记的社团，有的还可以成为需要登记的社团的主管单位。

第三，对其他不享受上述待遇的社团，社会团体的管理实行双重管理体制。被称为"分级登记，双重管理"。对基金会的管理，是"分级登记，三重管理"，除了业务主管部门和登记管理机关，还增加了银行的审查和

---

[1]　苏力、葛云松、张守文、高丙中：《规制与发展：第三部门的法律环境》，浙江人民出版社 1999 年版。吴锦良：《政府改革与第三部门发展》，中国社会科学出版社 2001 年版。学者们通过文献分析的观点可以被我们实地调查的结果证明。作者在 1993 年访问基层负责社团登记的民政干部时，他们提到过类似的观点。

[2]　苏力、葛云松、张守文、高丙中：《规制与发展：第三部门的法律环境》，浙江人民出版社 1999 年版，第 154 页。

管理①。"分级登记，双重管理"的体制可以有效地限制中国社会团体的数量和活动范围，避免真正意义上的全国性社团的产生。因为这一管理体制包括几个能够有效限制社团数量和规模扩大的措施。首先，社团登记需要业务主管单位的审查。其次，法律规定同一行政区域内已有业务范围相同或者相似的社会团体，没有必要成立新的。这一条规定有效限制了社会团体的数量。根据作者的实地调查，有关业务主管部门经常使用的一个策略是，还可以在自己主管的业务范围之内抢先注册登记一个自己完全可以控制的社团。这样，这个领域的其他社团就无法注册登记了。最后，禁止社团按照地域设置分支机构。除了上述正式的制度性的限制社会团体发展的措施之外，政府还随时可以决定进行社团的清理整顿。在清理整顿期间，新的社团审批暂停。除了正式颁布的法律法规之外，政府各个部门还有大量的以内部文件的形式发布的政策。这些政策在对社会团体的登记和管理中起着重要的作用。但是，由于它们并不是全部发表，社会团体很难知道怎样遵守它们。

从上述分析看，社团管理条例设置的主导思想是把社会组织的迅速发展限制在国家可控制的范围之内。绝不能让可以与现政府相抗衡的社会力量的结社合法化②。这些政策可能的积极方面在于在社会转型的期间减缓了利益团体的形成速度，从而减少了可能干扰实行国家制定的中心政策目标的因素。

（三）不同类型的妇女公民社会组织

在上述政策背景之下，根据历史上和共产党政府的关系，妇女公民社会组织可以分成几种不同的类型。这些不同类型的妇女公民社会组织参与社会性别的治理时，在治理模式上呈现出不同的特点。

根据注册身份，目前我国至少存在5类妇女社团，即（1）不需要进行社会团体登记注册的社会团体，如中华全国妇女联合会，全国总工会女职工委员会；（2）经过登记注册并具有法人资格的社团。（3）经过登记注册

---

① 苏力、葛云松、张守文、高丙中：《规制与发展：第三部门的法律环境》，浙江人民出版社1999年版。

② Liang, Sharon, 2003, "Walking the tightrope: Civil Society Organizations in China", in China Rights Forum, No. 3, pp. 11—15.

但无法人资格的社团。(4)注册为企业法人的社团。(5)不进行任何注册的社团。

本文试图在研究过程中针对具有不同注册登记身份的妇女组织分别进行研究。我们分类的主要根据是组织注册的性质。但是,登记注册对中国独立的自下而上的公民社会组织有实际困难①,因此,进行实际活动的社团的数量当远远大于登记注册的社团②。

四 妇女公民社会组织的相关社会性别治理模式

下面,我们从上述关于治理的理论框架出发,对我国在以往在社会性别领域出现的几个不同的治理模式进行分析。在治理理论中,国家和公民社会组织之间的关系是一个根本性的因素,因此,在我们对社会性别问题治理模式的分析中,国家和社会的关系是区分不同治理模式的一个重要指标。而在中国,对社会组织注册身份的区分主要也是根据这些组织和共产党国家之间的关系。因此,不同治理模式的出现和特定类型的社会组织之间有一定的联系。

(一)国家垄断的治理领域:女职工工作和全国总工会女职工委员会

中华全国总工会是中国三个最大的官办群众组织之一:工会、共青团和全国妇女联合会。从性质上看,全国妇联和全总工会其实是非常相似的,都是共产党和政府联系相关社会群体的桥梁和纽带。在妇联以外,女职工委员会是中国最大的女性利益代表组织。它代表的是中国最有组织的一个女性群体:女职工群体。但是,从实际中看,妇联和工会又是非常不同的。在改革开放以前,如果说妇联代表的社会群体是相对边缘化的(至少在城市里,这一点非常明显),工会代表的社会群体则处于中心地位。工会的中心地位表现在工会得到强有力的经费支持和工会干部在党政机关中具有更加重要的地位。

由于是自上而下建立的组织,在党中央的主持下,全国妇联和全总工

---

① Maria Jaschok, *Cecilia Milwertz and Ping Chun Hsing* 2001 "Introduction", in Hsing, Jaschok and Milwertz, 2001, pp. 3—22.

② Ping - Chun Hsiung, Maria - Jaschok, MCecilia Milwertz, Red Chan 2001, *Chinese Women Organizing Genders, Faminism, Muslims, Queirs*, Oxford and New York Berg, pp. 7—8.

会对全中国的妇女划分了各自的"主管范围"。两者之间大体的分工是：企业里就业的女职工是全总工会的"主管范围"，城市中没有在正式的企业中工作的妇女（街道妇女）和农村妇女是全国妇联的"主管范围"。在改革开放之后，妇联试图通过全民化，包括进企业，来改变自己边缘地位的努力引起工会的不满，旧的势力范围的划分在两者之间引起了连续不断摩擦。

对女职工委员会的研究表明，在涉及女职工利益的公共事务的治理中，如女职工的工作地位问题，社会保障问题，同工同酬问题等，始终是女职工工作面对的中心问题。同时，在这个领域中存在着强有力的政府垄断。国家绝对不允许非政府职工组织的存在。因此，在这个领域，传统的问题没有变化，主要的组织代表没有变化，治理模式也没有变化。

工会在工作主题、组织、政策和治理方法上的不变和妇联的变化形成了鲜明的对照。不过，作为一个基于成员身份的准政府组织，由于强有力的国家支持，工会在这个领域仍然拥有没有其他组织可以挑战和替代的权威地位。但是，在这个领域中，虽然工会没有变化，工会的"选民群体"却变化了。在过去的二十年中，社会主义公有制的企业职工（国有和集体企业职工），已经不再是女职工群体的主体。而股份制和私有制企业的职工，成为中国职工队伍的主体。在其他所有制中，劳动和资本的关系与旧的国有企业完全不同。在涉及很多重大的职工利益问题时，如农民工的工资问题，矿山事故问题，在一些新型企业中职工过渡加班加点和工作环境恶劣的问题，工会的声音并不响亮。工会固守的旧的治理方式面临着挑战。

通过分析工会组织的性质和代表的社会群体，治理面对的问题，工会组织自身的结构和特点，主要的政策手段等方面对女职工就业和劳动权益保障事务的治理等，我们的研究发现，在这个领域之内，我们能够观察到两个互相联系的现象：第一是治理代价过高。第二是治理供给不足。

治理代价过高，指国家通过立法强制企业付出工资总额的百分之二作为工会会费，维持国家垄断的工会组织，使这个领域的治理成本过高。从历史上看，20世纪50年代建立这个制度的初衷，是为了打击私人资本，争取城市工人阶级对进城伊始的共产党政府的政治支持，在中国建立共产党的统治和生产资料公有制的经济制度。目前在政府积极扶持私营经济发展的大气候之下仍然维持这个制度，其实是缘木求鱼。在所谓和"国际接轨"方面，也造成了很多问题和抵制（见互联网上关于跨国公司拒绝建立工会的讨论）。

治理供给不足，是指在原有企业中维权职能弱化，另一方面指工会组织未能延伸到大量的非公有制企业中。使这些企业中工人利益得不到有效的表达和保护。劳资关系问题，包括女职工的就业权利和劳动保护的问题，得不到有效的治理。治理供给不足的原因有两个，第一个原因是这个领域存在强有力的国家垄断，只有官办的工会可以成为职工利益有组织的代表。这个垄断地位使工会官僚化。同时，工会用来达到目的可以使用的手段也比较少。第二个原因则是因为代价过高，很多非公有制企业对建立工会进行抵制，成为治理供给不足的原因之一。

治理供给不足和治理代价过高是目前制度的必然产物。这是中国的工会运动面临的本质性问题。也是女职工委员会面临的问题。作为既得利益组织，工会不可能提出治理代价过高的问题。但是，目前，工会已经意识到治理供给不足的问题，正努力拓展在非公有制企业内的工会组织建设。同时，在协调不同方面的利益的过程中，我们发现在劳动关系领域，出现了明显的法团主义的治理模式。在这种治理模式中，政府、工会与企业方的代表协商解决利益分配问题。由于罢工在中国仍然是敏感问题，工会一般不会通过组织罢工达到目的。而主要通过通过党、政府系统进行利益协调和谈判。或通过和其他非政府组织，如妇联联合行动，通过人大、政协的渠道进行利益代表。

在调查中，我们也发现女职工委员会工作仍然把团结动员女职工发扬主人翁精神，积极投身改革开放和社会主义现代化建设，作为自己公开申明的第一工作目标。达到这个目标的主要方法当然不可能是罢工，而只能是劳动竞赛。除此之外，工会仍然保留了共济性和联谊性的工作方式。

（二）国家主导的治理领域：全国妇联和社会性别治理模式的改革

我国的社会性别治理模式与我国特有的政治体制结构有密切关系。在改革开放之前，政府主要是通过妇联，而不是纯民间的、非政府的社会组织，和妇女群体建立联系。由于妇联在基层和妇女群体有密切联系，同时和政府机构也有密切的工作关系，在不同阶层的妇女利益大体一致，利益分化尚不明显的时候，能够比较有效地在决策过程中代表非企业妇女群体的整体利益。因此，在改革开放中，我国社会性别治理模式的改革和全国妇联的改革同时发展和深化。在这个过程中，我们可以看到一个明显的线索是妇联在努力寻找社会性别主流化的治理模式。在这个过程中，全国妇联的非政府化是一个颇有意思的现象。

中华全国妇女联合会：主流中的边缘组织。社会性别的主流化首先涉及妇联组织的改革。这主要是因为，妇联虽然是官办的组织，但是它其实是主流中的边缘组织。这主要表现在下述一些方面。第一，在改革开放之前，妇联组织代表的其实是边缘妇女群体。第二，政府为妇联提供的工作经费非常有限。第三，妇联干部在各级政府中的地位也是边缘化的。和共青团和工会相比，妇联的这个特点是比较突出。虽然是边缘化的群众组织，妇联和政府部门仍然有密切的联系。同时，全国妇联乃至地方妇联的合法性不来源于妇女群体自下而上的认可，而是来源于各级共产党组织自上而下的授权。

从上述情况看，中华全国妇女联合会并非非政府的社会组织。它的作用是双重的。一方面，作为中国共产党和中国政府联系妇女群众的桥梁和纽带，妇联组织的工作和活动要配合党和政府的中心工作；另一方面，由于妇联组织是妇女群众的利益代表，因此，维护妇女权益，促进男女平等也是妇联组织的主要工作内容。这两个基本作用之间关系，可能互相加强，也可能互相矛盾，取决于具体的情境。在改革开放之前，妇联组织的第一个作用被强调，所以它被很多人认为是官办的组织。但是，在改革开放期间，妇联致力于自身的改革，力求通过加强自己代表妇女利益的功能，改变边缘化的地位。

1. 全国妇联改革的政治社会经济背景

第一，改革开放期间，中国政治体制中发生的最重要的变化是中国共产党的统治从所谓"全能主义"政治向"权威主义"政治的转变[①]。在权

---

① Liang, Sharon, 2003, "Walking the tightrope: Civil Society Organizations in China", in China Rights Forum, No. 3.

威主义政治的条件之下，共产党政府不仅容忍、甚至鼓励一定程度的利益分化和利益群体代表的存在。政治体制的这种转变使妇女联合会在对自己的角色进行定位时可以把重点配合党的中心工作向重点维护妇女权益转变。即妇联的主要工作目标更加"妇女化"。但是，妇女化未必是"主流化"。妇联真正的目的是主流化。

第二，改革开放期间，中国的社会分层加剧，妇女群体内部的阶层分化也在发展。不同社会群体的妇女的利益要求是不一样的。妇联作为全体妇女的利益代表组织的功能，越来越受到挑战。在这样的背景之下，在组织上，我们发现妇联经历了两个方面的变化。第一是寻求扩大自己的基础，向更重要的妇女群体扩展组织。改革之前，妇联的工作对象是"劳动妇女"只包括农村妇女和城市家庭妇女。在改革开放中，妇联把自己的工作对象改为全体妇女，试图把职业妇女群体包括在自己的工作对象中。反映了妇联组织通过"全民化"来主流化的企图。其次是试图通过多样化的服务，适应不同妇女群体的需要。

第三，在改革中，传统的政府职能也在发生改变。政府试图逐渐从很多公共事务中退出，借助社会资源弥补政府财政和政府服务的不足。在社会性别的政策领域，政府力量的后退和市场影响的加强一度导致妇女利益受到影响。这种情况要求非政府组织在社会性别有关的公共事务管理方面更多地参与和协作，这就为妇联组织在社会性别的治理方面提供了相对更大的行动自由和空间。

第四，在市场经济体制下，国家之外的经济和其他资源逐渐增加。妇联组织可以通过满足妇女群众多元化的社会需求，在国家稳定的（但是有限的）经费支持之外，从社会获得额外的可供发展的必要资源。所以，各级妇联组织都在积极寻找来自国家拨款之外的资源，既增加自己的财力，也增加自己与政府和上级对话的实力。

第五，对外开放对妇联组织有巨大的影响。其中，联合国第四次世界妇女大会是其中最大的事件。

（三）治理组织的主流化：妇儿工委的建立和全国妇联的非政府化

1. 国务院妇女儿童工作委员会

在改革开放之后，一个可以看得到的趋势是，全国妇联一直把主流化当做努力的目标，并在这个方面做了大量的工作。但是，在早期，妇联寻找的主流化实际上是妇联组织自身的主流化，而不是把重点放在将社会性别纳入主流决策机制的目标上。因此，在世妇会召开以前，妇联中有一种意见是妇联组织的"国家化"，即改组成国家的妇女部。直到1995年的世界妇女大会提出了社会性别主流化的目标。这个目标帮助妇联理清了自己的努力目标。之后，妇联接受了"将社会性别纳入主流决策机制"作为主要的治理目标的观念。为此，在社会性别治理领域导致了两个重要的组织变化：第一，是在主流决策机构中建立妇女儿童工作委员会（妇儿工委建立的比这个时间早，但是是妇联的几任领导逐步把这个委员会变成了一个真正活跃的工作机构）；第二，是妇联组织本身的非政府化。

从主要的治理目标：把社会性别纳入主流决策机制的实现考虑，妇联致力于推动国务院妇女儿童工作委员会的成立和工作。建立妇女儿童工作委员会是一个根据中国政治游戏规则和政府工作程序的选择。当时的妇联的考虑是，有了一个妇女部，其他部门就不管妇女的要求了。而妇女部没有实权，仍然是边缘化的。但是，妇女儿童工作协调委员会则处在主流决策圈之内。它的权利比妇女部大得多。妇儿工委有一个副总理或国务委员来做委员会的主任，成员单位由27各政府部委和5个非政府团体组成，全国妇联是其成员单位之一。办公室设置在全国妇联。这个协调议事机构虽然不是管理妇女事务的政府部门，却为妇联组织与政府及其他非政府组织共同合作管理妇女事务提供了重要的平台。比起单独建立一个妇女部而言，这个机制使政府更好地负起保护妇女儿童的职责，而妇联则处在这个决策机构的中心位置。

2. 全国妇联的非政府化

从组织发展上看，联合国第四次世界妇女大会对妇联组织最重要的影响，就是阻断了其政府化的可能。为了实现把社会性别纳入主流决策机制，全国妇联放弃了改组成国家妇女部的努力。在筹备世妇会时，妇联第一次在国际上以非政府组织的身份参加活动。1993年11月，当中国政府首次派出全国妇联去参加亚太妇女非政府组织论坛的地区筹备会时，第一个引起争议的问题就是妇联是否是"真正的NGO"。此后，全国妇联在参加有关妇女的国际活动时，也以非政府组织自称。

这样，在联合国第四次世界妇女大会之后，在接受了社会性别主流化的治理目标之后，妇联自身在各个方面逐渐进入了自己非政府化的过程。非政府化的过程包括几个方面：承认妇联的非政府组织身份，与民间的非政府妇女组织建立合作关系，经费来源从主要依靠财政到多元化，组织建设的重点向基层转移，等等。

世妇会后，妇联组织也开始更多地参与非政府组织的活动，力图更明确地表达自己与政府的关系。从经费来源上看，妇联组织原来的主要经费来源是政府拨款。虽然人员的费用是有保证的，但活动经费非常有限。在有些地方，妇女事业经费是计划生育协会的不到百分之一。在非政府化的过程中，妇联组织努力拓展非政府的经营收入和社会捐赠，争取为自己建立更加多元化的经济基础。近年来，随着国内外项目的增多，项目款已成为妇联组织经费的重要来源。

非政府化还表现在工作方式的变化上。在社会性别治理中，以往妇联的工作方式主要是依靠官僚体制，自上而下，一个口号、一种号召、层层动员、群众运动，以达到团结和发动妇女为共产党的中心工作服务的目的。这种治理方式自改革开放以来，由于妇女群体的分化，已经过时。在非政府化的过程中，妇联组织逐渐改变了其工作方式，逐渐向社会化（群众化）、项目化和具体化的方向转变。妇联更关注一些具体的问题，比如健康、扶贫，妇女权益保护等，都是通过具体的项目，如小额贷款、母亲水窖、安康计划、儿童慈善日、教育援助等形式来进行的。

五　社会性别治理政策的主流化

除了组织变化之外，社会性别主流化另外一个重要的发展是治理政策的主流化：让"男女平等"成为"基本国策"。联合国世界妇女大会在中国召开给了妇联一个机会，推动政府议事日程的变化，让"男女平等"成为"基本国策"。妇联组织抓住了这个机会，在世妇会之后进行大力宣传和倡导，力图使男女平等基本国策成为主流的社会意识。

除了试图影响政府议事日程的变化，联合国第四次世界妇女大会通过的《行动纲领》提出了促进性别平等与妇女发展的12个优先领域，成为妇联组织新的工作日程。妇联工作过去的主要关注领域是就业、参政、教育、婚姻家庭、妇女素质等，在世妇会之后，妇联积极地扩展参与新的领域的治理，比如贫困、妇女健康、妇女与环境保护、家庭暴力、妇女与传媒、老龄妇女问题等。

在政策影响方面，世妇会的最大影响是由全国妇联组织制定了 1995—2000 年的《中国妇女发展纲要》，由国务院颁发。其后，妇联组织参与制定和修改了一系列有关妇女利益的政策和法律的过程中，比较自觉地从社会性别的角度审视相关的立法和决策，并利用相关的国际文件作参考依据。在制定 2001—2010 年《妇女发展纲要》、修改《中华人民共和国妇女权益保障法》、修改 2001 年《中华人民共和国婚姻法》、制定《农村土地承包法》的等重大立法进程中，性别平等作为立法的一项基本诉求，得到了较好的体现。此外，在中国市场化的改革中，为了减少就业压力，政府部门中有很大的动力推动主要目标为减少妇女就业的阶段就业政策的制定。由于妇联的反对，这样的就业政策十年来始终不能出台，甚至不能在劳动和社会保障部立项研究。

从对全国妇联的分析，可以看到，由于改革开放以前，全国妇联代表的妇女群体其实是相对边缘化的。国家在这个领域内没有很大的投入，因此，国家在这个领域的垄断也不很严格。在改革开放中，从相关的社会性别治理模式的变化看，已经逐渐改变了原来主要基于官僚体制的自上而下的、利益诉求比较单一的治理模式。逐渐向一个即包括在主流决策体制内的工作组织，又有非政府组织参与的新的混合模式。在这个过程中，妇联自身的非政府化也有了长足的发展。

（一）非政府治理模式的出现及其发展中面对的问题

改革开放之前，中国以官方背景的群团组织，如妇联和工会，为中心的社会性别治理模式在对妇女群体进行大规模的社会动员，促进男女平等，一般性地提升妇女的政治和经济地位等方面非常有效。这些模式在满足与国家政治经济目标一致的社会性别目标方面可以非常有效，曾经大大提高了多数妇女的政治和经济参与的水平。

但是，这种大规模动员的治理模式不一定适合于其他一些社会性别问题。当这些问题只涉及少数妇女，或者与党和国家的政治目标没有直接关系的时候，原来的治理模式可能失效。在这种情况下，对社会问题的认识、对治理目标的重新设定和发现适当的组织行动方式，导致了新的治理模式的出现。中国法学会的"反对针对妇女的家庭暴力对策研究与干预"（简称"反对家庭暴力"）项目就是这样一个个案。

（二）中国法学会和对妇女家庭暴力的治理事务

中国法学会"反对针对妇女的家庭暴力对策研究与干预"项目，是一种新的组织形式。它通过"项目"形式，把法学、社会学、妇女学、社会工作、医学、哲学、新闻学、心理学等学科的理论研究、教学工作者以及妇女工作者、妇女活动家、律师、公安、检察、法院、司法、人大常委会等执法、立法部门的实际工作者组织起来。由于项目规模很大，可以把各个领域的义务工作者和专业人员的团结起来参与，在反对针对妇女的家庭暴力的领域内创造了一个共同参与的组织形式。并通过舆论引导，基层试点等方式，使针对妇女的家庭暴力问题在局部范围内得到治理。

（三）新的治理模式的特点

1. 资金特点

新的治理模式的创造必须首先解决资金问题。这个项目的资金特点是几乎完全依赖国际组织注入的资金。国内资源的投入主要是人力的和实物。根据项目介绍，这个项目得到了福特基金会、荷兰的 Novib、瑞典的 SIDA 和挪威奥斯陆大学人权中心的资金支持。英国文化教育委员会和香港乐施会也出资支持了与项目有关的人员培训、会议旅行和研讨会的费用。大量的国际资金注入对项目成功起了很大的作用。在项目试验区，反对针对妇女的家庭暴力新的治理方式的确获得了成效。

2. 组织和管理特点

从项目的组织结构上看，中国法学会通过项目方式在方方面面动员了大量的人力参与了和项目有关的工作。这个项目完全打破了既定的组织模式。它既是政府的，又是非政府的，它既是通过纵向联系进行的，又是通过横向联系进行的。既有以个人身份的参与，又有以组织身份参与。

从参与人员所属的组织的性质看，这个项目把政府，准政府和非政府的组织联系到一起，为同一个治理目标共同工作。反对针对妇女的家庭暴力项目参与的人员涉及的组织有几十个。包括政府组织，如湖南省长沙市政府，公安组织，长沙市公安局；准政府组织，如全国妇联，中国法学会，非政府组织，如中国社会科学院性别与法律研究中心，红枫妇女热线等。这些不同性质的组织通过项目的形式联合起来，由一个准政府的组织出面组织，为实现一个共同的治理目标而努力，是一个新的社会现象。

从参与人员所属组织的工作内容和地域看，包括了涉及反对家庭暴力的理论研究，立法、司法和执法的各个部门，社会工作、教育培训和社区服务各个方面的组织。并打破了地域的界限。实现了非常广泛的横向联系。这样广泛的横向联系，如果由政府部门出面进行，由于政府职能部门的专业限制和工作非常繁忙，很难实现。如果由纯粹民间的社会组织进行，很可能引起政府的警惕或注意，或使政府感到不安。但是，由中国法学会这样的准政府组织来进行，由于学会的名义领导都是政府的前任高级领导，绝不会使现政府感到受到威胁。

除了在资金、组织和人事方面的特点之外，反对针对妇女的家庭暴力项目在治理方式上也有自己的特点。我们可以把它使用的治理方式称为全程治理方式，因为治理从现状和政策研究开始，经过思想教育和舆论宣传，立法准备、司法、执法、社区干预阶段，到对受害者事后的社会工作者干预等方面。这种干预方式，既针对原因，也针对后果。既针对施暴者，也针对受害人。

从这些治理方式看，一方面，在立法阶段的干预和女职工委员会的"源头干预"有相似之处。反映了这两个组织的准官方地位对它们参与和进行上游源头干预的积极影响。另一方面，下游问题的治理，如对受害者的社会工作支持，则来源于非政府组织的参与。

反对家庭暴力的项目仅仅是出现在中国的新的治理模式中的一个。它虽然针对的问题比较单一，但是治理过程涉及的领域则非常大。类似的组织和实践还有很多。由于社会转型的过程中涉及妇女儿童的社会问题大量产生，只依靠国家的妇儿工委和妇联及其成员组织是管不过来的。治理供给不足的问题仍然存在。但是，这一类治理模式的发展依赖非政府妇女组织的发展。而后者的发展目前仍然受到很多因素的制约。其中最主要的是国家对非政府组织的限制发展的政策。除此之外，如反家庭暴力的项目所示，高度依赖海外资源，说明这个模式在一定程度上是"外生型"的。中国真正需要自己"内生型"的治理项目和模式。

结论：不同治理模式的启示：寻找国家和社会之间的 良性互动关系

在上面，我讨论了社会性别领域内几种不同治理模式的出现和面对的问题。我的主要发现是，在社会转型阶段，由于社会群体之间的关系变化，社会问题的复杂化，（在社会性别领域）对治理的需要也多样化和增加了。原来基于阶级（或大社会群体）划分的，国家垄断的治理模式已经不能有效地满足新的社会需要。但是，增加有效的治理供给不仅仅需要国家增加投入，也需要非政府组织的发展。这和我国目前限制公民社会组织发展的政策之间，形成了新的矛盾。因此，这里不仅有社会矛盾，也有政策矛盾。这些矛盾的发展，最终决定我国公民社会发展的未来，国家和社会之间的关系，以及在这种关系的基础上产生的治理模式。因此，在这个结论中，我将试图从治理的角度，对我国公民社会发展面对的主要矛盾及其可能的转化进行分析。

（一）主要矛盾和次要矛盾

这里我试图使用毛泽东在《矛盾论》中提出的矛盾分析方法来分析我国公民社会发展面对的各种问题及其可能的转化。这个分析方法的主要优点在于它区分了主要矛盾和次要矛盾，矛盾的主要方面和次要方面，以及主要矛盾和次要矛盾、矛盾的主要方面和次要方面之间的互相转化。使用这个分析方法，有助于我们对我国公民社会组织的发展现状和未来进行分析。

用这个分析方法对中国的妇女公民社会组织的发展进行分析，我们发现经过25年的社会经济改革和渐进的发展，在既定的制度框架之内，虽然还有很多困难，中国的公民社会组织目前初步具有了可以独立发展的社会和经济基础。但是，进一步的发展遇到了政治制度和法律规范的障碍。这个障碍不能克服，公民社会组织的进一步发展是不可能的，国家和公民社会之间正式的合法的关系即无法建立。但是这个障碍的克服，涉及更深层次的政治体制改革。

新葛兰西主义强调公民社会是利益群体之间互相竞争的空间。利益群体之间互相竞争和冲突是一个重要的问题。随着中国市场经济体制的确立，这一矛盾会逐渐突出出来。但是，在中国的转型中，利益群体之间的分化以及国家和社会力量之间的分离是同时发生的过程。正在形成的各种利益群体都面临着强大的国家力量的挤压。如何对过分强大的国家力量进行制约（如多重社会力量参与治理、对透明度的强调等方式），是所有的社会群体面对的共同问题。不同利益群体之间的冲突，仍然需要从属于国家和公民社会之间关系的发展。

因此，中国公民社会组织发展目前面对的主要矛盾仍然是国家和公民社会的矛盾：表现为国家对这个组织领域的不信任和限制其发展的政策。因此，国家是主要矛盾的主要方面。这个主要矛盾和主要矛盾的主要方面影响到公民社会发展的各个方面。公民社会组织的发展仍然从属于国家。代表不同利益群体的社会组织之间的矛盾和冲突仍然需要从属于这个主要的矛盾。

（二）公民社会组织的发展和有效治理

从这个主要矛盾的角度看，上述主要矛盾的存在制约和导致了另外一些矛盾的存在和发展，反映为社会发展面对的问题。在诸多存在的问题中，最重要的一个是治理供给不足。从公民社会和治理的角度分析国家和公民社会组织之间的关系，我们已经看到，在中国经济转型的过程中，中国的社会也发生了变化。在一个利益分化的、更加流动的、对公共管理的需要更加多样化的社会中，国家组织自身已经不能有效提供社会安定团结和发展需要的全部治理服务。因此，社会发展需要公民社会组织的发展。在国家治理难以奏效的领域提供治理服务。换句话说，为了达到有效治理的政策目标，治理模式需要经历从以国家为中心的治理模式到多元参与（multi‑stakeholder）的治理模式的转变。新的治理模式需要公民社会组织的发展和参与。在全国妇联和全总工会女职工委员会的个案中，我们已经看到了原有的单中心的治理模式的不足。以及新的治理模式的巨大潜力（如妇女传媒监测网络的作用，反对家庭暴力项目的作用，等等）。社会需要推动治理向多元参与的模式转变。多元参与的模式需要公民社会组织的参与。如果公民社会组织的发展不足，这个转变就不能顺利实现。因此，实现有效治理需要公民社会组织的发展。

国家是矛盾的主要方面。我们可以假定,国家对公民社会组织所执有的不信任和限制发展的政策并不是出于某个特殊利益群体的私利,而是出于从旧的、以国家为中心的治理模式出发对社会稳定(有效治理的最重要标志)的考虑:对公民社会组织发展的限制有助于减缓形成可能威胁国家和社会稳定、危及公共利益的有组织的既得利益群体。但是,这个出于社会稳定的考虑形成的政策在维护社会稳定的同时导致了非政府组织的不发展,以及相关的治理供给的发展减缓。社会对非政府来源的治理需要增加和非政府治理来源的发展受到限制之间,形成了一个矛盾。这个矛盾积累到一定阶段,这种治理供给的缓慢发展就造成了治理供给不足。

因此,结果是,国家对这个组织领域的不信任和限制其发展的政策,导致公民社会组织发展不足,其结果则是治理的供给不足。治理的供给不足涉及很多方面,从不同群体之间的利益表达和利益协调、为公共利益代言,到为弱势群体提供社会服务等等。这些领域的治理不足,逐渐威胁到社会生活的稳定,使有效治理的主要政策目标不能达到。(例如,当数千万打工妹在城市工作时,而针对她们的社会服务只有极少几个组织时,"打工妹之家"等公民社会组织的努力只能用"杯水车薪"来形容。数以亿计的农民工的利益代表和社会服务面临的是同样的境况。环境治理是另外一个问题。没有公民社会组织的配合和努力,政府一家很难把环境保护变成千千万万志愿者的自觉行动)。当治理供给不足成为影响社会稳定的主要矛盾时,改变限制公民社会组织发展的政策就成为当务之急了。我们可以看到,中国正在向这个方面进一步发展。政府也在考虑怎样解决这些问题。可以推断,中国政府什么时候能够改变目前对非政府组织的政策,取决于对这个主要矛盾的判断。

本文的分析发现,对弱势社会群体提供服务的社会组织在政府对公民社会组织限制发展的政策下最容易受到限制。如针对打工妹、孤儿等群体提供服务的组织,几乎都在注册登记方面遇到了各种困难。而以成员为基础的强势群体的社会组织,如女律师、企业家、市长、新闻工作者等,获得发展的环境相对宽松。弱势群体的利益代表受阻,反映了社会资本的分配不均。政府限制公民社会组织发展的政策，加剧了这种分配的不均。不过，这个问题目前还是"次要矛盾"，从属与我们上面分析的主要矛盾[①]。

　　① 参见 Chen，M. A.，1996，Engendering World Conferences：The International Women's Movement and the UN. N From Daly，Mary，2003，Governance and Social Policy；Journal of Social Policy，32，1，pp. 113—128. Gordon White，Jude Howell，and ShangXiaoyuan. 1996. In Search of Civil Society：Market Reform and social change in contemporary China. Clarendons press，Oxford Hunt，A and G. Wickham (1994)，Foucanlt and Law towards a Sociology of Law as Governance，London：Verso. Jin，Yihong，2001， "The All China Women's Federation：Challenges and Trends"，in Hsing，Jaschok and Milwertz，2001，pp. 123—140. 吴锦良：《政府改革与第三部门发展》，中国社会科学出版社 2001 年版。俞可平：《中国公民社会的兴起与治理的变迁》，社会科学文献出版社 2002 年版。张钟汝、程福财：《民间妇女组织的兴起与妇联组织的回应》，《中华女子学院学报》2002 年第 5 期。

影响女性成功的原因①

马捷莎、董晓萍

"一个人，仅仅因为是女人，她要踏上布满荆棘的科学研究之道，就必然遭到比男人更多的挫折……"这句话是大数学家高斯有感于俄国女数学家柯瓦列夫斯卡娅的成就而发的。他还说："她们必定拥有最高的胆略，非凡的才干和超人的禀赋。"

纵观古今、横看东西，须眉们驰骋于政治、经济、军事、文化、科学、文学和艺术等领域，业绩辉煌。可究竟有几多女性在历史上留下了她们的足迹？所谓"不让须眉"，至今不过是巾帼们未了的希冀。

对于男女成才的反差，许多人（包括女性自身）都将其归咎由女性智能上不及男性。但是，现代脑科学表明，男女大脑的生理结构和智商指数基本上是相同的。男女思维上存在某些差异，但是：第一，这些差异是互有长短，并非男优女劣。第二，这种差异实际上"比家犬与猎犬的原始差异小得多"（亚当·斯密）。因此，影响女性成功的障碍并不来自女性自身的智能条件。

那么，究竟是什么制约着女性的成功率？我们认为，其障碍有内外两个方面的原因。所谓外部原因就是社会原因，所谓内部原因就是女性自身的素质。

---

① 此文原收入王宁等主编、首都女教授联谊会编《繁花絮语》，北京邮电大学出版社 1998 年版，第 205—213 页。

第一，社会原因。

女性发展的社会障碍主要是性别歧视，这种性别歧视表现为显性和隐性两个方面：

首先，显性的性别歧视主要表现在职业歧视和家庭歧视方面。

从职业上看，女性就业率低于男性，职业质量也低于男性，就是说，社会给女性成功提供的机会要少于男性。据报载，近些年在我国就业市场上，约有70％的用人单位标明只招收男性。又据《光明日报》载，某用人单位在北京外国语大学招收毕业生，宁招聘有不及格成绩的男生，也不招聘成绩优秀的女生。在工作报酬方面，我们中国基本上做到了男女同工同酬，而在世界大多数国家则男女同工不同酬。

从家庭上看，女性的家务负荷远远超过男性。1989年，北京市妇联、广州市妇联、香港大学携手对京、穗、港的8000多名职业妇女进行调查。结论是："妻子肩上的担子越来越重"而"女性面临沉重的家庭负担首先表现在家务劳动上"，"她们平日（不含周日）的平均家庭劳动时间北京为3.59小时，广州为5.03小时，香港为4.40小时。每日家务超过5小时的，北京为29.9％，广州为35.8％，香港为30％。"上海有人对166名已经取得成绩的妇女进行调查，尽管她们绝大多数都得到丈夫的理解和支持，但其中仍有87％的人要承担大部分家务。而且，就是这些被丈夫理解和支持的事业有成的妇女，其中仍有38％的人认为："在目前的条件下，妇女难以同时胜任事业和家庭的说法是有一定道理的。"此外，性别歧视还表现在家庭暴力方面。家庭暴力包括殴打、残害、性虐待和强制性婚姻等方面。《中国妇女》一篇题为《"家庭暴力"白皮书》的文章披露了令人惊讶的事实。作者对北京东城区10个街道居委会进行调查，每个居委会辖区都发生过丈夫殴打妻子的现象。对106名离婚妇女作调查，因不堪忍受丈夫毒打而离婚者占46％。上海有关部门统计，1986年上海市因家庭暴力致死的妇女占人身伤害案件的6％。在标榜女士优先的西方国家，在尊重妇女的光环下也掩盖着压迫妇女的现象。

其次，隐性的性别歧视主要体现在社会心理方面。

自古以来人们就将女性的社会角色定位在家庭中，把女人视为丈夫的附属品和家族传宗接代的工具。这从中国的"女子无才便是德""养儿抱蛋，缝衣做饭""不孝有三，无后为大"，从西方"女人是生育的机器""女人的名字是弱者"的观念中，从世界性的姓氏随夫中都可以清晰地反映出来。

尽管传统社会中过于歧视和贬损妇女的话语在现代社会一般不再流传了，但是"女不如男"依然是普遍的社会心理。对于这一点，一位获得诺贝尔奖的女科学家深有感受，她说："女子要做出双倍于男子的成绩，才会被承认有男子的一半那么好。"这可真谓一语中的。著名的英国元帅蒙格马利在看了京剧《穆桂英挂帅》后说："让女人当元帅的男人不是好男人，让女人当元帅的女人不是好女人。"在 80 年代改革开放的中国，曾经就女性的社会角色进行了一场不大不小的讨论，讨论中坚持女性应走出家庭、走向社会的多为女性，而认为女性应"回归家庭"的则多为男性，其中还包括具有一定知名度的作家。

应该承认，资产阶级革命以来，女权主义运动风起云涌；社会主义革命以来，妇女解放运动汹涌澎湃。因此，现代妇女的地位与旧式妇女相比已经不可同日而语了。但是，也还应该承认，当今的世界依然是男性中心主义的社会。冰冻三尺，非一日之寒，要从社会心理的层面上消除性别歧视是不可能一蹴而就的。

第二，女性自身的因素。

掣肘女性成功的自身障碍表现在生理和心理两个方面：

首先，生理障碍。

妊娠、生育、哺乳、抚养……这是自然赋予女性的任务。一方面，它给女性带来愉悦，可同时也在身体上、精力上和时间上给女性带来压力。前些年，《中国妇女》杂志曾介绍过一位女研究生的经历："文化大革命"将她和她的同代人抛出了惯常的求学轨道，而使其步入了知青的行列。恢复高考后，她以第一名的成绩考上了一所全国重点大学。可是作为女人，一个年纪已经不轻的已婚女人，入学后她怀孕生育了。一系列的难题接踵而至：孕期反应强烈、重度妊娠中毒、难产剖腹、产后孩子的拖累，加之没有自己的住房以及经济的拮据……但是，她努力奋斗，终于以全优成绩毕业并以本专业第一焜的成绩考取了研究生。她虽然成功了，但是，那些与她取得同样成绩或者成绩更大的男性，何需付出如此大的代价？

其次，心理障碍。

女性发展上的生理障碍是自然规律，因此是无法抗拒的。而心理障碍才是女性发展的主要障碍。女性发展中的心理障碍是很复杂的，突出的有这样几个方面：

1. 自卑感。"女不如男"不仅仅是男性的普遍心理，同样是女性的普遍心态。心理学家发现，许多女性被"希望失败"的念头控制着。美国哈佛大学心理学教授马蒂娜·霍纳尔指出："根据某些研究推测，当一个女生修完大学一半课程时，她的内心会因学业成就和本性之间的冲突而焦虑不安，有一项研究显示，若以初中生做受试，怕成功的女孩占 47％，但若以一群能力很强的女大学生做受试，比率就会提高到 88％。"由于女性越临近恋爱婚姻，心理负压就越大。一些男性总会有意无意地发出暗示——没有人会把女性成就欲强作为择偶的标准，美貌温柔永远是男性对女性期待的主潮。女性们真切地受感到世俗之网的笼罩，除非有极强的成就欲为动力，否则很难克服本能之力与外部压力的双重牵扯。在无法改变现实的时候，只好调整自己，降低自己的发展目标。高层次的知识女性尚且如此，未受过高等教育的妇女就可想而知了。

2. 依赖感。平平庸庸、甘拜下风、甘做弱者，是相当多数女性的处世哲学；"嫁汉嫁汉，穿衣吃饭"，依靠男人，成家而不立业，是相当多数女性的生活观念。在 90 年代中期《光明日报》关于"嫁得好与干得好"讨论中，不少女性认为于得再好也不如嫁个好丈夫。有一篇题目为《女人不难当》的文章，针对"做女人难，做名女人更难"的慨叹，发表了这样的看法："其实，女人最好当了。"不是吗？"能做出成就，人们会因为你是女人，是成功者中的珍稀动物，而像保护大熊猫一样宠着你。做不出成就，反正是女人，还会得到一份原谅。混得最不济时，还有嫁人一条路呢。"对男性的依赖感并不仅仅表现在女性的心态上，而是真真切切地表现在社会生活中。一些女性"傍大款、当小秘（蜜）"，甘心把自己的命运寄托在有钱的男人身上。有些女人一旦被负心的男人抛弃，便觉得一切都完了。在法庭宣判离婚后，女性当庭自杀的事件已不止一次地见诸报端。80 年代初期，热闹一时的所谓"秦香莲上访团"也是比较典型的例子。由于新《婚姻法》放宽了离婚界限，因而一些有外遇的男子相继提出离婚。被判离婚的妇女以秦香莲自居，将自己置于弱者地位，组织起来不断上访以寻求保护。其实，这些妇女并未达到古代秦香莲的水准。秦香莲是自强自立的，只是在陈世美企图杀人灭口时才击鼓告状的。

3. 女性的兴奋点、关注点，过度集中于家庭，很难超越对家庭的责任感，也是影响女性对事业关注的原因之一。当然，对家庭负有责任感决不是坏事。家庭是社会的细胞，对家庭的责任感是对社会的责任感的一部分。社会发展和文明进步需要一代人比一代人更强，因此培养后代也是母亲义不容辞的责任。而且，人生的列车是双轨的，只有事业的成功而没有家庭的美满，就像行在单轨上的列车会要倾覆的。然而，问题在于"过度"，女性普遍将精力过度倾注于家庭而不是事业。比如，女性在一起话题常常是孩子和家务，而男性在一起话题常常是工作和业务，而某些男性对家庭的超越则是女性无法想象和难望项背的。比如，原苏联的火箭之父巴布基尔采夫在新婚燕尔就离开百般温柔的妻子去进行试验，妻子后来失望地离开了他。11 年后，他回到家乡，看见妻子抚养着一个 11 岁的男孩。一问，原来是他自己的儿子！试想，即使事业心再强的女性能够做到这一点吗？由于女性的兴趣过度倾注于家庭，因此与男性相比，女性的视野相对狭小，心胸也相对狭窄，这就势必影响女性的整体素质和全面发展。

随着社会的发展，人类最终将走向男女平等。当然，这需要社会和女性的双向努力。从社会方面看：一方面，要实现家务劳动的社会化以解放妇女；另一方面，需要社会消除性别歧视，在各种问题上不是把性别，而是把能力放在首位。从女性方面看：妇女要为消除性别歧视创造条件，提高自身素质，自尊、自爱、自信、自强、自立，从而使整个社会从心理意识的层面，而不仅仅是从形式的层面上尊重妇女。

中国现代女性观的变迁[①]
——兼谈当代中国知识女性的文化困境

董晓萍、马捷莎

在当代中国，女性的观念、女性的地位和男女之间的关系已经在发生变化。这一变化的根本意义在于，它向思考女性的生理性别和社会性别的现代观念提出了挑战。

所谓中国的现代女性观，指 20 世纪以来，上层精英从社会性别的角度，认识妇女和解放妇女。在此基础上，还形成了一套女性教育的政治和文化的新传统。此外，中国悠久的民俗文化传统，从民俗内部的规定性出发，主要从生理性别的角度，确认女性的社会地位，它延续至今，仍在相当程度上左右着中国妇女的发展。这两种传统的关系，有时对立，有时交叉。五四以来的妇女研究和社会实践，主要把发展女性的社会性别特征当作支配性的目标，这方面所做的工作，是现代中国妇女运动成果的重要组成部分，但也不无偏颇。而当代中国的社会变化已表明，这两种传统，其实都在对女性自身的发展起作用，女性研究（包括知识女性研究）对二者不好顾此失彼。下面试就这类问题，稍作进一步的阐述。

一 精英学术传统中的现代妇女观

男性，是中国现代精英学术传统的主角。21 世纪以来，在男性的学术活动和政治意识形态的研究中，我们所能看到的被描述的女性情景是：女

---

① 此文原收入王宁等主编、首都女教授联谊会编《繁花絮语》，北京邮电大学出版社 1998 年版，第 228—240 页。

性在社会和政治中是无权的，在文化中是无足轻重的，在血缘宗法制度中是家庭成员的生产者，在自然经济生产中是传统劳动力。总而言之，男性是思想，女性是肉体；掌权的是男性，女性则不过是男性社会的牺牲品。

20世纪初以来，一些文化先驱首先从社会性别的角度，指出了女性所处的这种不平等的社会政治地位。康有为在《大同书》中，把其中的原因归纳为两条，一是轻视女子，二是男女有别。他那个时代的女性连受教育的权利都没有，谈何存在知识女性阶层呢？

"五四"运动提出了解放妇女的口号，但当时的趋势是由男性知识界启蒙女性，途径是发展妇女教育。土地革命时期和战争年代，女性解放的标尺变为女性社会性别的男性化，鼓励妇女继续当娜拉和当兵打仗等。解放后，妇女大翻身。获得了受教育的权利，政府还在很大程度上解决了妇女的职业化问题，如招女工，提拔女干部、培养女知识分子，还形成了高校女性的知识阶层等。时间转眼过了将近一个世纪。中国的女性，普遍接受了从杜会性别的角度认识女性的观念，并习惯了为女性所规定的男性化特征。到"文化大革命"期间，在样板戏中的女主人公身上，这个特征被夸张到了极至，一首民谣记录说：

> 灯光一暗，
> 出来坏蛋；
> 二胡一响，
> 回忆以往；
> 一个铁姑娘，
> 站在高坡上，
> 伸手指方向，
> 歌唱红太阳①。

我们也听得出，人们对这种男式"铁姑娘"其实并不怎么喜欢。

中国当代社会的改革使中国的女性和男性面临了同样的失落。其中，女

---

① 段宝林编注：《当代讽刺歌谣》，辽宁人民山版社1993年版，第57页。

性的失落，表现为犹疑于现代传统与当代变迁之间，一时竟不知如何做女人才好。传统的过于保守，当代的又有些不习惯；一方面受着现代生活的诱惑，一方面又受着文化传统的束缚。她们开始无法为自己找到圆满的真善美。另一方面，随着改革开放后物质生活水平的提高，计划生育给女性带来的家庭解放，同时也部分地受到西方思潮的影响，女性的生理性别意识，迅速地从被压抑的状态下释放了出来。近年来，中国的女装潮和知识分子气质的女名模的出现；女鞋潮和轰动一时的意大利马队进京；女星族、大姐大与男星族和大哥大的抗衡，波及高校的健美潮和女大学生对女教授的女性外形与风采的想象，等等；这些方面开禁的惊人速度，正是对女性发展的生理性别的需求的力证。永远的女人，不用说，正在成为各阶层女性的当代共识。

当然，在当代社会，确认女性社会特征的现代观尽管受到了冲击，但也还没有到失去其主流地位的程度，这在高校女知识分子阶层中间表现得尤为明显。最近，我们对女大学生对女教授的看法做了一个初步调查。可见三点：第一，一个具有女性生理特征的人居于女教授的高位还不是很平常的事；第二，位于这样高知阶层的女性，她们的行为模式，容易被理解为是男性化的（按照男性的方式说话、办事和穿着等）；第三，由于社会性别系统是权力系统，因此，它容易与经济、家庭、政治等其他以男性为中心的社会机制发生相互联系。高知女性为了赢得自己的正统地位，就不得不直面后者，并恰当地处理后者，以为自己创造社会机遇。

二　中国民俗文化传统中的女性观

我们还要强调，当代中国女性意识的改变，不能都归结为西方文化的影响。中国传统的自然文化——民俗文化，就十分重视从生理性别的角度来选择和规定女性。大家熟悉的《康定情歌》就是一个例子。李家的大姐被张家的大哥所爱慕，第一条优点，就是她的"人才溜溜的好"。据民俗调查，这里的"人才好"，指的就是女性具有突出的生理特征。

当然，在中国长期的传统社会观念中，占统治地位的是孔孟之道。但过去我们只批判孔孟轻视女性，却较少地看到他们也并不是全盘地否定女性。他们对女性中的母性之德，还是意向肯定和赞许的。在这一点上，中国历来的精英大化与民俗文化存在着一致性。那孟轲之母的母性、岳飞之母的母性等，还是几千年来中国文化的歌颂对象。这里的所谓的母性，中国人几乎家喻户晓，那就是慈爱、博大、贤德、善良、宽仁、正直、持节，明智、牺牲和勤俭等①。这种伟大的母性，直到"五四"，直到"文化大革命"后的今天，仍被中国人民所传颂。王元化在他的《思辨随笔》中说：

> 我们都亲身经历了十年内乱的大灾难。也有不少人经历过和影片《天云山传奇》中的罗群相类似的命运，在他们身边同样有着冯晴岚式的女性：母亲、妻子或姊妹。虽然遭遇不尽相同，但她们都和冯晴岚一样，甘愿默默地做出自我牺牲，相信自己的亲人是正直的。记得"四人帮"被粉碎不久，我读到巴金第一次发表他所翻译的《往事与随想》的几章，其中有这样一段话："没有人（除了女人）敢于表示同情，敢于替那些昨天还同他们握过手，可是在夜里就给逮捕的亲戚、朋友说一句好话。……只有女人不曾参与这种抛弃亲近的人的可耻的行为"。这几行字当时曾使我心情激荡不已。自然，我并不认为在我们这里也只有女性才具有这种可贵的品质，但是残实有不少女性和冯晴岚的行径几乎完全一样。她们要比具有同样品格的男性多得多这些女性是足以引为我们民族自豪的②。

民俗文化重视女性的生理特征。但如果女子经过奋斗，进入了社会特征的系统，便会倍受赞扬。例如：在女性与政治方面，有被徐渭的杂剧《女状元》所描写的官至司户参军的五代女子黄崇瑕等；在女性与教育方面，有弦歌不绝的孟丽君，她"连中三元作翰林，博学多才有大名"（《再生缘》）；在女性和军事方面，有花木兰和杨门女将；在女性和文学艺术创作方面，到明清时期已涌现了大批才女，在当时出版的诗集中，女才子作者竟多达 3000 多位。

---

① 李振刚：《现代中国人的道德困境及其补救》，《中国人民大学学报》1997 年第 1 期。
② 王元化：《思辨随笔》，上海文艺出版社 1994 年版，第 332 页。

　　上述例子，当然，部分是正史，部分是传说。但她们来自民间，可以反映民俗文化中的女性想象，这是没有疑问的。而民俗，既解释传统，也选择传统和改变传统。民俗的传承正是依靠着这种方式，才能达到和现实社会相认同的结果从这个角度看，女性的解放，女性地位的改变，有时要在民俗内部进行，如与女性密切相关的家庭问题和儿童问题等。民俗学家指出，与此不同的是，有人认为，女性从事传统上男性从事的职业便是改变权利的体现；或者认为男人干什么，女人也干什么，就是女性民俗。这实际上是在计算工作量，谈不上是在文化意义上讨论妇女问题，更谈不上体现了男女平等的意识。接着说刚才提到的中国母性，它就是具有深厚群众基础的中国民俗文化原型。它直到今天，依然是中国人的文化观念中不可动摇的组成部分。伟大的母亲养育了世世代代优秀的中华儿女，其中包括圣贤与平民阶层中的男女英雄。这种民俗原型中的许多美好的东西，都具有超时代性和超阶层性完全可以被用作历史遗产，辅助推动当代中国新女性的形象塑造工作和社会主义精神文明的建设。举个眼前的例子说，就是在当前举国上下关心的纠正党风和社会风气的工作中，女性，在人们的谈论中，比起男性，依然清清爽爽，成分群众歌颂的对象。80年代有一首歌谣说：

　　　　多吃菜，
　　　　少喝酒；
　　　　听老婆的话，
　　　　跟党走。

　　它以民间特有的幽默，表扬了由中国女性起监督作用，男人们所乐于奉行的利国利家之道。到了90年代，这首歌谣发展为：

　　　　临走老婆有交待，
　　　　少喝酒，
　　　　多吃菜；
　　　　吃不了，

带回来,

    路边的野花不要采。

民谣仍以夫妻之间特有的语言,以女性的模式,表达了群众反对吃喝风、家和万事兴的中肯愿望。这样的民俗原型,用这样的民俗形式表达,不是很有生命力的吗?这样的民间女性,比起前面提到的那个"铁姑娘",不是更可爱吗?

三 中国的当代知识女性形象与两种传统的关系

当代知识女性遇到了新的困境。例如,就业难与爱情婚姻的挫折等。这里有社会因素,也有进入 90 年代以后,一部分中青年女性知识分子思想意识的变化,所带来的倾向主要有:拒绝崇高,走向庸常;拒绝奉献,走向私欲和矫情;拒绝寒窗冷凳,走向商业化的妙卖;拒绝尊师重教,走向权钱利益;以及拒绝校内教育的贫困,走向校外教育的富有等。这里的困境和这种有压力的社会性别关系是如何造成的?以及怎样才能改变这种局面?

首先,要提倡高校女性建设现代的道德观念和树立现代的人格理想。现代化是一个世俗化的过程,它所致力发展的科技进步、商品经济、民主政治、人的全面发展,都是实现人的存在价值的手段和过程,但不是人的存在价值的终极目的。当我们把世俗过程当作终极目的来认识,把人生的全部意义都倾注于世俗生活,却不能在理想和现实之间保持一定的距离的时候,就会出现上面所说的几种迷走的困惑。在这种情况下,这些女性就丧失了自我的理想空间和超越世俗观念的能力,"变得那么浅薄,那么急功近利,那么斤斤计较,那么容易满足有限的成绩,那么精心地营造个人生活的安乐窝。而对现代化进程的挫折,则表现了深刻的失望感,情绪焦虑和信念危机"[①]。这种精神上的走失,只有通过优秀道德情操建设和理想信念建设的方式来解决。

其次,提倡建设现代知识女性的新道德价值观和理想信念,这些观念

---

    ① 李振纲:《现代中国人的道德困境及其补救》,《中国人民大学学报》1997 年第 1 期。

的建立，表现在对以下女性热点问题的认识中。

现代女性的事业观的范畴。比方说，在现代社会，女性要取得和男性一样的机会，就要对自己的社会性别进行再确认，高级知识女性尤其如此。现代工作方式和现代生活方式对男性素质的要求，同样也是对女性素质的要求。在高科技知识的标准面前，人人平等。你可以要求领导照顾女性，但你不可能要求电脑照顾女性。因此，在现代化的条件下，女性要发展，就不能再陪在女人的同性观圈子里顾影自怜，而要学习从异性观和双性观的角度，观察问题、分析问题，并寻求与男性的社会合作；应该追求在事业上人人竞争，在生活上理解宽容现代人际观和外在的实用性与内在的道义圆满性相一致的事业目标。

现代女性的事业观的内容，还应包括女性的主体性、时间观、女性人生经历等方面。注意到这一点，女生的生理性别问题就能找刻转入社会性别系统的机遇，从而为自己赢得社会位置创造条件。最近出版的首都女教授自编散文集《繁花絮语》第一辑，是一本值得一读的好书①。在这本书中，女教授的主体性、时间观和女性人生经历，表现了以下四个共同特点：

（1）要意识到自己是女性，但又不能时时刻刻意识到自己是女性；

（2）有时间的女性是勤奋而独立的女性，但又是善于与男性合作的女性；

（3）保持昂扬向上的奋斗精神；

（4）崇尚情操，注重名节。

现代女性的知识技能观。中国传统的女性教育尚德化而轻技艺②。这种思维方式影响深刻，至今还有影响。今天我们的女大学生和女研究生还为自己取得的优秀学业成绩而忧心忡忡，担心未必被相处的男友欣赏，未必走出校门后被男性社会所接受。这种心态，阻碍了当代女性持续进取的脚步。

---

① 王宁等主编：《繁华絮语》（第一辑），北京邮电大学出版社 1997 年版。
② 曹大为：《中国古代女子教育》，北京师范大学出版社 1996 年版。

女教授教育女大学生的优势

仲　鑫

　　女大学生是女性学习群体中的优秀者，但与男生相比，她们也面临着相对复杂的环境和机遇。在女大学生的教育工作中，女教授的优势比较明显。在女大学生走向社会前的最后这段大学生活中，女教授对她们的影响既直观、直接，又深刻、深远。本文综合性别研究专家、教育界同行和自身从事高校教育工作25的经历，略抒拙见，主要谈谈女教授在女大学生教育工作中有哪些优势？女教授应该如何关注和引领女大学生健康成长？

一　女教授在女大学生教育工作中的优势

（一）性别优势

　　在教学中，我们常看到这样的现象：一些性格内向或能力较差的女大学生，有问题不太好意思问男老师，她们找来同学的作业，煞费苦心地把作业抄得整整齐齐；相反，在女教授面前，问题就简单得多了，这是为什么呢？因为女大学生通常更在意异性评价，而面对与自己同性的女教授，她们不再需要裹着女性自我保护的外衣，可以比较真实自如。近年来，随着社会开放程度和范围的扩大，女大学生渴望沐浴爱的阳光。但是由于生活阅历的缺乏和恋爱中的盲从，导致相当多的女大学生都有恋爱受挫的经历，其中少部分人因为不能正视恋爱的挫折，无法排遣失恋的痛苦，出现消沉悲观的情绪反应。女教授以自己与生俱来的含蓄和体贴等性格优势，比男教师更容易走进女大学生的心灵，常常能恰到好处地拨动女大学生那如丝一般细的心弦，平复对方受伤的信，帮助女大学生从挫折中获得成长。

（二）年龄优势

女大学生的年龄区间为 18 岁至 23 岁，第二性特征的出现，生理上的急剧变化带给她们心理上的影响还远没有消除。进入大学以后，由于相关生理知识的缺乏，加之很多院校缺少必需的咨询渠道，本属于常识性的生理问题往往成为一些女大学生心理困扰的根源。她们既要面对生活的诱惑和学习的挑战，又要面对就业竞争的压力，有时还需面对爱情失意等情感失落和复杂的人际关系。由于需要与可能，现实与理想，依附与自主等矛盾的不断碰撞，使她们感到孤独，却往往又不轻易向别人表露。女教授所具有的突出的"心理柔韧性"，使她们遇事不惊，较好地抑制不必要的冲动，沉着坚定地完成预定的任务。女教授作为过来人，容易帮助女大学生摆脱焦虑和苦衷。

（三）认知优势

女大学生兴趣广泛、求知欲强、并思路敏捷，但也有人常常重效率而轻质量，造成意志的薄弱和易变性。她们的感知也容易受一些幻觉的干扰，综合判断缺乏准确性。女教授学有所成，知识面广，除了敏锐的直觉，她们的抽象思维和逻辑思维训练有素。女教授更善于在潜意识下对所看到的现象进行理性的分析和综合，有很强的辨别能力和概括能力。这种成熟和稳重是女大学生十分欠缺的。女教授思维的敏锐、事业的勤奋、行为的自信，以及她们优雅的气质和乐观的态度，都会像一串串无声的语言，使女大学生们受到启迪和激励，并渐渐地从思想上的认同转变为行为上的效仿。这种鲜活生动的示范作用是男教授所不能替代的。

二　女教授对女大学生的影响

（一）影响女大学生健全人格的形成

女教授将教育手段、教师人格和女性高知普遍趋向平等的特征融为一体，产生独有的魅力。大学生是一个处于社会阶层流动阶段的受教育群体，是一个渴望得到平等关注的特殊阶层，女大学生在这方面显得更为敏感。女教授是女大学生模仿的对象。女教授与男教授的平等成功和人格魅力，在无形中影响女大学生，对女大学生价值观、世界观和人生观起到塑造作用，有利于女大学生健全人格的形成。

（二）影响女大学生学业的质量

女教授越关爱女大学生，女大学生表现出来的学习态度越好。良好的师生关系使女大学生积极主动地参与到学习中来。女大学生课堂上的积极参与，会促进女大学生学业发展。构建和谐的女性师生关系，既能增加女教授对大学生的了解和帮助，又能使得女大学生从内心产生出对学科的兴趣，在学习过程中积极读思考和参与讨论。一个一些女大学生甚至对于本来不感兴趣的学科，却因为某位女教授的原因，改变了专业选择。女教授的教学关爱和学术质量对女大学生的学业质量有直接的影响。

三　女教授对女大学生成长的关注

正因为女教授对女大学生的影响很大，因此，女教授应该与女大学生建立自觉的师生关系，积极发挥自身的优势，促进女大学生的健康成长。

（一）女教授应该为女大学生树立良好的形象

女大学生经常会将自己与女教授之间进行比较，女教授的形象成为她们的关注点。女教授应当为女大学生树立怎样的良好形象呢？我认为可以概括为以下三点：

一是崇高的人格形象。女教授应当是一个有坚定信仰和高尚品德的教师，热爱祖国、热爱教育事业、热爱学生、诚实守信、谦虚友善、乐于奉献。女大学生能从女教授身上感受到高知女性人格魅力的强大召唤。

二是渊博的学识形象。女教授应当有渊博的知识，深厚的科研基础，出色的学术表达能力，也有充分的成就感。女大学生能从女教授身上感受到知识就是力量。

三是优雅的女性形象。女教授同时还应当表现出女性的长处，装束优雅、温文尔雅、端庄大方、聪慧高洁。女大学生能从女教授身上感受到女性的极致之美。

（二）女教授应该对女大学生多做赏识激励与挫折教育

女大学生都有各自的优点，女教授要善于发现和鼓励，让女大学生产生自信、自强，认为自己有取得成功的能力。

女教授可利用赏识教育的方式，一方面要能掌握每一个女大学生的特点，发现她们的长处后，充分发挥期待和赏识的积极作用；另一方面也要重视女大学生的其他方面的成长，包括品格修养、文明习惯和思想态度等，促进她们全面发展。

女教授可以针对女大学生的实际问题进行正确对待挫折的教育，疏导女大学生对分数和排名的消极情绪。事实上，很多在大学期间成绩不突出的学生毕业后取得了更大的成绩，但不可否认消极学习情绪对学习活动有很大的干扰，造成学习成绩不理想。女教授对女大学生进行认识失败与挫折的心理教育，引导她们根据自身实际调整自己的期望值和目标，增强自信心，通过自身努力争取新的进步。

（三）女教授应该多与女大学生进行沟通，拉近心理距离

女教授要把大部分精力花在备课、科研、会议与家庭等方面，很少有时间与女大学生进行情感沟通，而女大学生又很希望与女教授有直接的交流。女教授可以通过各种平台实现与女大学生的交流，如利用网络化时代的各种工具等。

高校女教授可以充分利用自己的优势，承担帮助女大学生成长的历史重任和社会责任，推动塑造中国新女性的工程，并发挥出更大的作用。

榜样·对话·励志

　　不是人人都能像女教授那样有成就，但人人都可以像她们那样不迷失自我和保持积极的心态。女大学生不一定都去做学问，但可以像她们那样拥有高尚、智慧、勤奋、合作和奉献的人生。祝愿女教授们能够骄傲地以独立女性的身份，为自己和别人带来知识与幸福。

——摘自北京师范大学 2012 级大学生微博

对花听语问平生^①

严 优

　　我在北京大学上本科的时候，受益于戴锦华老师各种有关女性主义的课程和讲座，开始对"女性"问题感兴趣。在那之前，和大多数在"新时期"和"后新时期"（或者干脆合起来换成"后现代"）相对宽松散漫的文化语境中成长为大学生的少年男女一样，我对"女权"和"女性"这样的语词有着严重误解，无论它们是作为一个概念体系，还是作为一场运动。在我们一知半解的印象和想象中，"女性主义者"是刘和珍式的五四青年、江姐式的革命先烈、洪常青式的钢铁战士和李双双式的翻身农民杂糅起来的一群激奋的人，"女权主义运动"（那会儿多数人喜欢用这个译名）就是她们拿着标语、铁枪、锄头和革命教科书，去跟作为敌人的男人或作为男人的敌人打仗。于是我们进而想到：这样的人、这样的事显然是落伍于时代的了。我们都是 90 年代的"新新青年"（港台有个词叫做"新新人类"），我们不必再做这样的人、也不必再做这样的事了。所以，就让妇联去关心她们吧……

　　感谢昨天和今天活跃在中国学界、顶风扯起"女性主义"大旗的各位学者们，正是由于她（他）们的不懈努力和扎实工作，对于"性别"的清醒意识和严肃思考才能在中国的学术界扎下根基、形成气候并获得尊敬；也正是由于她（他）们的引领和指点，才会有越来越多的人打开胸襟、放弃成见，不再在男性的话语传统里一厢情愿地自鸣得意，犯和我们当年一

---

　　① 此文原收入王宁等主编、首都女教授联谊会编《繁花絮语》，北京邮电大学出版社 1998 年版，第 214—218 页。

样的错。

现在，广播电视等各种新闻媒体，不断制作出多角度全方位的新颖别致的"女性"节目，直接间接地领导了潮流、响应了时髦。现在，受过女性主义思想熏陶的人在思考和交谈时会常常向自己提问："我这样说，在多大程度上是接近基于性别差异的真实的呢？"……凡此种种，甚至让人感到几许坐享其成的幸运和欣喜。

我见到《繁花絮语》第一辑，是在今年一个暮春的中午。虽然我刚刚提到现在与"女"有关的书都很好卖，但她却并不是我从书店的畅销书架上找到的。事实上，她是"传"到我手中的。那天，我们协助和参与了下午举行的"《繁花絮语》（第二辑）师生座谈会"的筹备工作，导师把这本蓝色的书交到我们几个同学手里，说："看完了有什么问题，可以趁下午的机会赶紧问。"

中午我没有休息，匆匆地把她翻了一遍。由于较长期地关注"女性"问题，我已经学会并习惯了以一种研究的冷眼和旁观的距离去切入我所面对的感性材料。我想许多读者肯定有另一种读法，他们是怀着景仰思慕之心来追随前辈学人的足迹的，他们领略着她们的绰约风姿，同时也感受到她们的精神魅力。我的阅读目的是"探究"，他们的阅读目的则也许是"励志"。

但是在毫无知觉的情况下，我的读法发生了转换。我开始唏嘘嗟呀，我开始泪眼婆娑。阅读之前生硬的理性预设被弃置一旁，我变成了一个普通的"接受"的空筐。事后我想到，促使这一变化发生的原因是：我没有准备好在一本我以为是"成功史"的心灵笔录里首先直面那么多的苦难。是的，我没有准备好。

下午的座谈会热烈而成功。这本书的可爱的作者们就坐在我的面前，可是我一句话也没有问。整整一个下午，我的心仍然被初次阅读时的那些震惊和感动所占据。这些质朴而痛切的故事的主人公，此刻已不再是一个个抽象的名字，她们带着自己的故事起到了故事之外，敞开了自己的心。面对她们，除了敬意，我还有什么话可说？

少不更事的诗人喜欢抒写生死，以为只有他们纯洁的心才能透彻人生的大义；命途平坦的才俊喜欢畅谈理想，以为只有他们未被风尘阻隔的眼睛才能看清人生的方向。可是在《繁花絮语》的故事里，生死被直推到眼前，理想被内化在身体里，她们手提、肩扛、背驮着自己的命运，哭着、也笑着，悲伤着、也幸福着，一步一步拖家带口地走向生命的辉煌——大家共同的生命的辉煌。她们说："生活是严峻的，也是公正的"，她们说："永远不要说放弃"，她们说："路在自己脚下"——她们才是会讲故事的诗人，她们才是力践理想的才俊。

在她们那里，个体生命的卑微与人类精神的崇高神奇地结合在一起了，天已降大任于斯人，故而使她们承受了那么多的劳苦困顿、悲欢离合。在世代风云的变幻中，一个人要放弃生命是多么容易，一个人要沉沦灵魂是多么自然，可是她们选择了生存和升华。活着，有尊严地活着，为了奉献而活着，这就是她们在经历了长久的思索甚至挣扎之后告诉自己和我们大家的答案。在她们那里，没有关于前进动力的浮夸的言语，没有缀饰成功的华丽的辞藻，没有太多关于"终极意义"的形而上的思辨。疼痛而精彩，这就是她们对于自己人生的评语。在她们那里，作为"女人"的人和作为"人"的女人完美地统一在了一起。她们同时维护着"女人"和"人"的尊严，同时恪守着"女人"和"人"的内心准则。她们是学者，也是女儿、妻子和母亲。她们经受了性别带给自己的困扰，却并不躲在自己的性别身份里向整个社会讨价还价。在别人感叹"做学者难，做女学者更难，做一个成功的女学者尤其难"的时候，她们却用自己的亲身体验回答道：做一个成功的女学者，我们是多么幸福。

回到文章开头的话题。《繁花絮语》的作者们大多经历过激奋的"铁姑娘"时代，但是她们却完整地保存了蕴含在自己身上的女性多彩的魅力。她们中的大多数人并不是或者无意成为女性主义者，但是从少女时代起就固执于心的自我实现和愿望和造福人类的理想，使她们在强调女性人格的独立、女性经验的独特价值和女性话语的尊严地位等许多方面都与女性主义者不谋而合。这些杰出的女性含笑走在时代的前Fl，完全不是人们所臆想的"女强人"模样，她忙质朴而本真的笑容向人们展示了"这一群"女性所能够展示的人生的全部美好。

《繁花絮语》注定是一套好看的书，同时，凭了书里书外这个浓得化不开的"女"字，我也希望她是一套好卖的书。因为，有理由让更多的人了解她。

新一代教育者对于性别意识的思考[①]

孙莉莉

上高中以前，我一直不能接受自己是个女生这个现实，我想成为男生，非常想。我想象男生一样到处去玩而不被人称为疯丫头；我想和男生一起去踢球、打乒乓球、爬树而不被推开；我想拥有那个在我出生之前就为我取好的男孩名字；我甚至想和男生一样犯点小错误，被老师批评时还嬉皮笑脸，走出办公室时还一脸的大义凛然……但我始终做不到，于是我开始接受这个现实。上了高中之后，我开始尝试着做淑女：我要自己尽量温柔、安静，说话、行动都要放慢，凡事不要总和男生比个高下，显得自己弱一点，自然会有男生来帮忙……我发现，这样是会得到别人的好评的，但我也发现，自己变得越来越懒惰、依赖了。十几年来，我终于变成了人们认可的女人，懒得再去争论什么"男女平等"，甚至窃喜作为女人可以省去许多麻烦，就像现在大四女生常说的"实在不行就去找个他"。

我的老师史静寰、郑新蓉两位女教授为我们开设了"教育中的性别问题"专题课，当我走进"教育中的性别问题"的课堂，在老师的引导下，在和同学的讨论中再次重温自己成长的历程，重新思考现实中存在的种种男女不平等现象，我才发现原来女人真的"不是天生的，而是被塑造成的"，原来我们一直习以为常的竟是如此的不公平。"教育中的性别问题"为我打开了新的视野，新的思路，我开始思考更多的为什么和怎么办。

这是一门很有意思的课，课上，我们经常会进行一些很有意思的讨

---

① 此文原收入王宁等主编、首都女教授联谊会编《繁花絮语》，北京邮电大学出版社 1998 年版，第 259—263 页。

论。记得刚上大学时，总在感叹师大 的 男 生 太 不 够"GENTLEMAN"，从 不 懂"LAY FIRST"的 规矩，而现在，它却成了我们课堂讨论的话题，而今的理解却又有了另一番感慨。有的同学认为"LADY FIRST"是文明的标志，是古刁女地位提高的表现。有的同学却认为"女士优先"非但不是妇女地位的提高，反而是轻视妇女的表现，正因为西方人认为妇女是需要代表着强壮、勇敢、坚强的男人保护的弱者，才将礼让妇女作为一种绅士风度的体现。而真正的风度应该是"弱者优先"，而不去过分强调男人或是女人。还有的同学认为，无论如何，妇女从原来的"三从四德"，永远跟在男人后边。到现在的可以被优先考虑，总是一种进步，就应该满足了，没必要再去考虑什么"优先"背后的含义了。由此，我们又引出了洗衣机广告"献给妻子的爱"、男女儿童取名的性别取向以及女性是如何在历史舞台上渐渐消失的等等问题。无论我们争论的结果如何，但至少有一点是我们共同的结论，那就是：当初那么习以为常的事情，在这个课堂上，在这种气氛中都变得有点不一样了。许多事情并不是不存在，只是我们一直都没有去注意它，没有去好好思考它。

还有一次讨论也是十分的激烈，当我们讲到社会上往往对女性有一定的偏见时，老师举了这样一个例子：当女学生学习不好时，人们会说是因为她们本来就没有男孩子聪明，而当高考中屡屡出现"女状元"时，他们又说是因为高考出题太注重死记硬背，这是女生的强项，但到了实际操作，女生还是不如男生，不论怎么说，在有些人看来，女生就是不如男生，甚至有些人会说：就算你女生学得再好，毕业还是不如男生好找工作，这就是女生不如男生的最好证明。

我们这些女大学生对这种论调当然是深恶痛绝，我们都是从高考这条"独木桥"上挤过来的幸存者，大家都知道当你的成绩达到录取分数线时仍有两种人在威胁着你：一是有条子的关系户，二是成绩稍逊于你的男考生，"要想取得同等的入学资格，女生必须强于男生"，这就是高中老师对我们的激励。而当我们终于能以优异的成绩挤身高等学府之中时，却又成了不合理的高考制度的所谓"受益人"。当然，至少有一点是被他们说中了，面临毕业、求职，即使是优秀的女大学生仍然处于竞争的弱势。我们学校，我们系，我们班亦不乏当年各省市地县的女状元，难道真如某些人所说，女生真的不如男生吗？

这门选修课不仅给了我思考和发言的机会，也给了我提出问题，寻找答案的机会。一谈到妇女解放人们就会说"这也离不开妇女的自立自强"，甚至有些人会说"别总抱怨妇女社会地位低，也从你们自己身上找找原因，女性要解放，必须克服自身的惰性"……这话也在情在理，但人们是否想过这话后的问题：为什么妇女会不"自立自强"，为什么女性会有"惰性"，为什么"女人"总会和"弱者"相连？作为未来的教育工作者，我决定从教育入手去寻找答案。当我查阅了一些相关的书籍和资料后，我开始着手以下的调查。（见调查报告）（与现场问卷结果相比较，说明"性别角色刻板印象"，提出教育工作者应注意克服，以求为下一代创造平等的环境和机会。）

这就是我学习这门课的一点成果，如今课已经结束，但曲终人未散，思考仍在继续。作为现代的女大学生，我们应尽量克服自己已经存在的弱点，尽管这是我们在社会化过程中遭遇到的不平等造成的，但我们没理由怨天尤人，而是应该在意识到了这一点后，更加努力地完善自己，为自己和更多的女性争取我们应得的平等权利。而作为一名未来的教育工作者，一名新一代的教育工作者，我们不能再复制新的自怜自艾的"女弱者"，我相信，改变可以从我们开始，改变应该从我们开始。

天生为女[①]

刘　畅

念本科的时候，曾经读过首都女教授自编散文集《繁花絮语》的第一辑。头一回看到这样一本由我们所尊敬的女老师写给我们这些女学生的书，又感动又新奇。一时间，这本书在女生楼里"疯狂"地流传起来。

念研究生了，又发现了《繁花絮语》的第二辑，同样是女教授，同样是她们细腻的笔触和诚挚的心灵。在紧张的学习之余，细读这样的一本书，不禁浮想联翩……

小时候，曾经很骄傲自己是女孩：女孩是家长、老师经常称赞的对象，因为她们文静、听话，总是干干净净、秀秀气气，甚至连学习成绩一般都比男孩好。当然，她们还可以毫不掩饰自己对于漂亮衣服的喜好和对于零食的贪婪。然而，随着年龄的增长，女孩的"优势"却日渐微弱，尤其在进入大学以来，生活、学习、社会工作的方方面面都给人一种女孩不如男孩的心理压力。毕业分配是女孩最受打击的一关："我们单位女生太多了"；"这种工作男生比较适合"；"我们想接触一些男同学"……各种各样的表述方式，潜台词都是一句，"不要女孩"。失败，没有别的原因，仅仅只是因为性别。尽管我自己在毕业时很顺利地找到了几个比较合意的工作，但从同学的种种故事里听到了太多这样的不公平。对此，我们愤怒，我们抱怨，我们又无可奈何。

说不清是因为什么，我在找到了一个在大多数人看来可以满意的工作

---

① 此文原收入王宁等主编、首都女教授联谊会编《繁花絮语》，北京邮电大学出版社 1998 年版，第 223—225 页。

之后，却又选择了读研究生，读一个在大多数人看来"枯燥"而无"前途"的专业。但也恰恰是这一机缘，使我有机会更多地接触到终身从事这个枯燥又不可缺少的专业的女教授，使我更加了解她们的学识、人品、经历——本科时对先生们零碎的了解和听闻，渐渐化成清晰的影像，叠印在每一天先生谆谆教诲的身影上。而所有这些纷纷片片、林林总总的印象，又最终在《繁花絮语》中得到真切的印证：生活给了她们无数的坎坷与重负，她们却从中提炼出通达、乐观、正直、高尚；真正的苦难和历练之后，复归于夕阳下的宁静，再无须多余的言辞。在缤纷的繁花之下，娓娓絮语共曾经飞扬的青春翩然舞动，杜鹃啼血，婉转鸣唱间，：过滤了既往的不堪，还莘莘学子和世人一派明净。

与之相比，我们的怨天尤人实在太幼稚了。

无疑，我们这一代人经历了太多的顺利和太多的赞扬。但太短的生命历程却并没有在此同时教会我们如何去面对可能到来的失败与打击——尽管后者实际上蕴含了更多的生命意味，更加接近于生命的常态。所以，这一代人的生命脆弱、躲闪、少决断；所以，这一代人离不开别人的看守、呵护和善意的纵容；所以，这一代人不懂得珍惜，不懂得感恩。

所以，这一代人应当平心静气地读一读《繁花絮语》，读一读我们的女教授在她们的大寂寞与大悲哀之后的平静，和这平静之下巨大的精神力量。

毕竟，凌驾于客观环境之上的，仍然是我们的精神。

——在这个女性生存仍然艰难的年代。

追寻人生的速度①

丁雪梅

　　拿到这本首都女教授自编散文集《繁花絮语》，我首先拜读了王宁老师的文章《舷窗》。这倒不是因为我和王老师有多熟，恰恰相反，来北师大已经快半年了，我还没有见过她。记得开学初选课时，宿舍里其他同学都选了王老师开的"十三经注疏讲读"，唯独我没选。一个从北师大保送上来的同学用惊诧的目光看着我说："这可是王老师开的课哦！"但是出于对这门课的难度的恐惧，我最终还是没有选。可是在这个学期里，我常常听舍友们谈起王老师，她知识多么渊博，讲课多么精彩，对学生要求多么严格，每当此时，我就为自己是个"局外人"感到后悔，我错过了一个跟随王老师进入学问的世界并且亲身感受她的治学境界的绝好机会，希望以后有机会弥补我的遗憾。

　　在一个偶然的机会里，我得知王老师是位女老师，大吃一惊，于是便更加敬佩她了。我后来想，为什么自己在很长一段时间里都想当然地把王老师当作男老师？也许在我的潜意识里，一直以为只有男老师才能把如此艰深的学问做得如此出色。虽然我认为女性可以在事业上取得和男性一样大的成就，但同时我又认为这种可能性比较小，所以我就理所当然地把在学术上颇有建树的王老师当作男老师。我这种心理也许可以代表大众的普遍心理。如果一小女子和一个男子在事业上都取得了相当大的成功，人们往往更加佩服那个女子，因为她付出的代价更大。我们的社会还没有给予

　　① 此文原收入王宁等主编、首都女教授联谊会编《繁花絮语》，北京邮电大学出版社 1998年版，第 226—228 页。

女性同时获得家庭幸福和事业成功的可能，在大众根深蒂固的意识里，女性的位置还是在家里，她们往往只有工作而没有属于自己的、可以充分体现自身价值的事业，久而久之，女性自身也就失去了对事业的渴望，有一份不错的工作足矣，她们认为自己的价值就体现在丈夫和孩子身上。因此那些不满足于家庭生活、努力追求事业成功的女性注定要付出比男性更多的代价，而成功的可能性也就随之减少。

王老师无疑是少数成功女性中的佼佼者，在《舷窗》这篇短小而优美的散文里，浸透着王老师深刻的人生感悟，也许我们可以从中体会到她成功的秘诀之一。飞机的速度使我们能够在短短两个小时里看到大自然昼夜交替的千姿百态。运动的速度可以克服时间的短暂，让广阔的空间进入我们的视野。人生是短暂的，又是美丽的，有那么多东西值得我们去追求，这其中最吸引人的便是家庭和事业，对于女性也不例外。那么如何在转瞬即逝的生命历程中体味到无比丰满的生命之美呢？王老师的答案是：速度。"人生当追求辽远，不然便去追寻速度"，而辽远的获得正是因为我们加速的努力！

愿所有人都能在追寻人生的速度中达到人生的至真至善至美之境！

愿她们的今天就是我们的明天[①]

金 靓

北京师范大学启功先生提出的校训是"学为人师,行为世范",作为跨世纪的大学生在成长道路上,需要有人来"导航",教会我们如何做学问,当然,更重要的是如何做人。《繁花絮语》是一本好书,开卷有益,这本书生动地回答了我们的迷惑,从中我也找到了自己的楷模。许多女教授的奋斗经历以及奋斗精神都令人敬佩与尊敬。其中我最熟悉的就是写下"晴冬告语"篇中"人生、机遇、拼搏"的田荷珍教授。

刚上大学的第一年,我就上了田荷珍教授的两门课:普通化学和无机化学。她的课具有鲜明的创造性与时代感,课讲得生动、精彩。除了深厚的理论功底外,田教授还善于旁征博引,穿插很多与讲课内容有关的化学史、化学家的生平轶事等,将化学发展的昨天、今天与明天——展现在我们面前,带着我们像当年科学家发现知识那样再次去探索、发现这些知识,这种感觉令人难忘。说到时代感,是因为田教授经常出国。参加很多国际学术会议,每次回国后,不仅会给本科生、研究生举办专题讲座,介绍世界化学最新研究成果及发展前景,还将这些信息融会到平日课堂中。众所周知,知识就是力量。在当今这个迅速发展的信息时代,我想再补充一句,最新的知识才是最强的力量。田教授这种具有强烈时代感的特色教学使我们拓宽视野,能够从一个更开阔的视野来理解知识、运用知识,将我们领到了化学发展的最前沿。

---

① 此文原收入王宁等主编、首都女教授联谊会编《繁花絮语》,北京邮电大学出版社 1998年版,第 248—250 页。

除了教书,田教授更在育人方面倾注了大量心血。因为田教授在国际上颇负盛名,载系历届学生有想出国深造的都会请她作推荐。每逢这时,田教授都会以自己的亲身经历教育学生,走出国门是好的,但是一定要把国外先进的科学与技术带回祖国,因为我们的根在这里,在这里我们能够更好的发挥才能,成为对社会有用的人。

在老师严谨求实的科学态度及积极进取的做人态度的带动下,我也在各方面不断充实自我,提高自我。特别荣幸的是,在老师获得了国家级的宝钢教育奖的优秀教师奖后,去年,我也荣获了宝钢奖的优秀学生奖。今年,我也荣幸地得到田教授的推荐,毕业后去加拿大大不列颠哥伦比亚大学师从田老师的导师 R. C. Tompson 研究配合物。

我想,众多女教授成功的今天就是我们的明天。在女教授们勇于创新、不断进取的精神激励下,加上时代赋予我们了更多的机遇与挑战,我们应该有信心:让我们做得更好!

走进繁花絮语[①]

庞建春

自从考上大学，离家念书已六年。每年假期回家探亲，都有不同的滋味。是一名女大学生时，走到哪户亲朋好友家里，都会得到啧啧的赞赏与羡慕；于是，念书的日子特别好过。有机会成了一名女硕士生，自己颇为珍惜，满以为回家会更风光，不曾想齐整整的是为我今后生活的担心；与之三言两语后，我便沉默得如同他们所谓的书呆子，仿佛傻了，只是心中隐隐地不服气—回到书桌前，我仍下定决心要考博士；可是这一次，我知道，无论能否拿到录取通知书，真正悲喜的只有自己一人了。我这是做什么，众叛亲离吗？我这是图什么，如此眼红那顶方盘红绳帽吗？

没有豪情，生活教育了我，对人生不可意气用事。可是，我不该有理想吗？我能实现我的理想吗？我的理想合理吗？

生活是不是在捉弄我，为什么曾经教我一心只读圣贤书，今天我只读书却引来怜惜？书是不是在痴愚我，人生本无所谓心与脑的求索，人生，特别是对于一个平凡的女性，就是每日柴米油盐醋，生老病死，嫁娶生子。

我心中有千千怨结：为什么不出生在书香世家？为什么不是富户千金？为什么没有绝世才情？为什么我的生活中好像没有一条可资做学问的条件？

带着这么多难分难解的问题，我最想去询问的，是自己的老师——大

---

① 此文原收入王宁等主编、首都女教授联谊会编《繁花絮语》，北京邮电大学出版社 1998年版，第 219—222 页。

学里的女教授平时看来也没什么特别的，就在学校附近的菜市场里都很容易遇到她们，那时她们可没有讲台上的风采劲儿；但不知其身份的人，岂知看来不显眼的她们，在讲台上有令上百人侧耳倾听的风采。

女教授，除了与男教授一样地知书达理外，其学问中更有一位女性所特有的善解人意的入情入理。我是学人文学科的，有一次随同一位女教授实地采访农村唱经歌的妇女。唱经歌时，我很犯困，只觉得她们愚昧无知极了；这时女教授递给我一张字条，上面写着：你可曾听见中国底层女性的呻吟？我像挨了一拳，猛地惊醒；联想数日中所见这些妇女生活境遇的现实，教授所书的"呻吟"二字，何其沉重？做学问，关怀人生，情理相长，我心向往之。

我的疑惑，最想得到她们解答。我以为可以获得的是一两句座右铭，没想到我得到的是一本《繁花絮语》。有点答非所问！没有一位女教授告诉我，我的想法对，或是错，没有直截了当地告诉我应该怎么去做。她们只是在书里讲了自己的经历，每段陈述都是一个人生的故事；故事讲完后，我想得更多了。

古有"女子无才便是德"的训言，现如今还有俗话说"再没办法，嫁人就是了"。几十位女教授的讲述中，没有人对之慨言一句；但她们的人生本身对这两句话作了最有力的讽刺。

"治学"的经历是她们最愿意讲给我们这些女学生听的，在生活中追求生命的意义，实现人生的志向，她们付出血汗，赢来今日"拈花微笑"的境界。当代成功的女教授，大部分都经历过"文化大革命"的磨难，在钦佩其坚忍、坚韧的精神之余，我联想到她们深入浅出的教学，教学中对自己所讲之"理"身心投入，眼中闪着激动的光芒；我觉得，能够支持她们不断追求的是对自己所做学问的真爱，做学问既是她们的工作，更是事业。事业是她们的生命；命运没有厚待她们，但她们从来都珍惜生命，勇敢地牢牢把握住自己的人生信念。

我是没有迈出校门的女学生，向往以做学问为事业，但是并不希望成为"女强人"，只有事业没有生活。而女教授们的文中也有锅碗瓢盆交响曲，在她们处理工作与生活的关系时，生活不再成为重负、重压，却是或平常，或颇具情趣，令人觉得异常美好。

　　没有为什么，没有该不该，疑问只因我心不坚。听女教授们在经历了大半人生的风雨后的絮语，像书法的中锋行笔，轻柔而中锋不偏，又像陈氏太极拳，游走流畅而内含一股刚劲之力。

　　走近"繁花絮语"，这里是一道风景。

　　有幸得与《繁花絮语》的部分作者见面、对话。在表达对女教授不平凡人生、不平凡追求的敬意的同时，我曾问道：你们对当代女大学生是否失望？是否觉得她们不够珍惜难得的"好"时代？不够努力？不够坚强？

　　女教授们仍是没有是非对错的回答，只是告诉我：学生不尊重知识，是她们最痛心的失败；在她们的眼中，我们是希望。

　　我们是希望，拥有希望，是她们的希望。

　　我走近"繁花絮语"，望见一道人生的风景；困惑已成过往云烟，心中倍增对生命的热爱；我愿像这些令人尊敬的前辈女学者一样，平凡地生活，执着地追求。

十年的故事

赵　娜

初夏时节，我终于完成了我生平最长的一次学位论文写作。搁笔之时，窗外的校园中，已到处是人们为准备北京师范大学 110 周年校庆忙碌的身影。十年前，在北京师范大学百年校庆隆重而热烈的气氛中，我有幸成为她的一名学子。十年后，我完成了博士生阶段的学业，以无限感恩的心怀面对她的微笑。十年，我青春岁月中最美好的时光，转瞬而逝，而我却因为选择与民俗学相伴，感到充实而幸福。回首十年，那些静静掩于岁月的欢笑与泪水、寻找与失去、迷惘与成长，都使我不得不细细思索，然而，在提笔的瞬间，胸中涌出的万语千言，却突然凝结为笔尖的一片凝重，使我不知从何说起。

一　梦想起航

我出生在一个老北京家庭，窄窄胡同里邻里和谐的大杂院中，蹦跳着我快乐的童年。冬夜里，奶奶哄我入眠时轻轻地哼唱北京童谣；盛夏夜晚，姥爷在庭院中摇着大蒲扇，娓娓道来妙峰山；二月二，大舅唤我剪发迎春，给我做香喷喷的春饼；过年时，父母带我逛人山人海的地坛庙会，买回比我还高的、顶上插着彩旗的大糖葫芦……它们，都是我童年最最美丽而温暖的回忆，虽然直到多年以后，我才知道，它们有一个共同的名字，叫"民俗"。

随着年龄的增长，随着北京现代化建设和城市化进程的逐步展开和加速，我越来越感觉到，那些儿时曾经美丽温暖的记忆和生活，悄然在发生变化，包括我在内的普通市民，对于它的价值和去向，更多的是困惑、茫然和痛苦。从那时起，我就希望能找到一条解开我困惑和茫然的途径，为保护我深爱的北京城和北京文化尽自己的一份绵薄之力。

2001 年，一个偶然的机会，正在就读高三，准备填报志愿的我，得知北京师范大学有一位大师和他所创立的学科，可以解开我长久以来的困惑、给我答案，而这就是钟敬文先生和北京师范大学民俗学国家重点学科。于是，怀着对钟先生和民俗学的崇敬，以及我最初的小小心愿，我走进了北京师范大学，走进了民俗学，开始了我十年的故事。

二　追梦人

当我真正如愿以偿地成为北京师范大学中文系的一名本科生时，钟敬文先生却离开了我们。我没能有幸在课堂上聆听钟先生的教诲，但每当我阅读先生的著作时，都能够感受到如沐春风，仿佛这位温文儒雅的先生就在面前，指引着我追逐民俗学梦想的方向。

毫不夸张地说，此时"民俗学"对于我来说，仅仅是一个梦想。但是，为了这个梦想，我在暗暗努力。从进入大学起，我便开始选修民间文学、民俗学的本科课程，积极聆听相关讲座、阅读书籍、参加民俗学社的活动，甚至凭着一股"初生牛犊不怕虎"的"胆大"，我还常常混迹在民俗学研究生专业课的课堂上，贪婪地吸取着知识。

2003 年的暑期，系里为即将升入大四、准备考研的 2000 级本科生组织了一次考研辅导，邀请当时中文系招收研究生的各专业、研究所的负责人和教授进行讲座，为同学们介绍各专业的情况及招生计划。当时才升入大二的我，也偷偷溜进教室，找了个不起眼的角落坐下，一来想提前搜集信息为考研早作准备，二来也盼着集中一睹众位教授的风采。终于轮到民俗学专业了，主讲人一出场，就立刻引起了我的注意，与其他专业派出风度翩翩的男教授不同，民俗学专业的主讲人是一位美丽而优雅的女教授。在整场讲座的过程中，我都被她所散发的独特魅力所深深吸引着，除了一如其他男教授演讲时一样的从容和清晰，她似乎还多了几分亲切和幽默，更何况在她的讲座里，还多次提到了在北师大这样一所男女比例并不"平衡"的大学里，女大学生的进一步选择、教育和发展问题是何等重要！说实话，在就业形势尚可的 2003 年，考研并不像现在一样是大学毕业生们普遍选择的"必经之路"，而更多的是一种为追逐梦想而战的个人行为。我相信教授提出的"女大学生的进一步选择和教育"这一如此新鲜且如此切身的命题和希望，在在座的包括我在内的许多女生心中，都掀起了不小的波澜，也引发了更多对自身选择的思考。

讲座结束后，很多同学都围了上去，希望与教授进行进一步的交流，这显然是她精彩讲座的结果和延续。心情激动的我，自然也不例外，虽然还没有想好有什么具体的问题要问她，但总想再多听一听她的真知灼见，哪怕一会儿也好。在提问的人群中，有一位我熟识的师姐，她是我所在的北师大民俗学社的社长，她和我一样是北京女孩，和我一样喜爱民俗学。在与教授的交流过程中，她介绍了自己的"北京人"身份，介绍了自己对北京文化的热爱，更介绍了自己在选择就业和报考民俗学专业研究生之间的犹豫和彷徨。教授听后，只微笑着说了一句"近年来北京的孩子不爱学习，很少有选择考研的，但我希望你和他们不一样"。"和他们不一样"，这句话是教授说给师姐听的，但没有人知道，它在站在人群中的我的心中，却是对所有北京孩子、北京女孩的希望。从此，我的心中便悄悄埋下了一粒种子，一粒坚定人生选择，执着追逐梦想的种子。

由于种种原因，师姐最终没有选择报考民俗学的研究生，而我却在同年冬天本科生科研基金资助项目申报时，有幸认识并成为这位女教授的学生。从此，我民俗学的"梦想"的火烛，终于得以照进"现实"。在导师的指导下，2004年至2005年间，我主持并完成了北师大本科生科研基金资助项目"老北京保护与胡同民俗调查"。实际上，在此期间，在导师的安排下，我已经开始参与了导师主持的系列项目，包括中法国际项目"北京寺庙碑刻与社会史"的科研实习工作，主要承担乾隆地图标示、田野普访和碑刻抄录的部分工作；北师大民俗学专业"985"项目"中国数字故事博物馆"的节日库部分数据搜集处理工作。

"北京寺庙碑刻与社会史"项目，使我首次近距离接触到北京内城寺庙研究，并在工作实践中学到了文献资料搜集和田野调查的基本方法。除此之外，我还在工作中结识了一位聪慧独立的法国丽人，她是项目组法方的田野调查人员，我的老师、同事和朋友，一位因为热爱中国和中国文化，独自行走在异域田野现场中的女性。每当我和她骑着自行车，潇洒自如地穿行于北京的胡同中；每当我和她拿着乾隆地图，胆大心细地找寻着昔日寺庙的遗迹；每当我和她举着录音笔，如此如醉地聆听老住户们的北京往事和北京记忆时，我都惊异，更欣喜于我正在重新认识我从小生活并深爱的北京，而这时，调查中顶风冒雪的艰辛、久觅不得的失望、为人误解的苦闷，都重新被赋予了宝贵的价值。而她作为一位来自异国的女性，身上所体现出的那种因为热爱而坚持，而选择彻底融入异文化的勇气和实践，更深深打动和震撼了我。

"中国数字故事博物馆"项目，则使我初步熟悉并掌握了搜集、整理北京地方史志文献，并对其进行数字化管理的方法。与此同时，数字化的学习和工作，还使我有机会提前进入民俗学专业，在导师领导的数字民俗学实验室中，配合研究生团队进行一些力所能及的工作。这也使我看到了在导师的指导下，正有一批比我更为优秀的青年人、青年女性，正在为追逐自己的梦想而奋斗着，她们是我的榜样。这些工作，给予了我在初学研究之时，就能够在较高的学术平台上逐步接受学术训练的机会，工作中学到的很多本领和认识，都成为我后来硕博学习时十分重要的"原始积累"。

三　不是工作是事业、不是梦想是理想

如果说，本科阶段的我还是民俗学的"编外队员"，那么，2006 年，进入硕士学习阶段的我，就真正成为北师大民俗学国家重点学科研究生团队中光荣的一员，开始在导师的指导下，进行更加系统的专业学习和科研训练。渐渐地，我发现，我们的生活与其他专业的同学是如此的不同。当他们在电脑前悠闲地看着电影、打着游戏时，我们会在实验室里用先进的数字化手段，将前辈学者搜集到的珍贵的民间文化资料转化为数字化产品，向国家和人民展示，切身地参与到国家的文化保护工作之中；当他们独自在图书馆读书、独自在自习室学习时，我们会与老师一起，与国内外的专家学者一起，与研究生团队中的其他成员一起，穿梭驰骋于最鲜活的田野现场中，去记录民众的往昔记忆和现代生活，获得对民众文化最直观、也最真切的理解和认识。然而，正是在这种科研项目的训练和实践中，我边学边干，边干边学，专业知识才提升得最快；正是在研究生团队的协作和互动中，我才学会了顾全大局、相互配合，学会了踏踏实实做

事、老老实实做人。可以说，在研究生团队和科研项目中，我的学术能力得到了提升，意志品质得到了锻炼，由此日渐成长，日益成熟。

在硕研的三年时间里，我继续参与导师主持的国际合作项目和国家省部级项目三种，包括中法合作项目"北京寺庙碑刻与社会史"的档案抄录和田野普访工作；文化部民族民间文艺发展中心与北京师范大学数字民俗学实验室合作项目"中国民间故事县卷本基础资源数据库"，承担山东省、河北省、上海市等部分县市的民间故事电子本校对，数据库录入和部分故事基本词提取工作；北京市哲社规划一般项目"北京水资源利用的民俗传统与现代变迁"，承担北京西城区街区用水个案点的田野调查工作并撰写相关研究论文。通过这些项目工作，我进一步熟悉和学习了北京内城寺庙研究、故事类型学的相关理论成果和问题，实践和积累了研究方法和资料线索，并使我不断反思数字化手段处理民俗资料的利与弊。与此同时，在一次又一次的田野调查中，我离开了课堂中曾经苍白的理论和空洞的想象，真正的深入民间、深入民众，接触到一批又一批热情而善良的北京市民们。忘不了宝产胡同的老居委会主任戴奶奶和她的女儿郭大姨一家，她们不但为我讲述民国时期宝产胡同的情况以及街区用水环境变迁的始末，还利用当年工作的关系，给我提供了许多其他老住户的宝贵线索，甚至在调查结束后还常常打来电话说想我，关心我的学习和生活情况；忘不了因患有脑血栓而说话吃力的曹奶奶竭尽全力、尽可能清晰地为我讲述了无偿开放庙井、并对每一个前来打水的居民都笑脸相迎的慧三老和尚的往事；忘不了羊皮市胡同的寇奶奶在我每次因市民午睡不能调查又无处可去、在街上游逛时"捡"我回家；忘不了普恩寺的老住户玲子姑姑告诉我她家"大衣柜后的秘密"，并为了让我能够抄下更准确的碑文、拍下更清晰的照片，甘当搬运工；忘不了太仆寺街的老街坊赵奶奶，在呼啸的北风中，在我因找不到老住户而绝望沮丧时，拉住我的一双温暖的大手和那些鼓励的话语；忘不了回族的洪奶奶用幽默风趣的谈吐，为我讲述"太二庙"前的水井、回民的节俗、她家的羊肉铺，以及她对"清真"的理解，让我感受到了传统行业户"诚信为本"的道义和操守。她们，都是居住在北京这座城市中平凡得不能再平凡的女性，然而，她们却都在用她们的质朴和善良告诉我，她们对家庭、对他人、对北京这座城市的爱与责任。

通过硕研三年的学习，让我深刻的认识到，北京师范大学民俗学国家重点学科，是民俗学大师钟敬文先生曾经工作过的地方，这里有历史悠长的学术传统、踏实严谨的学术作风，以及勇于创新、敢于领先的学术精神。正如钟先生在《建立中国民俗学派》一文中指出的，一个民俗学者只有站在民族民众的立场上，以人文科学学者的科学知识、真挚情感和平等的态度，去观察、思考和解释民族民俗事象，才能做出真正造福于民众、为民众和学者双方都接受的学问。从此，民俗学对我来说，不再只是我个人的一个美丽"梦想"，而是与国家需要、社会需求和学科传统紧紧相连的学术"理想"。

在跟随导师学习和工作的三年里，我还有机会得以近距离地细细观察和体会一位女性学者，是如何将对事业的坚守与对家庭的付出兼顾？是如何将客观犀利的理性思考与细腻敏锐的感性认识权衡？是如何将事业生活的艰辛都统统化为永葆的乐观和微笑？更重要的是，从她的身上，我学到了为学术理想而奋斗一生的决心，面对周遭环境的纷扰和变换，敢于选择"不一样"的人生并保持长期稳定的坚忍与淡然，以及将民俗学的研究和教学视为传承的事业而非工作的可敬态度。

四 实现理想的能力

2009 年，我考取了博士研究生，走上了与很多北京女孩"不一样"的人生道路。然而，博研生活一开始，我就遭遇了前所未有的挑战——孤独。这孤独首先是生活上的——以前常常与我讨论学术问题、给我答疑解惑的师兄师姐们或毕业离开、或出国深造，以往与我团结友爱、共同奋斗的同学和朋友们亦已毕业四散、嫁人生子。而更重要的，是思想上的孤独——当我成为一名博士生，当很多人开始喊我师姐的时候，我不再能躲在博士生师兄师姐的背后，聆听他们的发言或建议，而需要通过自己独立、冷静的思考，发出自己的见解和声音。而这，也许正是博士阶段学习的特点，是一名学生通往一名学者必经的历练之路。这一转变，曾经一度使我感到胆怯不安和焦虑迷惘，但在导师的指导和我自身的努力下，我最终完成了这一成长和转变。这一过程告诉我，在民俗学学习和研究的道路上，光有学术"理想"是不够的，要实现理想，必须具有一种能力,它能耐得住寂寞、守得住孤独,更能将生活给予的孤独,自觉地转化为自我思考的独立。

在攻博期间,我作为研究生助手,继续参加导师主持的中法国际合作项目"北京寺庙碑刻与社会史"。根据我在项目组连续七年的前期工作,以及项目组整体的研究进度,导师与我商定,最终确定了我的博士学位论文题目,尝试对前辈学者已经关注的北京寺庙与城市地权问题进行个案研究。这一题目的选定,看似是顺理成章,但对我来说,却是一个从资料搜集到理论思考的巨大挑战。每当我为土地庙文献资料的零散片段而扼腕叹息时,每当我为土地庙的拆除无存和市民回忆的困难而焦虑彷徨时,每当我为论文的分析阐述和理论提升而绞尽脑汁时,我告诉自己,不要忘了自己最初的誓言,既然选择以此为事业,就要像导师那样,从容而淡然的面对一切。坚持到底,必定会有意想不到的收获。幸而在导师的循循善诱和悉心指导下,我终于交出了这份答卷,虽然它还很幼稚,还有很多不尽如人意之处,但它最终为我十年的求学之路,划上了一个句号,同时也开启了一个新的起点。今天的我,仍在路上⋯⋯

这就是我的十年的故事,亦如所有平凡女孩的故事一样平凡和平淡。但它记录了我——一个并不聪慧但有心向学的北京女孩,为爱逐梦、坚定理想和历练成长的点滴足迹;也记录了我人生中遇到的知识女性和普通女性们,给予我的诸多教诲与教益;更记录了我对于她们的些许理解和崇高敬意。我想,这就足够了。

被咨询的感觉[1]

刘飞会

参加了老师们为我们组织的《繁花絮语》读后座谈会，我深深体会到塑造人的心灵的美好意义，于是，我也想说一说作为一个义务咨询员的感觉。

三年前的那个清晨，我作为一名义务咨询员，怀着忐忑不安的心情走进了北京市中小学生咨询服务中心。第一感觉多少有些失望，没有想象中的高雅与舒适，也没有憧憬中的崇高与圣洁。第一次做咨询员留在记忆中的只有尴尬。何为"精神分裂症"差点弄得我"神经错乱"，"初恋的定义"又搞得我很狼狈，本想当一把"知心姐姐"，可那位可爱的小朋友却不领情。太多的梦想＋太多的难堪＝深深的自责，带着自责与遗憾，走出了那间小屋，但同时也怀着新的渴望。因为暗暗地，我已喜欢上了小屋的朴素与平易，喜欢上了咨询的神秘与挑战。

的确，我又走进了那间小屋，一直到今天。三年间，电话那一端有家长，有学生，也有职员、老板，甚至在押犯。这一端的我，依然是那个充满了爱心与热心的我。学生的电话，多少还可以"自如"一些，但面对家长就不那么轻松了。他们所谈的虽不外乎孩子成长的话题，但其深度是不言自明的。"儿童多动症"、"儿童心理健康的测量"、"孩子迷上电脑不学习怎么办"……那么多的不知道，只能求助于书籍了。于是，学校图书馆成了我课余生活的一部分。因为，作为一名咨询员，光有热情与爱心是不

---

① 此文原收入王宁等主编、首都女教授联谊会编《繁花絮语》，北京邮电大学出版社 1998 年版，第 255—258 页。

够的,更重要的,还需要具备广博的知识,心理学、教育学要涉及,一些文学作品、报刊杂志也不能忽略。因为咨询中遇到的问题五花八门,学习问题、生理问题、人际关系问题、政治问题、法律问题……常常有些咨询者开头便先考你,咨询中心的信誉,咨询员的威信都可能取决于你的这一答。当然,总有答不出来的时候,那你也不能说不会,你要根据具体环境、具体来访者,采用委婉的方式,要么绕弯子引出对方要说的话,要么虚心向来访者请教,但尽量要不断地充实自己。

神秘是咨询电话永恒的魅力。因为你不会预料到什么时候,哪部电话,何种类型的咨询者会来向你咨询什么问题。电话交谈时你或许会笑逐颜开,谈笑风生;或许会愁眉紧锁,结结巴巴;也许会愤恼交加,气势汹汹,……那些胆战心惊、汗流浃背的感觉仍历历在目,那位流氓犯朋友(我仍称呼你朋友),在你痛哭流涕地感谢我使你重新认识了自己也是人的时候,你知道吗,从不知监狱为何物的那个小姑娘在簌簌颤抖!那位性变态者,在给予你鼓励的时候,你知道吗,我的手心里都是汗!那位"五毒俱全"的款爷,当你在长达 65 分钟的咨询后提出要为我送来晚饭时,你知道吗,虽然在我婉言谢绝后你答应不送,但我一直在默念着:千万别来,千万别来!怪不得做了多年咨询员的聂老师说,听到电话铃响,她也会紧张。有的咨询员走了,她们说:在这里受到了伤害。但为何不把伤害变为一种经验呢?人生的经历是一笔宝贵的财富,每个人又不能把每一件事都经历到。那么,这里不就是社会实践的场所吗?作为一个女孩,自我保护的意识不就加强了吗?

说起我的社会工作——中小学生义务咨询员,朋友们要么沉默良久,吐出两个字"不易",要么极力劝我别再去了。的确,咨询员是很苦的。每个人都有痛苦,众多人的痛苦抛给一个人来承受会是什么滋味?每天下午,当别人匆匆回家时,我们却奔向了中心;一路上,或许与人发生争执,或许因抢时间闯了红灯挨罚;或许天气不好,……但只要你坐在了电话机旁,这一切都烟消云散了,这时的你,只是一名咨询员。也许你在饿着肚子,也许今天你不舒服,也许近几天你情绪不好……但这一切,都不是此时的你要考虑的,因为你是一名咨询员。忘不了夜晚 8:30 后独自骑在寒风中的心惊胆颤,忘不了那次胃病发作时的两个小时的夜间跋涉……

每每此时，我也在问自己：你在干什么，你在为别人献爱心，谁又来为你献爱心？也曾有过短暂的离开，但我又去了，也说不清到底是为了什么，但我又去了，或许是咨询时的那种感受，那种难得的"享受"在吸引着我，或许是电话那一端真诚的信任牵引着我，或许是节日夜晚那深情的祝福令我神往……

一杯白开水，几片面包，伴随着我等待那来自心底的呼唤，期待着那心与心的交谈。不计丝毫的酬劳，只愿献出真情一片；不求如潮的欢呼，但求心灵的宁静。

咨询的感觉真好。

女大学生致女教授微博通信选录

近年来，北师大"女教授讲坛"根据当今网络信息社会的快速发展和大学数字校园建设的进展，采用网络平台的形式，开办了专题新浪微博①，女大学生们（其实也有部分前来听讲的男同学）与女教授的讲演活动开展了热情洋溢的网络对话。截至2012年年底，我们从指定网址收到微博网文共79篇，兹将这些网文择要发表，以展现网络新媒体为高校女性教育搭建的新对话空间。

一 致全体女教授

2012-04-08 北师大女教授讲坛于我

突然发现，这样一个神奇的讲坛就即将结束了。

突然发现，那些站在那里曾与我们分外接近的形象即将回到那个无法企及的高度。

突然发现，我当真有那么一些喷薄而出的文字而非仅为作业存在。

仍然记得，第一位老师讲课的时候，仅仅是踩点而去的我，被后面拥挤站立的人群惊住了，这个无意间选上的公选课，让我有了期待。那气吞山河而淡然处世的人生哲学，那虽已不再青春却仍迸发生机的挺立的身姿，那远比蒙娜丽莎要明朗自信的微笑……

老师们身上展现出来的，总有那么一种铅华尽洗后最为本质的美

---

① 北京师范大学"女教授讲坛"的新浪博克于2012—2013学年第一学期开设，授课地点为北师大教七楼103教室，网址为：http://blog.sina.com.cn/s/blog_9e826d4b01010yx6.html。

丽。所谓气场，大抵如此。靠近她们，即使不算很近，也有一种宁静的力量。不再去单纯为了绩点奔波于各类课程，不再去违心为了人际关系而冷漠面世，不再去盲目的不知道为了什么的每天忙碌。只是想，放慢自己的思想，听那么一段可称为传奇的人生经历；只是想，放松自己的步调，忆那么一段可比作故事的磅礴时代；只是想，只是想，在她们的言语中，品出一点言语永远不会表现出来的韵味；只是想，只是想，在她们的故事中，树立一个故事永远不能言说的旗帜。

多么幸运，这样的课程给予了我这样的一个契机。一个反思自身的契机。

一堂一堂课的上下来，作为一个学生，认为知识上的获得是理所当然的。可是这样的课堂传授的并非如此，而是一种态度，一种生活和学习的方式。那种让自己散发光芒的内蕴是多年纯粹生活所沉淀出来的，从简单的柴米油盐酱醋茶中剥离出来的，从光怪陆离的红男绿女中抽离出来的，专注于学，始终如一的泰然。回顾已然过了半年的学期，不得不说，兵荒马乱四个字。每个人都慌了，毕竟是十多年的学习模式突然被打破了，毕竟是十多年的人生目标一下子实现消失了，毕竟是刚刚经历了人生的第一次独木桥并幸运的过关了。飘飘然？倒也不至于，但总归是不可一世的，总归是幻想多于计划的，总归是浮夸的。"忙"是中心词，却总也想不明白是在为谁忙，是在忙什么，是在为什么忙。麻木而浮躁的，宛如赶场一样的，上课睡觉，玩手机，下课活跃，搞社团。早就忘记了，幸福感是什么定义；早就忘记了，几月以前，曾经为了什么而无怨挥洒汗水。下期的开始，早就告诉自己，改变吧孩子。一次一次站在教九走廊的尽头，望着恰好射进的阳光，想着那些老师的身姿，深呼吸，坦然迈步。

现在，总算是有力量剖析自我，总算是有力量回忆我所有的奋斗与颓废，总算是保有了心底处的泰然与宁静。（张琰迪）

2012-04-20 变成了另外一个自己

说实话，从来都没有想过，我会在这么一堂课之后，变成另外一个自己，不论它是好是坏，变化总比麻木地适应要好得多。很愿意与大家分享一下我的这种改变。

从小就很懂事的我，不知从什么时候开始，便成了一个事事时时小心谨慎的人，常常过分到不敢迈出哪怕一小步，所以，我不愿尝试，不愿冒险，甚至会怀疑自己存在的价值和意义。这些都决定了，我从来不会穿除了黑灰白以外其他颜色的衣服，因为，我不想别人注意到我；我从来都不会去争取不是别人主动送我的东西，因为，我怕自己会因失败而难堪。真的，我不知道自己怎么就成了这个样子，苦闷。

不过，还好，有这么一段时间，有这样一群人走进我的生命中，为我点燃自信的光亮，让我知道，有些时候，所谓的时尚真的只是泡沫而已，重要的是这样一种气质，由心而生的浑厚气质；张厚粲老师爽朗的笑、开怀的呐喊，"想开了，什么都不争"，"人有想头，就什么都有了"，"只要自己站得稳，不理其他，就过去了"真的将我彻底征服了，"凭什么你来选老婆，要看女孩子是不是选你呢！"对啊，凭什么，凭什么"我是一个什么人"这样与我自身密切相关的命题，要交由别人判定？凭什么我自己站得稳，还要管别人是不是喜欢我站的姿态？黄会林先生说，"孩子们，我最近有些感冒，可以坐着讲么？"一句平常的询问，让我那么感动，大师没有大架子，这才是大师，先生虽已年高，却依然不减当年风韵，对于艺术魅力的执着与追求，让我突然想要抽自己几巴掌，我是一个正当最好年龄的青年人，却没有古稀老人的斗志与激情！董晓萍先生，一袭粉红的民族上衣，我能感受到的不仅仅是发自女性的独特的魅力，更重要的是一种对于自我的坚持和认同，"女人就是要让男人在她们面前真实地叙述自己"，"充分利用上天给你的资源—女性资源"。"人生的奋斗是不能继承的"，"一个人当一辈子铺路人是可悲的，但是有那么一段铺路的经历，却是有意义的"，阴霾的天空因为这些不经意的教诲而晴朗许多，所以，我想，我不会再艳羡他人因了上辈而有的优越，因为，这辈子是这辈子的事情，我也不会再为眼前的困苦而痛苦郁闷，权且只做"庭前垂柳""珍重待春风"……当然，还有王宁先生、王静爱老师，她们对于自己所为之事的热爱与渴求，说实话，我真的惭愧……

好多好多，我的心灵为之触动，好多好多，无法行于笔端。只能好自珍藏受用。

师大女教授讲坛，不再是一门课，我想，它是一场心灵的旅行，从很久以前，到眼下现在，一路走，一路听，一路感动，一路收获！谢谢讲坛，谢谢出现在我生命中并且让它与之前的样子有差别的每一个人！（刘辉潇）

2012-05-01 做一个北师大女生挺好

记得刚进校不久，宿舍人谈论着北师是否有男生的话题，伤感着在这个男女比例悬殊的学校，找到对象真不容易，有时候想要是不入这学校，或是自己是个男生该有多好啊，可是渐渐地发现其实没有想得那么糟，至少觉得在北师做一个女学生挺好的。

我特别感动于女教授协会为了我们这些懵懂中的女生们尽一切努力开这门课程，即使是在选课周快要过去的时候也不放过一个机会，这门课程真真正正的不是为了所谓的学分或是成绩，我也觉得一些理论性的知识你有时间有兴趣就可以去学，但是这种人文般的熏陶是一点一滴积累起来的，也许这在短期中不会有任何成效，但是，我相信这绝对是一项有着长远眼光的投资，如老师说的，在心中埋下一粒种子，随着经历与考验的不断增加，终有一天这粒种子会有苗壮成长的机会的，到时，所积蓄的力量将会成为不断前进的加油剂的，我也很期待那一天的到来。

虽然只有短短一学期的课，但是我看到的是不同风采的女性教授，有宠辱不惊的，有严谨治学的，有玩为至上的等等，刚开始我还惊叹于她们传奇般的人生和坚强倔强的个性，后来想想若是把她们的经历付诸我之上，我的抉择会是怎样，可能不如，也可能会更好，这么一想，就明白了，我们无法复制那个年代，我们无法穿越时空，选择自己的父母和家庭，背景是不同的，但是理想与信念是可以一致的，路程虽然不一样的但位移可以一样，冷静下来，会发现，那些女教授并不是神，高不可攀，她们和我们一样有血有肉，有事业有爱情有家庭，这能说她们选择了一条适合自己的道路，心理学，汉语言文学，民俗学，地理学，在各自的领域做着自己喜欢做的事，我不会去想着我要向那些教授一样有着多么辉煌的成绩，我想我能像她们学到的唯一一点就是做自己，身处什么样的环境只是外因，这相比于内因对个人成就和幸福感的影响只占很小一部分，所以说我永远不会知道将来自己会站在什么地方，但是我要确定的是我会站在我热爱的土地上。未来确实很遥远但至少不要迷茫！

还有一点我想要说的是，我觉得这门课程真是很有意义，只是在新浪微博上有，范围不广，还可以在北师主页上创立一个链接，这样的话，无论上不上这个课程的学生都可以欣赏到女教授的风采，我觉得这也足够可以成为我们北师一道亮丽的风景！（李超）

2012－05－14 女教授讲坛给了我们什么

讲坛是一种十分像新东方的上课形式，一个人站在聚光灯下，袒露自己；很多人坐在台下，戴着面具。

空气中弥漫着孤单的一个人的声音。

就像巴赫的勃兰登堡，生命是流动的。台上人在一个多小时之内，讲述几十年的故事，所以生命从讲台上倾泻下来。

交流在无尽的沉默中。

当你来听女教授讲坛，你希望得到什么？

女教授们究竟是一个什么样的群体？社会对于女教授的刻板印象是稳重的、博学的、成功的，她们更多是作为"饱含母性的教授"而出现，其作为女人的一面总是不为人所知。走进女教授讲坛，我努力去感受更多的是真实的她们，有少女有母亲。张厚粲先生让我看到一个永远饱含好奇心的探险家；王宁教授让我看到一个理工文史平衡发展的博学家；王静爱教授让我看到一个温情脉脉的知心大姐；董晓萍教授让我看到一个率真直爽的利落姐。

而她们所有人共同带给我的则是一种认真对待生活的精神。正如最后一课中张厚粲先生对我们讲的：不要懒。不荒废生命，不玩弄青春，这样人生不论走哪条路，都不会后悔，不是吗？

当你来听女教授讲坛，你希望得到什么？

"女"字在这个选修课的名字中显得格外突出，使得讲演的内容注定与社会女性问题保持联系。所以走进女教授讲坛，我带着疑问，疑问的背后则站着千千万万的女性。女人在社会中的定位到底需不需要明确？"跨界"的女性到底是榜样还是败笔？家庭和事业到底如何权衡？未满婚龄的我们迟早会面对这样的问题。

千人千面，这些问题注定不会有标答，而自己的答案也不能从他人处复制，否则那是对自身不负责任。要想悟通，唯有坦诚面对内心。但是在形成独有的价值判断之前，无妨听一听睿智的人的心得，女教授们去做这样的导师再适合不过了。对于诸位老前辈们的教导，我无从记起某句某段，因为它们早已在脑海中形成一股统和的观念：女性作为女性，更加需要懂得取舍，更加需要付出努力；但这永远不要成为抱怨的由来。要勇敢地面对，并昂首地挺进，因为这将是只属于女人的加冕。

那是一股向上的洪流，裹挟着坚定的力量与危险的希望。

当你来听女教授讲坛，你得到了什么？

如果有人问起北师大是什么样的，我会先考虑校园的环境，学校的基础设施，院系的设置，最后则是活动在这其中的老师们。而在我眼中，大学之魂就在于大学老师。老师是什么样的，学生便会倾向于什么样。所以女教授讲坛给我们了一个机会去广泛接触来自各个院系的老师，尤其是女老师这样的同性老师，她们更可能成为师大众多女学生的标杆。不得不说，怀着对女教授们的崇敬，我为北师大感到骄傲。她们立于世间的风范将成为我大学记忆中无法抹去的一笔。当我终走出校园走向社会，这一份纯洁的风骨将被我永远铭记。到了这里又显得文艺了，但它就是这样美好，一点不过分。

当你来听女教授讲坛，你得到了什么？

这就是我对讲坛的最深印象。不是每一个讲座都能成为这样的讲座，比如说新东方的宣讲会。因为那些地方没有人袒露自己的真实，也没有生命的流动。当讲演者真诚地面对台下的沉默，才产生了无言的交流。

生命在听者间穿行。（谷思洋）

二 致张厚粲教授

2012-03-15 张厚粲先生讲口述历史

这是一个不平凡的故事，主人公是一位不平凡的女性。她的身世是不平凡的，她的母校是不平凡的，她的事业是不平凡的，她为中国心理学、乃至世界认识中国心理学，都做出了杰出的贡献。正是因为她的自觉、自信和自强使得不平凡的她，走过了坎坷的岁月，建树了不平凡的事业。有必要补充的是，在此正式称呼她"先生"，是对年长而有学问的人的尊称，毋庸置疑，我们应这样称呼故事的主人公，她就是张厚粲先生。（赖德铸）

2012-03-17 听张教授的讲座有感

第一次听说张厚粲教授，是我们的老师告诉我们的。当果然听到张教授讲课时，心里很得意，觉得这个老师刚讲过的名人就被我碰上了。

听她讲了她的事，我没有做什么笔记，但时间已经过去那么久了，我依旧很有印象很深的一些事。

她小的时候不算个好孩子，因为她觉得呆板的学校教育不适合她。作为学教育学专业的我，立刻被她的话吸引住了。我觉得现在的教育依旧没有因材施教。很多有天赋的学生仍然是在被动地应考，失去了很多个性和对其他事物的热爱。不是每个人都能像张教授那样聪明，但可以像她那样不迷失自我。我想作为一个学教育学的学生，都应该抱有这样的心态：也许我们不一定在教育学这条路上一直走下去，但我们至少可以改变一点什么，坚持一点什么。

还有就是张教授的好心态。我曾经看过杨澜访谈录采访黄永玉老先生的节目。张教授和黄先生似乎有某种类似之处。他们改变不了那个时代，但他们知道颠倒黑白的生活总会过去，所以他们从来只看前方的路，静静忍耐着生活中的各种不公平。他们在那种的生活中，为很小的人生欢乐，他们也会欣然一笑。张教授说："人怎么样都过得去"，我们也应该有这样的胸怀吧。

她的故事给了我一种厚重感，喜欢她的故事。嗯，很庆幸选了这门课。（赵晓晖）

2012-03-18 两次讲座后有感

为我们带来精彩讲座的张厚粲教授和王宁教授虽然分属不同的学科，但都有着一些共同的特质。

首先是作为学者的孜孜不倦。张教授亲历了中国心理学发展的历程，从最初的无人问津。到极左时期被批判为唯心主义，再到"文化大革命"被打为伪科学，这段艰辛的历程中有她的身影。从学科的恢复到如今的繁荣，这段光辉的岁月里有她的功劳。王宁教授则是一直投身于艰深晦涩的传统语言文字学当中，做出了许多成绩。我是汉语言文学专业的学生，古代汉语的教材便是王宁老师编写的，说实话，光学这些东西就头都大了，后来学了汉字学以后更是如此，所以了解到王老师这么多年来一直在钻研语言文字学方面的问题，更是十分地佩服。对于张老师，则是在辅修心理学的时候常常听到老师们提起。

其次是作为经历了"文化大革命"的知识分子的坚强和积极。张教授是"出身不好、教会学校毕业、搞伪科学"，王教授多次被枉扣了"反革命"的帽子，但即使如此，两人也始终有着坚定的信念，始终坚持自己走自己的路，而不被时代牵着鼻子走。虽然与两位没有直接的接触，但仅仅通过演讲，她们便已经将自己乐观、积极的处世态度传达给了我们。对于当下动不动就因为一点儿挫折而自暴自弃的年轻人，她们是值得学习的榜样。

最后是作为女性的自立和自强。张教授鼓励女性要争取自己的权利，她勇敢地在北京的世界妇女大会筹备会上为女性争取权益。王教授则既与世无争，又当仁不让，并且以其长期在青海地区工作的艰苦经历展示了女性知识分子的风范。两位无论是在学术上、工作中还是生活中，都独当一面，让我觉得妇女不止能顶半边天。

这两次讲座最使我感到触动的是两位教授讲述自己经历时的从容：讲到苦难困境时没有抱怨，讲到光辉成就时没有渲染，而是以平常心来回顾自己的一生。这不是所有人都能达到的境界。（韩梦月）

2012-03-18 张厚粲先的性情人生

整个讲座，是站着听完的。张教授实在是人气太高了啊。她和心理学，共同走过了万水千山，她的命运一直和心理学连在一起，但是她从来没有怀疑自己的选择，从来都没有放弃自己和心理学的羁绊，不管心理学给她或是她给心理学带去了什么。一直以来，都是一腔热血，迎难而上，无所畏惧。她是心理学的巨人，也是人生的强者。

回首那些我们这些所谓的"90后"无法想象的历史，劳改，"文化大革命"，批斗，肆虐的黑暗，无法磨灭张教授眼中的光芒，那心怀梦想的光芒。

提起那些不堪回首的时光，张教授的语气是轻松的，略带着一种轻蔑，轻蔑的是什么？是困难，是挫折，是面对错误思潮决不低下高昂的头，因为强者的内心坚信真理之光终回大地。整个讲座，张教授谈笑自如，我脑子里的只三个字：真性情。

她说，"文化大革命"来了，他们叫我去种田，那就去呗！简简单单，没有哀怨，没有仇恨，没有懊恼，便是如此轻轻松松，平平淡淡。一个心怀梦想的人，其他的一切对她来说，不过是俗尘之物，丝毫不能破坏精神世界的澄净。赤子之心！（吕佳慧）

2012-03-21 润物细无声

2012年3月8日，是一个值得纪念的日子。对于北京师范大学的一些学子来说，不仅因为这一天是国际劳动妇女节的第101个纪念日，还因为她们聆听了一位85岁高龄的女性教授，我国心理学界公认的奠基者和带头人张厚粲先生动情地讲述了她和她的心理学。

两个小时的讲座，张厚粲教授一直站立于讲台之中，大气、从容、平易近人、幽默而睿智、外貌柔弱内心刚强，热爱心理学事业，乐观面对所有困境是张厚粲先生给大家最大的感受。无论是家庭出身所给她带来的影响，教会学校留给她的标记，还是心理学一路波折的艰难发展……作为一名教师，张厚粲先生有如一缕春风悄悄地潜入夜里，为我国的心理学发展滋润了最深层的土地，为我国心理学在当前国际上的领先地位奠定了坚实的基础。

随风潜入夜，润物细无声。无论多么巨大的成就，或是多么不幸的遭遇，张厚粲先生始终宠辱不惊，大有谈笑间樯橹灰飞烟灭之气势，可是在这之中的艰辛与不易估计只有张厚粲先生自己最能体会。

最后，王宁教授对张厚粲先生进行了精彩点评。她认为张厚粲教授很好地诠释了一位在困境中坚强生活的女性，对于事业的热忱和执着值得我们敬佩和学习。

许多同学也是一直站着听完了讲座，但是张厚粲先生生动的故事和幽默的语言让同学们深深地沉浸于其中，在畅谈和互动中不知不觉就到了下课时间。讲坛结束后张厚粲先生还与许多同学合影留念，北师大女性讲坛第一讲完美谢幕。许多同学都为能一睹张厚粲先生的风采而感到高兴，并说会一直坚持来聆听其他女性讲坛优秀女性的故事。（阮琳燕）

2012-03-27 谁说女子不如男

开学到现在，已经在北师大女性讲坛听了三次讲座了，每次都会被深深地震撼。怀有赤子之心的张厚粲先生，"戒骄戒躁戒任性，耐苦耐劳耐吃亏"的王宁教授，能文能武的黄会林教授，每一位女教授背后都有一段传奇的经历。但当她们叙述那一段不平凡的经历时，我们看到的却是一张张平和的面容，听到的是平静的述说，没有波澜，似乎是在讲述别人的经历，或许这才是真正的大师吧，从容不迫，宠辱不惊，在经历了那么多之后早已沉淀了所有，心如止水。

三位老师都曾半开玩笑半认真地说自己"出身不好"，在那个特殊的年代，特殊的身份让她们经历了本不应该属于那个年纪的她们应有的遭遇。但我想，也许正是这些不平凡的甚至艰难的处境才造就了她们的坚韧、坚强、吃苦耐劳、对人生、对人性有更深的认识吧。三位大师都是自己领域的开创者，我真的很佩服她们在做出这种选择时的勇敢，选择冷门进行深入研究是很需要勇气的吧，我没有这种勇气，一般人也没有，但正是因为她们不一般、不平凡，所以才取得了如此大的成就。她们对自己学科的深深的爱让她们在这条路上无比坚定的走了下来，即使步履已蹒跚，但她们的心却一直在路上。谁说女子不如男！

2012-03-29 听诸师讲座所感

张先生连续教授心理学六十余年，具有独到的观点，在心理学领域具有特殊贡献和极高建树，但是为人谦和又不屈。听过张先生的讲座，首先想到的便是"君子比德于玉"。玉极坚而脆，恰似张先生多次被批斗却始终坚守自己认准的道路。"文化大革命"时期心理学被批成是唯心主义伪科学，张先生独自带着小女儿在师大劳动、做学问。张先生言"要有好条件加上好心态才能做出好学问"，并言自己"不服输"，带着骨子里的傲气。我认为这不仅仅是一个事业型女性、更应当是所有女性所应当具有的品质。依靠自己才能赢得尊重。张先生在心理学方面的贡献及其自身经历告诉我们，女性应当自立自尊自强自重。不认输，不屈服，不放弃，这是我从张先生身上学到的、无论在学习还是生活乃至事业上的必要条件。（马建露）

2012-04-03 拜听诸师有感

在北师大女性讲坛，总也听了三、四期了，林林总总，不同的研究方向，不同的性格，有张厚粲老师的随性，王宁老师的底蕴，黄会林教授的大气，董晓萍老师的典雅。唯一不变的，是那种不畏艰险坚持到底的坚定，为自己的事业燃烧生命的怒放，还有一路走来的淡定从容。

　　大概由于我的专业是心理的缘故吧，我不能免俗的更加偏爱张厚粲先生，不只是钦佩，还有艳美。针对的也不只是她傲人的学术成就，若只是如此，不免流于对于一般的大家之范的情感了。毕竟，学术上的成就是无法拷贝的。我真正羡慕的，是她肆意而坚定的生活，简单而纯粹。可以从早年看到一生的方向，然后坚定的追逐而去，从不彷徨踯躅，或是为现时消平了棱角，被世俗改变了方向。或许这样，才是真正活出了自己。不论何时回头望去，都是充实的，绝不会后悔。一生从少时的梦想开始，沿最初的方向，拉成了一条完整的线。反观我等世俗之辈，迷惘看不到奋斗的方向，惶惶然按照世俗给我们铺设的最好的道路一路走来，没有热爱自然也没有激情，或许有着最初的想法也几乎被现实消磨尽了。

　　十八年回首望去，看不到主题，无数次调整后也不见最初的方向，里面是无数的迷惑与后悔，无论如何也达不到张老师怒放的灿烂。这种前顾后盼的犹疑，若是让张老师见了，必然会笑话我们了。

　　（赵嘉钰）

2012-04-04 听张教授讲座有感

　　三八妇女节我进教室惊呆了，因为教室里都满了，来听讲座的人很多。听了教授的讲座更加兴奋，我那天在课堂上没有怎么笔记，但是过了这么一段时间，对我的影响还是很深刻。

　　听了这些教授们的亲身经历，我们学了很多。对于我们品德的提高，还有怎么做人，怎么处理人生中一些事情有很大的帮助。我听了张教授的讲座很佩服她。尤其是身为一位母亲，把出生不到 2 个月的女儿就交给幼儿园，自己继续去上课，我很感动。她让我们懂得人生中不要盲目地跟随者别人，要自己选择自己的生活。人生中处理事情一定要有一个良好的心态，这样无论什么困难都可以克服。在人生和

事业中，人的心理素质很重要。身为一名师范生，我们将来要当老师，我也感觉到心理学对我们的重要性。（古扎丽努·艾则孜）

2012-04-04 感悟张厚粲先生的讲座

北师大女教授讲坛上教授们用亲身经历教给我们很多，对于我们品德的提高，情操的陶冶，个性的塑造，都很有裨益。尤其在听厚粲先生讲座后，我感悟良多。

在得知张厚粲是张之洞的孙女时，我是极其激动的。想到他开明的眼光，对国家的责任感，对教育的贡献，崇敬、敬仰之情油然而生。如能一睹他孙女的风采，已是三生有幸了。

出身名门的厚粲先生，一生起伏，宠辱不惊，坚持自己的选择，淡然面对生活的艰险。

说到她选择心理学，也是挺有戏剧性的。作为一个好学生，她没有像其他那些同学选择热门的物理、化学之类学科，而是毅然决然地选择了心理。那时的心理学在我国刚刚开始发展，设施简陋，有关教材贫乏，所遇到问题可以想象得到。但张厚粲先生凭着她对心理学的热爱，带领着心理界的人士不断创新发展着心理学，取得了辉煌的成就。

张厚粲教授是中国心理学的带头人，从事心理学教学与科研工作五十余年，主要研究领域为实验心理学、认知心理学，以及心理和教育测量。张教授极富开拓精神，她1982年首次将认知心理学引入中国，在"汉字识别"、"认知方式"、"PDP模型"等研究领域均取得了卓越的成就，我国心理学公认的奠基者。

说实在的，我对心理学了解不多，只学了点教育心理学知识，但也从中领悟到心理学对于教育的重要性，所以心理学知识，对于各方面、各领域都有极大贡献，我国心理学的发展离不开厚粲先生的付出与奉献。正是出于她对于心理学的热爱与坚持，才有今天的成就。

这使我联想到了自己。高考之后，我发挥出了正常水平，纠结于选专业问题。对于各行各业了解浮于表面，长辈给的建议也众说纷绘，并不一致。说到从兴趣入手，可我兴趣不多也不深。于是，就随波逐流地报了当时还很热门的金融专业，其次是工商管理。我想学经济类，日后从商也不错。

最初发现工商管理学习偏离我所预期，一度苦恼，后悔选错专业。后来慢慢调整心态，渐渐发现学习工商管理学的兴趣，研究案例，学习公司战略、营销策略、管理财务……对于财务尤其感兴趣，用心多了，成绩也好了。所以，励志于未来往财务工作发展。

在学专业和职业发展上，厚粲先生是我学习的榜样，她做到了爱我所选，干一行爱一行专一行。我将继续努力，坚定不移的从事我选择的，我所热爱的。未来在我脚下，今天的努力换来明天的回报。我坚信苦心人天不负，我会有所成就的。

还有，厚粲先生的真性情，宠辱不惊，不去计较得失，这也值得我学习的。当下，我们的社会过于浮躁，追名逐利者多不胜数，物质上的享乐多于精神上的追求。真正能做到宠辱不惊者，少之又少。这是一种对生活淡然处之的心态。坚持所选，不去计较他人的评价，对得起良心就好。（王晓婷）

2012-04-12 两次讲座有感

女人成功很难！作为一位女人在家扮演着母亲，妻子的角色，在外面扮演角色是学者和领导等。来到了北师大女生讲坛，听到了张教授和王教授的精彩和真实的讲座以后我意识到女人也会成功。虽然她们遇到生活和社会上的困难比男人的多几倍，只要坚持到底会成功。

张教授的每一句话对我产生了深刻的影响。她是中国心理学的开头人。张教授的人生经历对我很有启发。她让我懂得了人必须做喜欢自己想做的事，只要付出最大的努力，一定会得到最好的成就。

我的专业是汉语言文学。听王教授的讲座我很激动。她整个讲座中脸上带着微笑给人一种温和的感觉。她在那样艰难的时刻为了实现自己的梦想研究古代汉语。我觉得这样不怕困难，不抱怨的精神值得我们的学习。（达吉古力·阿布都热合曼）

2012-04-12 我的人生导师——张厚璨先生

张厚璨先生的讲座对我启发很大，她说我们应该敢于追去我们
应得的东西，要相信自己，敢于表现自己。她还特意强调每个人都
应该一定程度的心理学知识，正确了解自己，正确对待自己，不停
得完善自己。这些话对我启发很大，我想在大学期间心理，生理方
面同步发展。女人不比男人差，只要努力女人也可以成就一番事业。
（吾古丽汗）

2012-04-16 张教授的讲座

张教授的丰富多彩的讲座，深深地打动了我的心。那天去听讲座
的人也很多，我认为每个人都被打动了。在这个人生道路上，她与心
理学一起走过来的，无论发生什么事从来没有放弃自己选择的心理学
这个伴。我觉得她虽然是年事已高的人，可她的心是永远的年轻，这
个可能心理学给她的礼物吧。她在讲"文化大革命"时期的那些困
难，那些挫折的时候，她的声音也没有什么变化，很轻松的讲述了，
我真的很佩服了。（阿提开姆·约麦尔）

2012-04-19 我在这里所学到的

那是一个很热的天，我在学姐的带领下进了北师大的门。虽然
累，但是心里有种新鲜感。我终于进入了真正的大学。作为新生，
我对所有事情充满着好奇，虽然在北邮读过两年预科，但是进入北
师大就好比进入了新的学习天堂。真正的大学校园是如此的热闹，
学生是如此的有活力。看着学姐们的积极，热情，我就在心里对自
己说，我要趁着年轻，尝试做一切自己感兴趣的事情，我要参加各
种社团，要读好多课外书，要让自己活得很充实。我的意志是那么
的坚定。

第一次上这门课时还以为自己走错了教室。教室不像是要上课，

如此的热闹，如此的壮观。人挤得连站得地方都没有。开始上课了，给我们上课的老师居然是赫赫有名的张先生。而且，她讲述的不是一系列的专业术语，或者是复杂的概念，而是先生的这一生。作为一个成功的女性，她的这一生真让我感到她是如此的特别，有主见，做自己认为对的事情而不在乎别人怎么想。活得如此的潇洒，如此的充实。即使自己的专业在那时还没被社会所重视，她还是坚持自己的选择，选择与别人不一样的路。我觉得她的独特之处正是在她选择与别人不一样的，体现出自己风格的独特道路上。我喜欢这种生活方式，虽然我做不到像先生那样，但我欣赏这样的人。随后，也了解到了好多教授的学术生涯和生活历程。真的，我在这门课上体会到了女性的伟大，看到了伟大女性走过的足迹。

这门课在我心中留下了一道风景。在迷茫时，失去信心时，我可以欣赏这道风景，心中也许会产生一丝希望。那就是，我为什么不尝试一下呢，即使失败，至少不留遗憾啊！青春过得就得疯狂些!!（阿勒腾阿依）

2012-04-23 一本厚重而又璀璨光辉的书

作为一个文科生，张之洞先生对我来说一直是可望不可及的伟大人物，也一直觉得有关他的人和事该是遥远而高高在上，可是在北师大女性讲坛的第一课，就遇见张厚粲先生，当向老师说她是张之洞先生的孙女时，不由的感到崇敬，而当这堂课上完，我对张厚粲先生依然，可这崇敬绝不再只因为她是张之洞的孙女，因为即使没有那般显赫家世，她本身就已经是一本厚重而灿烂的大书，吸引着所有人去阅读。

演讲只有一节课，可以窥见的可能只是先生人生大书中的几页。但是即使只是这几页，也够我细细品味，在以后的漫长人生里。

第一点深深感动我的，就是敢于追求自己的梦想，敢为他人之不能为，为他人之不敢为，敢为世人先。在她要考大学的时候，公众观点就是学好数理化走遍天下都不怕，但是她却坚定的选择自己喜欢的心理学,相信当时向她投去的诧异的眼光一定不会少,可是她还是没有放弃走自己喜欢的路。回想我们在考大学填志愿选专业的时候,有多少人是听从了父母的意见,有多少人是自己选择自己所喜欢?相信只有极少的人是后者吧。在17、18岁的年纪,还没有完全形成自己的价值观,我们被裹挟在时代的洪流里向前奔流,思想都被被公众的观点"绑架"。记得上次听韩震副校长的演讲,作为北师大副校长和著名哲学家,他当年选择学习哲学的目的也不过就只是在当时的社会观点里优秀的学生就是该去学哲学。敢为世人先,需要勇气,需要承担可能失败的巨大风险;敢为世人先,更需要眼光,需要能判断未来的模样。只这一点,就足以让我们仰望。

有了自己的选择,还需要的就是坚持,就是相信。在坎坷中坚持往前走,在未来没有方向时仍相信还能看到明天。在先生的一生中,无数次被打倒,又无数次站起来,与先生相比,邓小平三起三落也不过如此。经历这么多之后,85岁的她却依然能精力充沛乐观豁达的站在这里,这种态度绝对是我们该学习的。

清华大学梅校长说:"大学者,非大楼之谓也,大师之谓也。"我相信即使有一天我们离开了北师大,我们可能会忘记23层高的后主楼,但是一定不会忘记在它旁边矮矮的教七楼的103教室里,曾窥见一本闪光的书,它的作者就是张厚粲先生。(刘剑华)

2012-05-02 人生无悔、青春不老

还记得初见时,那是怎样一个美丽的人儿。是的,我用的是美丽来形容她,一位85岁高龄的光辉女性——张厚粲先生。

很难想象,一个这般年龄的老人,竟会如此的朝气蓬勃,如此的容光焕发,显现不出岁月的痕迹。再看大大的讲堂里坐满了人,连站的地方都没有,还有好多人捧着鲜花,这引发了我的强烈的好奇心,究竟怎样一个人,会有如此大的感召力与影响力?然而,当张厚粲先生一开口,那铿锵有力的声音敲打我们的鼓膜,我顿时明白,这种气场,别说女人,就连男人,一个正值壮年的男人,都未必有那样的笃定与自信。

听着张厚粲先生的自述，震撼接踵而至。一个女人，经历了我们国家最动荡的时期，却有着明确的目标，并坚守自己的理想，致力于学习心理学。当时的她，在众人眼里，是一意孤行的，是不被理解的。然而，这一切在她眼里不过是烟云幻影。即使全天下人都反对，我也要坚持走我自己选择的路，这样的执着与隐忍，就注定了张厚粲先生的与众不同。何止是一个心理学先驱，张厚粲先生更是一个女性彰显自我的先驱。一个人，敢于在经历了一生的打压与困苦之后，自豪又坚定地说"我从来不后悔我的选择"，这样的人生，活的又怎能用区区"精彩"二字去形容？

就在我为这样一个传奇女性而赞叹的时候，更大的震撼又到来了，张厚粲先生居然是张之洞先生的孙女，这让我不禁感慨，原来，有些事，有些人，从一开始，就注定了是不平凡的。我们的人生，不管再怎么障碍重重，不管再怎么被琐事牵绊，怎样去活的选择权，归根结底是在我们自己手里。生命的质量，是我们自己选择的；生命的厚度，是我们自己书写的。如果我们活的不够精彩，不够洒脱，那不赖命，不赖天，是赖的我们自己。

当有一天我们老去，希望我们每个人都可以拍拍胸膛说，我这一生，绝不后悔！这样人生足矣。（马抒涵）

2012-05-03 关于这些日子的一些感想

我本以为是一门关于女性生理，社会等的知识讲座，没想到第一次走进教室，就是一个巨大的惊喜。也想象不出，在这个时候，会在北师大遇见了这样一门，给我的内心留下深刻影响的，可能会影响到我的未来的课程，让我看到了一个不同于当下浮躁年代的世界。

一个又一个讲座，不同于寻常校园讲座的主题分明，抽离个人因素，这些女教师们的讲座时感性的，有关人生的。将自己几十年的风风雨雨，安静的娓娓道来，叙述着自己前半生的起起落落。或许有人不理解，为什么要让我们听她们前半生的个人经历呢？这对我们有什么帮助吗？其实，这也是北师大女性讲堂的高明所在。正如上节课向蓓莉老师给我们讲解得，这门课程的宗旨：在当下这样一个人文缺失，混乱空虚的时代，加之信息爆炸，中外文化，新老理念交织错综，女性很难找准自己在社会上的位置。一方面人人高喊男女平等，却在涉及职位升迁，学历高低上下意识地偏颇；一方面女权主义大肆横行，挥舞着妇女保护的旗帜，却将女性的柔美流失殆尽，改造成没有曲线的钢铁斗士；还有甚者，安然蜷缩在男性身后，把一切生计都丢给他们，安心享受着主妇的生活。这就是我们这个时代的现状，恐怕是以前的知识女性完全无法想象的吧。当内涵，矜持，含蓄全部被抽空，女性的柔美变为忸怩地作态，坚定的信念变为事事争强好胜，我们作为女性独有的美好品质又流向哪里？而就在此时，我们走进了北师大女性讲堂。我们突然发现，原来女性还有另一种生活方式。

一位位的女教师，身上又带着岁月的风霜痕迹，却丝毫无损于她们身上的美感。而仿佛玉器一样，被时光打磨抛光的愈加温润，光华内敛。仿佛从墨香的书卷里走来，举手投足间浸透着满满的唐风宋雨的风采。她们柔美却不柔弱，也可身着斑斓的披肩长裙，也可将发丝烫出卷卷的弧度，但却独自撑起了一个动荡年代的风风雨雨，坚定不移，学术，干活样样不输男子；她们独立而不咄咄逼人，纵使事业上撑起一片天，也会照顾家庭，与故友题诗作对。这些是几乎已经被遗落的东方古典女性，残存于世间的最后一批大师之家，她们所经历，坚持，追求的，已经很难再被我们这些年轻人所理解了。

还记得第一次走进教室，就是一个巨大的惊喜。作为心理学院的终极大神—张厚粲先生正神采熠熠的站在讲台上，当时立刻打电话把室友统统找来，瞻仰偶像的风采。我没有想到，那一天，打动我的不是她学术上的成就，而是她的生活方式。其实，对于这种传奇式人物，我大都是敬仰，尊重，很少来的羡慕。因为毕竟，他们的成就没有复制的可能。而那一天，面对张厚粲先生，我是真真正正的折服了。有多少人，能够真正拥有这灿烂无悔的一生？有多少人，能够真的完全遵循自己的本心而活，不论前方有多少艰险？有多少人，面对着恶意的挑衅与挑剔，可以依旧不折不弯，锋芒齐出？又有多少人，能在开始就确定了一生的方向，生命中是一个单纯而坚定的主旋律？

我无比羡慕这单纯地一生，仿佛不论停止在任何一刻都无比充实，无怨无悔。陪伴着一个中国不曾出现过的学科从无到有，哪怕无人问津，哪怕前路未明，学科的发展史上每一步都印着她的脚印，哪怕被误解打击，不曾自怨自艾，腰背挺得极直，活的顶天立地。其实，又何止张厚粲先生呢，那些先生们，可能没有"嬉笑怒骂皆酣畅"，但却像一壶茶，一首歌——抱歉很难找到合适的形容词，但是只是清泉一样不经意而鲜明的浸入你的心底。所有的先生们，都是从事着自己热爱的，热爱着自己从事的，活得简单却又活得精彩。她们的生活方式很简单，就是遵循自己的本心而活，为自己的目标而努力，非关名利，无关其他，也不会管前方有多少风雨。反观我们当下，生活方式越来越复杂，目标却越来越模糊。寒窗苦读十二载只为一场千军万马过独木桥的考试，还未来得及弄清楚自己想要什么就被迫走上了这条道路。然后，查看学校排名，查看专业排名，查看就业状况，却往往了查看自己的本心。回顾十八年，除了零零散散的记忆，生命中并无任何鲜明的主旋律。而又有多少人，一辈子都不清楚自己的目标，介绍自己的工作时，会把收入放在行业的前面。出了名利人生里一片空白。而当下的女孩子，习惯的点进"教你做个精致的女生"这样的帖子里，穿着流行的服饰，为了所谓的"品味"喝不加糖的苦咖啡，把头发烫成粟色的波浪，完善着别人眼中的自己，而真正的自己又该身处何处。当我们因为一些小事而忧伤呻吟时，又可曾想过我们的先辈经历了战争，"文化大革命"的洗礼，之后身着长裙淡定而悠然的站在讲台上。她们用自己讲述了一个年代的风雨，诠释了那个单纯又坚定地年代的风骨，简单，而又无悔，个性鲜明。

所以说，在这个讲坛中，我收获良多。我看到了一种不同的人生轨迹，看到了原来可以有不一样的选择，看到了柔美的典雅女性身上的傲骨——女子的柔不代表着依附，也看到坚定的女性身上的淡淡柔情——女子的坚强不一定要用刚强表示。女性并不输于男性，也并不一定用男性的方式证明自己。我看到了原来我们可以遵从自己的本心，活得简单而又无悔。原来名利皆下品，梦想才是最高的。原来只要有梦想和坚定的信念与付出，就可能实现。这大概就是北师大女性讲堂的目的吧，除去现下的浮华让我们有机会一睹那个年代的风采，7 个讲座，若是用来讲授学科知识，由于原系不同只能遗憾的浅尝辄止。但是用来分享 7 段不同有类似的人生经历，让我们通过这个清楚的看到，她们的人生是怎样度过的，而我们，又应当如何度过。可以肯定的是，先生们不经意的教诲，比大多数课程都要意义深远。而这门课程，在我们涉世未深的心里埋下了种子，在未来的某一天它终究会生根发芽，或多或少的影响我们的一生。（佚名）

2012-05-04 做人要有志气

　　在连续的熬夜和没完没了的作业、报告之后，懈怠之心自然而然产生，似乎一下子什么都不想做了。张厚粲先生的一句"我觉得做人要有一点志气"一下子把我敲醒了。曾几何时我也是一个倔强不认输，凡是总是争优秀的学生，我怎么能够懈怠下去呢？王老师的"阶段性的懈怠可以理解，但是时间一定不能长"也给了我很大的启示，减掉了一些我心中的负罪感。

　　现在，我明白，懈怠可以有，但是不能让它泛滥；把学习当做兴趣，做一个有志气的人，不向困难（学习上的和心理上的）低头。现在我的状态已经调节得很好，谢谢张先生和王老师。（杨晓芳）

2012-05-07 做女人当如此

　　2012 年 5 月 3 日，依旧在教七 103 教室，依旧是欢声笑语，带给我们许多感动和欢乐的北师大女教授讲坛已经走入了尾声。还记得刚选上课的时候，我还对这门课的内容还不是很清楚，以为这节课上老师肯定会讲些关于女性礼仪的知识，然而当我真正上第一节课的时候被老师们"震"了一下！第一节课的主讲老师是我国心理学的奠基人也是泰斗张厚粲老先生。先生给我们讲了许多她年轻时的往事，她年轻时经历过许多苦难，其艰辛程度远远超过我们能够想象的，可是老先生在回忆时却永远充满了欢乐，甚至颇有大加调侃自己的意味。先

生从年轻到现在永远能保持着一颗乐观向上的心以及优雅的仪态，真是为我们现在的女性做出表率。（邓洋）

2012-05-07 谢谢女性讲坛给我的很多很多

还记得刚开始选这个课纯粹是为了学分，肤浅地以为是一门介绍女生生理知识的课。丝毫不重视，于是第一节课迟到了，也就是第一堂课，改变了我对这门课的认识，改变了我对她的态度。

尤记得，踏入教室的那一刻我震惊了：小小的教室挤满了人，黑压压的一片，居然还有坐在讲台附近的地上的……没想到这是一门分享女教授和她学科故事的课。第一堂课为我们讲说的是张厚粲老师！一个始终保持活力，心态年轻的老太太，一个见证。促进北师大心理学发展的老教授，一位深受大家尊敬喜爱的博学的老先生！

可以说，张老师的活力激发了大家对这堂课的兴趣，改变了大家对女教授的看法，还有，让我们明白了心态的重要——好的心态不仅让我们年轻，还能鼓励我们在困境中咬牙坚持。我想"不以物喜不以己悲"是张老先生一生的写照吧！

我也想成为像这些老师一样有气质的人。——这就是我听完课后树立的目标！（佚名）

2012-05-09 女性的魅力

女教授讲坛今年第一次开课，之前对它丝毫没有了解，在别的公选课都已选满的时候，它的出现，给了我希望。我兴致勃勃的选上了课，对于它的内容却并没有更多的期待。

没想到，它并不简单的是一门课，而是汇集众多名家的讲堂，从第一堂课起，每一次都是对我的一次洗礼，如沐浴春风一般，陶醉在优雅女士们构造的礼堂中。

她们个个都是那么的美丽和有气质，让我不禁怀疑她们的年龄，越来越多的感受到知识女性的魅力。的确，女人美丽的容颜非常可贵，但无一例外的都会衰老，而知识女性的美丽确实会随着她们年龄的增长而愈加的让人沉醉。一颦一笑，一举手一投足，还有看似简单却富含哲理的话语，不由得让人心生敬意。女人如果能够做到这样，就真的完美的阐释了女性的美了。老师们虽然研究的内容和方向不同，但思想和智慧却是相似的。

大概每个女人都是憧憬这样的吧，当韶华已逝，仍然可以拥有美丽，而这美丽源于丰富的积淀，只会越陈越香。

让我印象最深的还是张厚粲教授，她在众多的教授之中，又是别具一格的。第一次见到张先生，并没有感受到我印象中女教授的那种知性美，而随后便被她彻底的征服了，她的坚持，她的乐观，她的自信，她浑身散发出的青春与活力，都是我所崇拜又向往的。同时，我也在思考，张厚粲教授之所以能取得这么杰出的成就，是由于她的性格，而她的性格却是由家庭成长环境来决定的，这让我想到了自己……

我从小出生在农村，父母都是没有文化的农民，像其他农村的小孩一样，我没有得到很好的教育，甚至在性格的养成方面，也很少得到父母的教诲。后来，一直是凭借着自己的努力才来到大学了，可是到了大学我才真正感受到人和人之间的差距有多么大，我看到了很多美女，她们不仅有气质，而且懂艺术，学习拔尖，性格又好，总是能够出色的完成任务。相比之下，我呢？相貌平庸，能力也平平，性格不够果断，遇到困难还容易退缩，导致我总是拖后腿的那一个，而这一切都可归因为家庭教育的不足。我并没有在抱怨我的家庭，而是急切的想知道，对于已经形成的性格和能力的不足，是否还有补救的方法？那我应该怎么做呢？其实张厚粲教授已经给了我答案，那就是人过什么样的生活要靠自己。（刘雅蕾）

三 致王宁教授

2012-03-16 一场非常有质量的讲座

今天听了一场非常有质量的讲座！由古汉语泰斗王宁先生主讲。我的专业不是古汉语专业，无法从专业的角度感受王先生的伟大，但是我能体会到作为一位学者、作为一个文化人、作为一位知识女性的王先生的强大魅力。

一、不慕虚荣的治学态度

王先生师从训诂学家陆宗达，与古汉语打了一辈子的交道，60年来，王先生在专业上取得了多个国家级的重要突破，完成了多项重要课题，王先生是第一位将传统古汉语现代化的人，她开创了用计算机来研究古汉语的先河，很难想象这么牛的事情居然是由一位女性完成的。是什么样的动力在背后支持着她呢？

王老师笑谈自己是误打误撞走上了研究古汉语的道路，迫于某些压力不得已坚持下来，后来真正迷上了这个专业，一辈子就这么研究过来了。这是笑谈，伟大的成就没有一个是一蹴而就没有一个能随随便便成功的。

王先生有一句话叫"做学问不拼主流，不讲虚荣，要有的是志气，要有的是使命感"。"不拼主流"是一种智慧，目光长远，坚持自己所爱的学科安安静静严谨治学乐在其中；"不讲虚荣"是一种洒脱，不看重当下的既得利益，懂得人生真谛；"有志气"体现在治学的每一天，王先生在青海农场上，因为"文化大革命"的特殊情况，把书都缝在被子里，晚上干完活儿了才敢拿出来偷偷看，你能想象一个22岁的女孩白天扛着120斤重的货物，走2里的路，来回走18趟吗？可是人家有志气，不偷懒，一天看一摞，躺在那儿像看小说似地看训诂学。"有使命感"是王先生对我们80后寄寓的希望，当年"祖国的需要就是我的理想"，所以王先生就和她的同学们去了祖国边疆最艰苦的地方，而且走到哪里就把学问做到哪里，把知识传播到哪里，中国社会处于艰难的转型时期，文化亟待发展，如何能将历史完整原本的存留下来正是我们要做的第一步，我们需要强大的社会责任感和使命感作为动力，才能不讲虚荣、近乎苛刻地、严谨地去做学问。

二、智慧包容的文化精神

王先生身上有大家的风范，表现在学术上就是包容，"不拘一格降人才"，讲座的点评嘉宾董晓萍教授研究的是民俗学，虽然不是王先生的专业课学生，但王先生却像对待自己的弟子那样，全方位各方面地帮助她，不求任何回报，这是因为王先生有爱才之心。

不仅在对待人才上，王先生在对待学科上也无比包容，王先生一直喜欢数学，学了古汉语也没有丢掉数学，正是由于她的这种包容的热爱，后期古汉语的"计算机化"才有了可能。现在王先生的博士生很多都是理科背景，这种包容的文理交叉，才让学科有了现代化的发展。

王先生说，历史和现实总是会选择性接轨，所以在她的研究遭到质疑时，王先生虚心的接纳，诚恳的告诉我们，真正的学问当下不被人接受是完全可能的，但也不能因为这个就去做随大流做泡沫学问，要有智慧看明白这一点，更要有心。

王先生不光会做研究做学问，她的书法写的出神入化，唐诗宋词信手拈来，会弹钢琴会跳芭蕾舞，就是这样的智慧和包容在王先生身上闪光，她就是活的中国文化精神。

三、独立温暖的知识女性

王先生从95年开始做妇女工作，这是个需要不怕脏、不怕累、不怕烦的活儿，可是王先生做得开心、做得投入。早在青海时，王先生还扛着枪站岗的时候，就帮助当地文盲妇女识字，让她们对知识的渴望不再失望。对于我们这帮80后女生提出来的啥问题，王先生像慈母一样微笑着耐心地回答我们，告诉我们要求真、求进、修身、分辨、坚持，给迷茫的我们吃了一颗定心丸。作为女性，王先生有着强烈的社会责任感和同情心，她关注社会问题和弱势群体。有同学问，改革能不能改的快一点，王先生说中国现在的转型问题很严峻，就像火车在悬崖上大转弯，转的太猛了，就会把一批人甩下去，而甩下去的往往都是弱势群体。一个社会有没有发展，关键还是看这个社会的弱势群体。中国9亿农民，2.5亿农民工，还有5000万留守儿童，他们都迫切地需要帮助，要从他们的角度出发才能做出科学合理的政策，才是真正为老百姓办事，中国也才能真正富强。作为一个成功的妻子和妈妈，王先生也有她的幽默，在回答"计算机用多了大家就变得提笔忘字"这个问题时，王先生幽默地说，这个不能怪计算机，要不我们把计算机废了都不用了，是不是大家语文就能好了？其实科技要和道德、灵魂结合起来，否则就像伐木机，这个科技产品被发明出来之后，一夜之间把成百上千的山林被毁了，这种技术是跟大自然和人类的生存都不相容的。写字是因为我们意识到它能带给我们文化底蕴和快乐，跟计算机不冲突。（方辨）

2012-03-18 非淡泊无以明志，非宁静无以致远

3月15日下午3点，教七103迎来了女教授讲坛的第二位女老师——文学院资深教授王宁老师，向蓓莉副教授主持了本次讲坛。两个小时，在王宁教授动情的讲述她和中国的传统语言文字学，她和学生们的精彩的回答，以及董晓萍教授的深刻评论中悄然度过。

从不平凡家庭中的成长，到本科和研究生的学习，从七次自愿去青海工作，在高原总共工作28年的经历，再到回北师大工作至今……王宁教授用最朴实的语言和最平和的心绪，用她标准的普通话和不凡的文字功力，讲述了她坎坷而不平凡的一生。

清晰记得，王宁教授在回忆起在青海工作时遇到贫困而善良的农民时的感动；清晰记得，王宁教授在诉说这些没有读过书却宽容对待戴着"高帽子"的自己时的感激；还清晰记得，王宁教授叙述因为这些底层善良的人们所给予她人生观价值观冲击时的感恩。每次的回忆和叙述，在王宁教授温和的面容下，是否还是不断地激荡起她心中曾经那些不平静的岁月？

这段岁月是艰难的却也是历练的，正因为这段在农村艰苦的磨练，正因为这段与底层善良农民真诚接触的亲身经历，正因为这段难熬日子里王宁教授始终坚持着对中国文化和历史的使命感……日后，在她回到北师的时间里，她才会有如此深厚的历史积淀和肥沃的文化土壤，为我国汉语言文字学、文字训诂学等领域，为保留、还原和传承源远流长的中华文明做出了突出贡献。

这个学科是艰深的，这个学科是枯燥的。王宁教授淡然地说，如

果没有一颗安定的心，没有一份不追名逐利的心态，是无法从事这个专业的。有的专业三十岁可以评教授，这个专业也许要到四五十岁才有这个可能，因为这个学科需要积累，看书是需要时间的，更何况是文言文。在一个又一个的挫折之中，王宁教授以其淡泊而明志，以其宁静而致远。

董晓萍教授在评论中说，王宁教授对文化科学的贡献、高尚的境界、精深的思想、深厚的国学功底和强大的人格魅力，都值得我们学习。王宁教授也十分爱惜人才，对晚辈极力提携，不仅对本专业，对其他专业亦然。讲坛在董晓萍教授的精彩评论中结束。（阮琳燕）

2012-03-21 听王宁教授讲座有感

"戒骄、戒躁、戒任性，耐苦、耐劳、耐吃亏。"细品王宁教授的话，感受到了一种从容、历练、坚定和优雅。王宁教授的谦谨和波澜不惊深深打动了我，无论时代如何变迁，不变的是内心的坚定、坚强、自信。作为女生，我要向王宁教授学习，既保持内心的澄澈清明，心不生草，静心钻研学问，同时又要温暖娴静，顺其自然。

做学问要有立场，有胆识，才能萃取精华。"我向我们学中文的学生定要抱着对中国文学、文化的热爱，以弘扬中华文明为己任，对人民负责，传播和发展有益的、优秀的文化，以扶起中华民族的精神。王宁教授在农村的吃苦的经历，警示了我们要坚持最基本的做事原则—踏踏实实，不偷懒，也激励了我们不求名利，钻研学问，抛弃虚荣，敢于面对艰深的学问，面对学业上的挑战。（曹越）

2012-03-21 记王宁教授讲座

语言，是交流的工具，是沟通的桥梁。而文字，则是语言的载体，是语言的符号。传统语言文字学，是我们与古人交流的学科，是与文字和历史对话的学科。这门学科需要沉下心来研读艰深的古文，也需要联系现代社会为文字的发展做出解释。王宁教授选择这样一门学科，就注定了其宁静淡泊，勤奋谦虚的秉性。自小，她父亲便教育她"戒骄戒躁戒任性，耐苦耐劳耐吃亏"。这样一句话，即使放在现在的家庭里，也是不可多得的良言。良好的家庭修养和严格的教育使她在性格的培养上有了一个好的开端。王宁一教授这样介绍自己与传统语言文字学的历程"从不自觉地卷入，到不得已地保留，再到自觉地维护这门学科"这期间，许许多多的机缘巧合让她与这门学科最终结下不解之缘。想必在那段下乡去青海的日子里，和被打倒不被理解的日子里，王宁教授的生活会很困难吧。可是她在讲座里却并没有对每一次的苦难有过多的描述，只是轻描淡写地掠过，裹樊，她度偶多次经历后在心里上的成熟和成长却谈得很多。她说，在青海的日子，拿枪，住帐篷让她改掉了以前的资产阶级贵族习气，让她更接近群众，更能体会群众的艰苦。她从农村妇女的身上学会了朴实，活得了许多从书本上完全学不到的人民群众的智慧。这些让她了解到，这样一个充满智慧的民族，这样一个伟大的国家，它的优秀文化应当被传承和传播。于是，在农村，在边缘地区，她明白了自己学习这门课程的真正意义。一直到后来在北京做了老师，当教授，王宁教授更加地谦虚和淡泊。她曾这样评价"名师"这个名号，"师就是师，有名无名学生说了算"。作为妇女工作者，她这样教导在座的我们，她说一个人要有分辨力，能坚持，能拒绝诱惑。一个新时代的女性要能够求胜求真求实。

王宁教授给人温暖的感觉，整个讲座过程中始终面带微笑，大部分时候语气很平和，就像与老友对话似的，让我们也觉得很轻松。而那些金玉良言和人生哲理就在那样娓娓叙述中渐渐道来，让我们受益匪浅。（肖尧）

2012-03-29 听诸师讲座所感

王宁先生是我院的老教授、中国语言协会副会长，在音乐、舞蹈、口头与非物质文化评论领域有独特建树，传统章黄学派继承人，出身国学世家。这种书香门第对王宁教授想必影响深远。王宁先生自言"戒骄戒躁戒任性，耐苦耐劳耐吃亏"，这就解释了她四次被打成反派而从未放弃学术研究的原因。王宁先生讲座中说，"只有有头脑、有思想才能做学问，否则不分青红皂白拿来即用便是犯罪"，她教导我们求真求实，做新一代女性。从王宁先生的讲座中我们可以归纳出三点——讲话应精炼中肯，写字要行云流水，文章应引经据典。此外，除了埋首做学问，还应关注时事，跟随这个社会的发展一路向前。（陈小辰）

2012-04-03 拜听诸师有感

王宁先生深厚的文化底蕴给我留下了深刻的印象。出身书香门第，名门世家，在她的身上我们可以看出一位那个年代的知识女性的所有美好品质。优雅淡然，而谁有能想到在那个年代于青海农场干劲比任何男士都不遑多让？王教授身上兼容着女性的细腻与男性的豪情。她身为现为北京师范大学教授，博士生导师，中文系古代汉语教研室主任，汉字与中文信息处理研究所所长，国家社会科学研究基地民俗典籍文字研究中心主任，这是我在网上找到的资料，不禁让人感慨要有多高的成就才能撑起一项项的荣誉与名声，但是，看到王教授，你会发现这些加之于她身上的美好，都是如此理所当然。（赵嘉钰）

2012-04-05 她给人温暖的感觉

语言，是交流的工具，是沟通的桥梁。而文字，则是语言的载体，是语言的符号。虽然我的专业不是古汉语而且我从小学的也不是汉语所以我对古汉语不怎么了解还有你们的民俗现在也不怎么了解但是我想对于一个民族而言语言和民俗非常重要的，是一个民族存在的前提。王宁教授给人温暖的感觉，整个讲座过程中始终面带微笑，给人很亲切很轻松的感觉。她那个艰苦的环境中，直面困难，不抱怨，坚持学习的精神值得我们学习。董教授给人特别优雅的感觉，而且上节课董教授对女性的赞美令人印象深刻，还有她说道，在大学里不要为了学分而学习，这样学习没什么用，而且令人觉得很累。我很赞同这句话我们。应该对一门课程要学习的态度对待它。我们为了学一门课而学习不要为了学习。（古扎丽努·艾则孜）

2012-04-09 不平凡的人生经历

　　自上课以来，"北师大女教授协会"的几位杰出的女教授都抽出自己宝贵的时间，给我们上了一次次女性人生追求与自我价值实现之课。教授们都经历了不少困难与挫折，但是她们从不轻言放弃；她们也经历了很多幸福的时光，她们始终相信自己是最幸福的，因此时刻面带微笑；她们也走出了不平凡的成功人生，但从没得意忘形。她们是那么地博学，那么地和蔼可亲，又是那么地充满魅力。

　　人生摆在我们面前的选择总是太多太多，关键是我们能不能选好属于自己的那一条路。教授们也面临过种种选择，她们始终坚持相信自己心里的那个选择，没有退缩，一直努力追求，她们终于成功了。

　　作为就读于北师大的女学生，我以有这么多优秀的女教授为傲，我们也应该不断地向她们学习，完善自己，努力实现自己的人生价值。她们给我们的启示与心灵感受将会是我们一生最为宝贵的财富。

　　最后祝每一位教授都健康长寿，心想事成，家庭幸福，事业成功！我们希望教授们能培养出更多像自己一样优秀的学生，成为真正意义上人类灵魂的工程师。（古丽加汗·艾买提）

2012-04-11 对我影响最深刻的一堂课

　　我成功的进入了自己梦寐以求的大学，很激动，不过上了大学以后我不知所措，很迷茫。我一直在想我以前的理想怎么消失了？我有很多完美的理想要实现，一上大学就没了。仅仅一堂课指挥了我以后的路要怎么走，那堂课是王宁教授讲的。

　　那次课对我来说是受益匪浅，王宁教授的每句话深深打动了我，而且她的话语很有感染力，在座的每位很快就喜欢上了她。我想就像她说的那样，要继续奋斗，不怕吃苦，要双手创造未来，努力改变。自从那堂课以后，我清醒了许多，感谢王教授的精彩演讲。（阿里艳姆）

2012-04-21 人生，一路走来

几次讲座听下来，每每有种顿悟的感觉。在师大女性讲坛上，总有一种平日课堂上难有的一种历史厚重感，一种如饮甘泉的清凉或是醍醐灌顶般醒悟。不仅仅是因为讲座中的师大女教授的年纪，不仅仅是因为她们讲述的几年前、几十年前的有着古老印迹的故事，不仅仅是因为作为青年人坐在下面听到了很多自己从未经历的事情、从未思考过的事情，更多的，是通过一位位女性教授娓娓道来、淡淡讲述，她们所展现的一种女性从古至今，或者说，令人崇敬的女性所拥有的一份博大的胸怀，一种优雅沉稳的谈吐，一种不凡的气质，一种让另一个女性所敬仰、所感动的气场。

我仍旧记得王宁教授曾经讲述关于评奖的事情。她曾和蔼地微笑说，评奖这种事不要看得太重，重要的是看你是不是过得充实，能不能解决各种问题，能不能迎接学业的各种挑战，能不能做不被关注而有益的事。看重的，不是得失，得失都很浮于表面。妇女，要谦和，要敦厚。她那种淡然从容让人心生佩服。这种精神感染着我，让我感到胸怀变得广阔了。

北师大女教授讲坛让我看到了师大人的一种浑厚的、充满力量的精神。一种回望历史时，可以迈过跌宕的时间洪流，看到自己当初一步一步跋涉过来。中间充满着女性所拥有的优秀品质：宽容、仁慈、敦厚、老实、坚韧、不屈、勤奋、刻苦、努力、责任……这些人生，这些故事同读书还有很不同的感觉，只能让我们的感悟更加深厚，让我们还能捉住历史时间的衣角，看看多年前，多年前那些前辈的经历，有所感染，有所感动。

高山仰止！崇敬叹服！（林茵）

四 致黄会林教授

2012-03-22 听黄会林教授讲座后

今天听了黄会林教授的讲座。我很感兴趣的她讲她的从军经历。她说，原来死也没有那么容易。我想，能说出这样的话，她是真的在战场上真的磨练出了一颗军人的无畏的心。她说，幸存的人就应该努力。她把那些牺牲的人的梦想肩负在了自己身上。

另一个让人感兴趣的是有关中国影视的问题。我在前一段时间看到了有关《金陵十三钗》的报道，上面说，外国人根本就无法理解那13个妓女为什么会牺牲自己。也许奥斯卡的名利不是那么重要，但对电影的反思是真的很重要吧。黄教授没有怎么展开，她把这些思考留给了我们。

还有，文化的问题。我听到很多人的批评，他们说，中国人把自己的文化完全丢掉。我有时候在想，真的会有一天，古文变成外语吗？我想，教育，应该重视对我们的古代文化的教学吧。对中华民族的文化要好好地传承。（赵晓晖）

2012-03-23 这才是人生

黄老师的经历很多，从军、教学、创社、做项目，甚至在58岁时于零的基础上，硬造出了一个学院。这样的人生真可称得上传奇了。更值得尊敬的是，一个人在经历了如此种种之后，回首往昔时，就像讲述别人的人生一样，安静地讲述自我。我最大的感触就是，我们真的应该多听听有经历、有修养的长辈们和我们分享人生体悟。因为，岁月会将她们的辉煌与苦难一并沉淀，酿成最纯净的泉水，作为晚辈的我们，只要嗅一嗅，身上的浮躁之气都会减少大半。坐在下面，看着黄老师在台上从容地讲述她那犹如风云交汇的别样人生，阅历丰富而自视不高。犹记得在开场的时候，年近80的黄老师竟谦和地用商量的语气问我们："我能坐下讲吗？"包括整场的含笑而谈，还有那亲切的声音，都在我脑海中挥之不去。

　　从热情如火、激情洋溢的张厚粲先生，到沉静如水、淡定安稳的王宁教授，再到能右手拿笔、左手持枪的黄会林老师，真心感觉北师大女性讲坛请到的都是最值得尊敬的女性代表，作为大一的学生，有幸选到这样一门特别的课，真是一件幸福的事。它能让我在每周忙乱的生活中，给心灵找到 2 小时的宁静，洗去浮躁、洗去喧嚣。（袁欣欣）

2012-03-28 听黄会林老师讲座的一些感受

　　黄会林先生。与其说是先生，不如称她为奶奶。一位 78 岁的老人，但是却特别的有精神。站在讲台上她很威严，但却很慈祥。

　　其实很羡慕奶奶的经历，她应了那句"谁说女子不如男"，参加了朝鲜战争，拿过枪，上过战场，和男生一起打拼，经历过生死。她曾怀揣过梦想，去支援边疆，给偏远地区的儿童带去希望。她能有一位一直站在她身旁支持她，与她志同道合的先生，作为一个女人，有一个这样的人在身边，人生也算完整。每天路过邱季端体育馆，看着大学生电影节的海报，却很难想象到这些成就都不能缺少黄老师的努力。每一个成功人士的背后，必不可少的会有一些很艰苦的经历。听黄老师说，她"被迫"从中文系被调到算不上一个完整组织的艺传学院。可以说她当时什么都没有，算得上是白手起家。但就是凭那股不服输的劲儿，她把一个学院经营的有声有色。

　　其实我们也一样，可以凭借着自己的力量，去完成实现自己的梦想，但是有时就是一种惰性和依赖感，阻碍了我们前行的道路。每一次听老先生们讲座，我都会有一种动力。女人顶起半边天，在困难面前，不要把自己看的太女人，要有男人一样坚韧的毅力和气概，坚定的完成自己的人物。没人能让我输，除非我不想赢，要有这样的魄力。（韩丹）

2012-03-29 听诸师讲座所感

　　黄教授原本师承中文系，亦在中文系教过现代文学，转任艺术系主任时已年逾五十。在如此高龄亦能将一个学科从一无所有发展到今天的完备，能力使人敬佩。1950 年黄教授参加了抗美援朝人民志愿军，并在朝鲜战场上真刀真枪与敌人交锋过（清川江战役），自言"是此生绝对难忘的经历"。因此黄教授比别人更多了一份果敢与坚韧。黄教授坚持发展"第三段文化"，主张文化的民族性而非全球性，见解独到，世人敬佩；又加之战场上刀山火海的历练，这样的女性怎能不让人敬佩。（陈小辰）

2012－03－29 美丽是需要沉淀的

　　第一次见到黄会林教授，就被她的优雅而折服。不由得暗暗希望当自己两鬓斑白的时候，能够像黄会林教授那样，依然保持着优雅的气质和迷人的风度，散发着独特的魅力。

　　北京大影节即将开幕，直到最近我才知道，原来黄教授是大影节的主要创始者，黄会林教授是中国高校第一位电影学博士生导师。在北师大同学中，她是公认的实力派与偶像派老师。在黄教授身上，你完全感觉不到年龄的东西，岁月在她身上留下的是从容，儒雅，大气，风度。作为中国传统文化与现代影视结合的积极倡导者，黄教授的标志性打扮就是那素雅的中式服装和淡雅的笑容。黄教授总是神采奕奕，我想，这源于她内心知识的积淀与升华。但她谦恭中又透露着自信，和一种不露声色的执着。

　　黄教授的人生经历并不是一帆风顺的，但是在挫折面前，黄教授依然从容淡定，宠辱不惊，超然于世。不管经历何种磨难，黄教授的心中始终有爱，并用这种爱去感化别人。我向来认为，每一个出色地电影人心中都必须是有爱的，只有心中有爱，你才能发现爱，感受美。才能拍出出色的电影。这一点在黄教授身上又一次得到印证。

　　我想，身为北师大女大学生的一员，我希望将来能像黄教授一样成为一名优雅的女性。温润如玉。（黄雅怡）

2012－04－03 拜听诸师有感

　　出身书香世家的黄会林先生，新中国成立前就读于上海培铭中学，后入北京师大附中。1950 年，16 岁的黄会林，中断学业参军，随着炮兵五一一团雄赳赳、气昂昂地唱着志愿军战歌，渡过鸭绿江，参加抗美援朝。1992 年，北师大艺术系被批准成立，学校邀请时任中文系教授的黄会林担任系主任。58 岁的黄会林毅然挑起创立艺术系的重担。经过 1 年的艰辛筹备，一个完整的教学体系构建完毕，艺术系开始招收本科生。但是黄会林认为，艺术系仅仅有教学，没有实践是远远不够的。于是黄会林萌生创办一个大学生自己的电影节的想法。经过几个月的筹备，1993 年 5 月 4 日，第一届大学生电影节终于成功举办。到目前为止，大学生电影节已经举办了 12 届。2002 年北师大建立艺术与传媒学院，校领导又一次找到了黄会林，请她担任院长。已经 68 岁的黄会林毅然出山，2005 年，在她的努力下，北师大艺术与传媒学院获得了艺术学一级学科博士授予权，这在全国高校中又是第一。

　　我在想，要从零开始建起一个学院，以 58 岁的高龄，是一件多么困难的事情！而大学生电影节，在我们沉醉在其丰富多彩的内容与创意时，又怎会想到这背后是有一位看上去如此优雅的老者支撑着！从抗美援朝的豪迈，到一人将一个学院以至于一个风靡全国的大学生电影节发扬壮大，她缔造了无数传奇，却只是在台上淡然的娓娓道来，这种经历了大风大浪后的从容让人惊艳。（赵嘉钰）

2012－04－21 人生，一路走来

　　我记得黄会林教授讲述自己的人生。从想当幼师，到学习文学，到被要求去开辟艺术系，……这样一个跌宕起伏的人生，黄会林教授在讲述的过程中确实那样淡淡地、从容地缓缓讲述。时间的洗礼冲刷了那些岁月的尖锐的磨砺，让人的性格变得温和而从容。但我仍能看的出，黄会林教授在面临"安排调遣"和各种困难的时候，都可以积极地、以一种昂扬的态度和精神去做事情，她抱着一种为国家做事情的奉献精神和热情，用自己的力量去不断努力着，让我特别受感动！（林茵）

五　致董晓萍教授

2012-03-30 听董教授讲座的感想

我是一名理科生，物理学专业。董教授是研究民俗的学者，她的非凡脱俗的气质，以及勤奋治学的态度都深深地感染了我。对董教授，我印象最深的是她典雅高贵的气质，正如我们看到的那张相片一样，董教授身穿极具中国特色的丝绸，戴上一顶雍容华贵的帽子，一脸灿然的笑容，翩翩走来，走出了东方女性特有的神韵与姿态，真是顾盼生辉那种女性的柔美，那种女性的坚毅，都让我不禁感叹，原来女性也可以走出独属于自己的一条大道而并不为人们所诟病的那样失去女性特有的美，在充分挖掘我们女性自身的特质的同时，我们一样可以奋斗。我想，作为一名理科生，我们平时不止要在自己的学科上勤奋努力，更要加强自己人文方面的素养，做一名刚柔并济的女性。（马佳琳）

2012-04-01 董晓萍老师带给我的那些感动

说起来，董晓萍老师算是近几次女性讲坛中，我唯一在之前有过交流的老师。在上个学期，我参加了董老师主持的"声音地图"的项目，在她的实验室也认识了不少师兄师姐，更有幸成为了图书馆开馆仪式的项目介绍员之一，得到了不小的锻炼。

在我的印象里，董老师真是一个雷厉风行，充满激情的人。用师兄的话说，就是"精力特别旺盛"，而且"要求也很严格"。光是几句解说词，就要一个一个人地、一遍遍地过，还开玩笑地给每个人打起了分，当然都是非常具有鼓励性质的"90＋"（因为参与解说的大部分都是初入校园的大一新生）。董老师的语速非常快，大概每个听了讲座的人都是深有体会的吧。其实早在第一次接触的时候，听董老师说话，我的大脑就要时刻保持在一种"绷紧弦"的状态，要迅速对老师的指示做出理解，这对我个人能力的提升也很有促进作用。我想，语速快不仅是头脑反应快的一种表现，同时也能体现董老师对待生活、对待学术的一种激情。因为喜欢，所以要表达，也有真东西往外掏。

在难得的接触过程中，我还发现董老师有个特点，就是特别喜欢总结经验。其一，在图书馆开馆仪式结束后，我们几个大一的学生，完全没想到还能留下来和老师们交流想法（而且这么重要的活动董老师是特地选用本科生挑大梁，也算是一种难得的开创吧）。我们谈到了每个人对活动的感受，一些可值得学习的经验还有自己感受得到的不足之处，的确是收获不小。其二，在讲座结束后，我还听到董老师召集自己的研究生，在一个小时后讨论一下当天的演讲。当时我就在想，老师真的是一丝不苟，认真地用心地对待每一次自己参与的活动，而且也乐在其中。这不得不说是一种趋近于完美的生活态度与方式。

通过老师门下的博士生的透露，我还知道董老师是一个不折不扣的体育迷。她曾经在上课时和博士生讨论了一个多小时的篮球，把不懂体育的学生听得一愣一愣的。（我和这位博士生也是在"声音地图"项目上认识的，现在算是忘年交了吧）我想，学术、生活两不误，既认真投入工作，又有自己痴迷的爱好，真真算是让人欣羡的人生了吧。

在最后，我问了老师关于结不结婚的问题（后来老师夸我问的好），其实我一直觉得女性应该非常独立，不需要依靠男性，只自由地享受独处的生活就好。这样既不会有更为复杂的人际关系要处理，又不会需要花时间照顾小孩，这样的生活多么美好啊。不过我必须承认的是，听董老师讲自己的丈夫、孩子对自己的支持与启发的时候，一瞬间，我的确有点向往家庭生活了。但我疑惑的是，真的会遇到那样的人吗？现在这个时代，分手就是一句话的事，与其浪费青春于虚无，还不如燃烧生命来得痛快。有什么机会就尝试一下、挑战一下，有什么看不惯的就坚持自我、针锋相对，更可以和朋友们一起笑、一起疯……当然也或许，等我所有的好朋友都有了自己的归宿时，我的人生观会发生剧烈的动荡。

说到朋友，我觉得他们真的是最值得我们珍惜的人。他们与我们没有任何血缘关系，没有义务为我们做任何事；也不是我们的男女朋友，没有责任为我们撑起可以依靠的肩膀。只是一种时间酿出来的非常纯粹的感情把我们连结在了一起。就好像讲座结束以后，我在去上下一堂课的路上，看到王宁老师、董晓萍老师、王静爱老师三个人一同前行，一路上有说有笑，充满温情……这样的场景，才是三四十年后，我最期待涉身其中的最美的场景。

总之，关于事业、关于激情、关于家庭、关于两性问题，再到我亲眼看到的绝版友情，董老师带给我的无一不是感动，无一不让我心灵震颤！（袁欣欣）

2012-04-03 拜听诸师有感

今天听了董晓萍教授的讲座，很有感触。我对民俗的研究不深，所以有关民俗的内容大抵是很难理解了，但我看到的是董晓萍老师的雅致与从容，带着岁月熏陶后留下的暗香，东方女性大概都该像董老师那样的气质了吧。但是说起话来，却是反应敏捷，严谨细致。柔雅的外表下，却是对待生活与学术的深厚的激情。我想，作为一位成功的女性，身上有不懈的坚持，生活的激情，在学术上比起男性毫不逊色，在气质上又不失女性的细致柔美，这才是我们所追求的吧，也是这些教授们教会我们的。（赵嘉钰）

2012-04-0 听董老师讲座有感

"世界上有两个眼睛看不到的东西是可以出国的，一个是思想，一个是民俗。"听完董老师的讲座后，我对这句话印象很深。此前参加过董教授主持的"声音地图"项目，我对保护传承中国民俗也有着深深地感情。我对董老师的印象就是，风风火火、雷厉风行、英姿飒爽，又不失大家风范。

在全球文化环境变迁中，如何进行跨文化交流和民族传承，很多国际专家认为，一个划时代的标志是20世纪依靠出书造势，21世纪把文化多样性变成文化权力，吸收多元文化，尊重地方文化，保护遗产文化。在这一过程中，把现代民俗传承转化为一种策略。很多欧美国家还把人民共同认为选择和价值趋同民族文化做成国际项目，在与当地文化部冲突的前提下，开展不同国家间的文化运行策略互补和文化沟通的对话，中国也已经处在这种主流中。而董老师无疑是现在中国民俗学研究的带头人。对将中国文化引向世界文化舞台起着十分重要的作用。我崇拜董老师的儒雅大气，钦佩董老师对工作的极大热情。我相信，北师大的女性将来也都能像董老师那样成为一名优秀的女性。（黄雅怡）

2012-04-04 听完讲座后的一点浅显感悟

听了这四场讲座后，突然发现四位老师都是名门之后，不禁感叹于她们相仿的气质与处变不惊的气魄与心态。犹记得张厚粲老师爽朗而自信的笑声，让我看到一个女子"老当益壮"的姿态；亦未忘王宁老师挺拔而优雅的身姿，让我明白女子缘何而美；更加记得黄会林老师平易近人的样子，让我读懂教师的涵养；而这一次，虽早已为知名教授却仍保持谦卑姿态的董老师让我更加深入的懂得做学问无关乎性别或其他，而唯关乎一颗专注而宁静的心。

讲座结束后，耳边久久回荡着一句话"人生的奋斗是不能继承的"，对此董老师在讲座中多次提及。这正是她想告诉我们的：祖辈的成就所能提供我们的不应当是我们的懈怠无能的依靠，而应当是一种激励与鞭策。纨绔子弟们因着祖辈的便利纸醉金迷，终会一事无成，败坏家业，像阿斗，像清末的八旗子弟，终将化为历史的一声轻轻的叹息，而后便了无音信，被历史的尘埃掩埋；而董老师，在有成就的前辈的鞭策下，借着自己天生的聪慧与祖辈的优良资源，潜心学习，成为了民俗学大家。就像当老师凭借自己的努力，年纪轻轻便翻译了一本著作，原本这是可以让许多人为之骄傲的，可是老师的父亲的一瓢冷水让老师开始追求自己的下一目标。奋斗也许是无法继承的，但是却是可以学习与延续的。

"世界上有两个眼睛看不到的东西是可以出国的，一个是思想，一个是民俗。"董老师的话让我看到一个女性对自己职业的由衷热爱。翻看着博客上老师的成就，从著作到学术，从教学到社会工作，她都显得游刃有余、硕果累累。最佩服的是老师对学术的专注，是老师在提及民俗学时眼中放射出的自豪的光芒，尽管她最初的职业理想并不在此。最羡慕的是老师的爱人对老师的理解与支持，是老师的女儿对老师工作的帮助。和谐的家庭造就了老师内外兼备的优秀女性气质；最赞叹的是老师成就斐然却谦虚待人的行事态度，是老师对长辈发自内心的敬重，更是老师不矫揉不造作的说话办事风格，尽管这些确实是所有大师的共性。

去留无意，宠辱携忘，花开花落，云卷云舒。浮生若画，也许绚丽抑或淡雅，却终究不过是留在纸上淡淡散去的墨迹。有的人划痕足够深，和宣纸融为一体，有的人如蜻蜓点水一晃而逝。其实那又何妨，因为那些融入宣纸中的也会慢慢幻化成风，一切都只是时间的问题罢了。四位女教授的用她们的一言一行让我明白"不争"，让我懂得只要勤勤恳恳的将自己的理想耕耘成现实，不争之人反而更能够赢得大家尊重。老子说"水善利万物而不争"，而又是谁说，女子是水做的。（王璐）

2012-04-05 听讲座的一点感悟

已经听了四节讲座，不禁为北师大女教授的风采所折服。是怎样长久的诗书浸润才养成如此的翩翩风采？又是怎样的赤子之心才造就如此的洒脱气概。在她们身上，我看到了书卷气与巾帼之气的完美结合，我想，这才是我向往的现代女性的典范。

首先，所谓，腹有诗书气自华，正是她们饱含学识，才有如此由内而外的彬彬气质。然而这渊博学识岂是一蹴而就？听教授们的口述，当初无不是怀有一颗单纯之心踏上求学之路，数年来都沉浸在学习与研究之中，如果没有一颗淡泊名利之心与毅力，如何有她们如今的成就。光是这一点，就令人佩服。

其次，她们身为女性的自信与巾帼不让须眉之气也让人难忘。上一次讲座，董教授对女性的赞美令人印象深刻。身为女性，就应珍惜与生俱来的气韵，内外兼修，向世人展示女子的气概。此种气概，可以是董教授那身着丝裙出现在国际舞台上的翩翩身影，也可以是那让人敬仰的学识与才干！

我想，身为女性，就该有像这些女教授们一般的风采。虽不能至，心向往之。愿继续学习，来使自己的内心更加充实！（龙钰涵）

2012-04-21 董晓萍教授的一些话

这次有幸听董老师的讲座，真的很开心。老师对学习的热爱以及对学术的执着、还有那气质那言行，我很钦佩。老师讲的民俗学，我虽然听不懂。但老师说的一些话，我记住了。老师的学习态度以及身上所散发出来的女性气质，是我一直所追求的。

刚上大一，离开了父母，没有父母在身边时时刻刻的督促，我害怕什么都做不好。听了董老师的讲座之后，我学着自己做选择、独立。我也发现一个女生（女人），有气质第一眼给人的感觉也不一样。所以我也开始慢慢的培养气质。还有光有气质是不行，还要有内涵。我最欣赏的是董老师那种学习的态度，老师那种对学习的热爱，使老师有了现在的成就。现在我还很年轻，感谢老师说的这些话，让我觉得人生才开始，对未来也有所思所想。老师给了我很大的鼓励。我也一步一个脚印去实现我的梦想。（索昂文毛）

2012-04-29 来自董晓萍老师的那个姿势

进入博客主页，一位位女性的名字直入眼帘，而脑海里挥之不去的是那日董晓萍老师的身影。说实话，那是我第一次见到一位女教授如此锲而不舍地学习，在嘉宾点评环节，董老师竟然自顾自地在讲台上带上眼镜，读起书来。蓦地，仿佛看见一年前的自己，一个倔强的女生在喧嚣的课间旁若无人地将小小的身躯埋进书海，从未疲倦。是的，也许在有的人看来是矫揉造作、是假模假样，可那又怎样呢？我们只一次生命，惊鸿一瞥如此短暂，我们舍不得任何一寸的光阴白白流逝，这也是一种生活态度，我们在这样的节奏中，自得其乐，好不快活。

不同的人也许对成功女性的定义有着不同的注解，的确，它本该如此。可我偏执地爱上"智慧"二字。生活在一个纷繁复杂的时代里，女人容易落入表象的陷阱，招摇的打扮、精致的妆容、伪装的亲和力也许很容易在第一眼俘获一个陌生人的心，但却不为长久之计。我偏爱智慧的女人。智慧的女人是天空，宽容而博大；智慧的女人拥有阳光，亲和的笑容便渗出丝丝暖意；智慧的女人有如月光，没有火样的热情，却有清新的余晖让你心生清凉。

智慧是修养、教育、经历的体现，我渴望拥有也正在积淀。（朱曼青）

2012－05－05 我想我开始变了

不知道当时是冲着什么去选了这个课。社会心理模块的学分已满。

说真的，走进这个课堂之前，我觉得自己是一群人的结合体，因为，我一路走来，看过许多书，见过许多人，我一直在按照整个社会给予我的标准，去从书中和人身上挖掘能够顺应整个社会潮流的东西，然后毫不犹豫地强加给自己，所以，我是一个盗版的我……

如今，课业已结束，但我想，我的改变却刚刚开始，因为，我发觉，我开始从一群人变成了一个人，一个原本的自己……或许，现在我还不能真切地感受我的方向和终点到底会在哪一处，但是，我想这样一种寻回自己的改变总归是好的吧……

"人生的奋斗是不能继承的"董晓萍老师是这样说的，中国话就是这样简单，却让我解开了心中纠结了好久的死结。是的，我不是富二代，所以，我像其他仇视富人的激愤年轻人一样痛恨富二代，凭什么我们出生平等，却不能换来平等的起点呢？所以，我常常抱怨，常常愤恨，现状没有改进，唯一改变的、并且还是变糟的，是我再不平静的心情。然而一句"人生的奋斗是不能继承的"，让我终于知道，上辈子的是上辈子的，这辈子的怎么着，都得从头来算，那我们又何必计较那些本来就毫无意义的起点平等呢？所以，我现在干得非常心安理得，并且非常乐意心甘……

"人只要有想头了，整个世界都会给他让路"张厚粲先生是这样说的，中国话真的又是这样简单，但是，却那样富有力量和激情。真的，我从来都不是一个敢想的孩子，一直都是。我惧怕这样的设想会成为大家的笑柄，我惧怕自己的预言不能成真，所以，我从来都是默默默默地独守理想。好吧，我想，我还梦想得不够用力，我会再加把劲的……

我的感受是这样的，没有假的成分。（刘辉潇）

2012-05-09 人生的方向可以很远、可以很近

很有幸这学期上了北师大女教授讲坛这门课，让我记忆犹新的就是董晓萍教授的讲座。从她以上讲台的姿态我就深深震撼了。她说为了让出时间让大家讨论所以照着稿读，她这种质朴，谦谨的态度深深的打动了我。其他讲座的教授也都如此，都是学界著名的学者，而她们都有一颗最淳朴的心。以最初的本真，做着分内的事，走着人生的路。

董晓萍教授说曾经离民俗学很远，家族几代人都从事化学研究。而她却选择了民俗学。这对我来说很有启发。人生的轨迹不是一成不变的，家庭是影响专业或说事业选择的一个重要因素。但是自己更应该根据自己的兴趣，特点果断的选择自己的方向。也许梦想并不在已选择的道路上，梦想也不在熟悉的彼岸。但是只要跨出一步，做一些

改变，就会离梦想更近。

此外，智慧也是董晓萍教授身上体现的。女性是充满智慧的，我们女大学生也应在学习的过程中发掘和培养智慧。做一个有涵养，有气质，有思想，有智慧的人。（刘世歆）

六　致王静爱教授

2012 - 04 - 05 优秀教师的责任感

王静爱教授可以说是新时期杰出女学者的代表，新时代女性的理性关怀，师大气质，责任感和使命感在王先生的身上体现的淋漓精致，作为一个地理学教授，在这个理科性质很强的学科上有了自己的成就培育了一代又一代的优秀教师，而且讲座直面女性恋爱的话题，引起了我这个师大男生的极大兴趣，收获颇丰。（陈华）

2012 - 04 - 05 王教授的教学方法与师德

今天听了王教授的讲座，真的是感触颇丰。首先，王教授虽然研究的是地理遥感领域，但她不是向我们介绍专业知识，而更多的是传授给我们一些实际的教学经验，告诉我们一个优秀教师应该怎样做。她的课前教学框架的设计给了我很大的启发，教会我很多有用的东西。其次，我觉得王教授特别会处理好师生关系，特别善于和学生沟通，就在这短短的讲座里，就让所有同学深深的喜欢上了她，让同学觉得对她可以向朋友一样敞开心扉，这一点让我很佩服，也非常值得我学习。还有，王教授的师德也打动了我，她每次上课的早到迎接同学，她认真给学生每一次作业的评语，以及她对同学们真诚的关心与鼓励等等都是最好的体现。这是非常吸引我的一次讲座，讲座虽然短暂，但足以体现出王教授身后的学术修养和独特的人格魅力。尤其对于今后从事教师行业的同学来说，真是能学到很多。（李璐萍）

2012 - 04 - 05 第一次发微博

今天是第一次发微博，其实也是真心想要发微博的一次。如果我们真的可以被折服，那么我今天应该是被折断的。或许因为王静爱老师是理科生的缘故，或许因为王老师是第一个开讲的理科生的缘故，清晰的思路是无与伦比的魅力，她实在是打破了我关于一个纯理科生的误解。完全不是死板僵硬的逻辑课，而是图文并茂的生动吟唱。关于内容的评价我不想多说，我只想陈述一点。就是讲课的艺术。她说，老师讲什么，怎么讲；学生听什么，结果怎样，都要精心设计，她确实做到了：她讲得清楚，讲得艺术；听得明白，结果显著。而当然倘若只是这样的话，我对她可能只是欣赏；当我发现她的所有东西都是原创时我立马对她由欣赏变成钦佩。她说，创新要由与众不同，到无中生有，到前所未有，到空前绝后。她说，女性应该尽早将自己的价值和气质固定下来，并达到一定高度。她说，由代数式表示价值和幸福感，她说，用数轴来表示爱情和友情。当一个女教授的智慧发光时，我们能做的只有惊叹或者膜拜。王静爱，冷静博爱的女王！
（文雯）

2012 - 04 - 05 我的心起了微妙的变化

大一的上学期，我的大学生活一片混沌，很迷茫，不想学习，每天上课就想着下课，睡觉睡的不想起，我将这归结于高考后遗症，三年的高中生活，太压抑，过于重视分数，让我丧失了原本应该带着一种求知欲去学习的快乐，加之在一种矛盾的心理状态中学习，虽然一直在努力，或许我做到了在别人看来是那样的努力，每天不停的做题，晚上熬夜，早上总是班上来的最早的前三，谁又知道，我几乎每天都睡不着觉，我厌恶睡觉，睡觉成了一件头疼的事，实质上那一年每天我的睡眠是不足六小时的，考试的晚上我一样的失眠，高考也一样，但最后怎样呢，高考成绩并不理想，我并没有上到理想的大学，理想的专业，反而读了自认为是自己最弱的一项的基础理科专业，虽然进入大学了，但我对于学习的那种认识并未改变，也没有因为不再有高考的压力而爱上学习，但想到自己曾经是那么爱学习的一个孩子，心中也很茫然。大一上学期匆匆过去，我很失望，这不是我想要的大学生活，我不觉得北师大是一块滋养人精神的沃土，因为一学期过去我所收获的等于零，学习一塌糊涂，在老师眼中是不求进取的差学生。是啊，为了逃避学习，我把精力更多的放在学生工作上，觉得心情能够放松下来。无所谓对错，我觉得这都是一个我要成长起来必经的一个过程。

　　我觉得自己很幸运的是，在某一天看到了北师大女教授讲坛，并且毫不犹豫地选择了它。在听了几场讲座后，我发现我从一开始对这门课的不以为然，到深深地被它吸引，在这里，我的心理渐渐的发生了一些很微妙的变化。每一位女教授都是那么优秀，王静爱教授更是这样。我上学期选了王教授的遥感与区域的选修课，从那时起就觉得王教授与众不同，或许是她那种自我价值的肯定，对于学术的独特的理解，看待世界的独特视角吧。但是今天听了她的讲座，我更了解了她独特的人格魅力。她保持自己的个性但不张扬，追求事业的高度但不疏离家庭，爱情事业兼得。孰谓鱼与熊掌不可兼得？王教授告诉我们"可也！"是啊，喜欢一样事情，就把它当作一项事业坚持做下去，王教授用她亲身的经历告诉了我们，王教授喜欢绘图，这么多年来一直致力于地图的研究，长久地从事同一件事情，专注，勤奋，热爱，不断追求创新何其伟大，何其壮哉！这本身就是一件伟大的事呀！总之，今天王教授深深的影响了我，这一天是我来到北师大收获最大的一天，感谢这个讲坛，感谢王教授！（马佳琳）

2012-04-07 静水流深

　　王静爱老师给我的感觉是非常和蔼亲切的。作为文科生，我地理一直不好，所以一直很想知道地理老师的世界应该是什么样的。听了王老师的讲座，我想我大概知道了。

　　地理在高中算是文科，但在大学却只录取理科生。或许是因为学科的原因，王静爱老师真可谓是集文理之长于一身。她既有理科老师缜密的思维，善于用图像这种直观的方法向我们传授知识与经验，勇于对教学进行创新；又有文科老师的感性与温柔，在做班主任时每周五和班里的同学敞开心扉、畅谈人生，甚至能每节课都提前到场，站在教室门口迎接学生……相信，做王老师学生的感受一定是特别的、幸福的，以及特别幸福的。他们能够体会到一种格外的"苛求"，同时也会加倍感受到一种慈母般的爱意与关照。

静水流深，这句话的含义在王老师的身上得到了最好的体现。就像最后董老师点评时说的那样，王老师没有把自己生活中的半点苦告诉我们，比如她当知青的生活、在陕西的岁月，我想，她根本就是淡看苦难的。就像诗中写的："倚楼听风雨，淡看人生路。"如果一个人连苦难都能看透，还有什么能把她打败的呢？人生能达此境界，可称大师矣。（袁欣欣）

2012-04-08 成功源于坚持，精品出自细节

前天听了导师王静爱教授的"我与地理学"讲座，收获很多。回想一下，自己跟随王老师学习做人、做事、做学问已将近3年，除了日常交流、听课，听过她的讲座报告也不下十次，有幸能在她的言传身教、耳濡目染中不断吸取成长的养分，也逐步对她有更深的理解。感恩和敬佩之情很难用只言片语概括，这里仅管中窥豹、简单谈几点我所认识的王老师：

一、严师慈母，塑造人格

她是一位严师，对学生严格要求、因材施教、促人上进，将自己全身心的爱和责任倾注给了每一位学生。她更是一名慈母，始终把教学生如何"做人"放在第一位，并注重对学生进行"做人、做事、做学问"的全方位培养。她的"独具慧眼"和"一针见血"让学生受益匪浅。她会在学生浮躁的时候提醒"要放眼长远、勿急功近利"、"要靠自己的诚实劳动去争取，切忌不劳而获！"；会在我们沾沾自喜的时候及时告诫"满招损、谦受益，要懂得忘记自己的价值，切勿自满，

还要俯下身子继续向前……";会在学生遇到困难、停顿不前的时候勉励我们"吃苦和奋斗是金"、"要做一个让父母放心的好男儿!"。不知她多少刻意或无意的话语,已潜移默化地成为我们做人、做事、做学问甚至可能信奉终生的信条。她虽是一名普通的地理工作者,但更像一名教育家和领航人。

二、成功源于坚持,精品出自细节

"乐于付出、坚持不懈、精益求精"是王老师几十年教学和科研工作的真实写照。她是一名对学生极其负责的人民教师,在现今"重科研、轻教学"的大氛围中,她甘于全身心地投入到本科教学中,一丝不苟、几十年如一日。已是国家级教学名师的她,对自己讲了十几二十年的PPT自然已是了然于胸,但上每一节课前她都要花十几个小时重新备课,每张PPT都亲自修改更新,补充内容,精心设计每一个动画,仔细校对每一个文字。力求把最精致、最翔实的信息呈现给学生……,真正无愧于国家级"精品"课程的称号。

三、她是"家庭共产主义"的理论家和践行者

正如董晓萍老师评述所言,王老师轻描淡写地讲了自己知青下放的生活,下嫁陕西的岁月,几十年教学科研中的点滴……,没有把自己生活中的半点苦累流露给我们。但我们完全可以从"比翼双飞"的学术成就中了解到其中的无比艰辛和无私奉献。也可以从《离离青青草》中体会到包容和忍让中的和谐,以及"家庭—学校—社会"三重奏下的育才典范。

四、最后,她还是一位热爱生活、善于总结生活的智者

她能歌善舞,她奇思妙想;她举重若轻,她运筹帷幄;她是一本厚重的词典,只能慢慢去阅读、去发现、去品味。(佚名)

2012 - 04 - 12 学习她们、完善自己

作为一个女生,作为未来光荣的人民教师,我很高兴参加这么丰富多彩的、很有意义的这一门课。女生不仅在学业上受到较大的压力,而且在社会上也受到很大的压力。因为作女人本来就很难,在加

成功的女人更难。但听了北师大的女教授，我有了很大的收获。尤其是亲切可爱的王静教授的经典的讲座像明亮的塔灯一样，指引我拨开迷雾，驶向光明的彼岸。

我背着美好的梦想走进了自己所理想的大学，但大一的上个学期我很迷茫，由于语言，生活环境的不同，我不知道怎么适应大学生活，不知道怎么学习，该从什么开始学习，就这样迷茫中一个学期结束了。这让我很失望，这不是我想要的大学生活，这不是在学习中得到快乐的我。这个学期我看到女教授讲坛，很高兴的选了它。听这些精彩的讲座我找到自己的光明，这一刻的我很感动，感触挺多，心里有喜。尤其是王教授的讲座给我带来了光明，让我充满了希望了。在讲座中我意识到了"学为人世，行为示范"的真正含义。王教授自我价值的肯定让我很佩服。王教授亲身经历了生活的曲曲折，但她始终不放弃。她一直很相信自己是最幸福的，因而她用微笑来面对生活，最终就走进了成功的，幸福的，美满的人生道路。王教授的讲座让我明白了，要保持自己的个性但不张扬，追求事业的高度但不疏离家庭，爱情，事业都是生命的最精彩的部分。作为一名女生，我把那些优秀的女教授为我的榜样，向她们学习，不断地完善自己。（阿曼古丽·加帕尔）

2012-04-12 对生活、对学生充满了爱

我听了王教授的讲座后收获很多。第一次听她的名字就觉得很亲切感觉。"爱"这个字对人一种很亲切很亲密的感觉，跟自己名字一样教授的对生活、对学生充满了爱。她在讲座中不是向我们介绍专业知识，而更多的是传授给我们一些实际的教学经验，告诉我们一个优秀教师应该怎样做。作为一名师范生收获很多。教授很有幽默感讲座始终都听到学生们笑声，在笑声中我们学到了不少的东西，尤其真正的了解了"学为人师，行为世范"的真正的含义。

教授善于处理师生关系，善于跟学生们沟通，这个方面我很佩服她。她在讲座中说道："我努力的把好的学生变动更好，较好的学生

变得好，较差的学生的变得较好"还有他说道作为老师讲课的时候一定想好我要讲什么，我讲了什么，学生们想学什么，学到了什么。将来要当老师我来说这句话对我影响很深刻。（古扎丽努·艾则孜）

2012-04-12 理科的严谨与文科的细腻

王静爱教授给我的感觉是兼具理科学者的严谨与文科学者的细腻。我的姐姐是王教授的学生，当她谈到王教授时，用的词语时"与众不同""认真"，的确，她对科研认真，对教学认真，对待每一位学生都很认真。这完全打破了人们对于大学教授"夹着课本来，夹着课本走"的一贯看法。师姐还告诉我，王教授是一个让人又敬又爱的好老师。对于学业，她是严格要求，一点儿也不能马虎；而对于生活，她又会像母亲一样，事无巨细地关怀着你。王老师说过，做人，做事，做学问，第一位的是做人。王静爱老师教育每个学生，都会根据他的心理、性格、气质因材施教。有一位哲人说过："真诚是人生的最高美德"，我想，王老师正是这样，用她的那一份真挚的情感和博大的胸怀，在无声无息中，感染和影响着接触到她的每一个人。（黄雅怡）

2012-04-13 她的真诚打动了我

听王教授讲座后，我的收获不少。她给我的感觉是非常温和，亲切的。王教授在讲座中没讲过什么大的事，可她那平凡而了不起的经历之中，让我明白了很多。王教授讲，作为老师，一定要跟学生多交流，善于跟学生沟通，还要学会怎么处理师生之间的关系之类的知识。在这短短的两个小时里她传授给我们一些实际的经验。最让我感动的是她用自己的真诚，关爱，鼓励教育人才。我是个师范生，将来要做一位人们教师。王教授的每句话都对我有很大的启发。（达吉古力·阿布都热合曼）

2012 - 04 - 16 学习她的教学方法

上高中的时候，我最喜欢的课就是地理课。很可惜上大学以后没机会听关于地理的课。这次能听王教授的讲座，我真的好感动，感谢老师让我回忆以前听地理课的那个美丽的高中生活和我喜欢那个地理老师。我很喜欢王教授的教育学生的方法，作为一个未来的老师，她身上我学会了很多关于教育的知识。（阿提开姆·约麦尔）

2012 - 04 - 25 女教授的母性光辉

以前我从未接连听过如此多的人来讲述人生，一方面没有哪一种课堂为我提供过如此的机会，另一方面，人生是一条太漫长的路，若未走过漫漫人生路的一大半，哪敢对人生这个话题侃侃而谈？所以我觉得自己很幸运，能够聆听数位在学界卓有成就的女教授们的人生感悟，学术历程。

社会上流行一种说法，将女博士称作第三类人，灭绝师太，大概是老祖宗的祖训女人无才便是德根深蒂固，念书到这份上必有超人之处。对此说法我不置可否，说不定以后也会带个博士的高帽回来。女教授是比女博士更高的头衔，也更为稀有，我从前有一种对女教授的刻板印象：白发苍苍，不苟言笑，倒在故纸堆里不能自拔，古文脱口而出，而且老先生必定是中性风，没有性别特征，比女性潇洒，比男性伶俐。

打破此刻板印象的是王静爱老师，老师在学术上的成就自不必说，令我惊奇的是她将学科中的图表模式应用在生活中的各个方面，甚至是恋爱。除了学术，王老师的身上散发着一种母性的光辉，让我想到了我的母亲——善良，温柔，感性，全心付出，不求回报。她关心没一个学生，不是以居高临下的姿态，而是平等地与学生换位思考。当面对一个花心男孩的两难抉择时，她不批判反而循循善诱，帮他分析；她鼓励成绩不好的漂亮女孩"你的图与人一样美丽"，这促成了一个上进的全新的女孩；还有王老师在选择爱人的时候，因为爱，义无返顾的选择了贫瘠的乡村土地，并且始终如一，与丈夫在学业与生活上双宿双飞，羡煞旁人。

还有许多许多方面，她与我理想中的母亲形象一一契合，不再赘述，我知道王老师是位母亲，我也以女儿的身份祝愿王老师，祝愿女教授们，能够骄傲地以独立女性的身份，为自己和别人带来知识与幸福。（张小贝）

2012－05－01 向往她们的生活

很多次我看见讲座结束后女教授协会的几个老师都会在一起讨论，我真的觉得老师们是一群幸福的女人，认认真真地做着这件事，自己本身就散发着北师大女教授独有的魅力，既有母性的光辉，像王静爱教授，真的可以感觉到一个母亲的包容，慈祥；又有治学办事的严谨态度，像向教授，会在讲座中记录嘉宾的话，自己的感受，想想改进的方法。

我真的很感动有这样一群人为北师大女教授做这些事，以前其实我不觉得女教授有多么艰辛，只要有做教授的志向，加上自己的努力，可以干得和男人一样好。这个课程对我的观念最大的改变是男女是不平等的，起码在当教授这件事上，男教授可以比女教授更容易得到事业上的成功，除学术以外的成功。

不过我听到的讲座中的女教授追求功名的心都没有那么重，而且她们在自己的事业中都很投入，很快乐。她们身上那种单纯追求学问，追求学问的应用的那种简单，直接的思维和生活方式特别吸引我，我觉得她们在享受这个过程，我也有点向往这样的生活。（黄晏蒙）

2010－05－02 爱、责任、创新

作为一名地遥的学生，无论是从师兄师姐中了解到的，还是我在王老师的课上亲身体会到的，王老师都是一个尽职尽责，课程设计好，深受学生喜欢的好老师。王老师对专业的深刻诠释和热爱深深地感动了我，让我了解到作为一个地地理人身上所肩负的责任。有时候听王老师讲课我甚至会感动得想哭！听了王老师的讲座之后，听王老师亲自讲述她早年的生活经历和她在生活、教学、科研上的心得，我进一步理解了王老师在学术上取得的成就和她身上的魅力来源。整个过程我想用三个词来形容我的感受，那就是：爱、责任、创新。

正如王老师所说，王老师的家庭给予了其一种亲情的相互帮助相互鼓励，成就了其善良而且比较负责人的性格。王老师的责任心，我想大家在听王老师给大家讲述教学和课堂设计时有深刻的体会。她耐心的将自己在教学方面的心得详细地讲给大家，使我们在了解老师是如何安排教学对我们的学习具有指导意义外，对以后从事教师职业的同学也具有非常大的参考价值。另一点就是王老师对国外关于中国的描述中中国版图没有一个正确这种有损中国领土主权的问题时所作出的努力，这深刻的体现出了王老师作为一名地理人对国家所承担的责任感。

爱心是王老师身上所展现的另一大魅力。她用爱支撑起了三个家庭的幸福，她把学生当做自己的子女般细心关爱，呵护。这种爱的魅力更是让同学们仅仅在两个小时的演讲之后就对王老师吐露其对父母、亲友都不愿意说的真心话。

最后我想说正是王老师这种爱与责任的结合，使其对生活有一种幸福而敏锐的观察力。这种观察力使其研究出海冰淡化技术，使其在生活、教学、情感方面都提出了自己独到而又精辟的理论。我想无论何时，王老师总能抓住生活带给她的灵感，并将之以完美的形式表现出来，从而让更多的人受益。（杨晓芳）

2012－05－07 做女人当如此

令我印象尤为深刻的是来自地遥学院的王静爱老师。当她回忆起年轻时第一次去婆家的情景时，我深深为她那位朴素却又无比善良的农民婆婆感动了。课上最欢乐的地方莫过于听王老师讲她自创的"恋爱关系数轴"，静爱老师总是那么和蔼可请又耐心负责，难怪同学们都喜欢和她谈心。上完了这一学期的女教授讲坛，有幸认识了这么多杰出的女性。了解了她们不平凡的人生经历，感觉收获颇丰。我不由得从心底发出这样的感慨：做女人当如此！（邓洋）

2012-05-07 女性讲坛给我的很多很多

第一堂课打开了我们了解女教授的大门，最后一堂课就为这门课打开了另一扇大门：我们一起分享这些天来的收获，我们一起想办法提意见来帮助更好地办好这门有意义的课，我们也成了这门课的建设者。最后一堂课，大家问得最多的问题还是和情感有关。我尤记得两位王静爱教授的：可遇不可求！多美的一句话：爱情这件事就像一阵微风，你遇到了能感受到清风拂面的快感，但是，若没遇到，强求不来！这端正了我求学的态度：得耐得住寂寞！还有王老师对我们的希冀：大学时期是人生中的黄金时期，女生得不断的提升自己，培养自己的气质！听了她这段话，我觉得特别惭愧——每天不思进取，不好好的珍惜这段可贵的时间！最后，愿这堂课办得越来越好，激励更多的女生成为有人格魅力的人。（佚名）

七　致张秀兰教授

2012-04-12 真学问是能做成事的

由于不太了解统计学等理科方面的知识，没能很好地理解张教授的思想和理论，不过仍然有很多收获。首先，张教授的知行合一给了我很多启发，真学问是能做成事，做事干净认真恰当有效，这是一种现实感和实践精神；并且还要从现实生活中，从实践中总结经验，发现规律，发展知识和理论。

这场讲座最让我印象深刻的还是张教授的气质风度，我觉得张教授在那里为我们回答问题就是一种精神感染和激励。张教授是个充满活力、令人羡慕的女性。她带有一种强烈的自信，敢于面对一切挑战；而最重要的是她对一切都那么感兴趣、她能静下心来研究各种新问题，把学术研究当成一种享受。我很感激张教授的一席话，我们的确需要自我激励，快乐地学习工作生活，从当下做的事中获得一种幸福感。（曹越）

2012-04-14 敢为人先的精神

虽然我是一名理科生，也正在学统计学，但听张教授讲的内容，我只能说自己是一知半解，毕竟这么博大精深的一个领域。并不是人人都能深入的。听完这个讲座，我感受最深的一点是张教授洒脱不羁，直爽豪放的性格，在我的印象中，张教授对于学术评论针针见血，直指要害，是一种敢于质疑的精神，是一种敢为人先的精神，这种精神，我想正是张教授取得今天成就的原因吧。此外，我想，想要在某一领域有所为，我们真不能刻板地遵循什么彬彬有礼的古训，谦让是一种美德，但过分了便是一种自我怀疑，治学要严谨但更要敢为人先。适时地保持自己的个性更能促进我们的成功。听了这么几场讲座，我真的是受益匪浅。（马佳琳）

2012-04-15 四种工

说实话，社会政策研究这个话题，离我还有点距离，因此，这场讲座关于专业性的问题对我来说确实很难理解。不过这并不妨碍我听完后产生的一点感想。

这场讲座给我留下印象最深刻的是张教授所说的四个级别：剪刀工——搬运工——两头通——当医生。上大学虽然已经快一年了，但我觉得自己依然停留在"剪刀工"的状态，只会死板的把书的内容进行各种剪裁，拼凑在一块，自以为有了想法，其实根本就一点想法都没有。听了这场讲座后我暗自下定决心，要积极进行思考，积极发现问题，解决问题，形成自己的一套看法和理论，既要想又要做，努力

向"两头通"和"当医生"方面发展。（马健露）

2012-04-17 对待学问、对外生活的积极态度

听了张秀兰教授的讲座让我深有感触。讲座内容本身是十分精彩又极富感染力的，但留给我更深印象的是张秀兰教授身上优雅的、气质强天的气场，以及她对学术孜孜不倦的钻研追求精神。他专打给我们的不仅仅是知识，更是一种她对待学问，对待生活的态度，让我在这次讲座中受益匪浅。（达吉古力·阿布都热合曼）

2012-04-22 对社会福利的思考

很荣幸我听了我校社会发展与公共政策学院院长张秀兰教授的演讲，本来抱着听听看的心态参加的讲座，没想到张教授的话引起了我对社会福利的思考。社会福利是国家法度和社会服务的融合交叉，是我国公民幸福指数提高的必要方式。如今我国正处于社会福利的制度化、扩大化、完善化的进程中。福利制度如何完善，福利措施如何规范，福利对象如何建立更严格规范的审查制度，都需要我们的继续努力。福利应赐福于民，为民谋利。（佳君）

2012-04-22 移步换景

张秀兰教授的名字，一个赋有着古典意蕴和传统气息的名字。但张秀兰教授本人却给我们带来一种完全不同于名字的感觉，她一走上讲台，她一开口说话，就知道这是一个充满了现代女性身上才有的那种热情与活力的女教授。

张秀兰教授对待学术的态度让人不得不敬佩美慕。敬佩那种认真钻研的精神，敬佩那种对未知事物对待真理的追求，敬佩那种对自我的坚持。同时美慕她身上的那种热情。美慕那种"玩"的态度，那种敢于是挑战的性格。每跨出一部都是一重新的风景。

知识的获得需要读书学习，如果你觉得这个过程是痛苦的，它就真的会让人痛苦不堪。如果你热爱它，并把他当做一种玩的过程，那就充满了乐趣。做任何事情都是如此，找到自己的兴趣所在，并不是要咬牙坚持什么，而是要发现其中乐趣，学术的道路不是枯燥的，它充满了未知与探索，挑战与冒险。时时刻刻是一种继往开来，时时刻刻是一种传承。如果成果可以直接作用于社会，看到自己的成果是怎样推动社会的进步，那定将是一种无与伦比的成就感。

社会中大部分人都是沿袭着一条已经存在的道路走下去，还有一小部分人能拓宽这条前人铺下的路。只有很少的人能完全在荒山野岭中开辟一条全新的路。这其中有多少荆棘阻挡去路，有多少虫蛇猛兽虎视眈眈，多少个漆黑死寂的夜晚，多少次烈日骄阳当空。创造是一种品格是一种习惯，很难开始但开始了就很难停下。我们是幸运的，我们拥有这些有创造力的人。在他们身上，我们更应该反思自己如何在创造中获得自己风景。（孙爽）

2012-04-23 淡泊名利，报效祖国

一副眼镜，一身休闲装，一双运动鞋……谁能想到这位打扮朴素的女教授就是张秀兰教授呢？说实话，我被讲座上张教授的侃侃而谈，信手拈来以及满黑板的中英夹杂的板书深深折服了——这是需要多少年的埋头苦读才能造就的学识啊！大到国家的宏观形势与政策，小到一个社会现象，张教授都分析得头头是道，外行的我虽然听得云里雾里，但也是满心的佩服。

张教授也是留学的博士，本有机会留在国外工作，但她还是坚持回国。当她谈到当年国内外工作待遇的悬殊对比，在场的人都笑了。张教授只是如此轻松地将这一选择经历一笔带过，但是细想如今像张教授这样的人已经不多了。有多少出国的人不是为了找个好工作，或者留在国外？我想，国家需要的更多的是张教授这样不仅学识渊博，而且淡泊名利，报效祖国的人。（龙钰涵）

2012-04-28 与众不同的风格

听了张秀兰教授的讲座，我最大的感觉就是张教授很有范儿，有个性，很有自己的特色。她的思维，她的想法都很有特点，她的讲座完全是一种与众不同的风格：简介而精炼，重点突出，概括之下有具体分析，言之有理，言而有据，逻辑性很强。特别张教授讲言与行的关系给我很大的触动，我们宝贵的大学生活正在一天天飞快的流逝，我们刚踏进大学校门时或许说得很好，想着自己崇高的理想，但之后那时的激情很可能被大学里的自由与种种享受一点点消磨殆尽，我们一定不能忘记最初的梦想，想到什么就大胆去做，在自己最美好的青春岁月里为自己的人生努力拼搏！（李璐萍）

2012-05-10 最佩服的一次讲座

初次看到"北师大女性讲坛"这个选修课的名字，便有一种没来由地冲动，想要选上这门课程。其他的选修课，大多是教授各专业的基础知识，只有这门选修课，与专业知识无关。在没上课之前，一直以为女性讲坛是要培养女同学如何成为有气质的淑女。不过，在听到张厚粲先生的讲座之后，恍然大悟，原来这门课是向我们展示女教授的性格和风采，来传承北师大女性的独立自由、乐观自信的精神。

这七场讲座中，听得最糊涂却又最佩服的，便是张秀兰教授的讲座了。糊涂，是因为不理解政策研究的专业术语，而让我佩服的，当属张教授的气质和她的选择。张教授果断而自信，她说话干脆利落，逻辑严谨清晰，思维开阔，讲座时间不长，却让我们了解了很多。记得张教授说的四重境界——剪刀工、搬运工、两头通、当医生。而我现在，基本上是处于剪刀工的阶段，难以独立思考，难以有创新的意识。也记得张教授强调的在学术研究中要"找真问题"等的一些方法，都给了我很大的启示。让我明白，找到恰当合适的目标，比一味地前进更重要。

另一点就是张教授的选择。张教授在讲座中多半是将她的研究，很少提到自己的生活经历，不过当她提到她放弃了国外优渥的生活，选择回国奋斗，这是一种社会责任感，也是喜欢迎接挑战的张老师的个性的最好体现。

张老师的讲述带给了我学习和生活的动力，我们的确需要明确目标，自我激励，认真钻研，才能让生活更加充盈而富有意义。（李雅楠）

附　　录

附录一　《繁花絮语》题词

陈慕华、雷洁琼、何鲁丽、黄启璪为《繁花絮语——女教授与女大学生的对话》题词与撰序（1997 年）

爱国心曲
女界之光
陈慕华
一九九七九

以文章会佳友
共理想而同志
雷洁琼
一九九七年十月

发扬自尊、自信、自立、
自强的精神，
做有理想、有道德、有
文化、有纪律的新女性
何鲁丽
九七年十月

序

黄启璪

　　我初次认识首都女教授联谊会的姐妹们，是在 1995 年。那一年，她们参与了 '95 世界妇女大会 NGO 论坛的筹备工作，并在世妇会上出色地组织了"女教授与女大学生"的论坛，显示了她们作为中国高层次知识妇女的诸多优势，受到许多国家非政府妇女团体的赞许。这标志着首都的女教授们，已有组织地参与了国内与国际妇女争取"平等、发展、和平"的伟大事业。

　　读了她们自编的散文集《繁花絮语》，使我更深刻地了解了她们。这些在祖国教育岗位上承担着培养跨世纪人才任务的女教授们，不仅在攀登科学高峰上作出了成绩，而且始终不渝地忠于教育事业，勇敢地迎着各种困难前进。在这部散文集里，书写着她们自尊、

自信、自立、自强的精神和奋斗历程，也书写着她们遇到的各种挑战和经历过的锤炼，还书写着祖国、人民、亲人、学友给予她们的鼓励、支持、理解与厚爱，读来十分亲切感人。

　　女教授们告诉我，她们想用这个题为"繁花絮语"的散文集、用自己亲身的体会，来回答女大学生们提出的问题；因此，还要接着编二辑、三辑……来和可爱的青年女大学生们频频对话。这个好的创意，定会受到知识女性及社会各界的欢迎。

　　我希望也相信，这些富有责任感、努力工作着的女教授们，在建设有中国特色社会主义的崇高事业中，将会作出更多的贡献。

1997 年 10 月 6 日

（黄启璪　全国妇联常务副主席）

附录二　北京市女教授学术社团的成立与发展①

王　宁

首都女教授联谊会第二届理事会，自 1999 年 4 月继第一届理事会就任工作，至今已历时 4 年，根据《首都女教授联谊会章程》，应当在 2003 年举行换届改选，常务理事会已于 2003 年 2 月对改选事宜进行了安排。但是由于非典和等待妇联改选等特殊原因，换届选有所延误，因此，本届理事会实际的任期是 4 年。现在，我代表本届理事会作工作总结报告。

一　工作的背景和主导思想

首都女教授联谊会在世界妇女大会召开 4 年后选出第二届理事会，换届于世纪之交，工作于新世纪之初，面临国家转型期各项改革逐步深化、知识经济加快发展速度、信息社会已经到来的崭新形势，知识阶层在新时代的地位越来越重要。就妇女运动而言，世界妇女大会形成的城市妇女运动的高潮已经过去，但是由于解决男女平等与性别问题的长期性与艰巨性，诸多问题并未得到彻底的解决。与此同时，在 20—21 世纪之交，高等学校教育改革已经形成高潮，高校教师的工作负担和压力不断加大，优秀知识妇女的担子越来越重，高层次女性人才的培养成为十分迫切的任务。

联谊会第二届理事会工作规划指出："在新形势下，女教授联谊会不但要认清自己的使命，还必须找准自己的位置，寻找适合于自己的工作方式。在高校妇女工作中，必须进一步提高性别意识，建立全民和终身教育

---

① 此文原为作者 2003 年在首都女教授联谊会第二届理事会所作的工作总结报告，本次发表时题目略有改动，在内容上也做了少量删节。

的思想，加强自己对科技与人文结合的操作能力，认清妇女问题的重要意义，才能使自己的工作适应新的时代，发挥自己的知识优势，提高自己的社会威信和知名度，真正在妇女运动中起到应有的作用。"理事会正是本着这一精神开展工作的。

二　四年来的主要工作与收获

本届理事会根据形势变化的要求，变换了原有的工作方式，提出了"以分会活动为主"和"提高总会活动质量"的方针，开展了多种形式的活动，基本上完成了理事会在1999年5月所制订的工作规划。主要的工作和收获有以下几点。

（一）紧紧把握培养新世纪女性高级人才的主旋律、关怀和帮助女大学生成长

1999年，女教授联谊会与市妇联、民盟合作，组织了大规模的"首都女大学生素质调查"，这个调查由北京市政协立项，从大学生本体、高校博士导师、市领导层、社会各相关领域等四个不同的角度，开展了问卷、座谈、个别交谈、数据分析等多种形式的调查活动，于2002年2月结项，除作出了分调查报告外，还作出了《正确估计和高度重视首都女大学生素质的提高，加强首都妇女后备人才的培养》的总结报告，在市政协领导下举办了专题报告会，产生了较大的社会影响。这一调查也提高了联谊会的工作针对性，各分会纷纷举办女教授与女大学生的座谈，以自己的切身体会教育女大学生面对新的形势，正确认识自己，调整心态，提高自尊与自信，作出令人瞩目的成绩。据不完全统计，有27个院校单独或联合举办了44次女教授与女大学生对话的活动，参加者达3500人次以上，有效地推动了高校的妇女工作，对高校整体的学生工作也产生了影响。这些活动使联谊会能够始终把握"培养新世纪女性高级人才"的主旋律，并且提高了自身在高校的威信。

（二）举办一系列能够突出女教授形象、发挥联谊会职能的有影响的活动

三年来，第二届理事会坚持按照联谊会的性质、性别特征和定位，举办了能够突出女教授形象、发挥联谊会职能的有影响的活动。例如，2001

年，联谊会参与了北京市接待城市首脑夫人的活动，并作了《中国首都女教授的组织和工作》的讲话，宣传了首都高校女教授的形象。2003 年 3 月，联谊会在教育部关于学风建设的意见刚刚发表的时候，率先发起了关于纯净学风的报告会，并以首都女教授联谊会的名义，发布了《为高校学术道德建设做出新贡献》的呼吁与倡议书，北京与全国 17 家报纸、杂志刊登了消息，8 家报刊全文发表了倡议书，对推动高校的学风建设起到了率先响应的作用，产生了很大的影响。很多分会的活动，都突出了深刻的社会主题，表现了首都高校女教授的知识水平与社会责任感。例如，北京工业大学分会关心首都环保工作，面向全市女教授出版了环保报纸，北京体育师范大学举办的"科学与健康"的主题报告，北京师范大学分会参与总工会的"妇女与建设小康社会"论坛所作的《为全面建设小康社会贡献知识与智慧使优秀的妇女人才脱颖而出》的主题报告等，都具有很高的政治理论水平和知识程度，显示了高级知识妇女面向全社会的独特作用。

（三）通过多个渠道、为高级知识妇女解放的宏观问题和切身利益呼吁

联谊会在市妇联的指导和帮助下，通过自己的代表人物，以人大、政协提案和专门调查报告等方式，为高级知识妇女的解放问题和高校女教授的切身利益问题呼吁，三年来，共提出了提案和报告 11 项，其中"关于注意选拔高校女性校级领导干部的提案"、"关于求职中的男女平等问题的几点建议"、"关于高校女教授退休年龄问题的提案"、"关于广告中妇女形象的调查"、"关于在经济和社会统计中要注意性别参数的提案"、"关于开在北京社科基金中设立妇女问题专题研究的提案"等，都产生了不同程度的社会反响，有的已经产生了实际效应。很多分会也不断关怀女教授的切身利益，不但积极向学校反映女教授在工作和生活上的困难和在性别问题上的不合理现象，而且也向妇联和总会提供各种情况，沟通了高校女教授与社会的联系。

（四）加强理论研究、提高对妇女解放运动的认识和工作水平

2001 年，首都师范大学成立了女性问题研究的专门机构，这是继北京大学"妇女问题研究中心"以后的第一个以研究妇女问题为专题的研究机构，在这个机构的实际推动下，编写了教材，开出了妇女问题的专门课程。之后，北京师范大学成立了"性别与发展研究中心"，由学校特聘专

家，专门开设了《社会性别与公共政策》、《全球化、女性学与发展》等本科与研究生课程。清华大学结合教育研究，出版了《基础教育教材中的性别问题》的专著等。一些联谊会分会举办了质量很高的妇女问题专题报告。可以看出，提高对性别问题的理论认识，把自己的命运与全世界妇女的命运联系在一起，已经逐步在高校女教授中得到共识。大家进一步认识到，加强对马克思主义妇女观宣传的力度，使正确的性别意识和男女平等的国策深入人心，是妇女解放运动中的一个持久的、极为深刻又极为艰巨的课题。

（五）以分会为主、加强以增强凝聚力为主要内容的联谊会组织建设

由于理事制人员太多的局限，总会的活动不可能太频繁，第二届理事会提出了以分会为主的活动原则，实践证明，在保持理事制的前提下，这个原则是正确的。三年来，很多分会在学校十分活跃，分会理事会带领一班精兵强将，利用"三八"妇女节、教师节和春节、新年，举办多种形式和主题活动，受到女教授的欢迎，得到校领导的重视与关怀。其中有些分会表现非常突出。例如北方工业大学、前气象学院等学校重视吸收新提职的女教授入会，也注意吸收退休的女教授参加活动。她们利用一年一度的节日，把联欢活动办得有声有色，活跃了气氛，展现了女教授的风采，也增强了凝聚力，首都师范大学、北京工业大学、农业大学和首都经贸大学的活动突出的特点是经常而注重质量，她们的经验是：结合性别问题的主题，不断更换新内容，依靠大家，也提高大家。北京师范大学分会的"三八"活动被称为"一道亮丽的风景线"，做到了主题深入、思想水平高、形式新颖。中央戏剧学院、航空航天大学、体育师范学院、邮电学院等分会，在每次总会的活动中，都发挥极大的作用，她们不但发挥了自己的专业特长，而且在学校的关怀下提供活动资源，对联谊会的发展做了很多贡献……各个分会还互相邀请其他学校的代表，相互交流，取长补短。正因为有了这些优秀的分会，才使联谊会的工作得以推进。而在分会的活动中，涌现了一大批既有很高的学术水平，又有很强的组织能力的女性人才，为高知识阶层进入首都妇女运动培养了一支良好的队伍。

过去的三年，在市教工委、市妇联和各校党委的领导、协助与关怀下，由于各位理事和常务理事以及分会理事会及骨干成员的共同努力，首

都女教授联谊会的工作进展顺利，在首都群众性学术团体中，赢得较高声誉，对北京市妇女工作起到了很好的推动作用。但是，我们也必须清醒认识到我们工作中的困难、障碍以及存在的问题。

三　经验教训与对下一届理事会的建议

在第二届理事会工作的 4 年中，不重视妇女工作的现象已经有些回潮。曾经推动中国妇女工作发展的两大精神力量：马克思主义的妇女观及 95'世妇会带来的西方女性主义理论，在现阶段中国的影响力也有所减弱。而社会转型、市场经济原则确立之后的社会现实，也给妇女及妇女工作带来一些新的问题。通过本届工作，理事会的成员也取得了一些经验教训

（一）关于女教授联谊会的体制问题

首都女教授联谊会是应 95'世界妇女大会的需要而成立的，当时采取的是理事制，各校女教授为当然会员。这样一个由女性高级知识分子组成的、跨领域、跨专业、跨学校、以理事会员制组成的女性群团组织，必然带来以下三方面的问题：首先是人多活动不便，首都女教授包括离退休人员大约有 7000 多人，而且人数还在增加，完全召集齐是不可能的；其次，由于没有履行入会手续，会员对学会的关心和主人翁感表现不同，难以实行应有的民主程序，因而缺乏一般学会的独立自主性；第三，原初的章程没有规定交纳会费，又不是上级拨款单位，因此既没有固定的经费来源，又没有固定的会址。所以，总会的活动受到很大的限制，第二届理事会不得不提出："总会应做好传递信息、交流经验、鼓励先进的工作，而不把更多的活动集中到上面来。"但是，仅有分会的活动很难起到群众团体的社会作用。实际上，本届联谊会影响较大的、面向全社会的活动和工作，还是由总会组织的。应当看到，政府职能转变以后，很多工作需要社会团体来承担，女教授组织的作用还需要进一步发挥。因此，建议下一届理事会适应新形势的需要修改章程，将理事制改为会员制，要把对妇女工作有认识和经常参加活动的骨干率先发展入会，会员既应有自己的民主权利，也要履行应有的义务。联谊会的名称也以改为"首都女教授协会"为宜。

（二）关于理事会班子年轻化的问题

联谊会成立时，一批年资较高的教授承担了开创工作，她们很多是学

校教学、科研的带头人，有些还承担着十分重要的校院系所的领导工作，在工作和教学科研任务十分繁重的情况下，克服困难，积极投入联谊会的工作。但是从目前的情况看，今后的工作将要更大程度地面向社会，加强与多方面的联系，因而需要较多精力的投入，加之高校师资不断年轻化，一切活动也要适合中青年教师的年龄特征。因此，理事会应特别重视培养中青年领导人的工作，重要的工作应逐步由中青年骨干来承担，以保证协会工作的可持续发展。

（三）关于建立健全协会的民主制度

一个新型的团群组织，应当是一座民主的大学校。今后的协会任务会更加复杂而艰巨，希望新一代理事会在体制健全后，特别加强协会的民主建设，把遵循民主程序，加强民主教育，施行合理的民主制度提高到为政治改革作出必要的思考和贡献的高度来认识，来运作。

附录三　女教授社团与女教职工组织的合作空间①

董晓萍、丛　玲

　　在北京师范大学，经前辈女教授的奠基和开拓，女教授社团组织和女教职工工作具有较好的基础。1995 年世妇会后，为适应联合国社会平等主流化工作框架和国内高等教育改革发展的新趋势，适应北师大中心工作的新需求，本校将女教授社团组织与女教职工委员会的工作结合起来，有分有合、互相配合地开展工作，探索高校妇女工作的新模式。经过几年的努力，实现了工作模式的转变：即全校妇女工作由传统的福利型、活动型，向注重发展内涵，注重师生互动和注重服务公益社会的方向转变。在这些转变中，我们创造出了不少好形式，赢得了教师和青年学生的好评；女教职工喜闻乐见的文化活动非但没有减弱，反而不断出新。妇女切身利益更加受到关注，女教职工健康年检和安康保险实现制度化，女工安康保险覆盖率达 95％等。近十年中，我校女教授社团被北京市授予"巾帼文明示范岗"，女教职工委员会获 1996 年全国教育工会授予的"先进集体"称号，2001 年获得全国总工会授予的"全国工会先进女职工集体"称号，1996年以来连续被北京市教育工会评为"先进女教职工委员会"。但我们并未就此止步。我们充分发挥高校女教授的学科资源优势和社会工作资源优势，与高校人才培养目标紧密地结合，关心女性自身发展，推动和促进高校妇女工作可持续发展。

---

　　①　此文原题目为《高校女教职工工作的时代性与可持续发展空间》，曾提交 2005 年全国教科文卫体系统工会在云南召开的大会作为高校女教职工工作经验会交流材料发表。时任北京师范大学工会副主席、女教职工委员会副主任的丛玲副教授，曾就此文作了大会重点发言，并曾提供文中的校女工活动资料。本次发表时，作者做了少量修改。

我们重点抓三方面工作：一是创新性，瞄准联合国未来十年计划中的社会性别平等部分，在全球化经济的背景下，进行人文文化和可持续和谐社会建设，从我国大学教育的实际出发，抓住社会性别政策与人才培养战略的环节，在本科生和研究生培养这个高层面上，重新进行工作规划；二是把握北师大女性多的优势，针对北师大女教授多和女研究生多的实际情况，发展女性学与社会发展方向的教育，联合校内其他涉及性别工作的职能部门和研究单位共建，建设工会、科研、教学、就业的一条龙教育合作渠道；三是开办社会性别学系列课程，加强女生教育，摸索出一套面向教师、研究生和本科生等不同对象、连贯成套的系列课程和教材，吸收男女教师和男女生共同听讲，同时也吸引北大、清华、社科院等兄弟院校和地方省市妇联的教育主管部门的教员共同听讲，提升女教授学术社团和工会女性教育的整体理论水平，加强新时期妇女工作的能力建设，扩大高校女教授工作的社会影响，逐步把大学的妇女工作与学科建设工作结合起来。

今年是95＋10。作为前辈女教授社团组织的继任者，回顾十年来的工作，我们深知这项工作的光荣和艰巨，需要总结过去，以利再战。

一 落实世妇会精神 构建新时期高校妇女工作的新框架

（一）将少数女界精英的觉醒变为越来越多女教职工的普遍行动

1995年世妇会召开后，北师大成立了北京市、乃至全国的第一个女教授联谊会，它的创建人、著名语言文字学家王宁教授，成为首都女教授联谊会的倡建者和首任主席。积极支持王宁教授此举的，还有我校心理学院著名女学者张厚粲教授、化学学院远程教育的创办者田荷珍教授、信息技术与教育学院的李薇薇教授等。她们纷纷行动，把女教授参与高校女性工作的新风在北师大吹散开来，一年内，她们出版了女教授和女大学生、女研究生对话的丛书《繁花絮语》四册，开展女教授与女学生对话活动多次，在校内师生中引起了很大的反响。这对女教职工委员会的工作是一个冲击。我们意识到，我们必须敏锐地面对世妇会后的新形势，提高高校女性工作的层次和理论水平。

从那时起，我们集中做了两件事，都是围绕着落实世妇会精神展开的。一是从人才队伍上，加强了女教职工委员会建设。11位委员中，教授

6人，副高3人，5人有博士学历，3人有国外留学的经历，这样的组成，对改善女教职工委员会的视野、思路和掌握国际国内前沿社会性别工作信息的能力，使人才使用和新型妇女工作有了组织保证。二是从参政管理意识上，提高女教职工的认识，并使素质高，业务强、参政能力强的优秀人才被推到实践第一线，使她们的声音和意见能在各级领导决策过程中得以表达和被采纳。经过十年的选拔，北师大女教师中已累计全国人大代表、政协委员3人，国务院参事1人，北京市区人大代表、政协委员14人，民主党派全国及北京市委员7人，国家重点研究基地和重点实验室主任15人（在副高职称中约占17%），校副处长以上管理干部50余人，所占数字超过95世妇会前。

（二）将性别职业教育变为社会性别平等的素质教育

在北师大，原教育学部和心理学院都有少量的性别教育辅修课，它们的部分性质属于职业教育，是与学生就业挂钩的。通过"三八"研讨会，"三八"论坛和工会工作经验交流会等形式，我们多次吸收不同学科的女学者与工会女教职工委员参与，给多学科交流搭桥，几年下来效果很好。现北师大已有中国语言文学、民俗学、哲学、法政、公共管理等其他学科的性别教育课程和博、硕论文成果，并集中磨合成了社会性别学课程系列，激活人文社会科学的综合建设和人才培养。

2004年3月，女教授联谊会（后更名为女教授协会）与校研究生院、教务处、女教职工委员会和文学院、哲学与社会学学院、性别与发展研究中心携手，面向全校本科生和研究生，陆续开办了"女性学、全球化与发展系列学术论坛"，按全校公共课组织选听。论坛分为基础理论和社会应用两部分、共九个专题，分别是：1. 女性学和发展理论的概念及特点，2. 女性学和发展理论的主要分析框架，3. 全球化背景下女性学与发展理论研究的地位和作用，4. 女性与教育政策，5. 女性与大众传媒，6. 女性与婚姻家庭和儿童，7. 女性与健康政策，8. 女性与反贫困、反地区歧视，9. 女性与就业改革。这个系列论坛吸引了文理科多专业研究生、博士生和本科生踊跃报名，不少男、女同学参加听讲和讨论，他们了解女性学和发展理论，确立全面文明观、价值观和社会发展观，学会运用社会性别的分析方法，掌握处理自我和公民社会的良性尺度，进行人文社会科学综合研究的实际训练，拓宽了专业思路。在这些课程的基础上，逐渐形成北师大创新品牌课程"女教授讲坛"。

（三）将传统优秀女性文化教育与现代国际前沿社会性别教育相结合

前辈优秀女学者是高校女性工作的宝贵资源，我们请她们给师生做传统优秀女性文化教育，广受师生欢迎。我们还注意瞄准国际前沿信息。在国际上，二战后，社会科学逐渐被用于政府管理和公共政策领域，形成一套社会发展理论。此后，女性学兴起，改革了传统人文社会科学的理论和方法，成为显学。我国改革开放20年来，这两门学科都得到迅速发展，现已成为政府政策、大学教育转型和国际对话的咨询和政策构架因素。我们尽量将中外信息结合起来，做适合中国国情的工作。

2004年12月，经教育部批准，本校女教授社团组织与教育部人文社科重点研究基地北师大民俗典籍文字研究中心合作，举办了我国高校首届"性别、高等教育与社会发展"高级国际研讨班。联合国国际劳工组织社会性别专家和国内学者组成了高研班的培训专家组，共15人，做了16次讲座。讲演人与题目分别是：联合国国际劳工组织性别平等局局长张幼云《性别与发展—将性别问题纳入主流战略》和《社会性别学方法论与国际劳工标准》；联合国国际劳工组织亚太局局长奈琳·哈斯拜尔（Nelin Hasples）《在亚太地区的社会性别主流化问题与实际操作》；全国妇联妇女研究所研究员刘伯红《全球化与性别平等》；民俗典籍文字研究中心主任王宁教授《中国古代社会与中国妇女问题的特点》；民俗典籍文字研究中心副主任董晓萍教授《性别与民俗志》；清华大学教育研究所教授史静寰《教育与人的性别社会化》；北京大学历史系教授邓小南《唐宋社会的妇女生活》；中国农业大学人文与发展学院教授李小云《中国社会性别主流化中的关切问题》；北师大社会发展与公共政策研究所教授尚晓援《社会治理与公共政策：社会性别组织的模式》；北师大政治学与国际关系学院教授马捷莎《现代教育环境下影响女性成功的原因》；南京师大妇女发展研究中心教授金一虹《农村城市化中的社会性别分工》；天津师大妇女研究中心教授杜芳琴《在高校发展中的妇女与社会性别学》；北师大汉语文化学院教授贾放《汉语叙述词中的大众文化及其性别属性》；中央民族大学民族学与社会学学院副教授王晓莉《医疗民俗与社会性别》；北师大图书馆副研究员王琪《高校图书馆教师管理中的性别问题》。

高研班首次将联合国社会性别战略和理论教育资源引进高研班。联合国国际劳工组织著名社会性别学专家张幼云和奈琳·哈斯拜尔博士三次到校授课，介绍社会学、社会性别学与民俗学交叉研究的国内外前沿理论，推进社会性别主流化战略，强调，这不是传统意义上的性别平等问题，而是"对任何领域、任何层面上的计划行动、包括立法、政策或项目计划对女性和男性的影响进行分析，把对女性和男性的关注、经历作为在政治、经济和社会各领域中的设计、执行、跟踪、评估和项目计划不可分割的一部分来考虑，以使女性和男性能平等受益，使男女不平等的社会现象不再延续下去。它的最终目标是达到社会性别平等"。在学科框架上，它有理论系统、统计系统、评估系统、审计系统和双头执行系统等核心条块。在研究与实践范围上，它有4大领域和8个核心公约。在21世纪的主题上，它面向亚太地区，特别是中国，研究中国文化社会模式的可持续发展。张幼云局长被聘任为北师大兼职教授，由校长助理、人事处处长陈光巨教授颁发了聘书。她表示，会在北师大把此项工作进行下去。

这次高研班还直接提出，注重中国文化传统和大学教育的历史背景，在跨学科人文社科研究的平台上，推动学科建设。北师大的王宁教授、天津师大的杜芳琴教授和北大的邓小南教授联袂讲座妇女史，王宁教授在讲座中指出，中国社会有自己的文化特点，现代中国妇女问题有古代社会根源，妇女问题与政治制度与生活模式相混合，存在于人们的意识深处，形成了某些心理定势，渗透到社会网络的各个层次层面，推进性别平等工作是有相当难度的，西方学者是想不到的。但在推进社会性别平等、促进人类社会全面和谐发展的终极目标上，中西目标是一致的，只是解决的过程不同而已。

高研班还吸收全国妇联和省市政府管辖下的教育与妇女科研部门的人员参加，他们与高校师生积极交流，促进了大学与社会女性工作的互动。此外，北京大学、中国人民大学、中央民族大学、北京外国语大学、中国社会科学院、华东师范大学、西北民族大学、广西师范大学、中南工业大学、西北工业大学的部分师生也来听讲，反响很大。西北民族大学的8位学员都是自费来学习的，该校副校长和主管院长亲自前来北师大看望，鼓励学员们珍惜机会。学员们激动地说："上这么精彩的课，值得"。

二　发挥女性作用 促进高校教学科研和综合实力的发展

（一）承担国际国内前沿课题和政府咨询攻关项目

本校女教授在教学和科研中传承严谨求实、勇于创新的优良学风，一些学科带头人承担了国际国内前沿课题和政府咨询攻关项目。

校社会发展与公共政策研究所所长张秀兰教授，由海外回国三年间，带领她的科研团队，相继承担并完成世界银行、福特基金会、卫生部、国际教育协会、联合国儿童基金会的多个重要项目，完成了涉及 50 万中国孤残儿童的资料收集、国内外关于慈善事业的法律、法规以及相关政策收集，为民政部中国慈善事业的资料库和面向世界的中国孤残儿童认领网站的建立奠定了扎实的基础；他们还完成了中国城乡社会保护家庭调查数据库、中国农村社会救助体系数据库、世界银行 1960—2001 年世界发展指标体系数据库、中国第二次卫生服务调查数据库、中国民政统计年鉴等年鉴数据库等，为国家民政部等提供了有效的决策咨询、国际合作与信息支持。

在我校筹备建立中国工会研究中心期间，心理学、民俗学、社会学、中国劳工问题研究、区域地理学等不同学科领域的女教授，积极携带或承担与工会理论相关的理论科研课题。

（二）承担社会应用急需项目并参与工会理论研究

教育社会学专业郑新蓉教授，近五年来，主持福特基金会的《中国幼、小、中学、成人扫盲教材中的性别倾向分析》、《发展中国少数民族文字教材》和《中国义务教育阶段少数民族文字教材调查研究》等 4 项目，国家社科基金课题《我国女生教育存在的问题以及成因分析》和《我国妇女和少数民族教育政策的宏观研究》2 项重要应用项目，取得了重要成果，为解决西部贫困地区女童入学问题和少数民族文化教育问题，提出了切合实际的研究意见。自 1995 年至今，她还与清华大学的史静寰教授一起，在我校开设了《性别与教育》等课程，手把手地教学生应用方法，自 2000 起，已有 5 名研究生从社会性别研究方向毕业。经过几年的磨炼，郑新蓉教授已成为女性学应用理论研究的拔尖人才，在国内教育界和北京市女知识界都有较大的社会影响。

（三）建设优良学风与人文关爱相结合的高尚灵魂塑造工程

北师大是有深厚历史传统和学术底蕴的国家重点高校，曾涌现数十位学术大师，给广大后学带来了极大的影响。著名语言文字学家、首都女教授联谊会首任主席王宁教授，强调传承前辈优良学风，弘扬优秀民族传统文化，吸收外来先进文化，进行现代学术的建设。2001年，当高校个别人抄袭剽窃、虚假炒作的事件被揭露后，引起了王宁教授的高度重视。在她的指导下，加强学风建设，成为北师大女性工作的常规建设内容。2002年，在王宁教授的主持下，首都女教授联谊会在北师大召开了学风建设大会，讨论学术规范问题带给高校教育界的反思。大会一致通过了王宁教授起草的倡议书，呼吁全国高校教育工作者从严律己、以德治教，为高校学术道德建设做出新贡献。在这些学术活动中，女教授们所表现的博大精深的学问、开口见喉咙的真性情，以及无私无畏、捍卫真理、以身作则、行为世范的高风亮节，都成为学生的楷模。

北师大女教授社团在提倡严肃学风的同时，注重以德立身，学为人师的教师队伍自身建设，涌现了全国"五一劳动奖章"谢宇教授；"全国三育人先进"蒋人璧教授；"全国师德先进"舒华教授、北京市"劳动模范"张厚粲教授；北京市"三八红旗奖章"获得者王宁教授、魏群、谢宇教授；北京高校"教学名师"王静爱教授等一大批优秀教师。王静爱教授长期从事区域课程体系、教材、教法和教研等方面进行全面课程创建。曾获得国家级教学成果一等奖（2001年）。她研究并探索了培养本科生研究能力的模式和方法，关注学生成长的跟踪培养，取得了大量成果，是北京师范大学"最受学生欢迎的本科教学十佳教师"，陆续获得北京市高等院校教学名师、国家级教学成果二等奖（2005年）等奖励。

学风建设和全面教师素质建设扩大了女性工作的社会影响。

十年来，我们对新时期高校女性工作做了一些思考和探索，但也面临不少新问题。我们愿意与广大同行一道探索，为高校女性工作的健康发展继续努力。

附录四　女教授社会活动与女教授讲坛的创新发展①

王静爱、郑新蓉、仲　鑫

2009—2012 年，北京师范大学女教授分会的工作，按照首都女教授协会的部署，在校党委和校领导班子的关怀下，落实科学发展观，坚持高知女性队伍建设纳入世界知名高校建设的方针，包括服务国家社会文化建设，提升创新意识，促进高校高质量人才培养，强调学科团队建设中的男女平等精神，继续开设社会性别教育课程，取得了可喜的工作进展，同时带动了带动本校女教职工委员会的系列工作。

四年来，本校女教授分会共主办"女教授讲坛"4 次，主题分别为："为生命保鲜（2009 年）"、"坚守和谐精神家园（2010 年）"、"女性与创新型社会建设（2011 年）"和"新入职女教师职业教育（2012 年）"，收到强烈反响。北师大"女教授讲坛"开办 8 年来，已成为全校最有影响力的女性高端学术建设和社会性别教育活动。

在已开设"社会性别与社会政策"和"北师大女性讲坛"课程的基础上，2012 年将"北师大女性讲坛"列为全校本科生跨学科通识公共选修课程，吸收研究生和教师旁听。共邀请国内外在自然科学、人文社会科学领域有影响的，各学科、跨代际北师大女教授与校友 6 人讲学。女教授分会的老一代女学术带头人、北师大学生最和欢迎的女学者、著名心理学家张厚粲教授、语言文字学家王宁教授等率先演讲。她们阐述个人探索学术的

① 此文原为作者所撰并向北京市女教授协会提交的《北京师范大学第四届女教授协会 2009 至 2013 年工作总结》，本次发表时做了删节。

历程,传承北师大文化与治学精神。北师大的青年学生在踏入学术生涯的早期阶段,能从她们身上借鉴跨学科的新视角、新方法,创造性地运用于自己的学科,成为有鉴赏力、判断力和创造力的年轻研究者,实践事业与幸福人生统一的价值。此课同时开设新浪微博,实行女教授与师生网上对话,形式活跃,受众面大,受到广大师生的热烈欢迎。

2011年本校完成女教授分会理事会的换届,选举了新一届理事会,新一届会长由本校地理学与遥感科学学院的国家级名师王静爱教授担任。此外,还举办了纪念"三八"国际劳动妇女节百年论坛,与女教职工委员会联合参与校"服饰风采大赛"等多种活动,参与扶贫支教等多种公益活动。这些工作,都提高的女教授工作的知名度,凝聚了队伍,锻炼了人才,熏陶了广大青年学子。目前北师大女性师生性别比已超过70%,女教授分会成为学校工作不和分割的一部分。

一 工作思路

2009—2012年的工作思路是,落实党中央加强创新型社会建设的重要精神,北师大女教授协会分会与校工会女教职工委员会联合,开展各项学术活动、教育活动和社会公益活动;在文化建设和学风建设上,配合学校中心工作,弘扬优秀文化传统,坚持严谨学风,服务国家社会文化建设,提升创新意识,促进高校高质量人才培养,强调在学科团队建设中的男女平等精神。

二 女教授讲坛

(一) 于丹《为生命保鲜》(2009)

2008年美国金融次贷危机波及全球,校女教授协会和女教职工委员会以应对危机、增强信心、促进性别平等发展为出发点,于2009年举办"女教授讲坛",邀请艺术与传媒学院于丹教授讲《为生命保鲜》。讲坛在英东学术会堂主会场、教七楼和教九楼两个分会场举行,中国教科文卫体工会女职工委员会主任袁茂清,市妇联副主席刘颖,市教育工会常务副主席、女教职工委员会主任刘欢,以及副校长孙玲等领导出席讲坛并讲话,我校师生和兄弟院校女教授协会与工作代表等近600人与会。

于丹教授从面对金融危机，女性就业和生活遇到了新的挑战和更多困难为切入点，系统全面阐述了女性应该如何"为生命保鲜"。她指出，外部的危机和就业的困难到底在我们的生活中能发生多少作用，到底能给我们女性带来多大伤害，最根本的就是要看我们女性自己的回应心态、知识能力、价值取向和行为方式。她强调女性要善于自强自立，用积极的心态与澎湃的精神为自己保鲜；用优秀文化传统滋养和现代进取理念为自己保鲜；用女性生命价值的命题与献身教育事业的职业道德为自己保鲜。于丹教授善于用形象思维的手段传播现代社会思想，善于把中国古典文学文化与新媒介理论融汇起来，讲演赢得了在场师生的由衷赞赏。

（二）王宁等《坚守和谐精神家园》（2010）

2010年，在纪念国际三八妇女节百年暨北京世妇会十五周年之际，我们以理论研讨为核心，回顾国际妇女运动促进全球和平进步的光荣历程，回顾北京世界妇女大会举办十五年来北师大女高知几代人发展社会性别高等教育，推动高校教学科研改革的工作的业绩和经验，交流和诠释高等知识女性对投入高尚精神家园建设的认同和实践。

讲坛以"坚守和谐精神家园"为主题，以"使命与回顾"和"继承与发展"形成两个系列。参加两个女教授讲坛的有北师大老一辈知名女教授、历任女校领导、中年女教授、青年女教师和女研究生代表等百余人，研讨会在纪念国际妇运百年和北京世妇会十五年的关键年代举行，意义深刻，也发挥了明显作用。

在"坚守和谐精神家园——继承与发展"讲坛上，校女教授协会分会和女教职工委员会的骨干成员，与前辈执手，回顾在祖国改革开放的大环境下，在前辈公益奉献传统的深刻影响下，在事业、家庭、人生的多角色互动中，参与高校社会性别教育的理念与实践。资深教授王宁先生首先作了发言，女教授协会会长、女教职工委员会主任、文学院董晓萍教授以《祖国发展与个人发展》为题、地遥学院教授、国家级教学名师奖获得者王静爱以《和谐有效》为题作了主题发言，历史学院教授梅雪芹、法学院副教授黄凤兰等也先后作了主题发言，她们的报告事例鲜活，语言精彩，会场反向热烈，互动不断。

在"坚守和谐精神家园——使命与回顾"专题讲坛上，我国认知心理学研究理论和方法的创建者，心理学著名教授张厚粲先生，我国著名语言文字学家，北师大资深教授王宁，我国化学电化教育和普及教育家田荷珍教授，原党委副书记范国英教授，原副校长吴碧华等老教授和老领导以投身当代妇女发展事业的历程，对北京世妇会十五年来我国性别发展进程进行了回顾，对我校女教职工委员会和女教授协会工作历程进行了回顾，强调高校女性工作在中国快速经济发展的背景下展开，对高校人才培养、学术发展和就业教育等方面，具有义不容辞的使命和责任，对晚辈提出了有益的建议和中肯的希望。我校第三、第四届女教授协会副会长郑新蓉、黄海洋、屈文燕教授等畅谈在前辈带动下参与女性工作推动高校妇女发展事业的感受，董晓萍教授还作了《继承与发展之路》主题报告。

校党委书记刘川生书记出席了系列讲坛活动，充分体现校领导对科学发展高等教育和社会性别和谐发展的高度关注。她指出，要在中国共产党的正确领导下，建设具有中国社会主义特色的妇女工作；她充分肯定了女教职工在北师大建设中的主体地位，充分肯定了北师大妇女工作的优良传统和突出特色。并对女性特有的优良品格进行了诠释，激励女性既要励志，也要和谐。刘川生书记和王炳林副书记还为北师大参与创建首都女教授协会和北师大女教授协会分会的女性前辈颁发了"妇女工作贡献奖"。校党委副书记兼工会主席王炳林教授充分肯定北师大几代女性人才团队"特别能坚持、特别能奉献、特别有爱心"形成了北师大优秀女性的群体优势。他希望女教职工继续肩负使命，弘扬传统，共建和谐精神家园，为高等教育建设和社会科学发展多做贡献。

2010年的系列女教授讲坛，具有传承和创新的深刻含义，也彰显了北师大女性工作的可持续发展的人才优势和组织优势。

（三）刘川生《女性发展与创新型社会建设》（2011）

2011年，举国迎接中国共产党90年华诞，落实党中央大力加强创新型社会建设的重要精神，启动国家"十二五"规划和我校"十二五"规划，北师大女教授讲坛以"女性发展与创新型社会建设"主题，邀请校党委书记刘川生为我校女教授、女管理干部和学生代表300余人作了主题报告。刘书记在演讲中重点分析了全球化时期性别工作发展的世界思潮、国际变化和焦点问题，主要阐述了四个话题：一是现代优秀女性呈现出很强的独立意识和拼搏精神，在国际社会中日益发挥重要作用；二是现代优秀女性的思维模式对当今世界领导力结构模式有越来越大的影响；三是现代性别工作的核心是发挥女性传统优势，同时女性自身也要新形式下自我充实，提升发展的能力；四是现代女性要投入社会发展，关爱家庭，也要关爱自己。刘书记运用大量数据和个案资料，深刻分析现代性别教育和高校人才战略的关系，将高校的高尚理想信念、科学严谨的学术精神传承与新时期性别发展教育结合，在新时期我国社会高速发展的背景下全面阐释女性与创新型社会发展的丰富内涵，刘书记结合个人多年从事学生、部委、外交和高校领导工作的丰富经历，使理论解释呈现很强的实践性。演讲从高端定位，从微观入手，用事实说话，引导师生思考在国际国内变化和高校环境中，继承性别工作优良传统并努力创新，树立自尊的气节、自信的气质、自强的气魄和自立的气度，为高等教育和社会发展做出更大贡献，同时实现个人价值。刘书记的演讲风趣幽默，娓娓道来，引起听讲师生的共鸣，全场不时爆发出热烈的掌声和欢快的笑声。

2011 年，我们加大了对女性普遍关心的热点和需求的关注，并将女教授讲坛系列化。当年底，我们策划组织并邀请近五年入职的青年女教师代表参加了主题为《剑胆琴心——新入职女教师职业生涯》的女教授论坛。作为致力于促进北师大女教师职业成长与生活喜悦的组织，女教授协会邀请了不同年龄段的教授、副教授与近年新入职女教师交流，回顾与探讨大学女教师兼具剑胆琴心的职业成长历程。

文学院董晓萍教授讲演的题目是《文化自信、文化定位与职业发展》，她深刻地从文化的平等与平衡视角阐述了性别问题，阐述了借鉴西方性别理论与充分了解中国国情的关系。强调组织性文化是中国文化的本质，是归属的重要来源。女教师用智慧和坦诚，在男女两性之间，以及个人与组织之间，获得文化的平等与平衡。她鼓励年轻老师们继续向学界前辈学习，做事有格、做人有德，崇尚和谐，毕生保持大学女教师的美丽气质。

环境科学学院刘静玲教授结合自己的学习、工作经历，形象地以武侠概念为隐喻，探讨了教师职业生涯成长的关键："勤练内功"的继承与创新；"琵琶高手"的优化、高效与和谐；"武功秘籍"的以柔克刚、科学规划，以及"人在江湖修炼养心"之自尊自爱的气节、优雅从容的气度、自信悠然的气质、自强自立的气魄。

论坛还特别邀请了化学学院分党委书记刘正平教授和教育学部高益民副教授,分别从管理者和不同性别同行的角度表达了对性别发展的认识,对女教师的尊重和建议。他们的发言真诚而不乏幽默,对在场的女教师是激励,也是学习。

来自文、理科和行政的五位新入职女教师探讨了跨学科的定位与发展、从好学生到大学教师的角色转变历程,以及夫妻之相互理解之道。

(四)《两性对话:期待与和谐》(2012)

2012年3月7日,北师大女教授协会与校工会女教职工委员会联合主办了"两性对话:期待与和谐"主题论坛。北京市教育工会常务副主席刘欢、北京师范大学校党委副书记王炳林、副校长郝芳华,资深教授王宁、黄会林,女教授协会的负责人、兄弟院校代表以及我校教职工150余人出席了论坛。

郝芳华副校长代表学校领导在开幕式上致了辞。她说,在百年师大的历史中,我校拥有一批又一批出色的女性教师、行政管理者,一批又一批才华横溢的女性校友,传承了百年师大的"爱国进步、诚信质朴、求真创新、为人师表"的优良传统以及"治学修身,兼济天下"的教育理念,同时在美丽和学问间,书写出师大女性卓尔不群的剑胆琴心。她希望今天的论坛"谈出深度,谈出风采,谈出新的期待,谈出两性更加和谐的合作与发展"。

校女教授协会会长、女教职工委员会主任王静爱代表主办单位致了欢迎词。对上级工会领导、学校领导和教职工以及兄弟院校工会同仁前来出席论坛表示热烈欢迎,同时简要介绍了论坛主题的由来和内容、形式上的创新。

在校女教授协会副会长、女教职工委员会副主任、教育学部教授郑新蓉的主持下,嘉宾们从自己研究的学科理论视角入手,对于男女两性的性别期待有何同异;两性在婚姻、文化、教育、经济、政治领域扮演何种角色,其特征和行为方式呈现出哪些同异、具备何种张力;两性关系为什么既可能合作、支持以及建立亲密关系,也可能冲突、竞争和分离;我们可以通过什么样的互动实现两性和谐共处等方面进行了深入交流和探讨。文学院康震教授以李清照为例，说明古代知识女性对丈夫的期待之高；生命科学学院翟永功教授基于动物生命科学研究，介绍了男女两性不同年龄阶段激素水平变化的生理基础，及其对两性期待带来的影响；经济与工商管理学院仲鑫教授从经济学角度，探讨了马斯洛的需要层次说对男女两性不同年龄段期待的影响；地理与遥感科学学院的周尚意教授以16世纪后期英国伊丽莎白一世的故事，论及不同地域文化的家庭与社会对性别文化的塑造；教育学部的高益民副教授阐述了后天性别塑造对人的影响；管理学院孙宇教授从管理学角度，认为团队组织内往往不仅需要考虑年龄、知识背景的组合，还需要考虑性别的组合，合适的男女比例对提高团队的创造力和工作效率有显著作用，等等。论坛主题鲜明、组织严谨，嘉宾们文化底蕴深厚，谈吐自然亲切，论述诙谐而深刻，不时引发出全场一阵阵的掌声和笑声，可谓今年"三八"节特别奉献、是别开生面的一场文化大餐。

王炳林副书记在总结讲话中指出：本次论坛是性别自觉和性别自信的论坛，是思想和精神的盛宴，是经验和智慧的碰撞；期待就是动力，期待也有差异，我们共同的期待就是彼此的理解和关爱。不论过去、现在和将来，和谐应当是人类社会的主旋律，我校的男女两性教职工就是要在期待中营造和谐，共同为实现"综合性、有特色、研究型世界知名高水平大学"的目标而努力奋斗。市教育工会常务副主席刘欢在论坛结束后也讲了话，并对本次论坛给予了高度评价，认为论坛主题好、名称好、形式新颖，内容深刻，形成了深刻的思想交流、智慧的碰撞，值得很好地学习和借鉴。这次论坛活动得到了学校领导、专家学者的高度重视和支持，也受到广大教职工，特别是女性教职工的喜爱和欢迎，实现了活动的预期目标，对教职工身心健康和学校的改革发展起到了积极的推动和促进作用。

三　"女教授讲坛"列为全校跨学科通识公选课（2012—2013）

2012年，在多年建设的基础上，经校教务处批准，"女教授讲坛"列为由北师大女教授协会协会和教育学部联合主办的、面向全校本科生、研究生开设的全校跨学科通识公共选修课程。共16个学时，1个学分。"讲坛"邀请国内外在自然科学、社会科学和人文学科领域有影响的、跨代际的北师大女性教授与校友，讲述她们探索学术的历程，旨在传承北师大文化与治学精神，使北师大学生在踏入学术生涯的早期，能借鉴跨学科的新视角、新方法，创造性地运用于自己的学科，成为有鉴赏力、判断力和创造力的年轻研究者，并实践事业与幸福人生统一的价值。

课程目标。探索、珍视、传承北师大文化与治学精神；了解北师大有影响的女性学者研究自然科学、社会科学、人文学科的历程；了解学者研究的目的、方法、成果；借鉴跨学科的新视角、新方法，创造性地运用于自己学习的学科，成为有鉴赏力、判断力和创造性的年轻研究者；探究学术研究史里的社会性别状况；产生投身学术研究事业的意愿。

课程内容。涵括自然科学、社会科学和人文学科领域，有北师大各学科领域有影响的女性学者，讲述自己探索学术的历程，旨在传承北师大文化与治学精神，探知北师大各领域研究之最新进展。

教学方式。设主持人、主讲人、评论人，以讲座制讲授；讲授与评论、讨论相结合。

课程特色。传承北师大文化与治学精神。通过有影响的北师大女性研究者（包括曾在北师大工作的、已经退休的有影响的女性研究者）联系自身治学经历的系列学科讲座，传承北师大文化与精神。

培养跨学科的研究视野，提升年轻研究者的鉴赏力、判断力和创造力。创造力多源于新问题的提出，而新问题的提出往往需要跨学科视野，学生在学术生涯初期形成广阔的跨学科视野与深邃的探究能力，对其一生研究的创造能力至为重要。本课程旨在提供跨越自然科学、社会科学与人文领域的多种研究视野，促进学生学习不同学科的治学目的、方法、成果，在知识、能力、价值观诸方面得到熏陶，提升学术素养，鼓励学生借鉴跨学科的新视角、新方法，创造性地运用于自己学习的学科，成为有鉴赏力、判断力和创造力的年轻研究者。

增强学生对于学术领域社会性别公平的意识。学术探究史是一部女性争取在学术领域享有与男性公平的机会、条件与资源的历史。本课程旨在增进学生的社会性别敏感，了解男女性研究者从事传统和非传统研究领域的状况，探索造成非传统角色困难的原因（包括制度性障碍），鼓励学生（尤其是女生）产生投身于学术研究领域（包括非传统研究领域）的意愿。

目前讲坛已进行了两轮，共有 10 位女教授陆续进行了演讲，她们是：

张厚粲、王宁、黄会林、董晓萍、王静爱、张秀兰、尹冬冬、舒华、江源、郑新蓉。

广大师生对"女教授讲坛"课程报以激情反响。到课程结束时，许多学生和老师都表示意犹未尽。她们继续在博客（http：//blog. sina. com. cn/bnunxjt）中写文章，抒发自己对这些教授的钦佩与喜爱。从这些博文中能够感觉到，这门公选课承载着太多期盼：刚踏入大学校园的迷茫，或刚走入学术摇篮的担忧，也有面临感情世界的纠结，更有面临人生选择的困惑……凡此种种，都渴望在这里找到一丝航海的灯塔，一剂人生的药方。

也许，教授们的讲述并没有给出答案，但是，却给了许许多多年轻人面对选择面对人生的勇气和智慧。这，也正是"北师大女教授讲坛"的良苦用心。

四　提出网站建设方案（2012）

北师大女教授协会（WPA，BNU）是一个致力于促进北师大女教授职业成长与生活喜悦的组织。北师大女教授协会自 2012 年起，首次进行网站的建设，促进本校女性社团与全国女教授协会和全校师生的互动与交流。

（一）网站建设宗旨

促进作为女性、教师、研究者、学者、导师、管理者的北师大及全国女教授，在作为社会组织的协会中，交流个人、家庭与学术生涯中的信息、体验、思想，提供支持与指导（包括指导新入职的女教师），促进女教授入职、晋升和专业发展的机会公平，鼓励女教授积极参与系所、学院、学部及北师大的治理，监督政府及学校行政政策、决策及聘任事务；在作为学术组织的协会中，合作开展针对社会性别、女性、女教授的专题研究与教学，合作开展其他领域的研究与教学，分享有效的研究与教学技能。

（二）网站设计六版块

版块一，分会简介，包括北师大女教授协会简介、首都女教授协会章程、北师大女教授协会使命、北师大女教授协会会员资格、北师大女教授协会会员名单、北师大女教授协会理事会成员名单、北师大女教授协会历届理事会成员名单、第四届理事会会长致辞等栏目。

版块二，女教授课程，以研究领域为分类标准，展示北师大每位女教授的讲授课程。

版块三，女性研究，检索、征集有关社会性别、女性、女教授领域的已有研究和正在进行的研究。

版块四，社会参与，展现北师大女教授的社会参与/服务情况，以促进女教授参与行政决策、聘任，促进女教授参与系所、学院、学部及北师大治理，促进女教授在晋升和专业发展的公平机会。

版块五，女教授之人生（学术，包括建校以来北师大著名女教授生平。

版块六，女教授论坛，包括三个栏目：女教授的学术成长论坛，女教授的人生成长、家庭生活论坛，学生眼里的女教授。学术成长论坛包括社会性别/女性/女教授的专题研究与课程、女教授合作研究进展、其他专题的研究与课程分享、女教授专题讲座信息、女教授协会培训信息、女教授博客链接（征集）等。人生成长、家庭生活论坛包括女教授需要的社会信息，女教授的人生成长、家庭生活的经验、困难与问题，女教授的生活园地/文艺作品（如摄影、书法、文学）等。

后 记

本书是北京师范大学"女教授讲坛"四代学者的合作成果。在本书即将付梓之际，我们向所有关心和支持这项高校女性教育公益事业的前辈、领导、同仁和相关人士郑重致谢！

感谢引导我们走上高校女性教育公益事业之路的王宁教授等前辈。

校党委书记刘川生同志曾应邀承担了"女教授讲坛"的学术演讲。年复一年的"三八妇女节"期间，除非外出开会，她总是要来参加女教授协会的活动，哪怕只是打个招呼。感谢她在百忙中为本书撰序。

校党委副书记王炳林同志兼校工会主席，每年都要出席女教授协会和女教职工委员会的各种会议，耐心地倾听来自女性师生方方面面的建议与要求。原工会主席王彬、副主席丛玲和干事张世林，现工会主席程国志、副主席龚河华和干事于莲洁等，都对女教授协会和女教职工委员会的工作给予了多年的支持。工会给了女教授们"家"一样的感觉，给了各种工作上的方便，北师大女教授协会与女教职工委员会能长期默契合作，功劳归于他们。

校党委统战部是女教授协会的最早挂靠单位，邹凤花、屈文燕等几任部长都曾兼任协会理事会的核心职务，对协会的工作给予许多务实的指导。统战部的邵红英老师现任女教授协会的秘书，还在延续这个传统。

校教务处和研究生院都对"女教授讲坛"的系列课程建设多年给予扶持。校教务处还于2012年至2013年将"女教授讲坛"作为全校前沿创新课程和全校通识教育公共选修课，予以教改立项，项目负责人为教育学部的郑新蓉教授、张莉莉和向蓓莉副教授。

许燕教授、丛玲副教授、朱政老师与张橦老师，以及博士研究生武晓伟等,都完成了各自所承担的讲义录音稿整理工作或搜集文稿资料的工作。

《中国教师》杂志副主编林静博士为编辑和处理本书"上编"中的讲稿做了很多实际的工作。

2012 年选修本课的全体同学在新浪微博上发表了大量热情洋溢的网络对话文章,为这门课程增添了新意和活力。

北京师范大学部分研究生助手协助进行本书"下编"部分文章的复印、扫描和电子本录入工作,他们是:刘梦颖、王文超、吕行行和何恩佩。

在 2012 至 2013 年"女教授讲坛"进行期间,教育学部的博士研究生武晓伟和阮琳燕曾担任课程助教。崔淑娟协助女教授协会处理日常事务。赵娜承担了书稿付梓前的排版工作。

董晓萍教授和王静爱教授共同负责本书的编稿、审稿与统稿工作。王静爱教授和郑新蓉教授负责本书的约稿和组织工作。

中国社会科学出版社文科编辑室主任郭晓鸿博士为本书的编辑付出了许多辛劳,谨此诚恳致谢!

编　者

2013 年 10 月 12 日